世界で一番やさしい

建築物省エネ法

令和大改正版

ビューローベリタスジャパン
建築認証事業本部
インサービス検査事業本部／著

32

目次

編集協力：市川幹朗｜ＤＴＰ：ユーホーワークス
イラスト協力：赤代武志、魚谷剛紀、堀野千恵子｜印刷・製本：図書印刷

令和２年10月15日現在の国土交通省資料を基に作成、条文番号は令和３年４月１日施行時のものとしています
※本書は建築知識創刊60周年を記念し、ご好評いただいたエクスナレッジムック「キーワードで学ぶ　世界で一番やさしい省エネ法
平成29年施行建築物省エネ法規制措置完全対応版」（2017年４月刊）を加筆・修正のうえ、再編集したものです。
※P.36-37の語句一覧に記載の語句には【　】の囲みを入れています。

第1章　改正建築物省エネ法の概要

建築物省エネ法の改正

001

point

①2019(令和元)年改正は6ヶ月以内施行と2年以内施行の2段階に分けて実施される。
②パリ協定を踏まえ、温室効果ガス排出量の削減を目指している。

【建築物省エネ法】の改正背景

我が国のエネルギー需給は、化石燃料の輸入に大きく頼る形となっており、常にエネルギーの安定的確保に大きな課題がある。特に東日本大震災以降、エネルギー需給構造の安定化が不可欠となり、併せて省エネルギー対策の徹底が求められている。工場・事業場、運輸部門のエネルギー消費量が減少する中、住宅・建築物部門は著しく増加し、エネルギー消費量全体の1／3を占めている。

2015(平成27)年12月には温室効果ガス排出削減のための国際的な枠組みである「パリ協定」が採択(2016［平成28］年11月発効)された。同協定を踏まえ、地球温暖化防止計画において2030(令和12)年度の温室効果ガス排出量を2013(平成25)年度と比較して26・0%削減する中期目標を掲げている(**表1**)。

このようにエネルギー需給構造の安定化と地球温暖化対策の両面から省エネルギー対策の推進が不可欠とされている。住宅・建築分野においては、2030(令和12)年度のエネルギー消費量を2013(平成25)年度と比較して約2割削減することが求められている。

これらを背景に「建築物のエネルギー消費性能の向上に関する法律の一部を改正する法律」(以下、**【改正建築物省エネ法】**)が2019(令和元)年5月17日に公布され、6ヶ月以内施行(2019［令和元］年11月16日)、2年以内施行(2021［令和3］年4月1日)の2段階で施行される(**表2**)。**表1内**④は建築基準法の関係規定となるため省エネ適判通知書が交付されないと確認済証が交付されず着工できないこと、対象規模が300㎡以上の非住宅建築物に拡大されることにより対象建築物が増加することに特に注意が必要である。

表1　エネルギー起源 CO_2 の各部門の排出量の目安

	CO_2排出量（百万t-CO_2）		
	2013年度実績	2030年度の目安	削減率
全体	1,235	927	（※）▲25％
産業部門	429	401	▲7％
住宅・建築物分野	480	290	▲40％
業務その他部門	279	168	▲40％
家庭部門	201	122	▲39％
運輸部門	225	163	▲28％
エネルギー転換部門	101	73	▲28％

※温室効果ガスには、上記エネルギー起源 CO_2 のほかに、非エネルギー起源 CO_2、一酸化二窒素、メタン等があり、これらを含めた温室効果ガス全体の削減目標が▲26.0％

表2　施行日と改正内容等

施行日等	法改正事項	関連する基準改正等事項
6ヶ月以内施行関連 （2019年11月16日施行）	①届出義務制度の審査手続きの合理化	○共同住宅の省エネ性能の評価方法の簡素化 ○届出義務制度に係る指示・命令のガイドラインの策定
	②住宅トップランナー制度の対象拡大	○トップランナー基準の設定
	③性能向上計画認定制度の対象拡大	○他の建築物から供給される熱や電力に係る評価方法の合理化
2年以内施行関連 （2021年4月1日施行）	④適合義務制度の対象拡大	—
	⑤説明義務制度の創設	○戸建て住宅・小規模建築物の簡易な省エネ性能評価方法の追加 ○沖縄県（8地域）における住宅の外皮基準の合理化 ○省エネ基準が合理化される気候風土適応住宅の仕様の例示
	⑥地方公共団体による省エネ基準強化	—
法改正事項全般に関わるもの		○地域の区分の見直し

建築物省エネ法の構成概要

002

point

①【建築物省エネ法】は義務制度の規制措置、任意の制度の誘導措置に分かれる。
②条例により基準を強化することができるようになった。

【建築物省エネ法】の構成概要

【建築物省エネ法】は、大きく規制措置と誘導措置に分けることができる(**図**)。各措置の制度ごとに【省エネ基準】、対象となる建築物、工事種別、評価ツールが異なるので注意が必要である。

規制措置には【適合義務】制度(**004項目**参照)、【届出義務】制度(**005項目**参照)、【説明義務】制度(**006項目**参照)、【住宅トップランナー制度】(**007項目**参照)がある。説明義務制度の対象である、高い開放性を除いた部分の床面積が300㎡未満の建築物は適合義務、届出義務の対象外ではあったものの、「省エネ性能向上」の努力義務が従前よりあった。改正により建築主の努力義務の水準が、「省エネ性能向上」から「省エネ基準適合」に強化された。義務制度に違反した場合は大臣・所管行政庁等からの勧告、指示、命令等を受ける。従わない場合は罰則が課されることに留意する。

誘導措置は任意の制度である。具体的には【性能向上計画認定制度】(**010項目**参照)、省エネ基準適合認定制度、省エネ性能表示(BELSなど)(**011項目**参照)がある。性能向上計画認定を取得すると容積率特例を受けることができ、さらに省エネ適判通知書の交付を受けたものとみなすことができる。

その他

改正に伴い自然的社会的条件の特殊性に応じて、地方公共団体が、省エネ基準を条例によって強化できるようになった。気象条件にばらつきがある場合に一部のエリアのみ基準を強化するなど、細かな基準設定が可能となった。規制措置の手続きにおいて建設場所の条例の有無を確認する必要がある。

図　改正建築物省エネ法の概要　　橙色は改正建築物省エネ法（令和元年5月17日公布）の改正内容

規制措置

●適合義務制度　令和3年4月1日施行予定

内容　新築時等における省エネ基準への適合義務
基準適合について、所管行政庁又は登録省エネ判定機関の省エネ適合性判定を受ける必要
※省エネ基準への適合が確認できない場合、着工・開業ができない

対象　2,000㎡以上の非住宅建築物
⇒対象を300㎡以上の非住宅建築物に拡大

●説明義務制度（新設）　令和3年4月1日施行予定

内容　設計の際に、建築士から建築主に対して、省エネ基準への適否等の説明を行う義務

対象　300㎡未満の住宅・建築物

●届出義務制度

内容　新築時等における所管行政庁への省エネ計画の届出義務（不適合の場合、必要に応じ、所管行政庁が指示・命令）
⇒住宅性能評価やBELS等の取得により、届出期限を着工の21日前から3日前に短縮
⇒あわせて、指示・命令等の実施を強化　令和元年11月16日施行

対象　300㎡以上の住宅
※R3年3月までは300㎡以上の非住宅の対象

●住宅トップランナー制度

内容　住宅トップランナー基準（省エネ基準よりも高い水準）を定め、省エネ性能の向上を誘導（必要に応じ、大臣が勧告・命令・公表）

令和元年11月16日施行

対象　分譲戸建住宅を年間150戸以上供給する事業者
注文戸建住宅を年間300戸以上供給する事業者
賃貸アパートを年間1,000戸以上供給する事業者

誘導措置

●性能向上計画認定（容積率特例）

誘導基準に適合すること等についての所管行政庁の認定により、容積率の特例※を受けることが可能

⇒対象に複数の建築物の連携による取組を追加　令和元年11月16日施行

※省エネ性能向上のための設備について通常の建築物の床面積を超える部分を不算入（10%を上限）

●省エネ性能に係る表示制度

基準適合認定制度（省エネ基準に適合することについて所管行政庁の認定を受けると、その旨を表示することが可能）

BELS（建築物省エネルギー性能表示制度、登録省エネ判定機関等による評価を受けると、省エネ性能に応じて5段階の★で表示することが可能）

●その他（基本方針の策定、建築主等の努力義務、建築主等に対する指導助言、新技術の評価のための大臣認定制度、条例による基準強化　等）
令和3年4月1日施行予定

規制措置

規制措置の概要

003

point

①中規模非住宅建築物が届出義務制度から適合義務制度に変更された。
②建築士から建築主への説明義務制度が創設された。

規制措置の適用対象

【適合義務】、【届出義務】、【説明義務】の対象となる【建築物】の規模等は**表1**のとおりである。

適合義務制度は【高い開放性を有する部分】を除いた床面積が300㎡以上の非住宅建築物が対象。届出義務制度は高い開放性を除いた部分の床面積が300㎡以上の建築物が対象。創設された説明義務制度は高い開放性を除いた部分の床面積が300㎡未満の建築物が対象。これらはすべて新築・増築・改築が対象。【住宅トップランナー制度】は対象が拡大された。

表1内、審査対象の【特定建築行為】は次の建築行為が該当する。

・【特定建築物】（【非住宅部分】）の床面積が300㎡以上の建築物の新築

・特定建築物の増築または改築（増築または改築する部分のうち非住宅部分の床面積が300㎡以上であるものに限る）

・特定建築物以外の建築物の増築（増築する部分のうち非住宅建築物の床面積が300㎡以上であるもので、当該建築物が増築後に特定建築物となる場合に限る）

ただし、【特定増改築】（**012項目**参照）に該当する場合は届出義務の対象となり、適合義務が課されない。また対象建築物が一定の要件を満たす場合は、規制措置の適用除外となる（**008項目**参照）。

規制措置の変更点

2020（令和2）年の改正前後の規制措置の変更点を**表2**にまとめている。大きなポイントは次の2点。

・【届出義務】であった300㎡以上2000㎡未満の中規模非住宅建築物が【適合義務】となったことに伴い、建築確認手続きと連動した。

・小規模建築物の努力義務の水準が

表１　適合義務、届出義務、説明義務の対象の概要

根拠条文等	対象用途	適用基準	審査対象
適合義務（適合性判定） 【11・12条】	非住宅	一次エネルギー消費量基準	特定建築行為（特定増改築を除く）
届出義務 【19条等】	住宅及び非住宅	外皮（住宅部分のみ）及び一次エネルギー消費量基準	適合義務の対象に該当しない、床面積※が300㎡以上の新築、増改築
説明義務 【27条等】	住宅及び非住宅	外皮（住宅部分のみ）及び一次エネルギー消費量基準	適合義務及び届出義務の対象に該当しない、床面積※が10㎡を超える新築、増改築

※高い開放性を有する部分を除いた部分の床面積

表２　建築物省エネ法における現行制度と改正法との比較（規制措置）

<table>
<tr><th></th><th colspan="2">現行制度</th><th></th><th colspan="2">改正法</th></tr>
<tr><th></th><th>建築物</th><th>住宅</th><th></th><th>建築物</th><th>住宅</th></tr>
<tr><td>大規模
（2,000㎡以上）</td><td>特定建築物
適合義務
【建築確認手続きに連動】</td><td rowspan="2">届出義務
【基準に適合せず、必要と認める場合、指示・命令等】</td><td>➡</td><td>特定建築物
適合義務
【建築確認手続きに連動】</td><td rowspan="2">届出義務
【基準に適合せず、必要と認める場合、指示・命令等】
所管行政庁の審査手続きを合理化
⇒監督（指示・命令等）の実施に重点化</td></tr>
<tr><td>中規模
（300㎡以上
2,000㎡未満）</td><td>届出義務
【基準に適合せず、必要と認める場合、指示・命令等】</td><td>➡</td><td>適合義務
【建築確認手続きに連動】</td></tr>
<tr><td>小規模
（300㎡未満）</td><td>努力義務
【省エネ性能向上】</td><td>努力義務
【省エネ性能向上】

トップランナー制度※
【トップランナー基準適合】
対象住宅
持家：建売戸建</td><td>➡</td><td>努力義務
【省エネ基準適合】
＋
建築士から建築主への説明義務</td><td>努力義務
【省エネ基準適合】
＋
建築士から建築主への説明義務

トップランナー制度※
【トップランナー基準適合】
対象の拡大
対象住宅
持家：建売戸建、注文戸建
貸家：賃貸アパート</td></tr>
</table>

※大手住宅事業者について、トップランナー基準への適合状況が不十分であるなど、省エネ性能の向上を相当程度行う必要があると認める場合、国土交通大臣の勧告・命令等の対象とする。

「省エネ性能向上」から「省エネ基準適合」へ強化され、かつ建築士から建築主への説明義務制度が新設された。説明にあたり省エネ計算が必要となる。

規制措置

適合義務制度

004

point

①【省エネ適判通知書】が交付されていない建築物には確認済証が交付されない。
②【複合建築物】の場合、【住宅部分】は所管行政庁が審査を行う。

適合義務制度

建築主は【特定建築行為】(**003項目**参照)をするとき、法第11条により当該【特定建築物】を【省エネ基準】に適合させなければならない。また、建築基準関係規定となるため建築基準法の確認申請および完了検査の対象となる。

建築主は【所管行政庁】または登録建築物エネルギー消費性能判定機関(以下、所管行政庁等)の建築物エネルギー消費性能適合性判定の手続きを行い、【省エネ適判通知書】の交付を受ける必要がある。省エネ適判通知書またはその写しがなければ確認済証の交付を受けることができない。建築確認を行う【指定確認検査機関】と【省エネ適判】を行う登録建築物エネルギー消費性能判定機関(以下、【登録省エネ判定機関】)は、同一とすることが可能である。

なお、適合性判定が必要な建築物であっても次の認定を受けた建築物は省エネ適判通知書の交付を受けたものとみなされる。

・法第23条第1項に基づく特殊の構造または設備を用いる建築物の認定
・法第34条に基づく【性能向上計画認定】(**010項目**参照)
・都市の低炭素化の促進に関する法第53条に基づく低炭素建築物新築等計画の認定

建築基準法確認申請等とのスキームの詳細は後述する(**013項目**参照)。

適合義務対象となる基準

【適合義務】において適用される基準は、【非住宅部分】に係る一次エネルギー消費量基準のみであり、【外皮基準】は対象外である。

住宅部分を含む複合建築物

【住宅部分】を含む【複合建築物】の場合、**図1**に基づきいずれに該当するのかを確認する。ここで住宅部分とは、

図1　省エネ適判・届出・説明の判定フロー：新築の場合（※ 図の床面積は開放部分を除いた床面積を指す）

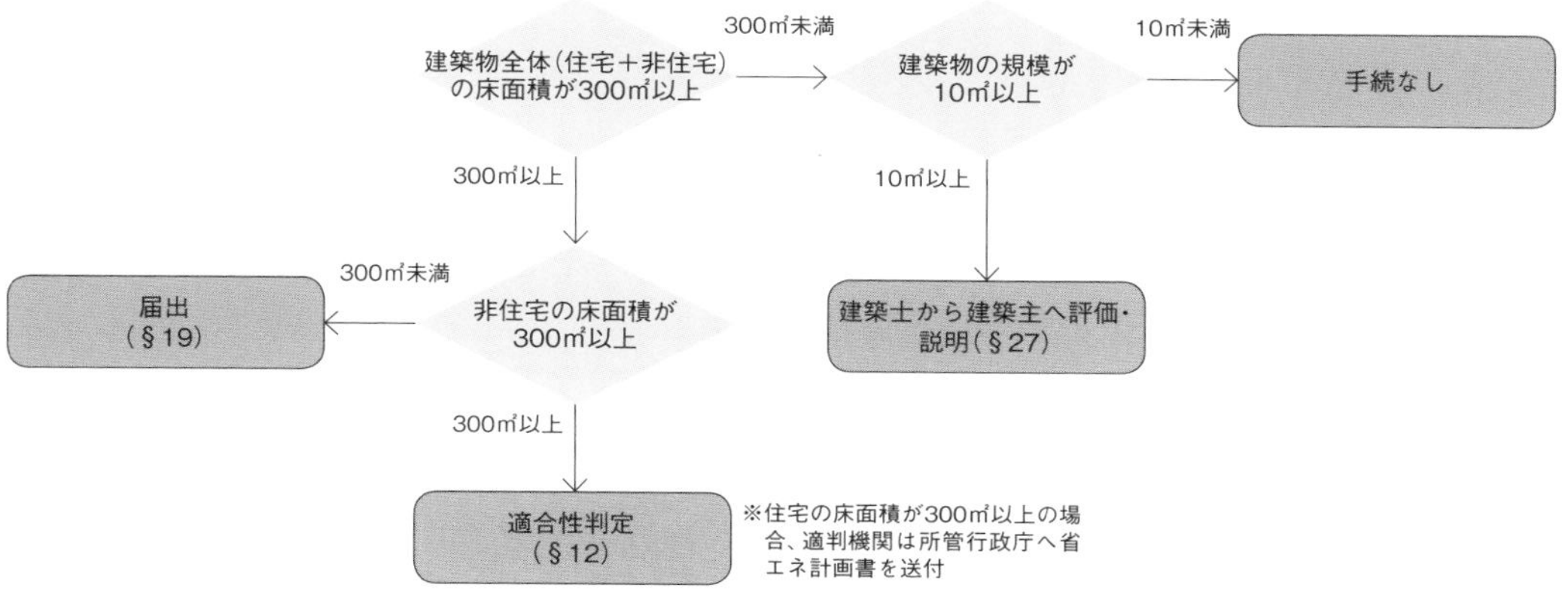

図2　適合義務の適用スケジュール

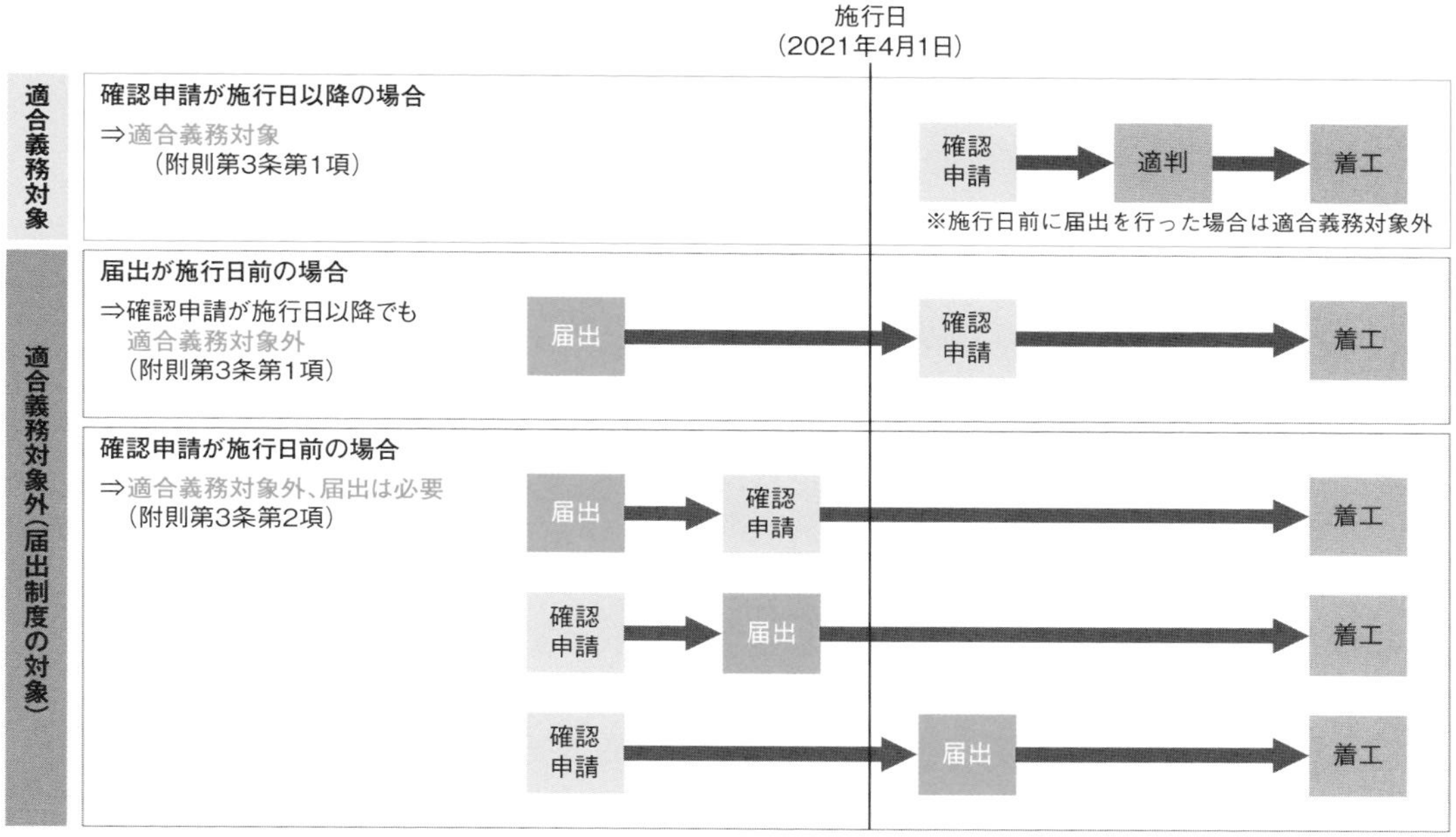

住宅（一戸建ての住宅、長屋、共同住宅、寄宿舎、下宿）の用に供する建築物またはその部分を指す。また、非住宅部分と住宅部分の共用部分については原則、次のように判断する。居住する用途以外のみに供する部分の床面積が、居住者専用に供する部分の床面積よりも大きくなる場合で、居住者以外の者が利用する共用部分は非住宅部分となる。

適合義務の適用スケジュール

新たに適合性判定対象となる中規模建築物については施行日の2021（令和3）年4月1日を境に適合義務の対象と、届出制度の対象に分かれる（**図2**）。確認申請が施行日前であれば届出のみとなるが、施行日以降であっても届出を行う必要がある。

規制措置

届出義務制度

005

point

①2019(令和元)年改正により中規模非住宅建築物が適合義務制度の対象に移行した。
②届出期限を着工21日前から3日前に短縮できる特例が設けられた。

届出義務制度

法第19条では床面積が300㎡以上(適合義務対象に該当するものを除く)の建築物の新築・増改築の際には、着工の21日前までに【所管行政庁】への届出を建築主に義務付けている。所管行政庁は届出に係る建築物の計画が、【省エネ基準】に適合していない場合に必要と認めるときは、建築主に対し計画の変更等の指示・命令が可能である。

届出義務対象となる基準

【住宅部分】の評価では、一次エネルギー消費量基準だけでなく【外皮基準】も適用される(**表1**)。

届出期限の特例

2019(令和元)年改正により届出に併せて、省エネ基準への適合に係る民間審査機関による評価書(設計住宅性能評価書、BELS評価書など)を提出すれば、計画の届出期限を着工の21日前から最短で着工の3日前に短縮できることとなった。

1) 設計住宅性能評価書による場合

住宅の品質確保の促進等に関する法律に基づく第三者機関にて交付される評価書である。構造、劣化等省エネ以外の事項も含めた住宅に係る性能について等級などにより評価、表示を行っている。

届出義務制度で設計住宅性能評価書を活用する場合は省エネに関する表示事項の両方が評価されていることが必要となる(**表2**)。なお、設計住宅性能評価書は住戸単位で交付されるため、共同住宅の届出において活用する場合は、全住戸分の評価書の写しを提出する必要がある。

2) BELS評価書による場合

法第7条および建築物のエネルギー

表1　届出義務で適用される基準

工事種別	用途等		適用される基準	
			外皮	一次エネルギー消費量
新築	住宅部分	単位住戸	○	○
		共用部分	×	△
	非住宅部分		×	○
増築・改築	住宅部分	単位住戸	○※（既存部分含む）	○（既存部分含む）
		共用部分	×	△（既存部分含む）
	非住宅部分		×	○（既存部分含む）

※2016（平成28）年4月時点で現に存する住宅の増改築については、一次エネルギー消費量の基準（仕様基準を除く）に適合する場合に限り、外皮基準適合は求めない。
※住宅の一次エネルギー消費量基準については、全住戸もしくは住棟全体（全住戸＋共用部）の合計が基準値以下になること。
※表中「△」は、対象とすることができる部分を示す。

表2　届出期限短縮のために必要な表示内容

評価事項	表示内容	備考
5-1　断熱等性能等級	等級4	U_A値及びη_{AC}値の表示の有無は問わない
5-2　一次エネルギー消費量等級	等級4又は等級5	床面積当たりの一次エネルギー消費量の値の表示の有無は問わない

消費性能の表示に関する指針に基づき、第三者機関（BELS評価機関）により審査・交付される建築物に係る省エネルギー消費性能を評価・表示する評価書である。住宅、非住宅建築物いずれにも対応しており、また建築物全体、用途ごとなど建築物の部分についての評価も可能である。評価対象と届出対象の範囲が一致している必要がある。性能はBEIや星数などで表示する。評価書にはBEIの値が載っているが★★以上であれば省エネ基準に適合している。

BELS評価書では外皮性能に関する情報は申請者が希望する場合に表示されるため、住宅用途の場合は外皮性能に関する情報を申請時に表示を希望しておく必要がある。詳細は後述する（**011項目**参照）。

規制措置

説明義務制度

006

point

①2019(令和元)年法改正により新設された制度。
②施行日(2021[令和3]年4月1日)以降に建築士が委託を受けた建築物の設計が対象。

説明義務制度

2019(令和元)年改正により床面積300㎡未満(開放部分を除く)の小規模な住宅・非住宅建築物の努力義務の水準が、「省エネ性能向上」から「省エネ基準適合」に強化された。

これを受けて、設計の際に建築士から建築主への省エネに係るその評価結果を説明する【説明義務】制度が新設された。省エネに対する説明を通じて、その理解と省エネ性能向上を促すとともに、建物の【省エネ性能】を高めようという気持ちを持ってもらうことを目的としている。説明の際には次の事項を記載した書面を用いる(ただし、建築主より当該説明等が不要である旨の書面による意思表明があった場合を除く)。

・【省エネ基準】への適否
・適合しない場合は省エネ性能を確保するための措置

説明に用いた書面は建築士法において建築士事務所の保存図書として位置づけられる(**図**)。簡易に省エネ性能が評価できる評価ツールも追加される。

図　説明義務の適用スケジュール

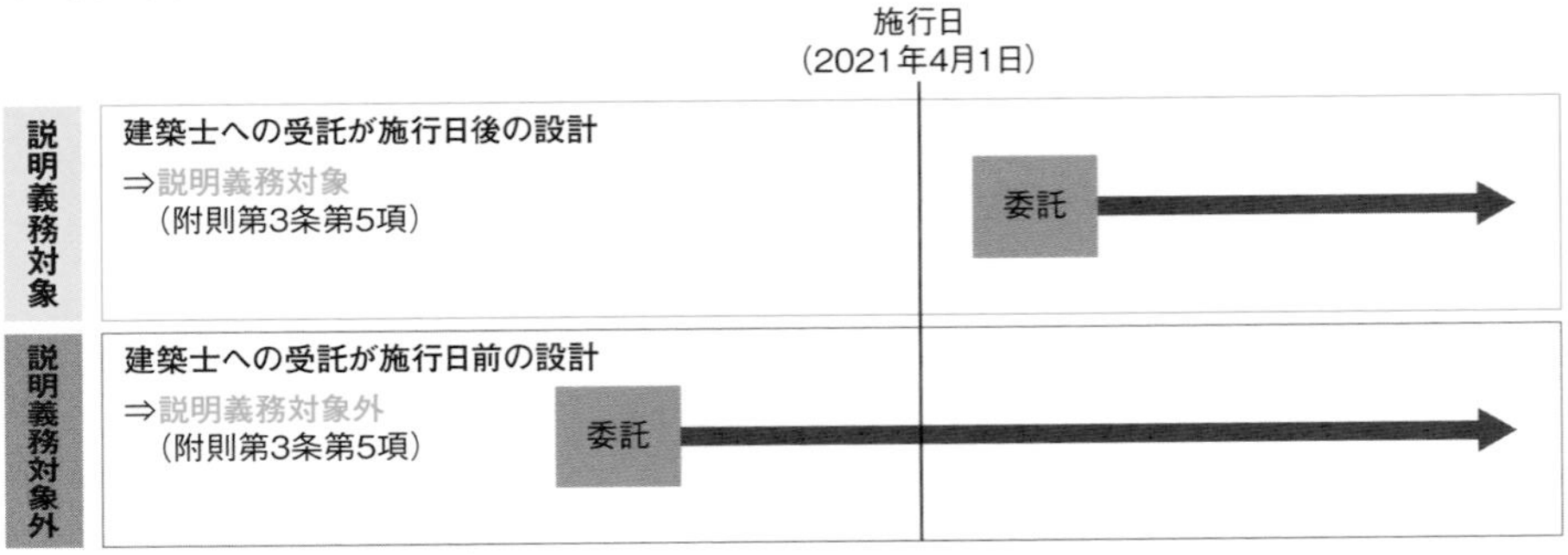

※10㎡未満の新築および増改築は除く

規制措置
住宅トップランナー制度

007

point

①注文戸建住宅、賃貸アパートが対象に追加された。
②各年度内に「確認済証」が交付された住宅を対象として報告を行う。

【住宅トップランナー制度】

年間で一定戸数以上の住宅を供給する事業者に対して、エネルギー消費性能の一層の向上のために必要な住宅の構造および設備に関する基準（住宅トップランナー基準）を定め、目標年度までに【省エネ性能】の向上を誘導する制度。2019（令和元）年改正により注文戸建住宅、賃貸アパートが対象に加えられた。供給する住宅の区分ごとに規制対象となる年間供給戸数が異なるので注意する。

制度の対象となる事業者は、特定建築主、特定建設工事業者である。

それぞれ、エネルギー消費性能の一層の向上のために必要な住宅の構造および設備に関する基準に適合するよう努めなければならない（**表**）。なお、基準に適合しない場合は必要に応じて国土交通大臣が勧告、公表、命令を行えることとなった。

※特定建築主：自らが定めた一戸建ての住宅の構造及び設備に関する規格に基づき、一戸建ての住宅を新築し分譲することを業として行う建築主
※特定建設工事業者：自らが定めた住宅の構造及び設備に関する規格に基づき、住宅を新たに建設する工事を業として請け負う者

表　住宅トップランナー基準

	対象事業者	目標年度	外皮基準※1	一次エネルギー消費量基準※2
注文戸建住宅	年間300戸以上供給	2024年度	省エネ基準に適合	省エネ基準※3に比べて25％削減。ただし、当面の間は省エネ基準※3に比べて20％削減
賃貸アパート	年間1,000戸以上供給	2024年度		省エネ基準※3に比べて10％削減
建売戸建住宅	年間150戸以上供給	2020年度		省エネ基準※3に比べて15％削減

※1　各年度に供給する全ての住宅に対して求める水準
※2　各年度に供給する全ての住宅の平均に対して求める水準
※3　その他一次エネルギー消費量を除く

適用除外と建築物の規模算定

008

point

①居室を有しない、開放性の高い建築物は適用除外となる。
②【建築物省エネ法】における床面積は開放部分を除いた床面積を用いる。

適用除外の概要

規制措置の【適合義務】、【届出義務】、【説明義務】の各制度において、空気調和設備を設ける必要がない建築物や現状変更等に係る規制が設けられた建築物に対しては適用除外とされている。

適用除外の建築物

法第18条、施行令第7条第1項で適用除外となる建築物を定めている。

①居室を有しないことまたは高い開放性を有することにより、空気調和設備を設ける必要がないものとして定められる用途に供する建築物

【1】自動車車庫、自転車駐車場、畜舎、堆肥舎、公共用歩廊その他これらに類する用途、常温倉庫、危険物の貯蔵場(常温)、変電所、道路の維持管理のための受電施設、水産物の養殖場又は増殖場(常温)など(**図1**)

なお、冷凍冷蔵倉庫・定温倉庫、無人工場、データーセンターなどの用途は適用除外に該当しないため規制対象となるが、当面の間は計算の対象から除外される。適合義務や届出義務に係る手続きは必要なため注意する。

【2】観覧場、スケート場、水泳場、スポーツの練習場、神社、寺院その他これらに類する用途(壁を有しないことその他の高い開放性を有するものとして国土交通大臣が定めるものに限る)

右記建築物において全てが高い開放性を有しているとは限らないため、次の条件を付している。

・壁を有しないこと

・開放部分(内部に間仕切り壁などを有しない建築物の階またはその一部で、その床面積に対する常時外気に開放された開口部の面積の合計の割合が1/20以上であるもの)のみで構成された建築物であること。部分的に【高い開放性を有する部分】があっても適

図1　空気調和設備を設ける必要がない建築物例

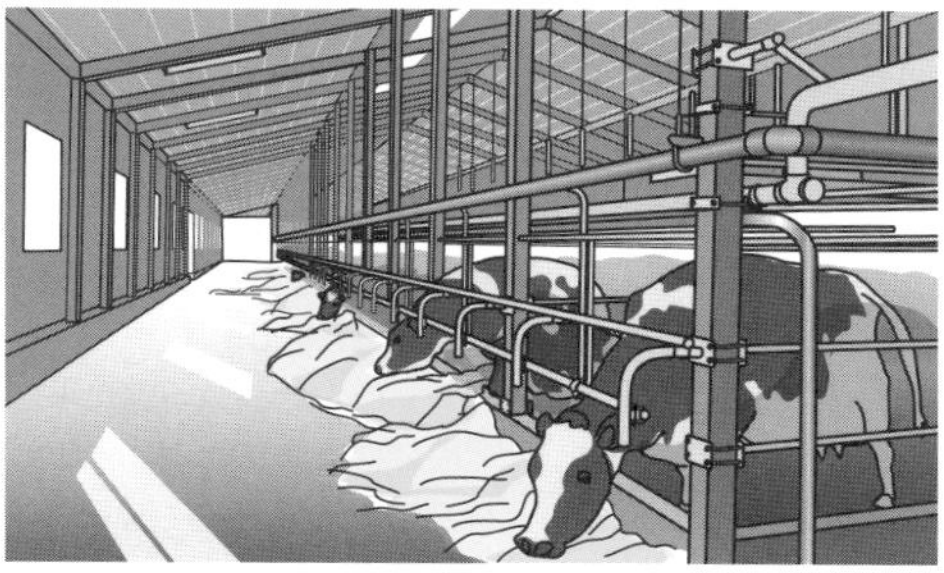

畜舎

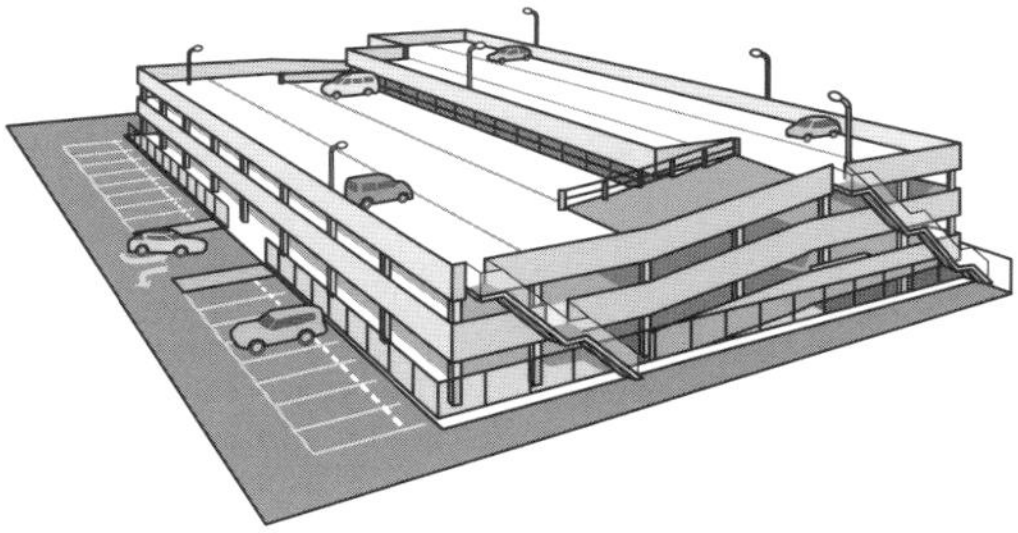

屋外駐車場

図2　開放部分のみで構成される建築物のイメージ

用除外とはならない（**図2**）。

適用除外の条件は、建築物全体としての用途に該当するものに限られる。上記【1】、【2】の部分の両方を有する建築物は、他の用途が無い場合も適用除外とならないため注意する。

②現状変更に係る規制

法令または条例の定める現状変更の規制および保存のための措置その他の措置がとられていることにより【省エネ基準】に適合させることが困難なものとして、文化財保護法による、国宝、重要文化財、重要有形民俗文化財、特別史跡名勝天然記念物、伝統的建造物群保存地区内における建造物群を構成している建築物などが該当する。

③仮設の建築物

建築基準法に規定する応急仮設建築物であって工事完了から3ヶ月以内のもの、建築基準法に規定する事務所・下小屋・材料置場の仮設建築物などがあげられる。

建築物の規模算定

【建築物省エネ法】における床面積の算出は、建築基準法と同じく壁芯で算出する。ただし、規制措置である適合義務や所管行政庁への届出義務の規模となるかを判断する場合、【高い開放性を有する部分】を除いた床面積を用いる（**図3、4**）。

高い開放性を有する部分は、【特定増改築】（**012項目**参照）に該当しているかを判断するための割合（1／2）を算出する際の床面積については適用しない（高い開放性を有する部分の床面積を除かない）。

また高い開放性を有する部分を除いても適合義務や届出義務、説明義務の対象となった建築物については、高い開放性を有する部分を含めた建築物全体が規制措置の対象となる。

図３　高い開放性を有する部分が階全体となる建築物の例

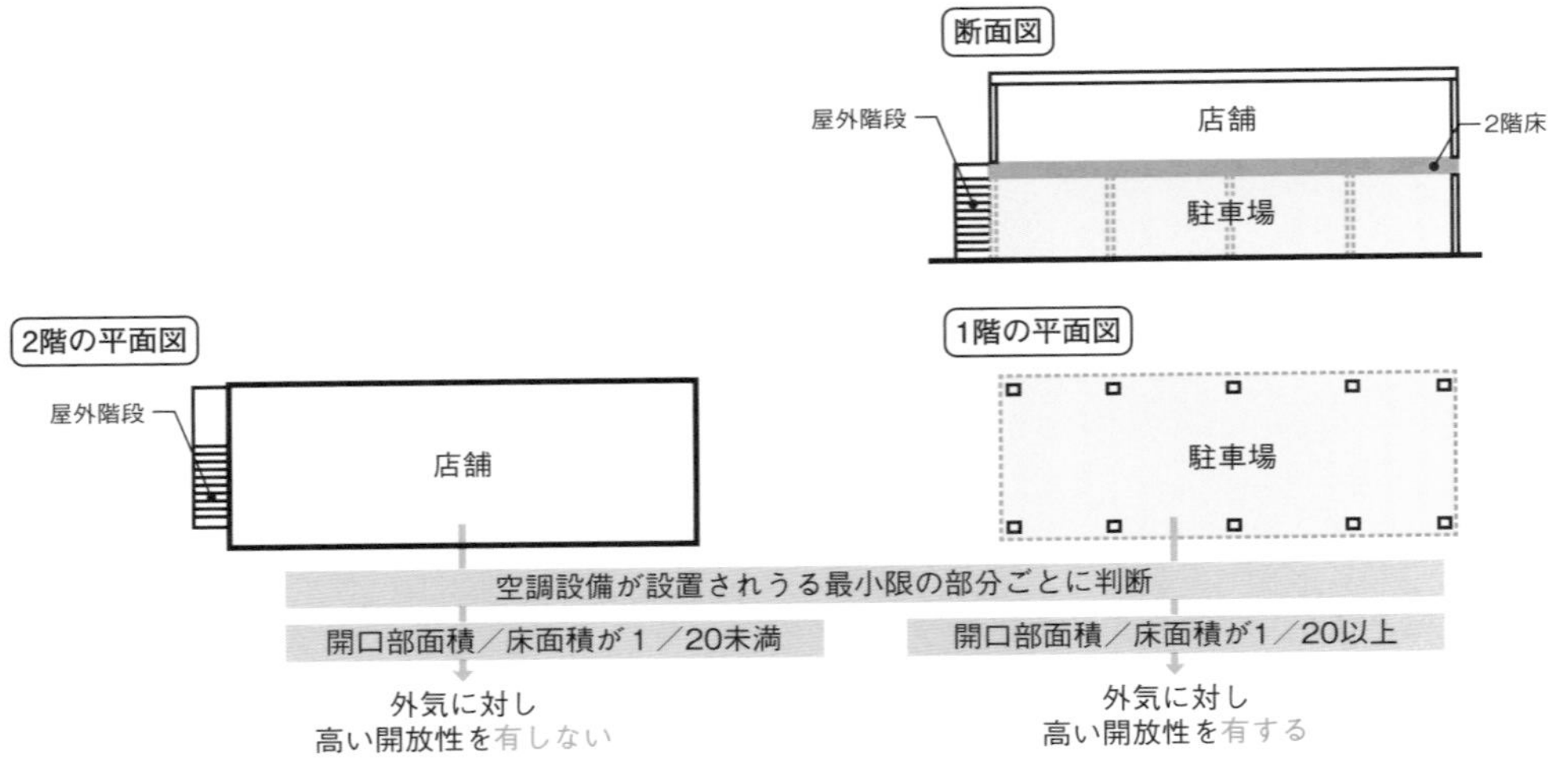

図４　高い開放性を有する部分が階の一部となる建築物の例

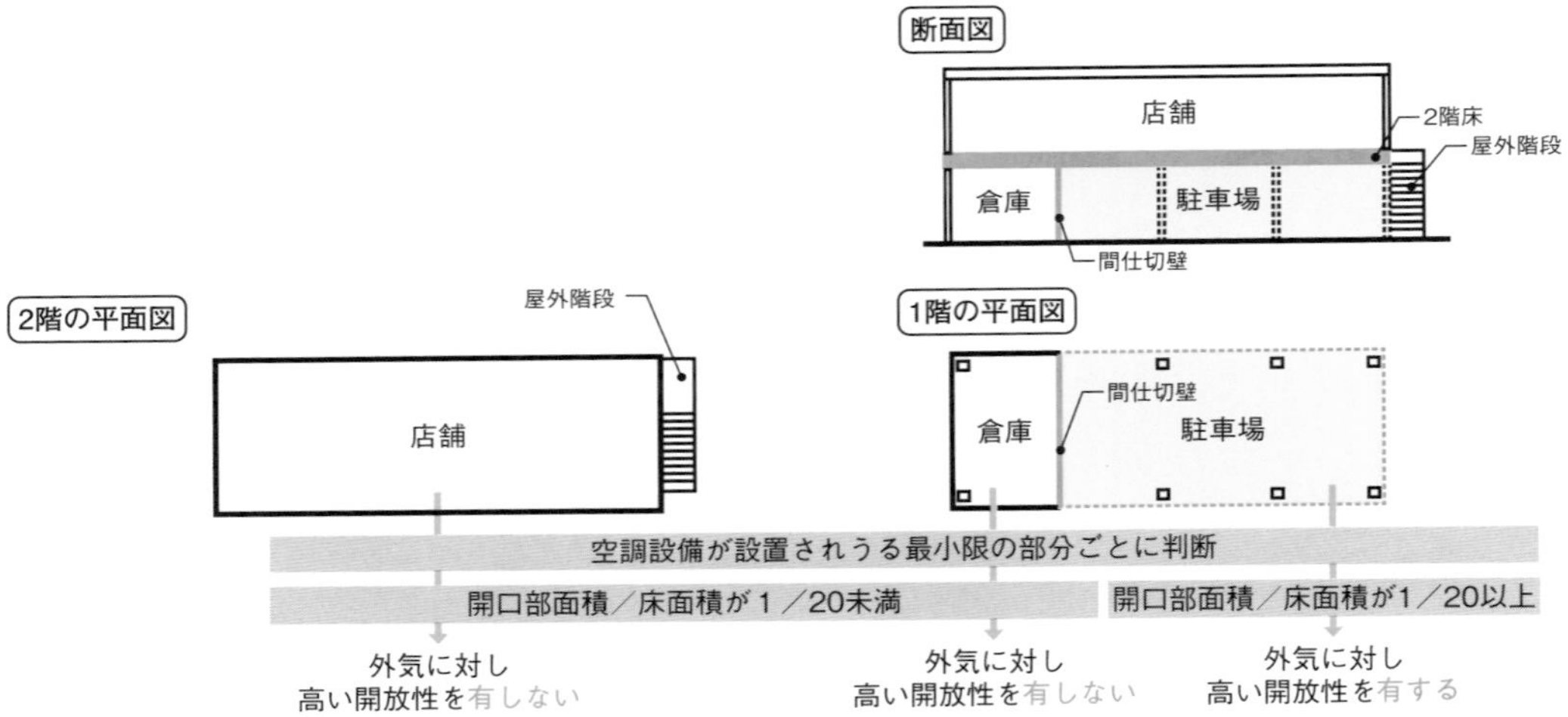

省エネ基準の体系

009

point

①用途（住宅・非住宅）、規制措置または誘導措置により、基準が異なる。

要求水準

基準には判断基準である【省エネ基準】と、誘導措置の判断基準である【誘導基準】の2つがある。また、計算方法は算出方法、【算出告示】においてそれぞれ定められている（**図1**）。

非住宅用途

非住宅用途の規制措置（適合義務および届出義務、説明義務）では、【外皮基準】は適用されず、一次エネルギー消費量基準のみが適用される（**図2**）。【基準省令】の算出方法と、算出告示の計算方法により算出した【設計一次エネルギー消費量】が、同算出告示の計算により算出した【基準一次エネルギー消費量】を超えなければ基準適合となる。計算方法は、標準入力法（主要室入力法）・モデル建物法・小規模版モデル建物法（300㎡未満のみ使用可）、または国土交通大臣が認める方法のいずれかとする。

誘導措置においては、一次エネルギー消費量基準と外皮基準（屋内周囲空間）の年間熱負荷PAL*（パルスター）（**028項目**参照）が適用される。

住宅用途

規制措置（届出義務）および誘導措置において、【住宅部分】には外皮基準と一次エネルギー消費量基準が適用される。基準省令の算出方法と、算出告示の計算方法により、設計一次エネルギー消費量が算出告示により算出した基準一次エネルギー消費量基準を超えなければ基準適合となる（**図3**）。

外皮基準は、外皮平均熱貫流率U_Aと冷房期の平均日射熱取得率η_{AC}が適用される。住宅・非住宅および各申請内容による評価方法を分類した（**表**）。申請の目的に合わせた計算方法になっているか確認されたい。

図１　建築物省エネ法体系

法律『建築物省エネ法』
（建築物のエネルギー消費性能の向上に関する法律）

省令『基準省令』
『建築物エネルギー消費性能基準等を定める省令』
・建築物エネルギー消費性能基準
・建築物のエネルギー消費性能の向上の一層の促進のために誘導すべき基準

告示『非住宅・住宅計算方法』
『建築物エネルギー消費性能基準等を定める省令における算定方法等に係る事項』
<非住宅>一次エネルギー消費量、PAL*
標準入力法、主要室入力法、モデル建物法
<住　宅>U_A値、η_A値、一次エネルギー消費量

告示『住宅仕様基準』
『住宅部分の外壁、窓等を通しての熱の損失の防止に関する基準及び一次エネルギー消費量に関する基準』
<住宅>部位別仕様基準

図２　一次エネルギー消費量基準と外皮基準

一次エネルギー消費量基準

一次エネルギー消費量が基準値以下となること。

※「一次エネルギー消費量」
＝空調エネルギー消費量＋換気エネルギー消費量
＋照明エネルギー消費量＋給湯エネルギー消費量
＋昇降機エネルギー消費量（非住宅用途のみ）
＋その他エネルギー消費量（OA機器等）
－太陽光発電設備等による創エネ量（自家消費分に限る）

外皮基準

外皮（外壁、窓等）の表面積あたりの熱の損失量（外皮平均熱貫流率等）が基準値以下となること。

※「外皮平均熱貫流率」＝外皮総熱損失量／外皮総面積

図３　省エネ基準・誘導基準・トップランナー基準の水準（住宅）

	省エネ基準（届出義務制度、説明義務制度）	誘導基準（性能向上計画認定制度）	トップランナー基準（住宅トップランナー制度）
一次エネ基準 BEI	新築　1.0 既存※　1.1	新築　0.9 既存※　1.0	建売戸建住宅（2020年度～）　**0.85** 注文戸建住宅（2024年度～）　**0.8** （ただし、経産大臣・国交大臣が定める年度以降**0.75**） 賃貸アパート（2024年度～）　**0.9**
外皮基準 U_A、η_{AC}	新築　**適用** 既存※　**なし**		

※平成28年4月1日に現に存する建築物の部分

U_A η_{AC}が、「地域の区分」に応じた基準値以下になること

外皮性能の基準値

地域の区分		1	2	3	4	5	6	7	8
住戸単位で基準への適否を判断する場合（戸建住宅・共同住宅等）	外皮平均熱貫流率〔U_A値〕[W/㎡K]	0.46	0.46	0.56	0.75	0.87	0.87	0.87	—
	冷房期の平均日射熱取得率〔η_{AC}値〕	—	—	—	—	3.0	2.8	2.7	6.7※
住棟単位で基準への適否を判断する場合（共同住宅等）	住棟単位外皮平均熱貫流率〔U_A値〕[W/㎡K]	0.41	0.41	0.44	0.69	0.75	0.75	0.75	
	住棟単位冷房期平均日射熱取得率〔η_{AC}値〕	—	—	—	—	1.5	1.4	1.3	2.8

※令和2年4月より、3.2→6.7に見直し

表　建築物省エネ法の各制度における計算法の適用可否一覧

用途	計算法※			省エネ適判	届出	説明義務	住宅TR	性能向上計画	認定表示	住宅性能表示制度	低炭素建築物認定
非住宅	外皮	標準計算	標準入力法					○			○
		簡易計算	モデル建物法					○			○
	一次エネ	標準計算	標準入力法	○	○	○		○	○		○
		簡易計算	モデル建物法	○	○	○		○	○		○
			小規模版モデル建物法	×	○	○		×	○		×
戸建住宅	外皮	標準計算	当該住戸の外皮面積を用いる計算法		○	○	○	○	○	○	○
		簡易計算	当該住戸の外皮面積を用いない計算法		○	○	○	○	○	○	○
		仕様基準			○	○	×	×	○	○（等級4のみ）	×
	一次エネ	標準計算・簡易計算	Webプロ		○	○	○	○	○	○	○
		仕様基準			○	○	×	×	○	○（等級4のみ）	×
	外皮・一次エネ	簡易計算	モデル住宅法（簡易計算シート）		○	○	×	×	○	×	×
共同住宅等	外皮	標準計算	各住戸計算		○	○	○	○	○	○	○
			全住戸平均		○	○	○	○	○	×	×
		仕様基準			○	○	×	×	○	○（等級4のみ）	×
	一次エネ	標準計算	Webプロ		○	○	○	○	○	○	○
		仕様基準			○	○	×	×	○	○（等級4のみ）	×
	外皮・一次エネ	簡易計算	フロア入力法		○	○	×	×	○	×	×

※ 各計算法の適用は以下のとおりとする。
①非住宅用途における小規模版モデル建物法は、床面積が300㎡（高い開放性を有する部分を除く。）未満の場合に限る。
②共同住宅等における全住戸平均及びフロア入力法は、複数住戸を有する共同住宅の場合に限る。
③共同住宅等における全住戸平均は、外皮基準への適合確認のみに用いることができ、当該平均値を用いて各住戸の一次エネ詳細計算を行うことはできない。
④戸建住宅におけるモデル住宅法は、他用途を有さない戸建住宅の場合に限る。
⑤共同住宅の共用部を計算の対象に含める場合、当該部分の一次エネルギー消費量は非住宅用途の標準入力法による。

誘導措置

誘導措置の概要・性能向上計画認定

010

point

①誘導措置に係る基準をクリアすることで、所管行政庁の認定が受けられる。
②具体的には、性能向上計画認定、省エネ基準適合認定、省エネ性能表示がある。

誘導措置の概要

誘導措置は任意の制度であり、【省エネ性能】の向上に直接関係のある全ての【建築物】の新築、増築、改築、修繕、模様替えもしくは建築物への空気調和設備等の設置、改修を対象としている。これらの計画が誘導措置に係る基準（以下、【誘導基準】）に適合している場合、【所管行政庁】の認定を受けることによりインセンティブが得られる。誘導基準は、一次エネルギー消費量基準および【外皮基準】からなる。誘導措置には【性能向上計画認定】と【認定表示】の2つがある。

性能向上計画認定

建築物エネルギー消費性能向上計画が誘導基準に適合することを、所管行政庁が認定する制度である（**図1**）。認定を取得すると、容積率特例を受けることができる。容積率特例の延べ面積には、省エネ性能向上のための設備について、通常の建築物の床面積を超える部分（建築物の延べ面積の10％を上限）を算入しないことができる。適用基準は**表**の通り。

省エネ性能向上のための設備：①太陽光発電設備、太陽熱集熱設備その他再生可能エネルギー源利用設備でエネルギー消費性能の向上に資するもの、②燃料電池設備、③コージェネレーション設備、④地域熱供給設備、⑤蓄熱設備、⑥蓄電池（床据え付けのもので、再生可能エネルギー発電設備と連系するものに限る）、⑦全熱交換器

2019（令和元）年改正前は単棟の住宅・建築物の省エネ性能向上の取組を想定していたが、複数の住宅・建築物の連携による取組において容積率特例が十分に受けられなかったことを受けて、2019（令和元）年11月16日施行より複数の住宅・建築物の連携による省エネ性能向上の取組が対象に追加

図１　性能向上計画認定

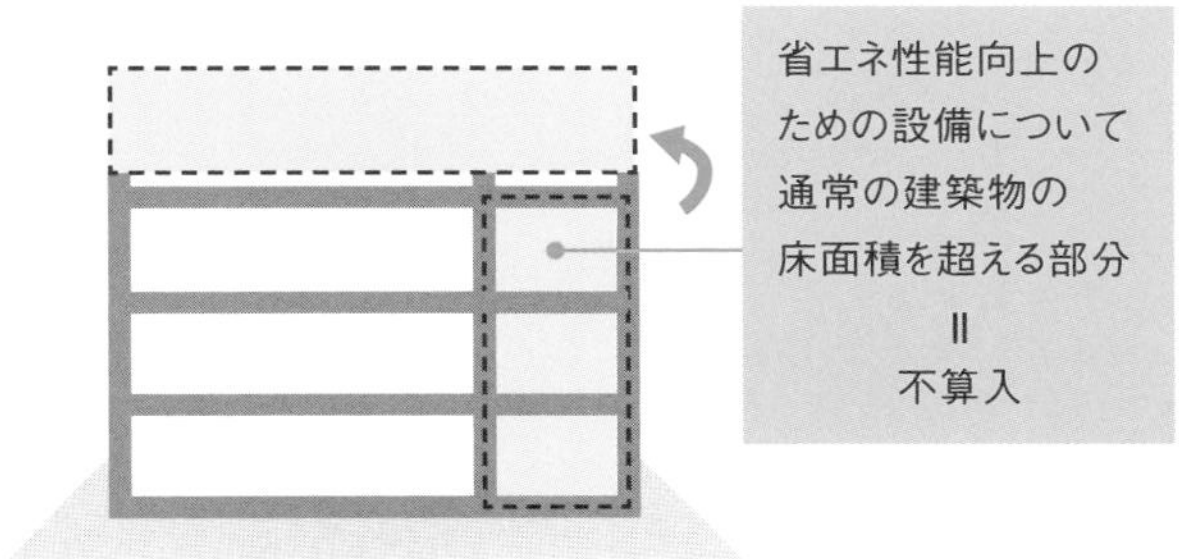

図２　複数の住宅・建築物の連携による省エネ性能向上の取組に係る容積率特例のイメージ

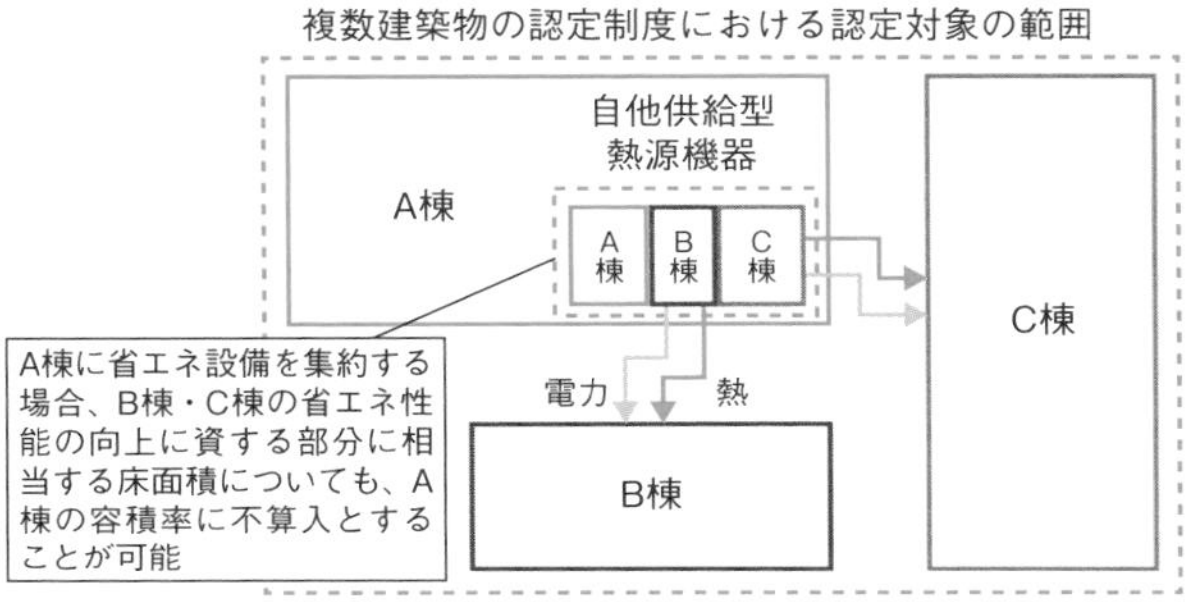

○複数建築物の認定制度に基づく認定を受けている場合には、申請建築物から熱や電力の供給を受ける建築物の省エネ性能を評価するにあたり、申請建築物に設置された個別の熱源・電源の性能に応じた評価ができることとする。
○具体的には、告示第265号別表第1に規定している「エネルギー量を熱量に換算する係数」について、認定を受けた計画に記載されている建築物から当該計画に記載されている他の建築物に供給される熱の場合、「他人から供給された熱」（1.36kJ/kJ）の対象から除くよう改正

表　性能向上計画認定の適用基準

対象用途	適用基準	省エネ基準に対する誘導基準の水準[※1]	
		2016年4月以後に新築された建築物	2016年4月時点で現に存する建築物
非住宅	一次エネルギ―消費量基準[※2]	0.8	1.0
	外皮基準（PAL[*]）	1.0	―
住宅	一次エネルギー消費量基準[※2※3]	0.9	1.0
	外皮基準（U_A、η_{AC}）	1.0	―

※1　表中の数字は設計値を基準値で除した数値を表している。
※2　一次エネルギー消費量基準については、「設計一次エネルギー消費量（その他一次エネルギー消費量を除く）」／「基準一次エネルギー消費量（その他一次エネルギー消費量を除く）」（BEI）が表中の値以下になること。
※3　住宅の一次エネルギー消費量基準については、認定の対象に応じ、住棟全体（全住戸＋共用部の合計）又は申請する住宅部分が表中の値以下になること。

された。

ただし、複数建築物認定の場合、容積率特例を受けられるのは自他供給型熱源機器等が設置された申請対象建築物に限定される（**図2**）。

自他供給型熱源機器等：申請建築物および他の建築物に熱または電気を供給するための、熱源機器等（熱源機器、発電機、太陽光、風力その他の再生可能エネルギー源から熱または電気を得るために用いられる機器）であって、空気調和設備等を構成するもの

省エネ適合判定対象建物であれば性能向上計画認定を取得することにより、【省エネ適判通知書】の交付を受けたものとみなすことができる。届出制度の対象の場合も、届出をしたものとみなすことができる。複数建築物認定の場合、当該認定に含まれるその他の建築物にみなしを適用することはできない。

認定表示

011

point

①基準適合の認定表示には法第41条の認定表示と法第7条に基づくBELSがある。
②認定を受けると省エネ基準への適合、省エネ性能をアピールできる。

省エネ基準適合認定：【認定表示】

【所管行政庁】による【建築物】の省エネルギー基準適合認定制度で、認定対象は既存の【住宅】・【非住宅建築物】である。既存建築物の所有者が所在地の所管行政庁に申請を行う。当該認定を受けることで【省エネ基準】への適合をアピールできる。具体的には、当該建築物に係る広告や契約書類等に省エネ基準適合認定マーク（Eマーク）の表示をすることができる（**図**）。認定表示の適用基準は**表1**の通り。

省エネ性能表示：BELS

届出期限の特例（**005項目**参照）で述べたように、建築物のエネルギー消費性能の表示に関する指針（平成28年国土交通省告示第489号）に基づく制度である。全ての建築物を対象とした省エネルギー性能等に関する評価・表示を行う。建築物のエネルギー消費性能の見える化を通じて、性能の優れた建築物が市場で適切に評価され、選ばれるような環境整備等を図ることを目的としている。新築時等に、特に優れた【省エネ性能】をアピールすることができる。表示は「第三者認証」か「自己評価」の別や、設計値の基準値からの削減率などがある。第三者認証の例として建築物省エネルギー性能表示制度（BELS）がある（**表2、3**）。

建物の省エネ性能をわかりやすくBEIや星数で表示している。建物用途により表示星数が同じでもBEIが異なるので注意する。

BELS評価書では外皮性能に関する情報は申請者が希望する場合に表示されるため、外皮性能に関する情報を申請時に表示を希望しておく必要がある。

図　省エネ基準適合認定

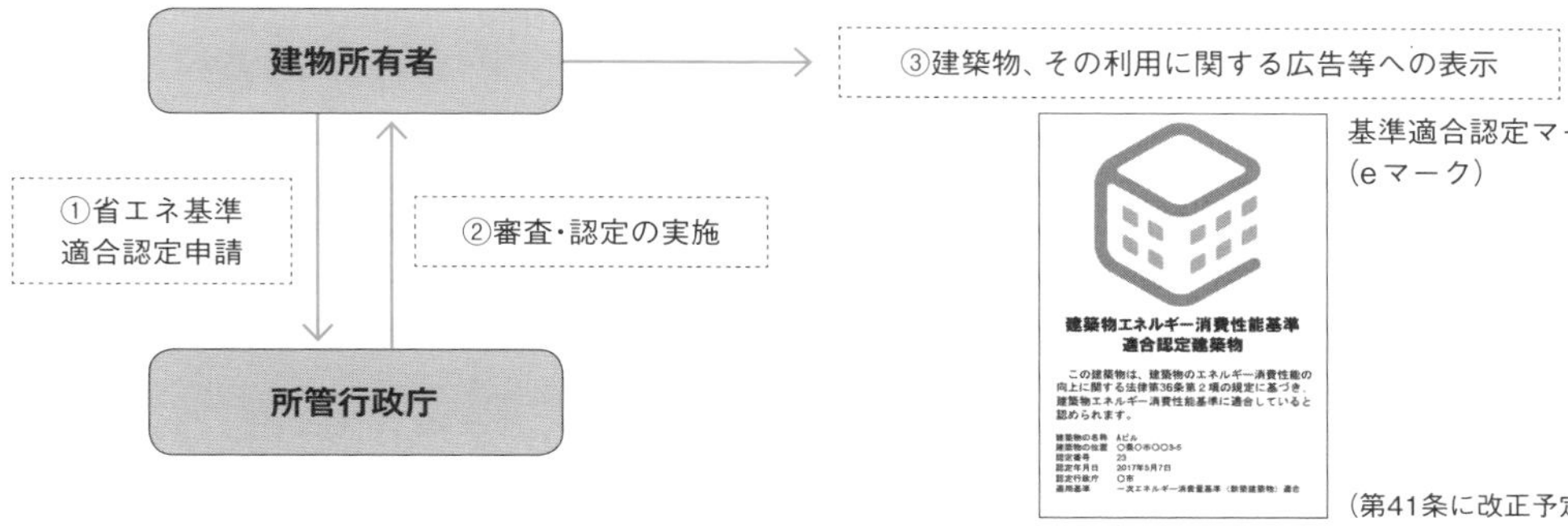

基準適合認定マーク
（eマーク）

（第41条に改正予定）

表１　認定表示の適用基準

対象用途	適用基準	省エネ基準に対する適合基準の水準 ※1	
		2016年4月以後に新築された建築物	2016年4月時点で現に存する建築物
非住宅	一次エネルギー消費量基準 ※2	1.0	1.1
	外皮基準（PAL*）	—	
住宅	一次エネルギー消費量基準 ※2※3	1.0	1.1
	外皮基準（U_A、η_{AC}）	1.0	—

※1　表中の数字は設計値を基準値で除した数値を表している。
※2　一次エネルギー消費量基準については、「設計一次エネルギー消費量（その他一次エネルギー消費量を除く）」／「基準一次エネルギー消費量（その他一次エネルギー消費量を除く）」（BEI）が表中の値以下になること。
※3　住宅の一次エネルギー消費量基準については、認定の対象に応じ、住棟全体（全住戸＋共用部の合計）又は申請する住宅部分が表中の値以下になること。

表2　BELS

表示星数（※）	住宅用途	非住宅用途	
		事務所、学校、工場等	ホテル、病院、百貨店、飲食店、集会所等
★★★★★	0.8≧BEI	0.6≧BEI	0.7≧BEI
★★★★	0.85≧BEI＞0.8	0.7≧BEI＞0.6	0.75≧BEI＞0.7
★★★	0.9≧BEI＞0.85	0.8≧BEI＞0.7	0.8≧BEI＞0.75
★★	1.0≧BEI＞0.9	1.0≧BEI＞0.8	1.0≧BEI＞0.8
★	1.1≧BEI＞1.0	1.1≧BEI＞1.0	1.1≧BEI＞1.0

※ 新築の建築物では、「★」の表示を行うことは出来ない。全ての用途で「★★」以上の表示がされている場合、省エネ基準に適合していることとなる。

表３　省エネ性能表示

項目	概要
制度運営主体	一般社団法人　住宅性能評価・表示協会
対象建物	新築及び既存の建築物
評価対象	建築物全体の設計時の省エネルギー性能 ※評価手法によっては、フロア単位等も可能
評価指標	一次エネルギー消費量*および BEI（Building Energy Index）＝設計一次エネ*／基準一次エネ*

＊OA機器・家電等分を除く

BELS：Building-Housing Energy-efficiency Labeling System

増築および改築の取扱い

012

point

①既存建築物が施行日の際に現に存する場合のみ、BEIの緩和措置が適用される。
②【特定増改築】の場合、【適合義務】ではなく、【届出義務】にて対応する。

緩和措置

【特定建築行為】のうち、増築・改築に関しては【建築物省エネ法】附則において既存建築物の緩和措置が設けられている。

既存建築物に対して行う増改築にはＢＥＩの緩和措置があるが、適用されるのは既存建築物が２０１６（平成28）年４月１日施行（以下、施行日）の際に【現に存する】場合のみである。施行日後に新築された既存建築物に対する増改築行為にＢＥＩ緩和措置は適用されない。また、【特定増改築】の判断の際の、既存部分の存する時期が異なることにも注意する。該当する建築物への増築の場合は、建築物全体でのＢＥＩの目標値を1.1以下（通常は1.0以下）とすることができる。

特定増改築

特定建築行為に該当する増改築で、増改築に係る部分の床面積の合計が増改築後の【特定建築物】の床面積に対する割合が１／２以内であるものを特定増改築という。これに該当する場合、省エネ基準適合義務・適合性判定義務が課されず、【所管行政庁】への届出の手続きになる。

ここで注意すべきは、新築時の【適合義務】や所管行政庁への【届出義務】の規模となるかを判断するために用いる床面積算定は、開放部分を除いた床面積を用いるが、特定増改築に該当するかどうかを判断するために用いる床面積算定は、開放部分を除くことはできない。また、特定増改築の判断は、既存部分が２０１７（平成29）年４月１日施行の際に現に存するものである。

既存部分ＢＥＩ

規制措置の対象となる増改築行為の場合、既存建築物を含めた建築物全体で【省エネ計画】を提出する必要があ

図１　増改築の場合のフロー

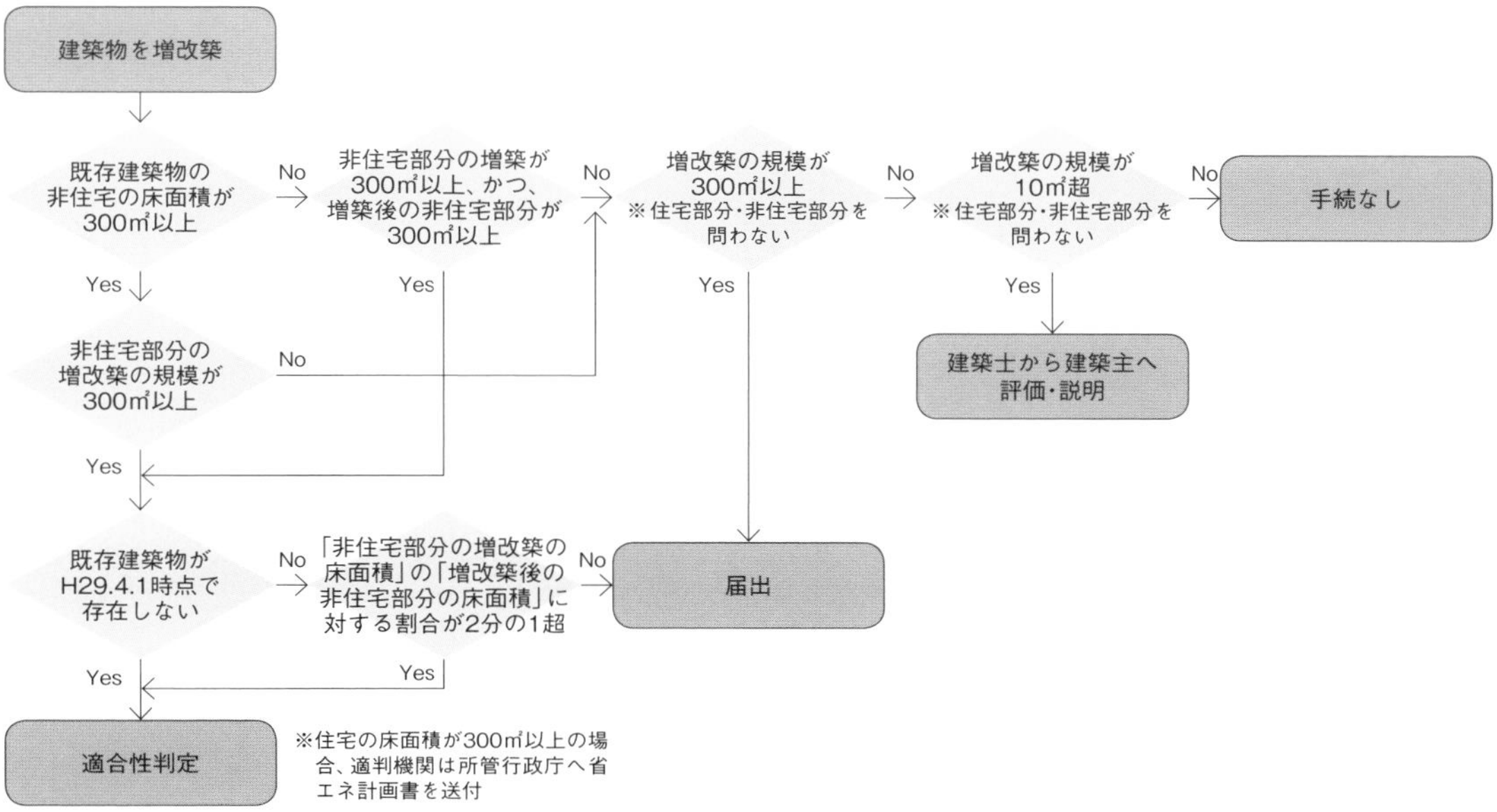

図２　既存部分 BEI

1）既存部分のBEIは、当分の間デフォルト値として**1.2**と設定可能

2）建築物全体のBEIは既存部分のBEIと、増改築部分のBEIとの面積按分で算出

適合義務対象となる増改築に関し、上記算定方法を用いた場合、**完了検査時において既存部分の確認不要**

例）

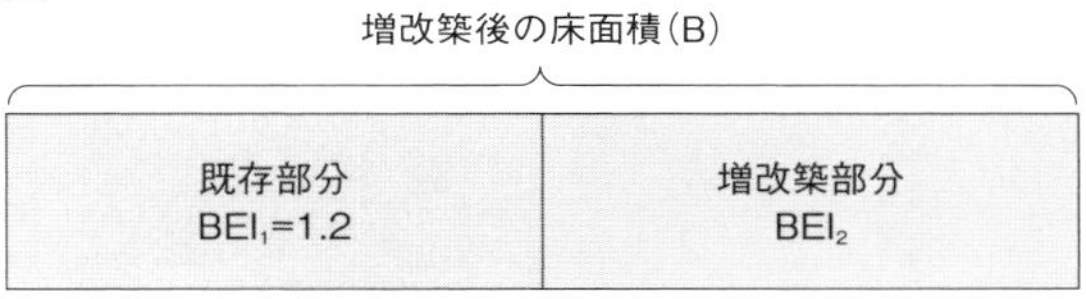

$$\text{建築物全体のBEI} = 1.2 \times \frac{\text{既存部分の面積}}{\text{建築物全体の面積}} + \text{増改築部分の}BEI_2 \times \frac{\text{増改築部分の面積}}{\text{建築物全体の面積}}$$

る。ただし、既存建築物の一次エネルギー消費量を計算することは、既存設備機器の調査など膨大な時間と労力が必要となるため、当分の間に限り既存部分のBEIをデフォルト値（BEI＝1.2）とし、一次エネルギー消費量算定ができる。この場合、建築基準法完了検査において、既存部分の確認は不要となる（**図**）。なお、既存部分の仕様を精査し、建築物全体でBEIの計算をして既存部分のBEIを1.2以外の数値に設定することが可能である。その場合、既存部分についても完了検査の対象となる。

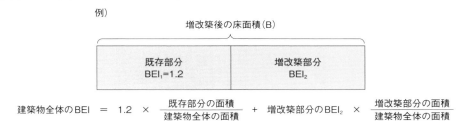

省エネ適合性判定および建築確認審査・検査のスキーム

013

point

①特定建築行為を行う場合、適合判定通知書がないと確認済証の交付を受けることができない。
②完了検査時に省エネ基準に係る工事監理の実施報告書が必要。

【特定建築行為】を行う場合、【適合義務】が課され、建築基準法の建築基準関係規定に位置づけられるので、省エネ適合性判定と建築確認審査・検査は密接に係ることになる（**表**、**図1**）。

確認申請

建築主（以下、申請者）は、建築基準法に基づく確認申請を建築主事または指定確認検査機関（以下、【建築主事等】）に提出する。

確認申請書第二面8欄の「省エネ計画の提出」の該当項目にチェックをする必要がある。建築主事等による確認申請における【省エネ基準】への適合状況に係る審査事項は、①省エネ基準適合義務対象かどうかの確認、②省エネ基準適合性判定を受けた建築物の計画と建築確認申請による建築物の計画と整合していることの確認である。また、確認済証交付までに、省エネ適合判定通知書等の提出（写し可）が必要になる。提出不要を選択した場合、適合義務対象とならない事由に応じてその内容が確認できる図書等を求められることがある。

省エネ適合性判定

申請者は、特定建築行為（【特定増改築】を除く）をしようとするときは、その工事着手前に【省エネ計画】を所管行政庁等に提出し、適合性判定を受けなければならない。ただし、特殊な構造または設備を用いる建築物の大臣認定（**図2**）、誘導措置の一つである【性能向上計画認定】、低炭素認定を取得している場合は、適合性判定手続きは不要である。建築主事等は、省エネ基準に適合すると認めた場合、適合判定通知書を申請者に交付する。交付までの期間は、省エネ計画申請の提出があった日から14日以内である。14日以内に交付できない合理的な理由があり、申請者同意の上で、延長する旨とその理

表　省エネ手続き着工までのフロー

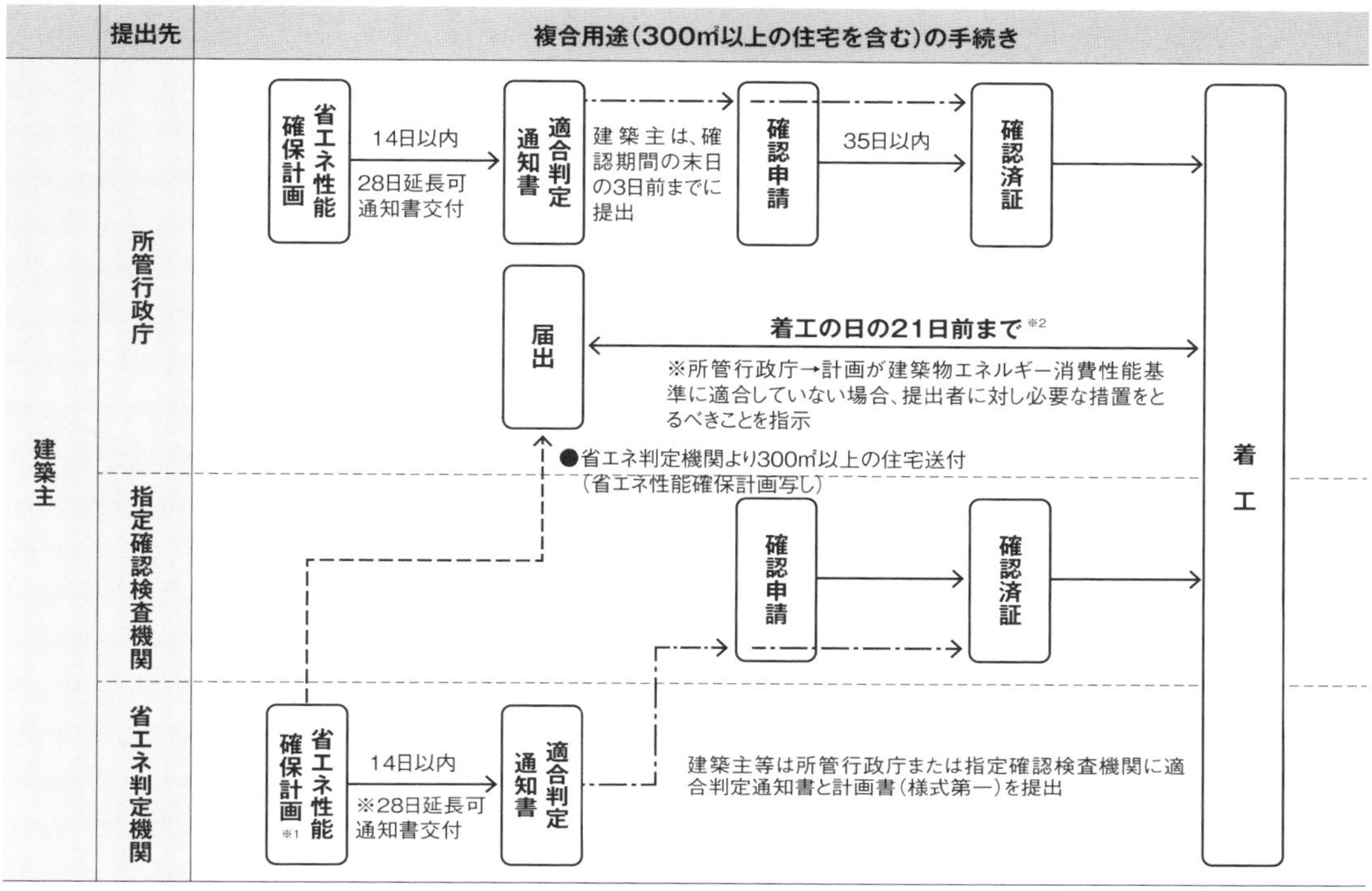

※1 省エネ性能確保計画（建築物エネルギー消費性能確保計画）
特定建築行為に係る特定建築物のエネルギー消費性能の確保のための構造及び設備に関する計画
※2 005の届出期限の特例を使うと3日前までとすることができる

図１　省エネ検査引き渡しまでのフロー

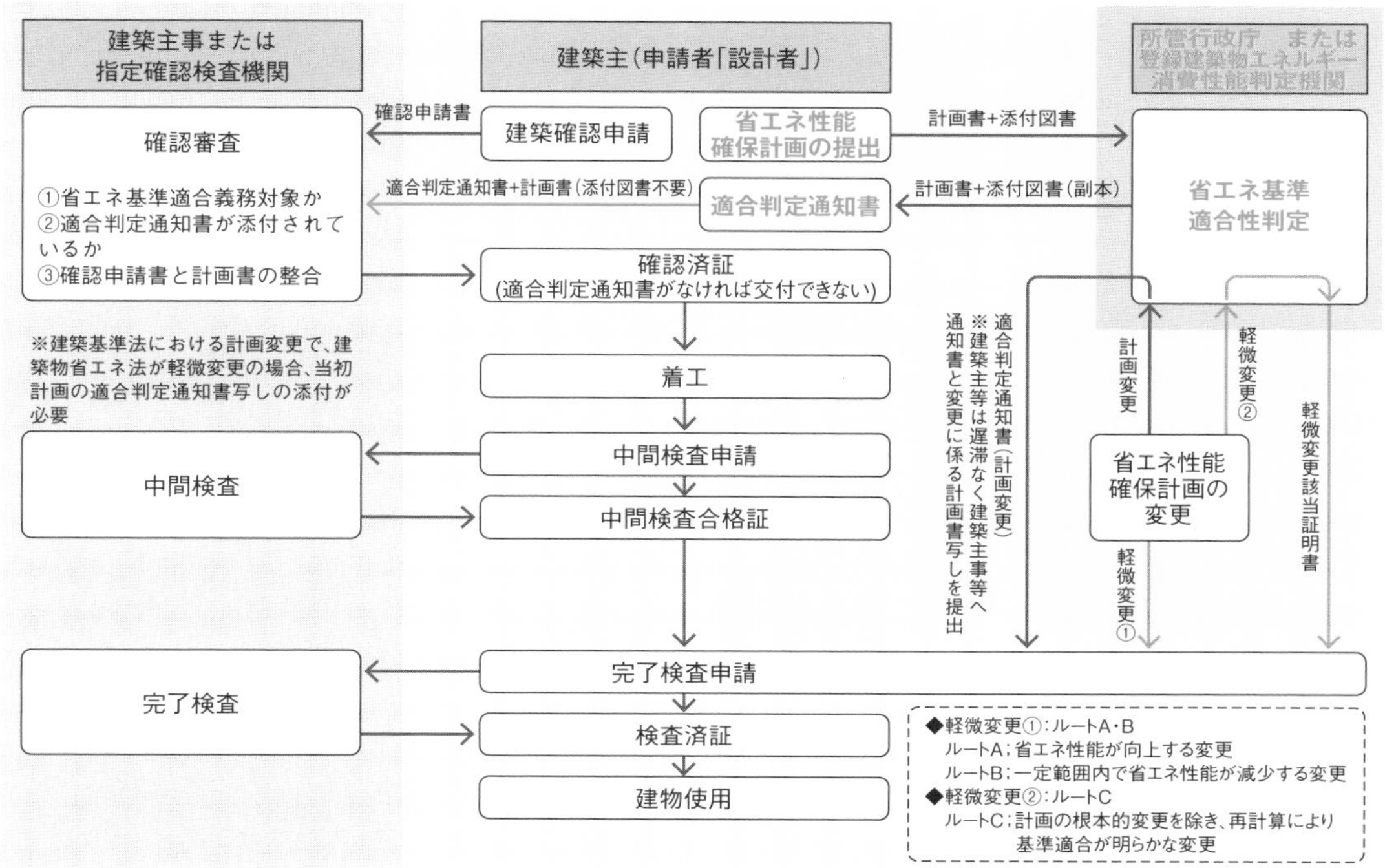

図２　特殊な構造または設備を用いる建築物

大臣認定　省エネ基準で評価できない新技術（特殊な構造または設備）を用いる建築物について基準と同等以上の性能を有することについて国土交通大臣が認定を行う制度。

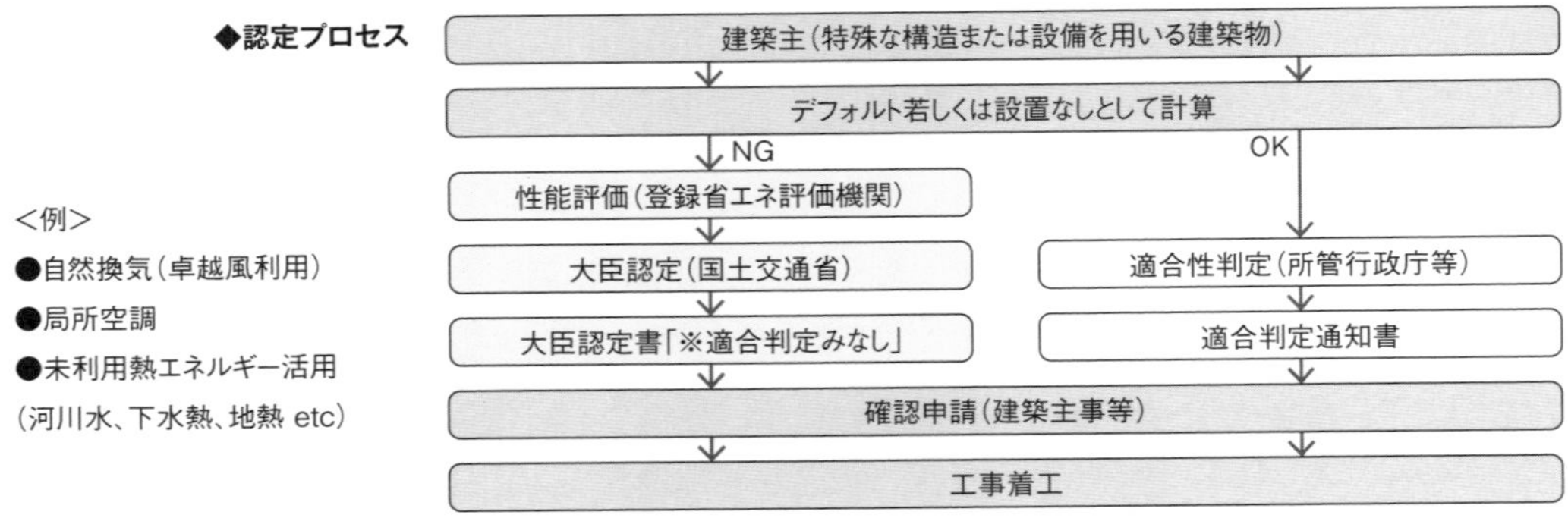

図３　完了検査と検査済証の交付までのフロー

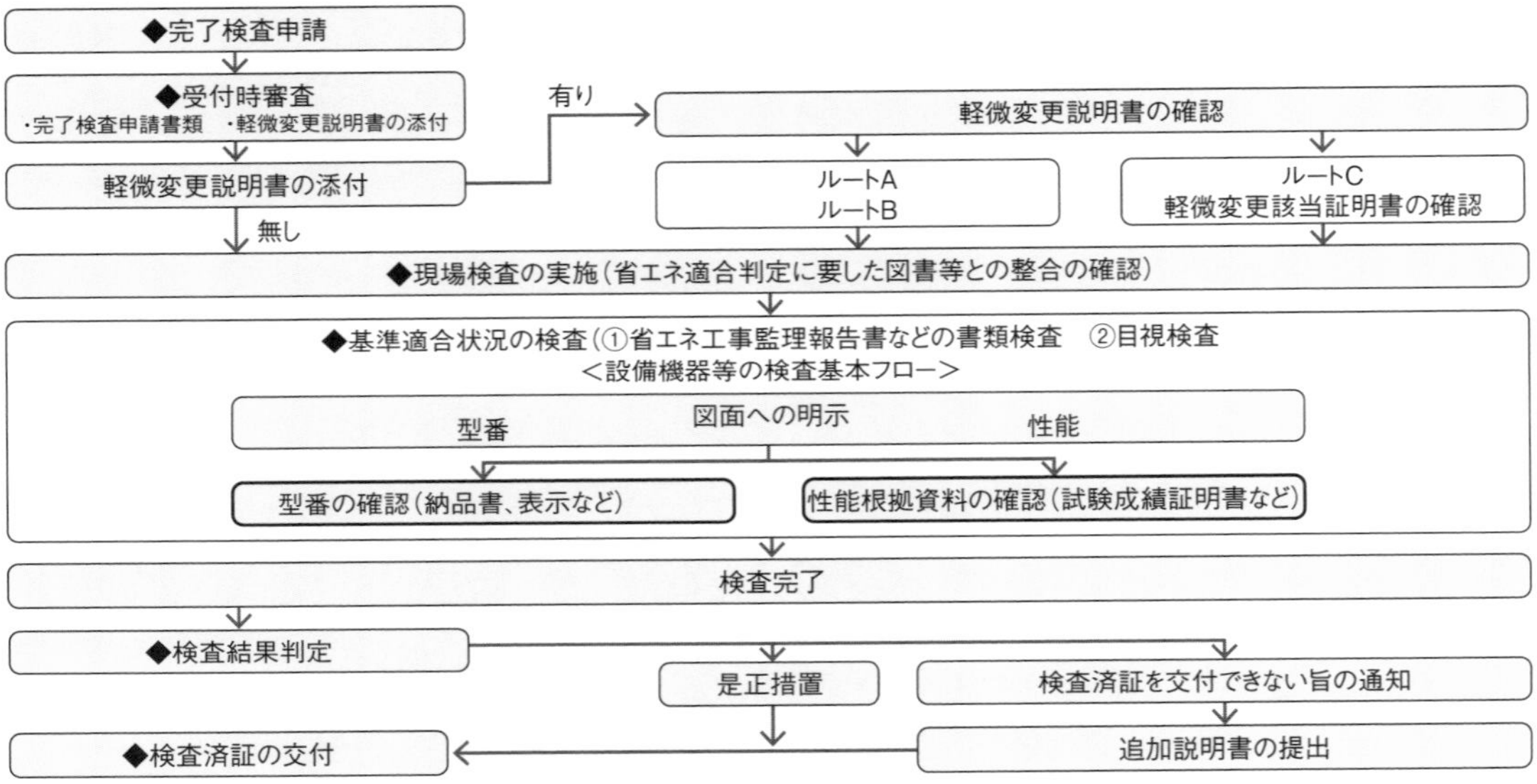

由を記載した通知書が交付され、期間が28日の範囲で延長される場合がある。

確認済証の交付

申請者は、適合判定通知書の交付を受け次第、建築主事等に提出しなければならない。特殊な構造または設備を用いる建築物の大臣認定、性能向上計画認定、低炭素認定を受けている場合は、それらの申請書・認定書を適合判定通知書に代えて提出しなければならない。建築主事等は省エネ基準への適合状況に係る審査完了後、申請者に確認済証を交付する。

なお、省エネ適合性判定の審査を行う【登録省エネ判定機関】と、建築確認を行う指定確認検査機関は同一機関で行える。

計画変更

適合判定通知書の交付を受けた後、

図4　完了検査

●完了検査申請書の受理・審査

① 省エネ基準に係る計画変更の内容が「軽微な変更」であることを確認

② 直前の省エネ適合性判定等に要した図書通りに施工されていることを確認

↓

検査済証の交付

＜完了検査で確認する書類の例＞

●「施工記録、施工写真」；隠蔽部分など

●「納入仕様書」；設計図書に示す設備機器の型番など

●「品質証明図書」；設計図書に示す設備機器の性能など
例）JIS製品認定書、JISマークが表示された梱包箱

※当該試験が第三者機関などにより実施されていること。「当面は製造者等が自社試験を行い責任の所在を明示するための第一者適合宣言（JISに基づく自己適合宣言）によることも可能」

★店舗などのテナント工事対応

・省エネ適合性判定で設置なしで評価→完了検査時点で設置なしを確認

省エネ計画の内容について変更を行う場合(軽微な変更に該当する場合を除く)、申請者はその変更に係る工事に着手する前に、変更省エネ計画を所管行政庁等に提出しなければならない。

所管行政庁等による変更省エネ計画に係る審査完了後、申請者に対し変更適合判定通知書の交付が行われる。

完了検査

省エネ基準適合に関して、特定建築行為の着工前には、所管行政庁等による省エネ適合性判定と建築主事等による建築確認審査が行われるが、建物を使用する前の竣工段階では、建築主事等が確認することになる。この完了検査において確認する事項は①申請書類の確認、②省エネ基準に係る計画変更の内容が建築基準法【施行規則】第3条の2に規定する「軽微な変更」であることの確認、③直前の適合性判定・軽微変更の計画通りに施工されていること、の確認である。書類・現場検査により適合性判定の計画通りに行われていることが確認された場合、建築主事等は申請者に検査済証の交付を行うことになる(**図3**)。

完了検査提出書類

申請者は、完了検査申請時に、①省エネ基準に係る工事監理の実施状況に関する報告書、②適合性判定の図書、省エネ基準に係る計画変更手続を行っている場合は変更後の計画の適合性判定に係る省エネ適合判定通知書、および変更省エネ適合性判定に要した図書)、③軽微な変更説明書(【建築物省エネ法】の軽微な変更がある場合)などを添付する必要がある(**図4**)。

略語

所管行政庁	法第２条：建築主事を置く市町村の区域については市町村長をいい、その他の市町村の区域については都道府県知事をいう。ただし、建築基準法第九十七条の二第一項又は第九十七条の三第一項の規定により建築主事を置く市町村の区域内の政令で定める建築物については、都道府県知事
特定建築物	法第11条第1項、令第4条で定める建築物：非住宅部の高い開放性を有する部分を除いた床面積が300㎡以上である建築物をいう（2021年3月末までは2000㎡以上）
特定建築行為	特定建築物の新築若しくは増築若しくは改築（増築又は改築する部分のうち非住宅部分の床面積の合計（内部に間仕切り壁又は戸を有しない階又はその一部であって、その床面積に対する常時外気に開放された開口部の面積の合計の割合が1/20以上であるものの床面積を除く）が300㎡以上であるものに限る）又は特定建築物以外の建築物の増築（増築する部分のうち非住宅部分のうち高い開放性を有する部分を除いた部分の床面積床面積が300㎡以上であるものであって、当該建築物が増築後において特定建築物となる場合に限る）をいう
特定増改築	法附則第3条の規定に該当する増築、改築：特定建築行為に該当する増築又は改築のうち、当該増築又は改築に係る部分（非住宅部分に限る）の床面積の合計の増改築後の特定建築物（非住宅部分に限る）の延べ面積に対する割合が1/2以内であるものをいう
高い開放性を有する部分	壁を有しないこと、もしくは、内部に間仕切り壁又は戸（ふすま、障子等除く。）を有しない階又はその一部であって、その床面積に対する常時外気に開放された開口部の面積の割合が1/20以上である部分をいう
適合義務	法第11条で定める特定建築物の建築主の基準適合義務
届出義務	法第19条第１項で定める建築物の建築に関する届出
説明義務	法第27条第１項で定める小規模建築物のエネルギー消費性能に係る評価及び説明
住宅トップランナー制度	令第11条に定める分譲型一戸建て規格住宅及び令第13条に定める請負型規格住宅に係る報告等
性能向上計画認定	法第34条で定める建築物エネルギー消費性能向上計画の認定
認定表示	法第41条で定める建築物のエネルギー消費性能に係る認定
設計一次エネルギー消費量	実際の設計仕様の条件を基に算定した一次エネルギー消費量（一年間に消費するエネルギー）の量を熱量に換算したもの
基準一次エネルギー消費量	床面積、設備等の条件により定まる基準となる一次エネルギー消費量をいう
外皮基準	基準省令にて定める建物外皮の基準、省エネ適判では外皮基準は適用されない
誘導基準一次エネルギー消費量	床面積、設備等の条件により定まる建築物エネルギー消費性能誘導基準となる一次エネルギー消費量をいう
現に存する	基準日時点の形態を保っているかどうかを問わず、基準日以前から存続している建築物、現に存していたことを証するための書類が必要
建築主事等	建築基準法第6条第1項又は第6条の２第１項の建築主事又は同法第77条の21第1項の指定確認検査機関
WEBプログラム	国土技術政策総合研究所及び国立研究開発法人建築研究所が公開している「モデル建物法入力支援ツール」及び「エネルギー消費性能計算プログラム（非住宅）」をいう
中規模	300㎡以上2000㎡未満
大規模	2000㎡以上

▶語句一覧

略語	
建築物省エネ法、法	建築物のエネルギー消費性能の向上に関する法律(平成27年7月8日法律第53号)
施行令、令	建築物のエネルギー消費性能の向上に関する法律施行令(平成28年1月15日政令第8号)
基準省令	建築物のエネルギー消費性能基準等を定める省令(平成28年1月29日経済産業省、国土交通省令第1号　)
算出告示	平成28年国土交通省告示第265号(最終改正令和元年11月15日国交省告示第783号)
施行規則	建築物のエネルギー消費性能の向上に関する法律施行規則(令和元年11月7日国土交通省令第43号)
改正建築物省エネ法、改正法	改正建築物のエネルギー消費性能の向上に関する法律(令和元年5月17日法律第４号)
省エネ性能	法第2条第2号で定めるエネルギー消費性能
省エネ基準	法第2条第3号で定める建築物エネルギー消費性能基準:建築物が備えるべき省エネ性能の確保のために必要な建築物の構造及び設備に関する基準であり、一次エネルギー消費量基準と外皮基準からなる
誘導基準	法第35条第1項第１号で定める建築物エネルギー消費性能誘導基準:建築物エネルギー消費性能を超え、かつ建築物のエネルギー消費性能向上の一層の促進のために誘導すべき経済産業省令・国土交通省令で定める基準をいう
建築	建築物の新築、増築又は改築をいう
修繕等	建築物の修繕もしくは模様替、建築物への空気調和設備の設置又は建築物に設けた空気調和設備等の改修をいう
建築物	建築基準法第2条第１号に規定する建築物
住宅	建築基準法別表第1別紙1の用途コードが08010一戸建ての住宅、08020長屋、08030共同住宅、08040寄宿舎、08050下宿である建築物又はその部分
非住宅建築物	住宅以外の建築物又はその部分
複合建築物	住宅と非住宅建築物で構成される建築物
住宅部分	令第３条で定める住宅部分
非住宅部分	住宅部分以外の建築物の部分
省エネ計画	法第12条第１項で定める建築物エネルギー消費性能確保計画
省エネ適判	法第12条第１項で定める建築物エネルギー消費性能適合性判定
省エネ適判通知書	法第12条第３項で定める建築物エネルギー消費性能適合性判定の結果を記載した通知書
登録省エネ判定機関	法第15条１項の「登録建築物エネルギー消費性能判定機関」

第2章　建築物省エネ法の書類と促進制度

適合性判定手続き

014

point ①建築確認済証交付までに適合判定通知書を建築主事等に提出する。
②計画変更を行う場合、変更工事着手前に変更後の省エネ計画を提出する。

【省エネ計画】

【適合義務】の対象となる【特定建築行為】に該当する建築物の申請者は、所管行政庁等に以下の書類を提出する（**表**）。

・計画書
・添付図書
・設計内容説明書
・図面
・計算書

ここで、採用する設備機器が技術的基準で計算不可能な機器の場合、【建築物省エネ法】第23条に基づく特殊な構造または設備を用いる建築物の大臣認定を取得することも可能である。

一次エネルギー消費量計算に用いる設備機器の性能値はＪＩＳや業界規格に基づく数値であることを確認する。また、適合性判定の時点で使用する設備機器が決まっていない場合も想定される。その場合、提出図面に想定される性能値および規格などを明示する。想定機器については、完了検査で想定した性能を有する設備機器が設置されていることを示す必要がある。

適合判定通知書

適合性判定の結果、【省エネ基準】に適合している場合、適合判定通知書が交付される。申請者は建築基準法の確認済証交付までに、適合判定通知書および計画書（または写し）を【建築主事等】に提出しなければならない。また、建築確認申請の図書内容と適合性判定に用いる図書内容に不整合があってはならない。たとえば適合判定通知の交付以降に、一次エネルギー消費量が変わる設備機器の変更や非住宅用途の床面積が変わる変更をして建築確認申請を行うことはできない。

計画変更

適合判定通知の交付を受けた後、省

表 省エネ計画の提出（建築主⇒所管行政庁等）

○申請に必要な図書例（建築士の記名押印）
　a）計画書（正本、副本）b）添付図書２部（設計内容説明書、各種図面、計算書）
　c）その他必要な書類
※ 機器の性能値は規定された条件で適切に測定されたものであること（試験品質の確保）
　例：JIS ●●に基づく定格冷却能力●以上

建築物の構造等に関する図書
設計内容説明書
付近見取図
配置図
仕様書（仕上げ表含む）
各階平面図
床面積求積図
用途別床面積表
立面図
断面図又は矩形図
各部詳細図
各種計算書等

建築物のエネルギー消費性能に関する図書						
図書の種類	AC	V	L	HW	EV	Ex
機器表	○	○	○	○		○
仕様書					○	
系統図	○	○		○		○
各階平面図	○	○	○	○	○	○
制御図	○	○	○	○		○

AC：空気調和設備
V：空気調和設備以外の機械換気設備
L：照明設備
HW：給湯設備
EV：エレベーター
E x：空気調和設備等以外のエネルギー消費性能向上に資する設備

図１　計画変更時の手続き

適合判定の通知を受けた後、省エネ計画に記載されている内容について工事の変更を行う場合（軽微な変更に該当する場合を除く）、建築主はその工事に着手する前にその変更後の計画の提出を、所管行政庁等に対し行うことが必要となる。

●申請に必要な図書（建築士の記名押印要）
　a）変更計画書（正本、副本）
　b）添付図書のうち当該変更に係るもの２部

エネ計画内容の工事の変更を行う場合（軽微な変更を除く）、申請者は変更工事に着手する前に変更後の省エネ計画を所管行政庁等に提出しなければならない（**図1**）。建築物省エネ法における計画変更とは次の3点を指し、建築確認申請における計画変更とは異なる点がある。

(1)用途の変更
(2)モデル建物法におけるモデル建物の変更
(3)省エネ適合性判定申請時の計算方法の変更（モデル建物法⇔標準入力法［主要室入力法を含む］）

変更内容が省エネ基準に適合している場合、変更適合判定通知書が所管行政庁等より申請者に交付される。なお、省エネ適合性判定が必要な計画変更であっても、建築基準関係規定に係る変更に該当しない場合や変更内容が建築基準法【施行規則】3条の2による軽微な変更に該当する場合、計画変

図２　計画変更の必要のない軽微な変更（ルートＡ）

【変更後も建築物省エネ基準に適合することが明らかな変更であること】

●ルートＡ「省エネ性能が向上する変更」
- a）建築物の高さ、もしくは外周長の減少
- b）外壁、屋根もしくは外気に接する床の面積の減少
- c）空気調和設備等の効率向上･損失低下となる変更（制御方法等の変更含む）
- d）エネルギーの効率的利用を図ることのできる設備の新設・増設

図３　計画変更の必要のない軽微な変更（ルートＢ）

【変更後も建築物省エネ基準に適合することが明らかな変更であること】

●ルートＢ「一定範囲内の省エネ性能が減少する変更」
計画変更前の省エネ性能が省エネ基準を１割以上上回り（BEI が 0.9 以下）、変更後の省エネ性能の減少が１割以内に収まるものとして以下に該当する変更

a）**空気調和設備**（以下以外は性能が向上する変更）
※イ）とロ）の両方に該当する場合はルートＣ
イ）外壁かつ窓の平均熱貫流率について 5%を超えない増加
ロ）熱源機器の平均効率について 10%を超えない低下

b）**機械換気設備**（以下以外は性能が向上する変更）
※イ）とロ）の両方に該当する場合はルートＣ
イ）送風機の電動機出力について 10%を超えない増加
ロ）計算対象床面積について5%を超えない増加（室用途：駐車場、厨房）

c）**照明設備**（以下以外は性能が向上する変更）
・単位床面積あたりの照明器具消費電力について 10%を超えない増加

d）**給湯設備**（以下以外は性能が向上する変更）
・給湯機器平均効率について 10%を超えない低下

e）**太陽光発電**
※イ）とロ）の両方に該当する場合はルートＣ
イ）太陽電池アレイのシステム容量：2%を超えない減少
ロ）パネルの方位角について 30 度を超えない変更かつパネルの傾斜角について 10 度を超えない変更

図４　計画変更の必要のない軽微な変更（ルートＣ）

計画変更の必要のない軽微な変更

【変更後も建築物省エネ基準に適合することが明らかな変更であること】

●ルートＣ「再計算によって基準適合が明らかな変更」
※以下の計画の根本的変更を除く
- a）建築基準法上の用途の変更
- b）モデル建物法を用いる場合のモデル建物の変更
- c）評価方法の変更（標準入力法⇔モデル建物法）

↓

ルートＣに該当：その内容が判る図書を所管行政庁等に提出し、**「軽微変更該当証明書」**の交付を所管行政庁等より受ける必要がある

更に係る確認申請を行うことは不要である。一方、確認申請が必要な計画変更であっても、省エネ計画に係る変更が無い場合または建築物省エネ法施行規則に定める軽微な変更の場合、省エネ適合性判定は不要である。

軽微変更

建築物省エネ法の省令で、軽微変更とは変更後も省エネ基準に適合することが明らかな変更と規定されている。具体的には次の3つのルートが挙げられる。

①ルートＡ（**図２**）

【省エネ性能】が向上する変更。
- ・建築物高さ、もしくは外周長の減少
- ・外壁、屋根もしくは外気に接する床の面積の減少
- ・空気調和設備等の効率向上・損失低下となる変更（制御方法等の変更含む）
- ・エネルギーの効率的利用を図ること

のできる設備の新設・増設

② ルートB（**図3**）

一定範囲内の省エネ性能が低下する変更で、省エネ基準に係る変更前の省エネ性能が基準を1割（10％）以上上回る（BEI＝0.9以下、※附則3条を適用する場合BEI＝1.0以下）もので、変更後の省エネ性能の低下が1割以内となる変更。

⑴空気調和設備（例：熱源機器の平均効率について10％を超えない低下）

⑵機械換気設備（例：送風機の電動機出力が10％を超えない増加）

⑶照明設備（例：単位床面積あたりの照明器具の消費電力が10％を超えない増加）

⑷給湯設備（例：給湯機器の平均効率が10％を超えない低下）

⑸太陽光発電（例：太陽電池アレイのシステム容量が2％を超えない減少）

なお、ルートBの可否判断はモデル建物法入力支援ツール（**040項目**参照）の入力シート内にある「入力確認シート」の変更前と変更後の変化率で確認する。シートの着色表示されている項目が⑴～⑸の内容を示すが、着色表示されていない項目に省エネ消費性能が低下する項目があればルートCに該当するため注意する。

また、ルートBの適用ができるのはモデル建物法（**039項目**参照）のみで、標準入力法（主要室入力法）（**035項目**参照）は現時点で評価ツールがないため、省エネ消費性能が低下するものはルートCとなる。

③ ルートC（**図4**）

ルートA・Bに該当せず、計画の根本的な変更にも該当しない場合で、再計算によって基準適合が明らかな変更。

完了検査

完了検査では、建築基準法への適合確認と省エネ基準への適合の検査も受ける。建築物省エネ法に係る軽微変更でルートAもしくはルートBの変更を行っている場合、完了検査申請書第三面の「確認以降の軽微な変更の概要」欄の別添説明として、軽微な変更説明書を提出し、検査を受ける。ここで注意すべきは軽微変更ルートCのみ、所管行政庁等より「軽微変更該当証明書」の交付を受ける必要があり、申請者は完了検査申請時に「軽微変更該当証明書」（**図5**）および変更内容図書を建築主事等に提出する。

図5　軽微変更該当証明書

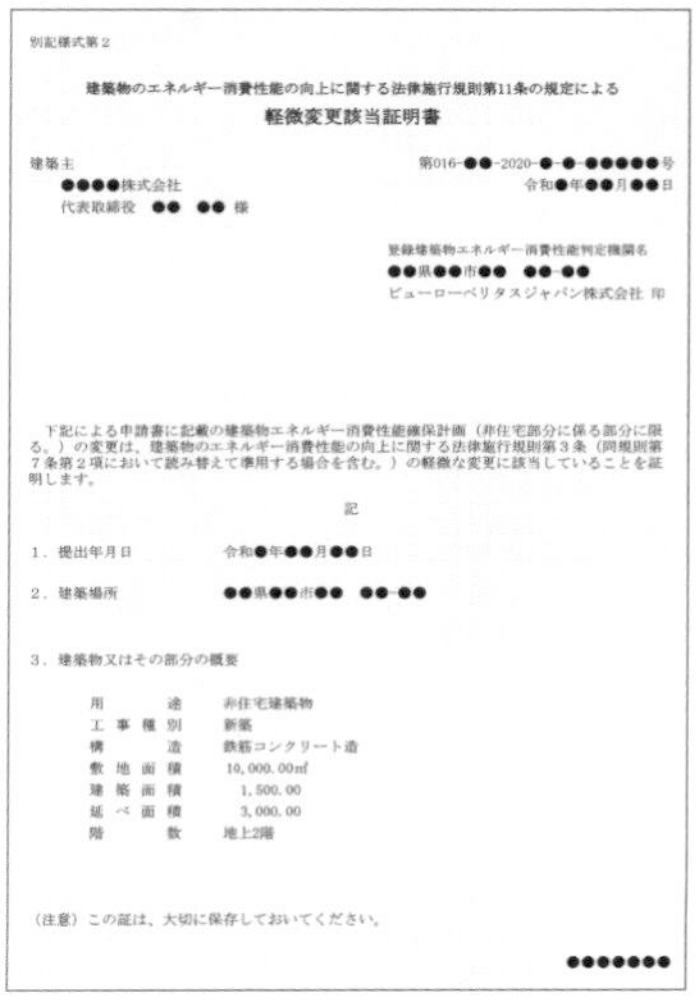

別記様式第2

建築物のエネルギー消費性能の向上に関する法律施行規則第11条の規定による

軽微変更該当証明書

建築主　　　　　　　　　　　　　第016-●●-2020-●-●-●●●●●●号

●●●●株式会社　　　　　　　　　令和●年●●月●●日

代表取締役　●●　●●　様

登録建築物エネルギー消費性能判定機関名

●●県●●市●●　●●-●●

ビューローベリタスジャパン株式会社　印

下記による申請書に記載の建築物エネルギー消費性能確保計画（非住宅部分に係る部分に限る。）の変更は、建築物のエネルギー消費性能の向上に関する法律施行規則第3条（同規則第7条第2項において読み替えて準用する場合を含む。）の軽微な変更に該当していることを証明します。

記

1．提出年月日　令和●年●●月●●日

2．建築場所　●●県●●市●●　●●-●●

3．建築物又はその部分の概要

用途	非住宅建築物
工事種別	新築
構造	鉄筋コンクリート造
敷地面積	10,000.00㎡
建築面積	1,500.00
延べ面積	3,000.00
階数	地上2階

（注意）この証は、大切に保存しておいてください。

●●●●●●●

計画書の記載方法

第1号様式第一面・第二面

015

point ①特定建築行為となる建築物には省エネ適合性判定が必要。
②計画書の第二面の設計者は省エネ適合性判定に関わる者のみを記載。

省エネ適合判定が義務付けられる建築物

2017（平成29）年4月施行の【建築物省エネ法】の【省エネ基準】適合義務は建築物省エネ法第11条2項により建築基準関連規定とみなされる。つまり、省エネ基準適合義務の対象となる【特定建築行為】（003項目参照）に該当する場合、建築基準法に基づく建築確認および完了検査の対象となり、建築基準に適合しなければ、着工や建築物の使用ができなくなる。

また特定建築行為である、【特定建築物】の増築または改築（増築または改築する部分のうち【非住宅部分】の床面積が300㎡以上であるものに限る）と増改築後に特定建築物となる増築（増改築する部分の【非住宅建築物】の床面積が300㎡以上であるものに限る）の建築行為については、2017（平成29）年4月施行の際、現に存する建築物については「非住宅に係わる増改築部分の床面積の合計」が「増改築後の特定建築物（非住宅部分に限る）に係わる延床面積」の1／2以下の場合は【特定増改築】となり、【適合義務】対象外となることにも注意したい（ただし、【所管行政庁】への届出は必要となる）。判断に迷う場合は、所管行政庁や【登録省エネ判定機関】に確認するほうが望ましい。なお、特定増改築の床面積は外気に対して【高い開放性を有する部分】を含めた床面積となる。

建築主等は当該特定建築物を省エネ基準に適合させ、建築物エネルギー消費性能確保計画(以下、【省エネ計画】)を所管行政庁または登録省エネ判定機関（以下、所管行政庁等）に提出し、省エネルギー適合性判定（以下、適合性判定）を受け、省エネ基準に適合している旨の通知書（以下、適合性判定通知書）の交付を受けなければならない。適合性判定通知書またはその写し

図1　計画書第1号様式第一面

様式第一（第一条第一項関係）（日本産業規格Ａ列４番）

（第一面）

計画書

年　月　日

所管行政庁又は登録建築物エネルギー消費性能判定機関　殿

提出者の住所又は
主たる事務所の所在地
提出者の氏名又は名称　　印
代表者の氏名

設計者氏名　　印

建築物のエネルギー消費性能の向上に関する法律第12条第1項（同法第15条第2項において読み替えて適用する場合を含む。）の規定により、建築物エネルギー消費性能確保計画を提出します。この計画書及び添付図書に記載の事項は、事実に相違ありません。

（本欄には記入しないでください。）

受付欄	適合判定通知書番号欄	決裁欄
年　月　日	年　月　日	
第　号	第　号	
係員印	係員印	

図2　計画書第1号様式第二面

（第二面）

［建築主等に関する事項］

【1．建築主】
【イ．氏名のフリガナ】
【ロ．氏名】
【ハ．郵便番号】
【ニ．住所】
【ホ．電話番号】

【2．代理者】
【イ．資格】　（　）建築士　（　）登録第　号
【ロ．氏名】
【ハ．建築士事務所名】（　）建築士事務所（　）知事登録第　号
【ニ．郵便番号】
【ホ．所在地】
【ヘ．電話番号】

【3．設計者】
（代表となる設計者）
【イ．資格】　（　）建築士　（　）登録第　号
【ロ．氏名】
【ハ．建築士事務所名】（　）建築士事務所（　）知事登録第　号
【ニ．郵便番号】
【ホ．所在地】
【ヘ．電話番号】
【ト．作成した設計図書】

（その他の設計者）
【イ．資格】　（　）建築士　（　）登録第　号
【ロ．氏名】
【ハ．建築士事務所名】（　）建築士事務所（　）知事登録第　号
【ニ．郵便番号】
【ホ．所在地】
【ヘ．電話番号】
【ト．作成した設計図書】

【イ．資格】　（　）建築士　（　）登録第　号
【ロ．氏名】
【ハ．建築士事務所名】（　）建築士事務所（　）知事登録第　号
【ニ．郵便番号】
【ホ．所在地】
【ヘ．電話番号】
【ト．作成した設計図書】

【イ．資格】　（　）建築士　（　）登録第　号
【ロ．氏名】
【ハ．建築士事務所名】（　）建築士事務所（　）知事登録第　号
【ニ．郵便番号】
【ホ．所在地】
【ヘ．電話番号】
【ト．作成した設計図書】

【4．確認の申請】
□申請済（　）
□未申請（　）

【5．備考】

が無ければ確認済証の交付がされない。

第一面の記載内容

省エネ計画提出に係わる様式は規則において定められている。

①計画書（第一面～第七面および別紙）、②設計内容説明書、③一次エネルギー計算書、④各種図面、これらを正副二部（住宅部分の床面積が300㎡を超える特定建築物を、登録省エネ判定機関に提出する場合は、正の写しとしてもう一部必要）提出する必要がある。

書類には建築主、設計者を記載する。建築主が法人である場合、代表者の氏名を併せて記載する。提出者の氏名の記載を自署で行う場合は、押印を省略することができる（**図1**）。

第二面の記載内容

【1．建築主】

建築主が2者以上の場合は、代表となる建築主について記載する。そのほかの建築主については、別紙にほかの建築主について記入して添付する。

【2．代理者】

建築主から委任を受けて申請を行う者がいる場合、この欄に記入する。その際は必ず委任状（書式は任意）の添付が必要となる。

【3．設計者】

申請にかかわる建築物の設計を行った設計者のうち、省エネ適合性判定に関わる設計者のみを記載する。

【4．確認の申請】

該当するチェックボックスにマークを入れ、確認申請済の場合には、申請をした市町村もしくは都道府県名または指定確認検査機関の名称および事務所の所在地を記載する（**図2**）。未申請の場合には、申請する予定の市町村もしくは都道府県名または指定確認検査機関の名称および事務所の所在地を記載する。なお所在地については都道府県名と、市町村程度でよい。

計画書の記載方法

第1号様式第三面・第四面

016

point

①第三面は「面積」、「複合建築物」、「増築」、「該当する地域の区分」に注意する。
②第四面の記載内容は建築計画概要書の付近見取図、配置図と同じ。

第三面の記載内容

【2．敷地面積】～【5．建築物の階数】

敷地面積は建築確認申請書第三面、建築面積と延べ面積、建築物の階数は建築確認申請書第四面の【省エネ適判】の対象棟の情報を記載する。

【6．建築物の用途】

該当する建築物にチェックを入れる。「【複合建築物】」とは、【非住宅部分】と【住宅部分】が複合する建築物を指し、非住宅用途同士の建築物は該当しない点に注意したい。

【7．工事種別】

「増築」は同一棟に対する増築で、同一敷地内での別棟増築を含まない点に注意したい（建築確認申請書第四面の省エネ申請の対象棟の工事種別を記載する）。

【9．該当する地域の区分】

国土交通省告示第265号の別表第10に示されている8つの地域の区分を指す。2019（令和元）年11月16日施行の国土交通省告示第783号により改正されているので注意する。同じ市でも町または区によって区分が異なる場合もある。

第四面の記載内容

【1．付近見取図】・【2．配置図】

付近見取図には、方位、道路及び目標となる地物を明示する。配置図には、縮尺、方位、敷地境界線、敷地内における建築物の位置、計画に係る建築物と他の建築物との別、敷地に接する道路の位置・幅員を明示する。「別紙」と記載して別紙を添付する形でも可。

図　計画書第1号様式第三面

（第三面）

建築物エネルギー消費性能確保計画

［建築物及びその敷地に関する事項］

【1．地名地番】
【2．敷地面積】　㎡
【3．建築面積】　㎡
【4．延べ面積】　㎡
【5．建築物の階数】　（地上）　階　（地下）　階
【6．建築物の用途】　□非住宅建築物　□複合建築物
【7．工事種別】　□新築　□増築　□改築
【8．構造】　造　一部　造
【9．該当する地域の区分】　地域
【10．工事着手予定年月日】　年　月　日
【11．工事完了予定年月日】　年　月　日
【12．備考】

計画書の記載方法

第1号様式第五面・第六面・第七面

017

point

①開放部分の取扱い、附則第３条の既存建築物に注意する。
②第七面は住宅部分の床面積が 300 ㎡未満であれば記載不要。

第五面の記載内容

【1．非住宅部分の用途】

建築基準法【施行規則】、別紙の表の用途の区分に従い記載する（建築確認申請書第四面の【省エネ適判】の対象となる棟の用途区分コード、用途名称を全て記載する）。

【2．非住宅部分の床面積】

第三面の【7．工事種別】の新築・増築・改築の欄に応じて、【非住宅部分】の面積を記載する。増築・改築の場合は、延べ面積を併せて記載する。

この欄の「床面積」は、単に非住宅部分の床面積を指し、「開放部分を除いた部分の床面積」とは、【高い開放性を有する部分】の面積を除いた非住宅部分の床面積を指す。

なお「高い開放性を有する部分」とは、①壁を有しないこと、②内部に間仕切壁等を有しない建築物の階、またはその一部であって、その床面積に対する常時外気に開放された開口部面積の合計が1／20以上あるもの、のいずれかを満たす部分を指す。

【3．基準省令附則第３条の適用の有無】

【基準省令】附則第３条とは２０１６（平成28）年４月１日施行の際、現に存する建物へ増築する場合、既存部分のＢＥＩをデフォルト値として1.2とし、増改築部分のＢＥＩを1.0以下として、建築物全体としてＢＥＩは1.1以下とする緩和措置を指す。この措置は当分の間に限る。竣工年月日は完了検査済証の年月日を記入する。また竣工年月日が確認できる検査済証等の写しの添付が必要となる。

【4．非住宅部分のエネルギー消費性能】

基準省令第１条第１項第１号イの基準とは、「標準入力法（**035項目**参照）」、「主要室入力法（**037項目**参照）」を指し、基準省令第１条第１項第１号ロの基準

図１　計画書第１号様式第五面

（第五面）

［非住宅部分に関する事項］

【１．非住宅部分の用途】

【２．非住宅部分の床面積】　（　床面積　）（開放部分を除いた部分の床面積）

【イ．新築】　（　㎡）　（　㎡）

【ロ．増築】　全体（　㎡）　（　㎡）

増築部分（　㎡）　（　㎡）

【ハ．改築】　全体（　㎡）　（　㎡）

改築部分（　㎡）　（　㎡）

【３．基準省令附則第３条の適用の有無】

□有（竣工年月日　年　月　日　竣工）

□無

【４．非住宅部分のエネルギー消費性能】

（一次エネルギー消費量に関する事項）

□基準省令第１条第１項第１号イの基準

基準一次エネルギー消費量　GJ/年

設計一次エネルギー消費量　GJ/年

ＢＥＩ（　）

□基準省令第１条第１項第１号ロの基準

ＢＥＩ（　）

□国土交通大臣が認める方法及びその結果

（　）

【５．備考】

とは、「モデル建物法（**039項目**参照）」を指す。該当する計算方法にチェックマークを入れ、各数値を記載する。第1号イの場合、【設計一次エネルギー消費量】（その他一次エネルギー消費量を含む）と【基準一次エネルギー消費量】（その他一次エネルギー消費量を含む）およびBEIを記載し、第1号ロの場合はBEIを記載する。

BEIについては、小数点第二位未満を切り上げた数値を記載する。

BEIは、設計一次エネルギー消費量（その他一次エネルギー消費量を除く）を基準一次エネルギー消費量（その他一次エネルギー消費量を除く）で除したものを指す。

第五面【3】で附則第3条の適用を「有」とする場合は、標準入力法（主要室入力法）、モデル建物法での計算に関わらず、国土交通大臣が認める方法及びその結果にチェックマークを入れ、（　）内に、計算方法と増築

図２　計画書第１号様式第六面

（第六面）

［住宅部分に関する事項］

【１．建築物の住戸の数】　　　　戸

【２．住宅部分の床面積】　（　床面積　）（開放部分を除いた部分の床面積）
　【イ．新築】　（　㎡）　（　㎡）
　【ロ．増築】　全体（　㎡）　（　㎡）
　　　増築部分（　㎡）　（　㎡）
　【ハ．改築】　全体（　㎡）　（　㎡）
　　　改築部分（　㎡）　（　㎡）

【３．基準省令附則第２条の適用の有無】
　□有（国土交通大臣が定める基準に適合するもの）
　□無

【４．基準省令附則第４条の適用の有無】
　□有（竣工年月日　　年　　月　　日　竣工）
　□無

【５．住宅部分のエネルギー消費性能】
（外壁、窓等を通しての熱の損失の防止に関する事項）
　□基準省令第１条第１項第２号イ(1)(ⅰ)の基準
　□基準省令第１条第１項第２号イ(1)(ⅱ)の基準
　　住棟単位外皮平均熱貫流率　　W/(㎡・K)（基準値　　W/(㎡・K)）
　　住棟単位冷房期平均日射熱取得率　　（基準値　　）
　□基準省令第１条第１項第２号イ(2)(ⅰ)の基準
　□基準省令第１条第１項第２号イ(2)(ⅱ)の基準
　　住棟単位外皮平均熱貫流率　　W/(㎡・K)（基準値　　W/(㎡・K)）
　　住棟単位冷房期平均日射熱取得率　　（基準値　　）
　□基準省令第１条第１項第２号イ(3)の基準
　□国土交通大臣が認める方法及びその結果
　（　　）
　□基準省令附則第４条第１項の規定による適用除外
（一次エネルギー消費量に関する事項）
　□基準省令第１条第１項第２号ロ(1)の基準
　　基準省令第４条第３項に掲げる数値の区分（□第１号　□第２号）
　　　基準一次エネルギー消費量　　GJ/年
　　　設計一次エネルギー消費量　　GJ/年
　　　ＢＥＩ（　　）
　□基準省令第１条第１項第２号ロ(2)の基準
　　基準省令第４条第３項に掲げる数値の区分（□第１号　□第２号）
　　　ＢＥＩ（　　）
　□基準省令第１条第１項第２号ロ(3)の基準
　□国土交通大臣が認める方法及びその結果
　（　　）

【６．備考】

部分＋既存部分のＢＥＩ値（既存部分のＢＥＩ＝1.2）を記載する（上段のＢＥＩは空欄とする）。また、（一財）建築環境・省エネルギー機構のＢＥＳＴ省エネ基準対応ツールにより算出した場合もこの欄に記載する。

第六面の記載内容

第六面は第三面の【６．建築物の用途】の欄で「複合建築物」（016項目参照）を選択した場合のみ記載する。この面は、【住宅部分】の情報を記載する。

【２．住宅部分の床面積】

第三面の【７．工事種別】の欄に応じ、住宅部分の床面積を記載する。増築または改築の場合は、延べ面積を併せて記載する。「床面積」は単に住宅部分の床面積をいい、「開放部分を除いた床面積」は、第五面【２．非住宅部分の床面積】の記載方法と同様である。

【３．基準省令附則第２条の適用の有無】

基準省令附則第2条とは300㎡以上の住宅部分について、地域の気候および風土に応じた住宅であることにより【外皮基準】に適合させることが困難であると告示で定めるもの（【所管行政庁】が基準を付加する場合も含む）について、外皮基準の適用をしないことを指す。該当する場合「有」にチェックマークを入れ、認定を受けた所管行政庁の名称を記載する。

【4．基準省令附則第4条の適用の有無】

基準省令附則第4条とは2017（平成29）年4月以前の既存建築物の住宅部分について、外皮性能を満たしていないが、一次エネルギー消費量は満たしている場合は、当面の間外皮性能については適用しない特例を指す。該当する場合「有」にチェックマークを入れ、既存建物の竣工年月日を記載する。また竣工年月日が確認できる検査済証等の写しを添付する必要がある。

【5．住宅部分のエネルギー消費性能】

この欄は住宅部分の床面積が300㎡未満であれば記載不要である。

「外壁、窓等を通しての熱の損失の防止に関する事項」の基準省令第1条第1項第2号イ(1)(i)の基準とは、1住戸ごとの外皮平均熱貫流率と冷房期の平均日射熱取得率が基準値以下とする性能基準を指す。第2号イ(1)(ii)の基準とは、全住戸の平均値が基準値以下であることを指す。第2号イ(2)(i)の基準とはモデル住宅法を、第2号イ(2)(ii)の基準とはフロア入力法を、第2号イ(3)の基準とは仕様基準をそれぞれ指す。基準省令附則第4条第1項の規定による適用除外は、第六面の【4】欄で有とした場合にチェックマークを入れる。

「一次エネルギー消費量に関する事項」の基準省令第1条第1項第2号ロ(1)の基準とは、一次エネルギー消費量算定用【WEBプログラム】（**051～054項目**参照）を指し、第2号ロ(2)の基準とはモデル住宅法、フロア入力法（**056項目**参照）を指す。基準省令第4条第3項に掲げる数値の区分欄は共用部の計算ありの場合には第1号に、共用部の計算無しの場合には第2号にチェックする。第2号ロ(3)の基準とは仕様基準を指す。

第七面の記載内容

第七面は、第三面の【6．建築物の用途】の欄で「複合建築物」を選択した場合、各住戸ごとに作成する必要がある。ただし、住宅部分の床面積合計が300㎡未満や、全住戸の平均値やフロア入力法で計算する場合は記入不要である。

【3．専用部分の床面積】

各住戸の床面積を記載する。ただし、住戸の階数が二以上である場合には、各階ごとに各住戸の面積以外の床面積

図３　計画書第１号様式第七面

（第七面）

［住戸に関する事項］

【１．住戸の番号】	
【２．住戸の存する階】	階
【３．専用部分の床面積】	㎡

【４．住戸のエネルギー消費性能】
（外壁、窓等を通しての熱の損失の防止に関する事項）
□基準省令第１条第１項第２号イ⑴（ⅰ）の基準
外皮平均熱貫流率　W/(㎡・K)　（基準値　W/(㎡・K)）
冷房期の平均日射熱取得率　（基準値　）
□基準省令第１条第１項第２号イ⑵（ⅰ）の基準
外皮平均熱貫流率　W/(㎡・K)　（基準値　W/(㎡・K)）
冷房期の平均日射熱取得率　（基準値　）
□基準省令第１条第１項第２号イ⑶の基準
□国土交通大臣が認める方法及びその結果
（　）
□基準省令附則第４条第１項の規定による適用除外
（一次エネルギー消費量に関する事項）
□基準省令第１条第１項第２号ロ⑴の基準
基準一次エネルギー消費量　GJ/年
設計一次エネルギー消費量　GJ/年
ＢＥＩ（　）
□基準省令第１条第１項第２号ロ⑵の基準
ＢＥＩ（　）
□基準省令第１条第１項第２号ロ⑶の基準
□国土交通大臣が認める方法及びその結果
（　）

を併せて記載する。

【４．住戸のエネルギー消費性能】

第六面【５】でチェックした内容に従い、住戸ごとに記載する。

申請書の記載方法

第1号様式 別紙

018

point

①住宅部分の床面積が300㎡を超える場合に提出が必要。
②計画書に係る内容との整合が必要。

別紙の記載内容

計画書第三面の【6．建築物の用途】の欄で「複合建築物」を選択した場合に作成する。ただし、仕様基準以外の算定方法で、かつ【住宅部分】の床面積合計が300㎡未満であれば記入不要。

「1．住戸に係る事項」は、共同住宅等または【複合建築物】の住戸に係る措置について、住戸ごとに記載する。なお、計画に係る住戸の数が二以上である場合は、当該各住戸に関して記載すべき事項の全てが明示された別の書面での提出も可能である。

（1）外壁、窓等を通しての熱の損失の防止のための措置

① 1）から3）までにおける「断熱材の施工法」は、部位ごとに断熱材の施工法が異なる場合、主たる施工法の欄にチェックマークを入れる。

② 1）から4）までにおける「断熱性能」は、「断熱材の種別及び厚さ」、「熱貫流率」または「熱抵抗値」のうち、該当する欄にチェックマークを入れ、必要な事項を記載する。「断熱材の種別及び厚さ」は、当該部位に使用している断熱材の材料名および厚さを記載する。

③ 5）の「開口部比率」とは、外皮面積の合計に占める開口部の面積の割合を指す。主たる開口部を対象とし、「断熱性能」は、「建具等の種類」または「熱貫流率」の該当する欄にチェックマークを入れ、必要な事項を記入する。「日射遮蔽性能」は、「ガラスの日射熱取得率」、「付属部材」または「ひさし、軒等」について該当する欄にチェックマークを入れ、必要な事項を記載する。

④ 6）の「該当箇所の有無」は、該当箇所がある場合には、「有」の欄にチェックマークを入れ、「断熱性能」の欄に、「断熱補強の範囲」および「断熱補強の熱抵抗値」を記入する。

（2）空気調和設備等に係るエネルギー

図　申請書第１号様式別紙

（別紙）外壁、窓等を通しての熱の損失の防止に関する仕様基準又は一次エネルギー消費量に関する仕様基準を用いる場合

１．住戸に係る事項
（１）外壁、窓等を通しての熱の損失の防止のための措置
１）屋根又は天井
【断熱材の施工法】□内断熱工法　□外断熱工法
□充填断熱工法　□外張断熱工法　□内張断熱工法　← ①
【断熱性能】□断熱材の種別及び厚さ（種別　　）（厚さ　mm）
□熱貫流率（　W/(㎡・K)）　□熱抵抗値（　(㎡・K)/W）　← ②
２）
【断熱材の施工法】□内断熱工法　□外断熱工法
□充填断熱工法　□外張断熱工法　□内張断熱工法
【断熱性能】□断熱材の種別及び厚さ（種別　　）（厚さ　mm）
□熱貫流率（　W/(㎡・K)）　□熱抵抗値（　(㎡・K)/W）
３）床
（イ）外気に接する部分
【該当箇所の有無】□有　□無
【断熱材の施工法】□内断熱工法　□外断熱工法
□充填断熱工法　□外張断熱工法　□内張断熱工法
【断熱性能】□断熱材の種別及び厚さ（種別　　）（厚さ　mm）
□熱貫流率（　W/(㎡・K)）　□熱抵抗値（　(㎡・K)/W）
（ロ）その他の部分
【該当箇所の有無】□有　□無
【断熱材の施工法】□内断熱工法　□外断熱工法
□充填断熱工法　□外張断熱工法　□内張断熱工法
【断熱性能】□断熱材の種別及び厚さ（種別　　）（厚さ　mm）
□熱貫流率（　W/(㎡・K)）　□熱抵抗値（　(㎡・K)/W）
４）土間床等の外周部分の基礎
（イ）外気に接する部分
【該当箇所の有無】□有　□無
【断熱性能】□断熱材の種別及び厚さ（種別　　）（厚さ　mm）
□熱貫流率（　W/(㎡・K)）　□熱抵抗値（　(㎡・K)/W）
（ロ）その他の部分
【該当箇所の有無】□有　□無
【断熱性能】□断熱材の種別及び厚さ（種別　　）（厚さ　mm）
□熱貫流率（　W/(㎡・K)）　□熱抵抗値（　(㎡・K)/W）

５）開口部　← ③
【開口部比率】（　　）【開口部比率区分】（　）
【断熱性能】□建具等の種類（建具の材質・構造　　）
（ガラスの種別　　）
□熱貫流率（　W/(㎡・K)）
【日射遮蔽性能】
□ガラスの日射熱取得率（日射熱取得率　　）
□付属部材（南±25度に設置するもの　　）
（上記以外の方位に設置するもの　　）
□ひさし、軒等

６）構造熱橋部　← ④
【該当箇所の有無】□有　□無
【断熱性能】断熱補強の範囲（　mm）　断熱補強の熱抵抗値（　(㎡・K)/W）

（２）空気調和設備等に係るエネルギーの効率的利用のための措置
【暖房】暖房設備（　）
効率（　）
【冷房】冷房設備（　）
効率（　）
【換気】換気設備（　）
効率（　）
【照明】照明設備（　）
【給湯】給湯設備（　）
効率（　）

２．備考　← １欄に書き表せない事項で特に記入すべき事項を記入し、または別紙に記入して添付する

の効率的利用のための措置

「暖房」、「冷房」、「換気」、「照明」、「給湯」については、住戸に設置する設備機器（「照明」にあっては、非居室に白熱灯またはこれと同等以下の性能の照明設備を採用しない旨）とその効率（「照明」を除く）を記載する。設備機器が複数ある場合は最も効率の低い設備機器とその効率を記載する。

「効率」の欄には、「暖房」では熱源機の熱効率または暖房能力を消費電力で除した値を、「冷房」では冷房能力を消費電力で除した値を、「換気」では換気回数および比消費電力（全般換気設備の消費電力を設計風量で除した値）、熱交換換気設備を採用する場合にあっては、比消費電力を有効換気量率で除した値を、「給湯」では熱源機の熱効率をそれぞれ記載するが、浴室等、台所および洗面所がない場合は、記載不要である。

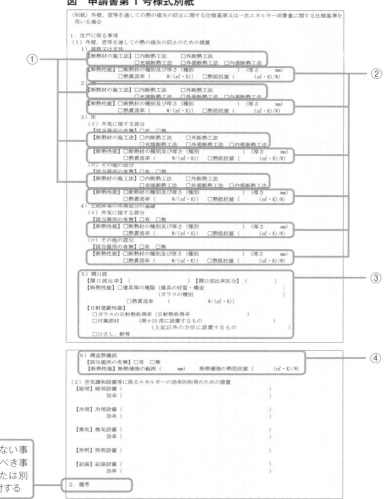

申請書の記載方法

添付書類

019

point

①計画書第一面～第七面、一次エネルギー消費量算定の内容と整合させる。
②機器等の性能は JIS等で定められた規格であることを明示する。

添付書類の記載内容

必要な書類は「建築物のエネルギー消費性能の向上に関する法律施行規則」で定められている(**表1、2**参照)。これらの図書を正副二部(【住宅部分】の床面積が300㎡を超える【特定建築物】を、【登録省エネ判定機関】に提出する場合は、写しとしてもう一部必要)提出する必要がある。

設計図書は作成した建築士の責任を明確化するため、記名・建築士番号・押印が必要となる(計算書・根拠資料は頭紙に図書名と記名・建築士番号・押印があれば図面ごとへの明示は不要)。添付する平面図や立面図には、一次エネルギー消費量算定で用いるモデル建物法等の入力情報を記載する必要がある。例えば、床面積は空調対象室と非空調室を階ごとに記載する必要がある(1棟でモデル建物用途が異なる場合、さらに用途ごとに分けて記載する必要がある)。また計算対象となる部分の外周長さと非空調コア部の外周長さを各方位ごとに記載する必要がある点にも注意したい。

そのほかに断熱材の仕様、窓の熱貫流率、各設備の能力等の性能がＪＩＳ等で定められた試験方法等により求められた値であることの明示が必要となる。

なお、飲食店や商業施設等のテナント工事で、設計段階で使用する機器が決定していない場合、

①設計段階でテナント機器を想定値で計算し、工事中に仕様が決定次第、【建築物省エネ法】に係わる軽微変更(または計画変更)を提出。

②当初の適合性判定は、テナント工事の機器を無しとして、建築基準法で必要な換気設備等の一次エネルギーのみで提出し、仕様決定後に軽微変更(または計画変更)の提出等が考えられる。

表１　建築物の構造等に関する図書

図書の説明	明示すべき事項
計画書（様式）	
委任状	
設計内容説明書	省エネ基準に適合するものであることの説明
付近見取図	方位、道路、目標となる地物
配置図	縮尺、方位、敷地境界線、敷地内建築物の位置、
	エネルギー消費性能確保設備の位置
仕様書（仕上表含む）	断熱材の種別・寸法、窓の種別・寸法、
	エレベーター種別、数、積載量、定格速度、速度制御方法
各階平面図	方位、間取り、各室の名称・用途・寸法・天井高さ
	外気に面する壁の位置、種類
	外気に面する開口部の位置、構造
	計算対象部分の外周長さ・非空調コア部長さ
	空気調和設備（空調範囲、熱源機・ポンプ・空調機の位置）
	換気設備（給気機・排気機の位置）
	照明設備（位置、各室の照明器具の姿図記号・数量）
	給湯設備（位置、配管の保温措置、節湯器具位置）
	エレベーターの位置
	太陽光発電等の位置、太陽光パネルの真南からの設置方位角
床面積求積図	エネルギー消費性能確保設備の建築面積、延床面積
	高い開放性を有する部分
	計算対象部分の床面積・空調対象床面積
用途別床面積表	用途別の床面積

図書の説明	明示すべき事項
立面図	縮尺、外壁及び開口部の位置
	エネルギー消費性能確保設備の断熱種別ごとの位置・面積
断面図又は矩形図	縮尺、建築物の高さ
	外壁及び屋根の構造、軒の高さ、軒及び庇の出
	小屋裏の構造、各階天井高さ及び構造
	床の高さ及び構造、床下及び基礎の構造
	計算対象階数・階高合計
各部詳細図	外壁、開口部、床、屋根その他断熱性を有する部分の材料の種別及び寸法
各種計算書等	入力シート・出力シート
	その他の計算書（入力・出力シートの入力値の根拠となる集計表・台数按分計算書等）
機器表 ※「性能等」とは規定された条件で測定されたものであることを明示（JIS ○○等）	空気調和設備（熱源，ポンプ，空調機の種別・仕様「性能等」・数）
	換気設備（種別・仕様「性能等」・数）
	照明設備（種別・仕様「性能等」・数）
	給湯設備（種別・仕様「性能等」・数）
	節湯器具（種別・数）
	太陽熱給湯設備（種別・仕様「性能等」・数）
系統図	空気調和設備（位置・連結先）
	換気設備（位置・連結先）
	太陽光発電等（位置・連結先）
制御図	空気調和設備（制御方法）
	換気設備（制御方法）
	照明設備（制御方法）
	給湯設備（制御方法）
	太陽光発電等（制御方法）

表２　省エネ関連仕様等を記載すべき図書の例（モデル建物法の例）

種別	記載項目	記載する設計図書の例
基本情報（様式 A）	計算対象部分の床面積	各階平面図、床面積求積表、用途別床面積表
	計算対象部分の階数・各階の階高の合計	断面図
	計算対象部分・非空調コア部の外周長さ	各階平面図、床面積求積表、用途別床面積表
	空調対象床面積	各階平面図、床面積求積図、用途別床面積表
外皮（様式 B-1 ～ B-3）	断熱材の仕様・施工部位	外部仕上げ表、矩形図、断熱範囲図（各階平面図、立面図）
	方位別の外皮面積	断熱範囲図（各階平面図、立面図）
	窓の仕様、施工部位、ブラインド・庇の設置状況	建具表（仕様書）、各階平面図、天井伏図、立面図
空気調和設備（様式 C-1 ～ C-4）	熱源機器の仕様、台数等	機器表、空調平面図、仕様書、メーカーの自己適合宣言
	全熱交換器の仕様、台数等	機器表、空調平面図、仕様書、メーカーの自己適合宣言
	各種空調制御	制御図
換気設備（様式 D）	換気設備の仕様、台数等	機器表、換気平面図、仕様書、メーカーの自己適合宣言
	換気ファンの送風量制御	制御図
	換気設備の計算対象床面積	平面図、床面積求積図、用途別床面積表
照明器具（様式 E）	照明器具の仕様、設置場所	照明器具姿図（機器表）、各階平面図、メーカーの自己適合宣言
	各種照明制御	制御図、照明平面図
	照明設備の計算対象床面積	平面図、床面積求積図、用途別床面積表
給湯設備（様式 F）	熱源機器の仕様、台数等	機器表、器具表、衛生平面図、仕様書、メーカーの自己適合宣言
	給湯配管の保温の仕様等	特記仕様書
	節湯器具の仕様等	器具表、仕様書
昇降機設備（様式 G）	昇降機の制御方式	昇降機設備図（仕様書）
太陽光発電設備（様式 H）	太陽光発電の仕様、パネルの設置方位角・設置傾斜角	太陽光発電設備図（仕様書）
コージェネレーション設備（様式 I）	原動機の種類（ガスエンジンのみ評価可能）、コージェネレーション設備の定格発電出力、発電効率、廃熱効率、廃熱利用先	コージェネレーション設備図（仕様書）、供給先が確認できる平面図・系統図

確認申請書の記載方法

第1号様式第二面

020

point

①確認申請書にも、省エネ基準適合判定の要否を記載する。
②省エネ計画書提出不要の場合、その理由と根拠を記載する。

第二面の記載内容

確認申請書第二面の【8．建築物エネルギー消費性能確保計画の提出】に提出済・未提出・提出不要の欄があり、提出済の場合は提出した所管行政庁等とその所在地を、未提出の場合も提出予定の所管行政庁等を記載する。

注意したいのは提出不要（適合性判定が不要）の理由を記載する場合である。例えば、非住宅用途の建築物で延べ面積が300㎡、「外気に対して有効に開放された部分」の面積を除くと、適合性判定が不要な規模（300㎡未満）となる場合は、開放部分を除いた【非住宅部分】の床面積が300㎡未満であることを記載し、開放部分の算定根拠を求積図等に明記する必要がある。

または、既存建築物への同棟増築で、２０１７（平成29）年４月以前の既存建築物については、増改築の非住宅部分の面積が300㎡以上で、増改築後の非住宅部分の面積が300㎡以上となる建築物のうち、「非住宅に係る増改築部分の床面積の合計」の「増改築後の非住宅に係る延べ面積」に対する割合が１／２以内である場合、「特定増改築」に該当し、適合性判定が不要となる。この場合も、既存建築物の竣工年、増築部の非住宅に係る床面積の合計が増改築後の非住宅に係る延べ面積の１／２以下であることを記載し、その算定根拠が判る図書を添付する。

図１　申請書第１号様式別紙

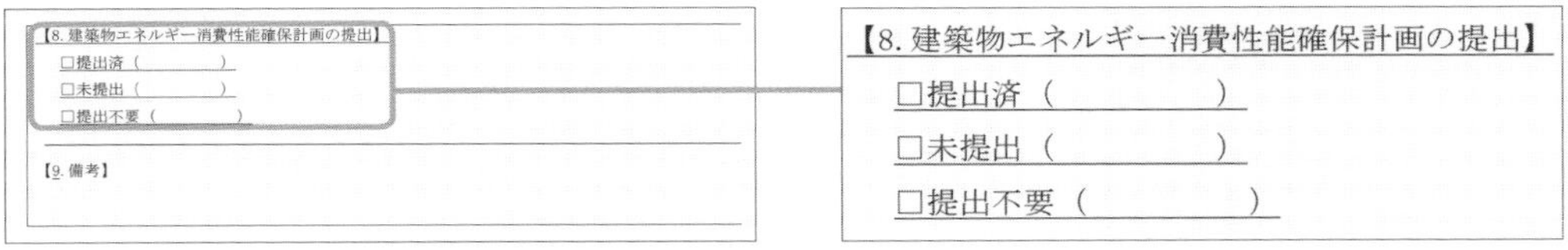
【8. 建築物エネルギー消費性能確保計画の提出】
□提出済（　　　　　）
□未提出（　　　　　）
□提出不要（　　　　　）
【9. 備考】

【8. 建築物エネルギー消費性能確保計画の提出】
□提出済（　　　　　）
□未提出（　　　　　）
□提出不要（　　　　　）

・申請者は、建築物エネルギー消費性能確保計画の提出が不要の場合（適合性判定が不要の場合）には、提出不要である理由を「提出不要」のカッコ内に記入し、その根拠となる各階平面図等の図書を添付する
・建築主事又は指定確認検査機関においては、申請に係る建築物について、適合性判定の提出状況を確認するとともに、提出不要とされている場合には、その根拠を確認する

図２　提出不要の場合の記載例

□第三面【8】欄に提出不要のチェックのみで良い場合
（提出が不要であることが明らかな例）
• 床面積が 300 ㎡未満の新築
• 増築または改築後の床面積の合計が 300 ㎡未満の建築物の増築または改築
• 増築または改築部分の床面積の合計が 300 ㎡未満の建築物の増築または改築
• 住宅部分のみの建築物や用途が建築物省エネ法 18 条、令 7 条に規定する用途のみの建築物の新築・増築・改築
※ 令 7 条第 1 項第一号のみ或いは第二号のみの複合用途は適用除外となり提出不要となるが、第一号と第二号の複合用途の場合は、適用除外とならない点に注意（この場合、高い開放性を有する部分を除いた床面積が 2,000 ㎡（2021 年 4 月以降は 300 ㎡）未満であることを確認する必要がある）

□提出が不要である理由を記入する場合
• 確認申請に記載される用途だけでは規制措置の適用除外となる用途等に該当するか判断できない場合
→適用除外の用途である旨
• 住宅部分と非住宅部分を有する建築物で非住宅部分の床面積の合計が 300 ㎡未満
→住宅部分と非住宅部分それぞれの床面積
（記入例：住宅部分 400 ㎡、非住宅部分 200 ㎡のため）
• 開放部分を除いた非住宅部分の床面積の合計が 300 ㎡未満
→開放部分を除いた非住宅部分の床面積の合計（※ 開放部分の床面積を示す図書も提出）
（記入例：開放部分を除いた非住宅部分の床面積が 200 ㎡のため）
• 旧法に基づく届出を実施
→ 2021 年（令和 3 年）3 月 31 日までに旧法に基づく届出を実施している旨
（記入例：令和 3 年 3 月 20 日に旧法に基づき届出しているため）

届出書の記載方法

第22号様式 第一面・第二面

021

point ①住宅用途で床面積300㎡以上の場合、または特定増改築で届出の場合は正副2部を所管行政庁へ提出する。

届出が義務付けられる建築物

【建築物省エネ法】の適合性判定を要しない建築物でも届出が必要となる建築物がある。対象は建築物省エネ法の適合性判定を要しない建物のうち、300㎡以上の新築・増改築を行う建築物で、住宅は届出が必要となる。

建築主は住宅用途で300㎡以上の新築・増築・改築を行う場合、または【特定増改築】となる場合は、着工予定日の21日前までに、【所管行政庁】へ届出を行う必要がある。２０１９（令和元）年11月16日より民間審査機関による評価書を提出する場合、提出期限を着工の３日前に短縮が可能となった。民間審査期間による評価書とはＢＥＬＳ評価書や住宅性能評価書等を指す。

第一面の記載内容

届出に係る様式は省令で定められており、その内容を変更する場合も同様である。ただし、軽微な変更の場合は届出不要となる。第二十二号様式「届出書」（第一面～第四面）を記載し、届出に際しては、①届出書、②各種図面、計算書、③その他の所管行政庁が必要と認める図書を、正副２部提出する必要がある。届出で用いることが出来る計算方法は、「住宅性能基準」または「住宅仕様基準」である。

【届出者氏名】

届出者が法人である場合には、代表者の氏名を併せて記載する。

【届出の別】

「法19条第1項前段の規定による届出」とは300㎡以上の新築・増築・改築を行う場合を指し、「法第19条第4項において読み替えて適用する同条第1項前段の規定による届出」とは、300㎡以上の新築・増築・改築に評価書を提出する場合を指す。「法附則第3条第2項前段の規定による届出」とは「特

図1　第22号様式第一面

様式第二十二（第十二条第一項及び附則第二条第一項関係）（日本産業規格A列4番）

（第一面）

届出書

年　月　日

所管行政庁　　殿

届出者の住所又は
主たる事務所の所在地
届出者の氏名又は名称　　　　印
代表者の氏名

建築物のエネルギー消費性能の向上に関する法律第19条第1項前段（同条第4項において読み替えて適用する場合を含む。）又は同法附則第3条第2項前段（同条第5項において読み替えて適用する場合を含む。）の規定による届出をします。この届出書及び添付図書に記載の事項は、事実に相違ありません。

【届出の別】
□法第19条第1項前段の規定による届出
□法第19条第4項において読み替えて適用する同条第1項前段の規定による届出
□法附則第3条第2項前段の規定による届出
□法附則第3条第5項において読み替えて適用する同条第2項前段の規定による届出

（本欄には記入しないでください。）

受付欄	特記欄	整理番号欄
年　月　日		
第　　号		
係員印		

図2　第22号様式第二面

（第二面）

【1．建築主】
【イ．氏名のフリガナ】
【ロ．氏名】
【ハ．郵便番号】
【ニ．住所】
【ホ．電話番号】

【2．代理者】
【イ．氏名】
【ロ．勤務先】
【ハ．郵便番号】
【ニ．所在地】
【ホ．電話番号】

【3．設計者】
【イ．氏名】
【ロ．勤務先】
【ハ．郵便番号】
【ニ．所在地】
【ホ．電話番号】

【4．備考】

定増改築（**012項目**参照）」を指し、「法附則第3条第5項において読み替えて適用する同条第2項前段の規定による届出」とは、【特定増改築】に評価書を提出する場合を指す。いずれか該当するものにチェックを入れる。

第二面の記載内容

建築主、設計者または工事施工者がそれぞれ2者以上の場合は、第二面は代表となる建築主、設計者または工事施工者について記入し、別紙にほかの建築主、設計者または工事施工者について記載して添付する。

【代理者】

建築主からの委任を受けて申請を行う者がいる場合、この欄に記載する。その際は委任状（任意書式）の添付が必要となる。

届出書の記載方法

第 22 号様式 第三面・第四面

022

point ①適用除外がある場合、第三面[11] ～[13]に記載する。

第三面の記載内容

【6．建築物の用途】・【8．工事種別】

該当する欄にチェックマークを入れる。なお「一戸建ての住宅」とは、一棟の建築物からなる一戸の住宅を指し、「共同住宅等」とは、共同住宅や長屋その他の一戸建ての住宅以外の住宅を指し、「複合建築物」とは、住宅用途と非住宅用途で一棟の場合を指す。また「増築」は、同一棟への増築を指し、敷地内の別棟増築を含めない点に注意する（建築確認申請書第四面の省エネ申請の対象棟の工事種別を記載する）。

【7．建築物の住戸の数】

【6】欄の用途で「共同住宅等」または「複合建築物」を選んだ場合のみ記載する。

【9．建築物の床面積】

【8】欄の工事種別に応じ、新築等に係る建築物の床面積を記載し、増築または改築の場合は延べ面積を併せて記載する。なお、「床面積」は、単に建築物の床面積をいい、「開放部分を除いた床面積」とは、【高い開放性を有する部分】の面積を除いた床面積を指す。なお「高い開放性を有する部分」とは、①壁を有しないこと、②内部に間仕切壁等を有しない建築物の階、またはその一部であって、その床面積に対する常時外気に開放された開口部面積の合計が1／20以上あるもの、のいずれかを満たす部分を指す。

【11．法附則第3条の適用の有無】

2017（平成29）年4月以前の既存建築物への増築または改築については、増改築の【非住宅部分】の面積が300㎡以上で、「非住宅に係る増改築部分の床面積の合計」の「増改築後の非住宅に係る延べ面積」に対する割合が1／2以内である場合、「特定増改築」に該当し、適合性判定を不要とする措置を指す。「特定増改築」に該当する場合は、「有」にチェックを入れ、既存建物の竣工年月日を記載する。また竣工年月日が確認できる検査済証等の写しの添付が必要となる。

【12．基準省令附則第2条の適用の有無】

「基準省令附則第2条」とは300㎡以上の住宅部分について、地域の気候および風土に応じた住宅で、外皮基準に適合させることが困難であると国土交通大臣が定める基準（2019［令和元］年国土交通省告示第786号※所管行政庁による付加も含まれる）に適合するものについては、外皮基準を適用しないことを指す。該当する場合「有」にチェックマークを入れる。

【13．基準省令附則第3条又は第4条の適用の有無】

2017（平成29）年4月以前の既存増築についての緩和措置を指す（基準省令附則第3条は非住宅建築物への、第4条は住宅建築物への緩和措置を指す）。既存部分のBEIをデフォルト値として1.2とし、増改築部分のBEIを1.0以下として、建築物全体としてBEIが1.1以下であれば基準適合とする。該当する場合「有」にチェックマークを入れ、既存建物の竣工年月日を記載する。また竣工年月日が確認できる検査済証等の写しの添付が必要となる。

【14．該当する地域の区分】

「地域の区分」は、基準省令第1条第1項第2号イ(1)の地域の区分を指す。

【15．建築物全体のエネルギー消費性能】

「イ．非住宅建築物」

基準省令第1条第1項第1号イの基準とは、「標準入力法（**035項目**参照）」、「主要室入力法（**037項目**参照）」を、基準省令第1条第1項第1号ロの基準とは、「モデル建物法（**039項目**参照）」を指す。該当する計算方法にチェックマークを入れ、各数値を記載する。第1号イの場合は【設計一次エネルギー消費量】（その他一次エネルギー消費量を含む）と【基準一次エネルギー消費量】（その他一次エネルギー消費量を含む）およびBEIを記載し、第1号ロの場合はBEIのみを記載する。

BEIについては、小数点第二位未満を切り上げた数値を記載する。BEIは、設計一次エネルギー消費量（その他一次エネルギー消費量を除く）を基準一次エネルギー消費量（その他一次エネルギー消費量を除く）で除したものを指す。

【13】欄で基準省令附則第3条の適用を有とする場合は、標準入力法（主要室入力法）、モデル建物法での計算に関わらず、国土交通大臣が認める方法及びその結果にチェックマークを入れ、（ ）内に、計算方法とBEI値（既存部分のBEI＝1.2）を記載する（上段のBEIは空欄とする）。また（一

財）建築環境・省エネルギー機構のBEST省エネ基準対応ツールにより算出した場合もこの欄に記載する。

「ロ．一戸建ての住宅」

「外壁、窓等を通しての熱の損失の防止に関する事項」の、基準省令第1条第1項第2号イ(1)(i)の基準とは1住戸ごとの外皮平均熱貫流率と冷房期の平均日射熱取得率が基準値以下とする性能基準を指す。第2号イ(2)(i)の基準とはモデル住宅法を、第2号イ(3)の基準とは仕様基準をそれぞれ指す。基準省令附則第4条第1項の規定とは、2017（平成29）年4月以前の既存建築物の**【住宅部分】**について、外皮性能を満たしていないが、一次エネルギー消費量は満たしている場合に当面の間外皮性能については適用しない特例を指す。

「一次エネルギー消費量に関する事項」の、基準省令第1条第1項第2号ロ(1)の基準とは、一次エネルギー消費量算定用WEBプログラム（**051～054項目**参照）を指し、第2号ロ(2)の基準とはモデル住宅法を指す。第2号ロ(3)の基準とは仕様基準を指す。

「ハ．共同住宅等」

「外壁、窓等を通しての熱の損失の防止に関する事項」の基準省令第1条第1項第2号イ(1)(i)の基準とは、1住戸ごとの外皮平均熱貫流率と冷房期の平均日射熱取得率が基準値以下とする性能基準を指す。第2号イ(1)(ii)の基準とは全住戸の平均値が基準値以下であることを指す。第2号イ(2)(ii)の基準とはフロア入力法（**056項目**参照）を指す。

「一次エネルギー消費量に関する事項」の基準省令第1条第1項第2号ロ(1)の基準とは、一次エネルギー消費量算定用WEBプログラム（**051～054項目**参照）を指し、第2号ロ(2)の基準とはモデル住宅法（戸建て住宅等の場合）、フロア入力法を指す。基準省令第4条第3項に掲げる数値の区分欄は共用部の計算ありの場合には第1号に、共用部の計算無しの場合には第2号にチェックする。第2号ロ(3)の基準とは仕様基準を指す。

「ニ．複合建築物」

「基準省令第1条第1項第3号イの基準」とは、非住宅部分と住宅部分をそれぞれ別に計算し、それぞれで基準適合する方法を指し、「基準省令第1条第1項第3号ロの基準」とは、非住宅部分と住宅部分を統合して評価する方法を指す。各内容はこの欄の**【イ】**～**【ハ】**の各項目を参照されたい（**図1**）。

第四面の記載内容

共同住宅等または**【複合建築物】**に係る届出を行う場合に、住戸ごとに作成する。メゾネット住戸など住戸の階数が二以上である場合には、**【3．専用部分の床面積】**に各階ごとの床面積を併せて記載する。「4．住戸のエネルギー消費性能」に関しては、第三面で基準省令第1条第1項第2号イ(1)(i)・同号ロ(1)、または第2号イ(2)(i)・同号ロ(2)、あるいは第2号イ(3)・同号ロ(3)、国土交通大臣が定める方法およびその結果による計算を行う場合に記載する（**図2**）。さらに第2号イ(3)・同号ロ(3)の場合には、別紙にその内容を記載する。

図1　第22号様式第三面

（第三面）

建築物エネルギー消費性能の確保のための構造及び設備に関する計画

［建築物に関する事項］

【1．地名地番】

【2．敷地面積】　㎡

【3．建築面積】　㎡

【4．延べ面積】　㎡

【5．建築物の階数】　（地上）　階　（地下）　階

【6．建築物の用途】
□非住宅建築物　□一戸建ての住宅　□共同住宅等　□複合建築物

【7．建築物の住戸の数】
建築物全体　戸

【8．工事種別】　□新築　□増築　□改築

【9．建築物の床面積】　（　床面積　）（開放部分を除いた部分の床面積）
【イ．新築】　（　㎡）　（　㎡）
【ロ．増築】　全体（　㎡）　（　㎡）
増築部分（　㎡）　（　㎡）
【ハ．改築】　全体（　㎡）　（　㎡）
改築部分（　㎡）　（　㎡）

【10．構造】　造　一部　造

【11．法附則第3条の適用の有無】
□有（竣工年月日　年　月　日　竣工）
□無

【12．基準省令附則第2条の適用の有無】
□有（国土交通大臣が定める基準に適合するもの）
□無

【13．基準省令附則第3条又は第4条の適用の有無】
□有（竣工年月日　年　月　日　竣工）
□無

【14．該当する地域の区分】　地域

【15．建築物全体のエネルギー消費性能】
【イ．非住宅建築物】
（一次エネルギー消費量に関する事項）
□基準省令第1条第1項第1号イの基準
基準一次エネルギー消費量　GJ/年
設計一次エネルギー消費量　GJ/年
ＢＥＩ（　）
□基準省令第1条第1項第1号ロの基準
ＢＥＩ（　）
□国土交通大臣が認める方法及びその結果
（　）
【ロ．一戸建ての住宅】
（外壁、窓等を通しての熱の損失の防止に関する事項）
□基準省令第1条第1項第2号イ(1)(ｉ)の基準
外皮平均熱貫流率　W/(㎡・K)（基準値　W/(㎡・K)）
冷房期の平均日射熱取得率　（基準値　）
□基準省令第1条第1項第2号イ(2)(ｉ)の基準
外皮平均熱貫流率　W/(㎡・K)（基準値　W/(㎡・K)）
冷房期の平均日射熱取得率　（基準値　）
□基準省令第1条第1項第2号イ(3)の基準
□国土交通大臣が認める方法及びその結果
（　）
□基準省令附則第4条第1項の規定による適用除外
（一次エネルギー消費量に関する事項）
□基準省令第1条第1項第2号ロ(1)の基準
基準一次エネルギー消費量　GJ/年
設計一次エネルギー消費量　GJ/年
ＢＥＩ（　）
□基準省令第1条第1項第2号ロ(2)の基準
ＢＥＩ（　）
□基準省令第1条第1項第2号ロ(3)の基準
□国土交通大臣が認める方法及びその結果
（　）
【ハ．共同住宅等】
（外壁、窓等を通しての熱の損失の防止に関する事項）
□基準省令第1条第1項第2号イ(1)(ｉ)の基準
□基準省令第1条第1項第2号イ(1)(ⅱ)の基準
住棟単位外皮平均熱貫流率　W/(㎡・K)（基準値　W/(㎡・K)）
住棟単位冷房期平均日射熱取得率　（基準値　）
□基準省令第1条第1項第2号イ(2)(ⅱ)の基準
住棟単位外皮平均熱貫流率　W/(㎡・K)（基準値　W/(㎡・K)）
住棟単位冷房期平均日射熱取得率　（基準値　）
□基準省令第1条第1項第2号イ(3)の基準
□国土交通大臣が認める方法及びその結果
（　）
□基準省令附則第4条第1項の規定による適用除外
（一次エネルギー消費量に関する事項）
□基準省令第1条第1項第2号ロ(1)の基準
基準省令第4条第3項に掲げる数値の区分（□第1号　□第2号）
基準一次エネルギー消費量　GJ/年
設計一次エネルギー消費量　GJ/年
ＢＥＩ（　）
□基準省令第1条第1項第2号ロ(2)の基準
基準省令第4条第3項に掲げる数値の区分（□第1号　□第2号）
ＢＥＩ（　）
□基準省令第1条第1項第2号ロ(3)の基準
□国土交通大臣が認める方法及びその結果
（　）
【ニ．複合建築物】
□基準省令第1条第1項第3号イの基準
（非住宅部分）
（一次エネルギー消費量に関する事項）
□基準省令第1条第1項第1号イの基準
基準一次エネルギー消費量　GJ/年
設計一次エネルギー消費量　GJ/年
ＢＥＩ（　）
□基準省令第1条第1項第1号ロの基準
ＢＥＩ（　）
□国土交通大臣が認める方法及びその結果
（　）
（住宅部分）
（外壁、窓等を通しての熱の損失の防止に関する事項）
□基準省令第1条第1項第2号イ(1)(ｉ)の基準
□基準省令第1条第1項第2号イ(1)(ⅱ)の基準
住棟単位外皮平均熱貫流率　W/(㎡・K)（基準値　W/(㎡・K)）
住棟単位冷房期平均日射熱取得率　（基準値　）
□基準省令第1条第1項第2号イ(2)(ｉ)の基準
□基準省令第1条第1項第2号イ(2)(ⅱ)の基準
住棟単位外皮平均熱貫流率　W/(㎡・K)（基準値　W/(㎡・K)）
住棟単位冷房期平均日射熱取得率　（基準値　）
□基準省令第1条第1項第2号イ(3)の基準
□国土交通大臣が認める方法及びその結果
（　）
□基準省令附則第4条第1項の規定による適用除外
（一次エネルギー消費量に関する事項）
□基準省令第1条第1項第2号ロ(1)の基準
基準省令第4条第3項に掲げる数値の区分（□第1号　□第2号）
基準一次エネルギー消費量　GJ/年
設計一次エネルギー消費量　GJ/年
ＢＥＩ（　）
□基準省令第1条第1項第2号ロ(2)の基準
基準省令第4条第3項に掲げる数値の区分（□第1号　□第2号）
ＢＥＩ（　）
□基準省令第1条第1項第2号ロ(3)の基準
□国土交通大臣が認める方法及びその結果
（　）
□基準省令第1条第1項第3号ロの基準
（複合建築物）
（一次エネルギー消費量に関する事項）
基準省令第4条第3項に掲げる数値の区分（□第1号　□第2号）
基準一次エネルギー消費量　GJ/年
設計一次エネルギー消費量　GJ/年
ＢＥＩ（　）
（住宅部分）
（外壁、窓等を通しての熱の損失の防止に関する事項）
□基準省令第1条第1項第2号イ(1)(ｉ)の基準
□基準省令第1条第1項第2号イ(1)(ⅱ)の基準
住棟単位外皮平均熱貫流率　W/(㎡・K)（基準値　W/(㎡・K)）
住棟単位冷房期平均日射熱取得率　（基準値　）
□基準省令第1条第1項第2号イ(2)(ｉ)の基準
□基準省令第1条第1項第2号イ(2)(ⅱ)の基準
住棟単位外皮平均熱貫流率　W/(㎡・K)（基準値　W/(㎡・K)）
住棟単位冷房期平均日射熱取得率　（基準値　）
□基準省令第1条第1項第2号イ(3)の基準
□国土交通大臣が認める方法及びその結果
（　）
□基準省令附則第4条第1項の規定による適用除外

【16．工事着手予定年月日】　年　月　日

【17．工事完了予定年月日】　年　月　日

【18．備考】

図2　第22号様式第四面

（第四面）

［住戸に関する事項］

【1．住戸の番号】

【2．住戸の存する階】　階

【3．専用部分の床面積】　㎡

【4．住戸のエネルギー消費性能】
（外壁、窓等を通しての熱の損失の防止に関する事項）
□基準省令第1条第1項第2号イ(1)(ｉ)の基準
外皮平均熱貫流率　W/(㎡・K)（基準値　W/(㎡・K)）
冷房期の平均日射熱取得率　（基準値　）
□基準省令第1条第1項第2号イ(2)(ｉ)の基準
外皮平均熱貫流率　W/(㎡・K)（基準値　W/(㎡・K)）
冷房期の平均日射熱取得率　（基準値　）
□基準省令第1条第1項第2号イ(3)の基準
□国土交通大臣が認める方法及びその結果
（　）
□基準省令附則第4条第1項の規定による適用除外
（一次エネルギー消費量に関する事項）
□基準省令第1条第1項第2号ロ(1)の基準
基準一次エネルギー消費量　GJ/年
設計一次エネルギー消費量　GJ/年
ＢＥＩ（　）
□基準省令第1条第1項第2号ロ(2)の基準
ＢＥＩ（　）
□基準省令第1条第1項第2号ロ(3)の基準
□国土交通大臣が認める方法及びその結果
（　）

届出書の記載方法

第 22 号様式 別紙

023

point ①別紙は住戸ごとに記載する。また、住戸の数が2以上の場合、別の書面でも提出可能。

別紙の記載内容

「1．住戸に係る事項」は、共同住宅等または複合建築物の住戸に係る措置について、住戸ごとに記載する。

①（1）の1）から3）までにおける「断熱材の施工法」について、部位ごとに断熱材の施工法を複数用いる場合は、主たる施工法の欄にチェックマークを入れる。

②（1）の1）から4）までにおける「断熱性能」は、該当する欄にチェックマークを入れ、併せて必要な事項を記載する。「断熱材の種別及び厚さ」については、当該部位に使用している断熱材の材料名及び厚さを記載する。

③（1）の5）の「開口部比率」とは、外皮面積の合計に占める開口部の面積の割合を指す。開口部のうち主たるものを対象として、必要な事項を記載する。

④（2）の「暖房」、「冷房」、「換気」、「照明」、「給湯」については、住戸に設置する設備機器とその効率（「照明」を除く）を記載する。「照明」にあっては、非居室に白熱灯またはこれと同等以下の性能の照明設備を採用しない旨を記載する。

設備機器が複数ある場合は最も効率の低い設備機器とその効率を記載する。「効率」の欄には、「暖房」では熱源機の熱効率または暖房能力を消費電力で除した値を、「冷房」では冷房能力を消費電力で除した値を、「換気」では換気回数および比消費電力（全般換気設備の消費電力を設計風量で除した値とし、熱交換換気設備を採用する場合にあっては、比消費電力を有効換気量率で除した値）を、「給湯」では熱源機の熱効率をそれぞれ記載する。ただし、浴室等、台所および洗面所がない場合は、「給湯」の欄は記載不要である。

図　第22号様式　別紙

(別紙) 外壁、窓等を通しての熱の損失の防止に関する仕様基準又は一次エネルギー消費量に関する仕様基準を用いる場合

1．住戸に係る事項
（1）外壁、窓等を通しての熱の損失の防止のための措置
　1）屋根又は天井
　　①【断熱材の施工法】□内断熱工法　□外断熱工法
　　　□充填断熱工法　□外張断熱工法　□内張断熱工法
　　②【断熱性能】□断熱材の種別及び厚さ（種別　　）（厚さ　　mm）
　　　□熱貫流率（　　W/(㎡・K)）　□熱抵抗値（　　(㎡・K)/W）
　2）壁
　　①【断熱材の施工法】□内断熱工法　□外断熱工法
　　　□充填断熱工法　□外張断熱工法　□内張断熱工法
　　②【断熱性能】□断熱材の種別及び厚さ（種別　　）（厚さ　　mm）
　　　□熱貫流率（　　W/(㎡・K)）　□熱抵抗値（　　(㎡・K)/W）
　3）床
　　（イ）外気に接する部分
　　　【該当箇所の有無】□有　□無
　　　①【断熱材の施工法】□内断熱工法　□外断熱工法
　　　　□充填断熱工法　□外張断熱工法　□内張断熱工法
　　　②【断熱性能】□断熱材の種別及び厚さ（種別　　）（厚さ　　mm）
　　　　□熱貫流率（　　W/(㎡・K)）　□熱抵抗値（　　(㎡・K)/W）
　　（ロ）その他の部分
　　　【該当箇所の有無】□有　□無
　　　①【断熱材の施工法】□内断熱工法　□外断熱工法
　　　　□充填断熱工法　□外張断熱工法　□内張断熱工法
　　　②【断熱性能】□断熱材の種別及び厚さ（種別　　）（厚さ　　mm）
　　　　□熱貫流率（　　W/(㎡・K)）　□熱抵抗値（　　(㎡・K)/W）
　4）土間床等の外周部分の基礎
　　（イ）外気に接する部分
　　　【該当箇所の有無】□有　□無
　　　②【断熱性能】□断熱材の種別及び厚さ（種別　　）（厚さ　　mm）
　　　　□熱貫流率（　　W/(㎡・K)）　□熱抵抗値（　　(㎡・K)/W）
　　（ロ）その他の部分
　　　【該当箇所の有無】□有　□無
　　　【断熱性能】□断熱材の種別及び厚さ（種別　　）（厚さ　　mm）
　　　　□熱貫流率（　　W/(㎡・K)）　□熱抵抗値（　　(㎡・K)/W）

③
　5）開口部
　　【開口部比率】（　　）【開口部比率区分】（　　）
　　【断熱性能】□建具等の種類（建具の材質・構造　　）
　　　（ガラスの種別　　）
　　　□熱貫流率（　　W/(㎡・K)）
　　【日射遮蔽性能】
　　　□ガラスの日射熱取得率（日射熱取得率　　）
　　　□付属部材（南±25度に設置するもの　　）
　　　　（上記以外の方位に設置するもの　　）
　　　□ひさし、軒等
　6）構造熱橋部
　　【該当箇所の有無】□有　□無
　　【断熱性能】断熱補強の範囲（　　mm）　断熱補強の熱抵抗値（　　(㎡・K)/W）

④
（2）空気調和設備等に係るエネルギーの効率的利用のための措置
　【暖房】暖房設備（　　）
　　　効率（　　）
　【冷房】冷房設備（　　）
　　　効率（　　）
　【換気】換気設備（　　）
　　　効率（　　）
　【照明】照明設備（　　）
　【給湯】給湯設備（　　）
　　　効率（　　）

2．備考

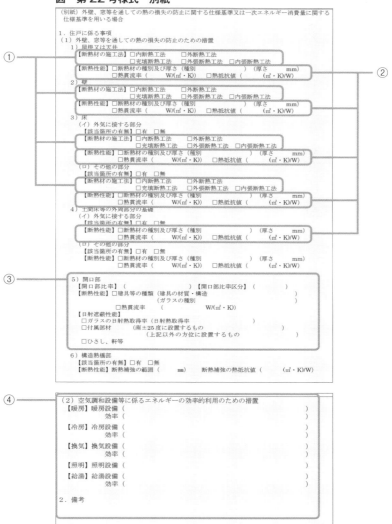

軽微な変更説明書の記載方法

軽微な変更説明 第一面・第二面

024

point ①変更内容によってルートA・B・Cに分類される。
②あわせて建築確認申請の計画変更、軽微変更の手続きも必要。

軽微な変更とは

適合判定の通知を受けた後に、省エネ計画書に記載されている内容について変更する場合、計画変更または軽微な変更の手続きに分かれる（**013項目**参照）。計画変更については「変更計画書」と、変更に係わる図書を正副2部提出する必要がある。

軽微な変更は、省令で定める変更後も【省エネ基準】に適合することが明らかな変更で、3ルート（ルートA・B・C）に分類される。

ルートA：省エネ性能が向上する変更

【省エネ性能】が向上する変更とは、建物高さや外周長の減少、外壁や屋根の外気に接する面積の減少、外皮性能の向上による空調負荷の軽減、設備機器の効率向上、太陽光発電等の新設・増設等のエネルギー消費が減少する変更を指す。

ルートB：一定範囲内の省エネ性能が低下する変更

ルートBは、省エネ性能が省エネ基準に係る変更前の省エネ基準を1割越えるもので、かつ省エネ性能の低下が1割以内に収まる変更に適用される。ルートBを適用するには、適合判定の通知を受けた時点のBEIが0.9以下であることが条件となる。

ルートC：再計算によって適合基準が明らかな変更

ルートCは、標準入力法やモデル建物法の再計算によって基準適合が明らかな変更を指す。

ただし、次に記載する計画の根本的な変更は計画変更となるため注意する。

・建築基準法の用途の変更
・モデル建物法を用いる場合の、モデル建物の変更（ただし、モデル建物の減少はルートCとなる）
・評価方法の変更（標準入力法からモデル建物法への変更。その逆も同様）

図１　軽微な変更説明　第一面

(参考様式)

建築物エネルギー消費性能確保計画に係る軽微な変更説明書

(第一面)

平成　　年　　月　　日

様

申請者氏名　　　　　　印

申請に係る建築物の建築物エネルギー消費性能確保計画について、建築物のエネルギー消費性能に関する法律施行規則第○条に該当する軽微な変更がありましたので、変更の内容を報告します。

(1) 建築物等の名称	
(2) 建築物等の所在地	
(3) 省エネ適合判定年月日・番号	
(4) 変更の内容	
□A　省エネ性能が向上する変更 □B　一定範囲内の省エネ性能が減少する変更 □C　再計算によって基準適合が明らかな変更（計画な抜本的な変更を除く）	
(5) 備　考	
(注意) 1．この説明書は、完了検査申請の際に、申請に係る建築物の建築物エネルギー消費性能確保計画に軽微な変更があった場合に、完了検査申請書の第三面の別紙として添付してください。 2．(4) 変更の内容において、Aにチェックした場合には第二面に、Bにチェックした場合は第三面に必要事項を記入した上で、変更内容を説明するための図書を添付してください。Cにチェックした場合には軽微変更該当証明書及びその申請に要した図書を添付してください。	受付欄

図２　軽微な変更説明　第二面

(参考様式)

(第二面)

[A　省エネ性能が向上する変更]

・変更内容は、□チェックに該当する事項となる
□　① 建築物高さもしくは外周長の減少 □　② 外壁、屋根もしくは外気に接する床の面積の減少 □　③ 空調負荷の軽減となる外皮性能の変更 □　④ 設備機器の効率向上・損失低下となる変更 □　⑤ 設備機器の制御方法の効率向上・損失低下となる変更 □　⑥ エネルギーの効率的利用を図ることのできる設備の新設、増設 □　その他　（　　　　）
・上記□チェックについて具体的な変更の記載欄
・添付図書等
(注意) 変更内容は、該当するものすべてにチェックをすることとし、チェックをした事項については、具体的な変更内容を記載した上で、変更内容を示す図書を添付してください。

なお、【建築物省エネ法】に基づく計画変更・軽微変更を行う場合は、建築確認申請の計画変更・軽微変更が必要となる点に注意したい。

軽微な変更の申請は「建築物エネルギー消費性能確保計画に係わる軽微な変更説明書」の第一面から第三面に該当事項を記載するが、ルートA～Cによって記載する面が異なる点に注意する。ルートAは第二面、ルートBは第三面に内容を記載し、ルートCは所管行政庁等より交付された「軽微変更該当証明申請書」の写しを軽微な変更説明書に添付して提出する。

第一面・第二面の記載内容

第一面の【(3)省エネ適合性判定年月日・番号】には、通知書の交付年月日、交付番号を記載する。通知書の交付以降に計画変更や軽微変更該当証明申請で交付を受けた場合は、【(5)備考】に交付年月日、交付番号、計画変更や軽微変更の別を追記する。【(4)変更の内容】にはA・B・C欄の該当する項目にチェックマークを記載する。

第二面はルートAの軽微変更の場合に記載。①～⑥(またはその他)の該当する項目にチェックマークを入れ、具体的な変更の記載欄に詳細を記載する。添付図がある場合は、その図面名称も記載する。

軽微な変更説明書の記載方法

軽微な変更説明 第三面

025

point ①ルートA・Bは計算書が不要。
②ルートCは再計算した計算書が必要。

第三面の記載内容

第三面はルートBの軽微変更の場合に記載する。

【一定範囲内の省エネ性能が減少する変更】

前回交付された省エネ適合判定のBEIを記載する。BEIは0.9以下が前提となるため注意したい。「空気調和設備」、「機械換気設備」、「照明設備」、「給湯設備」、「太陽光発電」のうち、該当する欄にチェックマークを入れ、変更前と変更後の内容を記載する。

第三面別紙では、第三面で記載した項目について、必要事項を記載する。この際、各項目ごとに増加率の上限が定められており、上限を超える場合はルートBが適用できないので注意したい（上限を超える場合はルートCとなる）。また、ルートBの可否判断には建築研究所のモデル建物法入力支援ツールの入力シート内にある「入力確認のシート」の変更前と変更後の変化率で確認する。着色表示されていない項目にエネルギー消費性能が低下する項目があれば、ルートBに該当せず、ルートCとなるため注意する。

軽微変更該当証明申請書とは

軽微変更該当証明申請書はルートCの軽微変更の場合に記載する。なお、ルートCは標準入力法やモデル建物法の再計算によって基準適合していることを証明するため、「計画書」の第二

図1　軽微な変更説明第三面（ルートBの軽微変更）

（参考様式）

（第三面）

［B　一定範囲内の省エネ性能が減少する変更］

・変更前のBEI＝（　　）＜0．9

・変更となる設備の概要

□　空気調和設備
変更内容記入欄

□　機械換気設備
変更内容記入欄

□　照明設備
変更内容記入欄

□　給湯設備
変更内容記入欄

□　太陽光発電
変更内容記入欄

・添付図書等

（注意）変更となる設備は、該当するものすべてにチェックをすることとし、チェックをした設備については、変更内容記入欄に概要を、第三面別紙に必要事項を記入した上で、変更内容を示す図書を添付してください。

図２　空気調和設備

（参考様式）

（第三面　別紙）

[空気調和設備関係]

次に掲げる（い）、（ろ）のいずれかに該当し、これ以外については「変更なし」か「性能が向上する変更」である変更。

（い）外壁の平均熱貫流率について5%を超えない増加　かつ窓の平均熱貫流率について5%を超えない増加

外壁の平均熱貫流率について5%を超えない増加の確認

変更内容　□断熱材種類　□断熱材厚み

変更する方位　□全方位　□一部方位のみ（方位　　　）

変更前・変更後の平均熱貫流率

変更前（　　）　変更後（　　）　増加率（　　）%

窓の平均熱貫流率について5%を超えない増加

変更内容　□ガラス種類　□ブラインドの有無

変更する方位　□全方位　□一部方位のみ（方位　　　）

変更前・変更後の平均熱貫流率

変更前（　　）　変更後（　　）　増加率（　　）%

（ろ）熱源機器の平均効率について10%を超えない低下

平均熱源効率（冷房平均COP）

変更内容　□機器の仕様変更　□台数の増減

変更前・変更後の平均熱源効率

変更前（　　）　変更後（　　）　減少率（　　）%

平均熱源効率（暖房平均COP）

変更内容　□機器の仕様変更　□台数の増減

変更前・変更後の平均熱源効率

変更前（　　）　変更後（　　）　減少率（　　）%

図３　機械換気設備

（参考様式）

（第三面　別紙）

[機械換気設備関係]

評価の対象になる室の用途毎につき、次に掲げる（い）、（ろ）のいずれかに該当し、これ以外については「変更なし」か「性能が向上する変更」である変更。

（い）送風機の電動機出力について10%を超えない増加

室用途（　　　）

変更内容　□機器の仕様変更　□台数の増減

変更前・変更後の送風機の電動機出力

変更前（　　）　変更後（　　）　増加率（　　）%

室用途（　　　）

変更内容　□機器の仕様変更　□台数の増減

変更前・変更後の送風機の電動機出力

変更前（　　）　変更後（　　）　増加率（　　）%

（ろ）計算対象床面積について5%を超えない増加（室用途が「駐車場」「厨房」である場合のみ）

室用途（　駐車場　）

変更前・変更後の床面積

変更前（　　）　変更後（　　）　増加率（　　）%

室用途（　厨　房　）

変更前・変更後の床面積

変更前（　　）　変更後（　　）　増加率（　　）%

面から第五面の再計算結果を添付する必要があることに注意したい。

またルートCのみ、「軽微変更該当証明書」が交付され、この証明書を建築完了検査申請書に添付する。

図４　照明設備

（参考様式）

（第三面　別紙）

【照明設備関係】

評価の対象になる室の用途毎につき、次に掲げる（い）に該当し、これ以外については「変更なし」か「性能が向上する変更」である変更。

（い）単位面積あたりの照明器具の消費電力について 10%を超えない増加

室用途（　　　　　）
変更内容　　□機器の仕様変更　□台数の増減
変更前・変更後の単位面積あたりの消費電力
変更前（　　　　）　変更後（　　　　）　増加率（　　）%

室用途（　　　　　）
変更内容　　□機器の仕様変更　□台数の増減
変更前・変更後の単位面積あたりの消費電力
変更前（　　　　）　変更後（　　　　）　増加率（　　）%

室用途（　　　　　）
変更内容　　□機器の仕様変更　□台数の増減
変更前・変更後の単位面積あたりの消費電力
変更前（　　　　）　変更後（　　　　）　増加率（　　）%

室用途（　　　　　）
変更内容　　□機器の仕様変更　□台数の増減
変更前・変更後の単位面積あたりの消費電力
変更前（　　　　）　変更後（　　　　）　増加率（　　）%

図５　給湯設備

（参考様式）

（第三面　別紙）

【給湯設備関係】

評価の対象になる湯の使用用途毎につき、次に掲げる（い）に該当し、これ以外については「変更なし」か「性能が向上する変更」である変更。

（い）給湯機器の平均効率について 10%を超えない低下

湯の使用用途（　　　　　　　　　）
変更内容　　□機器の仕様変更　□台数の増減
変更前・変更後の平均効率
変更前（　　　　）　変更後（　　　　）　減少率（　　）%

湯の使用用途（　　　　　　　　　）
変更内容　　□機器の仕様変更　□台数の増減
変更前・変更後の平均効率
変更前（　　　　）　変更後（　　　　）　減少率（　　）%

湯の使用用途（　　　　　　　　　）
変更内容　　□機器の仕様変更　□台数の増減
変更前・変更後の平均効率
変更前（　　　　）　変更後（　　　　）　減少率（　　）%

図６　太陽光発電

（参考様式）

（第三面　別紙）

［太陽光発電関係］

下表掲げる（い）、（ろ）のいずれかに該当し、これ以外については「変更なし」か「性能が向上する変更」である変更。
（い）太陽電池アレイのシステム容量について2%を超えない減少
変更前・変更後の太陽電池アレイのシステム容量 変更前　システム容量の合計値（　　　　） 変更後　システム容量の合計値（　　　　） 変更前・変更後のシステム容量減少率（　　）%
（ろ）パネル方位角について30度を超えない変更かつ傾斜角について10度を超えない変更
パネル番号（　　　　） パネル方位角　□30度を超えない変更　（　　）度変更 パネル傾斜角　□10度を超えない変更　（　　）度変更
パネル番号（　　　　） パネル方位角　□30度を超えない変更　（　　）度変更 パネル傾斜角　□10度を超えない変更　（　　）度変更

図７　軽微変更該当証明申請書（ルートＣの軽微変更）

（参考様式）

（第一面）

軽微変更該当証明申請書

年　月　日

所管行政庁又は登録建築物エネルギー消費性能判定機関　殿

提出者の住所又は
主たる事務所の所在地
提出者の氏名又は名称　　　　　印
代表者の氏名
設計者氏名　　　　　印

建築物のエネルギー消費性能の向上に関する法律施行規則第●条の規定により、建築物エネルギー消費性能確保計画（非住宅部分に係る部分に限る。）の変更が同規則第●条の軽微な変更に該当していることを証する書面の交付を申請します。この申請書及び添付図書に記載の事項は、事実に相違ありません。

【計画を変更する建築物の直前の建築物エネルギー消費性能適合性判定】
【適合判定通知書番号】　　第　　　号
【適合判定通知書交付年月日】　　平成　　年　　月　　日
【適合判定通知書交付者】

（本欄には記入しないでください。）

受付欄	軽微変更該当証明書番号欄	決裁欄
年　月　日	年　月　日	
第　　　号	第　　　号	
係員印	係員印	

（注意）第二面から第五面までとして建築物のエネルギー消費性能の向上に関する法律施行規則別記様式第一の第二面から第五面までに記載すべき事項を記載した書類を添えてください。

第3章　非住宅建築物の省エネルギー判断基準

非住宅建築物の省エネ基準

026

point

① 規制措置では一次エネルギー消費量基準が適用される。
②誘導措置では、利用する制度の内容により適用される基準が異なる。

【基準省令】で定める判断基準には、規制措置の判断基準である【省エネ基準】と、誘導措置の判断基準である【誘導基準】がある。省エネ基準と誘導基準のそれぞれについて、基準省令で算出方法が定められている。また【算出告示】において、各算出方法の具体的な計算方法が定められている（**図**）。

規制措置

規制措置のうち【適合義務】および【届出義務】においては、一次エネルギー消費量のみが適用され、外皮は適用されない。

一次エネルギー消費量の算出方法は、標準入力法かモデル建物法、国土交通大臣が認める方法のいずれかによる。

標準入力法とは、基準省令1条1項1号イによる方法である。算出告示1の1により算出した【設計一次エネルギー消費量】が、同告示1の2により算出した【基準一次エネルギー消費量】を超えなければ、基準適合となる。

モデル建物法とは、基準省令1条1項1号ロによる方法である。申請建築物と同一用途の「一次エネルギー消費量モデル建築物」の設計一次エネルギー消費量が、当該「一次エネルギー消費量モデル建築物」の基準一次エネルギー消費量を超えなければ、基準適合となる。

国土交通大臣が認める方法とは、（一財）建築環境・省エネルギー機構のBEST省エネ基準対応ツールを指し、2020（令和2）年3月31日以降から利用可能とされている。

また2021（令和3）年4月以降、開放部分を除いた部分の床面積が10㎡以上300㎡未満の建築物を設計する際に、建築士は建築主に対して省エネ基準への適合性等について書面を交付して説明することを義務付ける「説明義務制度」が創設された。説明に用いる

図　非住宅用途に係る基準構成の概要

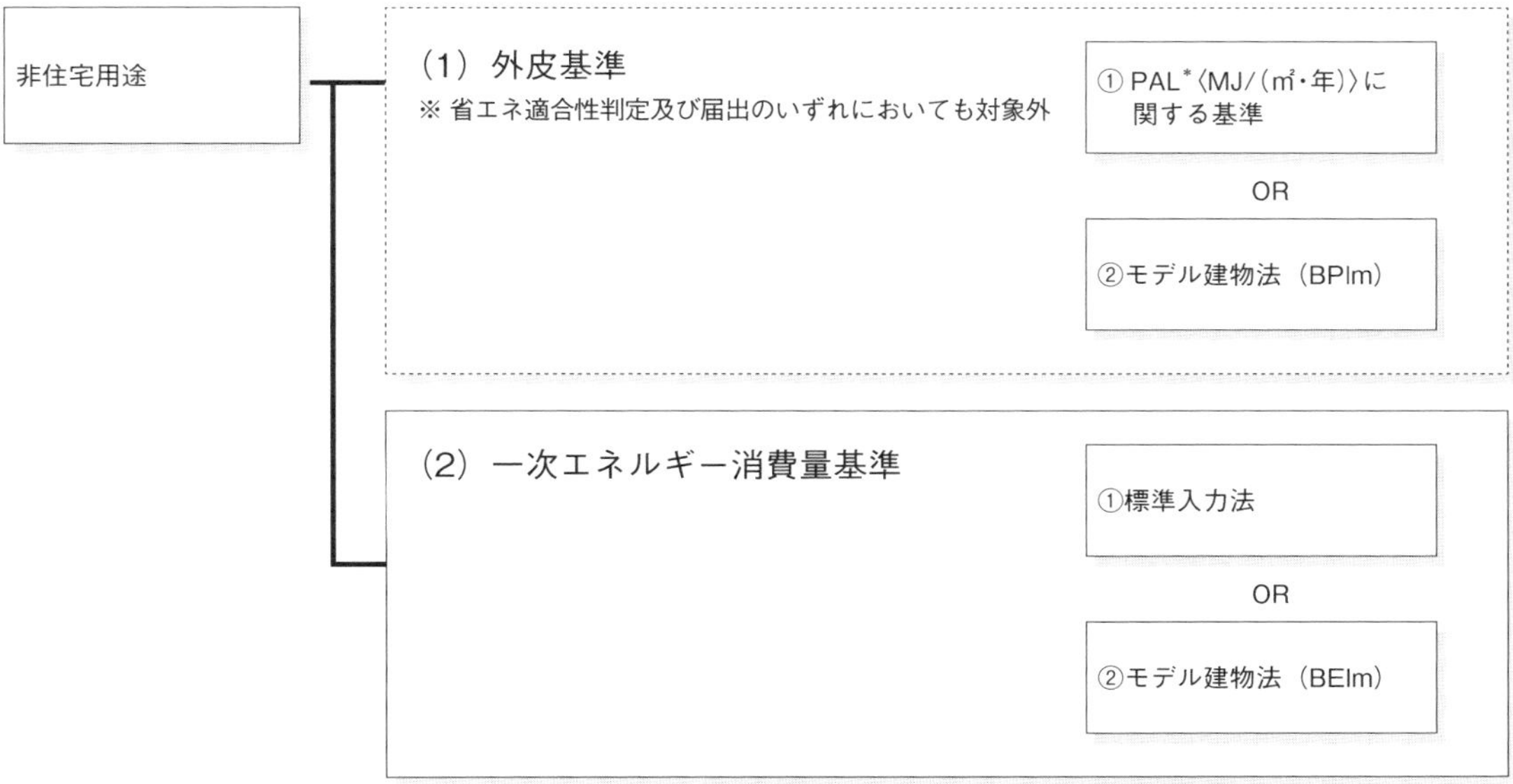

表　非住宅建築物の適用基準

	規制措置	誘導措置		
	基準適合義務・適合性判定および届出義務	建築物エネルギー消費性能向上計画の認定（30条）	建築物エネルギー消費性能基準適合認定・表示制度（36条）	省エネ性能表示制度（7条）
適用される基準	一次エネルギー消費量	・一次エネルギー消費量 ・外皮	・一次エネルギー消費量	・一次エネルギー消費量 ・外皮

一次エネルギーの算出方法のうち、非住宅用途については、標準入力法やモデル建物法でも可能だが、より簡易に評価するため、小規模版モデル建物法が追加された（適合性判定や届出義務、誘導措置には使用できない）。

誘導措置

誘導措置においては、利用する制度の内容によって適用される基準とその水準が異なる。

建築物エネルギー消費性能向上計画の認定では、一次エネルギー消費量と外皮（屋内周囲空間の年間熱負荷PAL*［パルスター］）の両方を適用させる。建築物エネルギー消費性能基準適合認定・表示制度（36条）では、一次エネルギー消費量のみが適用される（**表**）。

非住宅建築物の評価ツール

027

point

①「標準入力法」、「モデル建物法」、「小規模版モデル建物法」ともWEBプログラムを用いて計算する。

【非住宅建築物】の一次エネルギー消費量、PAL*は、標準入力法・主要室入力法か、モデル建物法のいずれかで算出する（小規模版モデル建物法は床面積300㎡未満にしか使用できない）。計算方法は、【算出告示】で定められている。ここでは、算出のための評価ツールを紹介する。

WEBプログラムで計算

標準入力法（主要室入力法）、一次エネルギー消費量、PAL*を算出する評価ツールが、国立研究開発法人 建築研究所（以下、建築研究所）のホームページに公開されている（**図**）。

各計算方法のプログラムや入力支援ツールをはじめ、入力時に使用する入力シートや入力マニュアルが掲載されており、【ＷＥＢプログラム】の更新履歴などの情報も随時公開されており、誰でも無料で利用できる。

なお、ホームページには、Ver.2系とVer.3系のプログラムがあるが、２０２１（令和３）年４月１日以降はVer.3系のプログラムを選択する。

標準入力法・主要室入力法

標準入力法・主要室入力法を用いて算出する場合、エネルギー消費性能計算プログラム（非住宅版）を使用する。このプログラムで一次エネルギー消費量のみ、または一次エネルギー消費量とPAL*が計算できる。

モデル建物法

モデル建物法を用いて算出する場合、モデル建物法入力支援ツールを使用する。このツールで一次エネルギー消費量の判断指標であるＢＥＩｍのみ、または一次エネルギー消費量とPAL*の判断指標であるＢＰＩｍとＢＥＩｍが計算できる。

大臣が認める方法には、ＢＥＳＴ省エネ基準対応ツールを使用する。ＢＥ

図　国立研究開発法人 建築研究所が公開する評価ツール

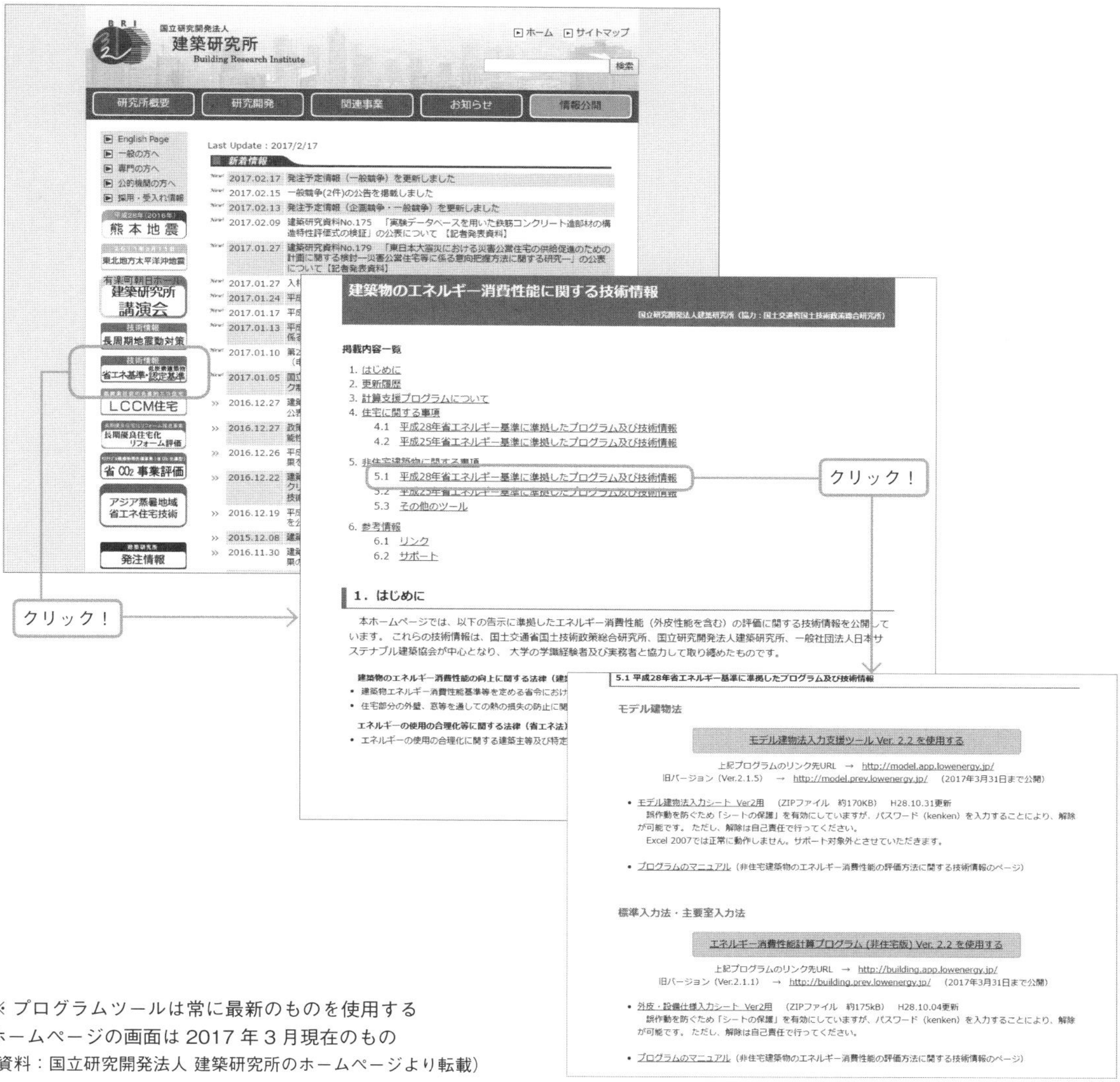

※ プログラムツールは常に最新のものを使用する
ホームページの画面は2017年3月現在のもの
（資料：国立研究開発法人 建築研究所のホームページより転載）

ST省エネ基準対応ツールはプログラムをダウンロードする必要があり、（一財）建築環境・省エネルギー機構のホームページでBESTユーザーに登録することで利用可能となる。なおBEST専門版、BEST簡易版、BEST省エネルギー計画書作成支援ツールとは異なるプログラムとなる。

小規模版モデル建物法（床面積300㎡未満のみ利用可能）

小規模版モデル建物法を用いて算出する場合、小規模版モデル建物法入力支援ツールを使用する。このツールで一次エネルギー消費量の判断基準であるBEIsが計算できる。標準入力法やモデル建物法はxlsmファイルの入力シートを用いた計算が可能だが、小規模版モデル建物法はWEB画面上での直接入力のみとなる。

PAL＊基準

028

point

① PAL＊は「ペリメータゾーンの年間熱負荷」を「ペリメータゾーンの床面積の合計」で割って算出する。
② PAL＊は用途別、地域区分ごとに定められた基準値以下とする。

PAL＊は外皮性能の判断指標

PAL＊(パルスター)は建築物の外壁や窓などを通しての熱の損失の防止の措置、すなわち外皮性能を判断する指標である。従来のPALの考え方を踏襲しており、**図**の定義式で示される。

詳細は**029項目**以降で説明する。

PAL＊の基準値

PAL＊は建物用途ごと、地域区分ごとに定められた基準値以下でなければならない。ホテル等、病院等、集会所等の用途では、さらに用途が細分化され、それぞれについて基準値が示されている(**表**)。

複数の用途で構成される【**複合建築物**】の場合は、各用途のペリメータゾーンの年間熱負荷の合計を、各用途のペリメータゾーンの床面積の合計で割った値をPAL＊とする。一方、基準値は、**表**に示される各用途の地域区分に応じた基準値を、各用途のペリメータゾーンの床面積で加重平均した数値とする。

なお、非住宅用途の全てが工場や倉庫、自動車車庫などの用途にあっては、PAL＊は適用されないことに留意する。

図　PAL*の定義

各階の屋内周囲空間（ペリメータゾーン）の年間熱負荷をペリメータゾーンの床面積の合計で除して得た数値。
単位は［MJ/ m² 年］

$$PAL^{*} = \frac{\text{ペリメータゾーンの年間熱負荷（MJ/年）}}{\text{ペリメータゾーンの床面積（m}^2\text{）}}$$

判断方法

建物用途別に地域区分ごとに定められた判断基準値以下であること。

PAL*　≦　判断基準値

ペリメータゾーンのイメージ

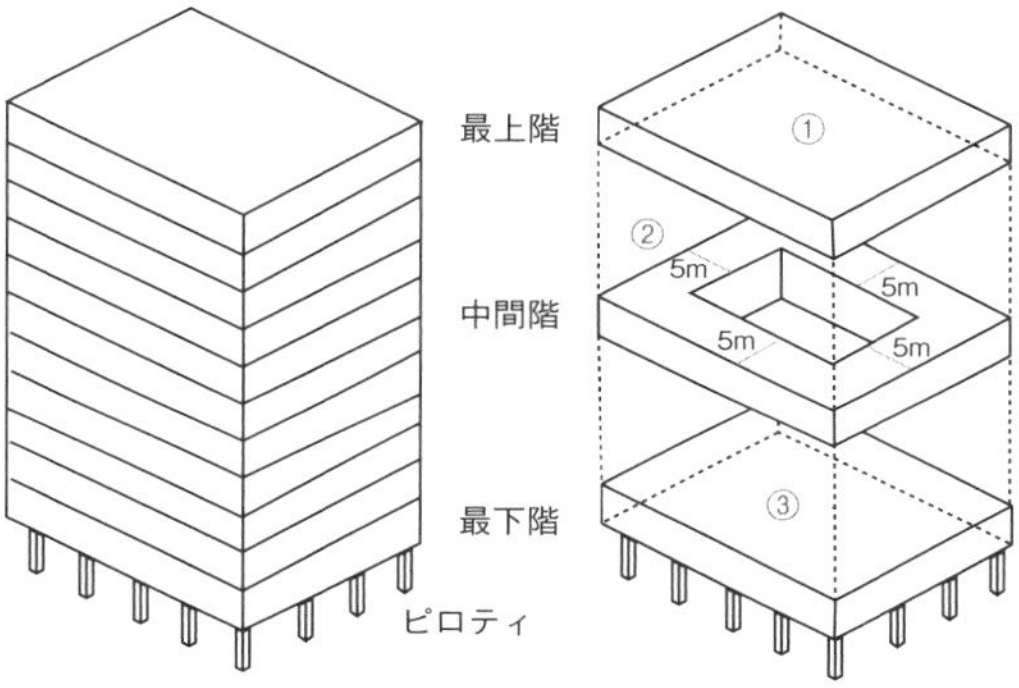

①屋根および外壁に基づくペリメータゾーン
②外壁に基づくペリメータゾーン
③外気に接する床および外壁に基づくペリメータゾーン

表　PAL*の基準値

建物用途		地域の区分							
		1 地域	2 地域	3 地域	4 地域	5 地域	6 地域	7 地域	8 地域
事務所等		480	480	480	470	470	470	450	570
ホテル等	客室部	650	650	650	500	500	500	510	670
	宴会場部	990	990	990	1260	1260	1260	1470	2220
病院等	病室部	900	900	900	830	830	830	800	980
	非病室部	460	460	460	450	450	450	440	650
物品販売業を営む店舗等		640	640	640	720	720	720	810	1290
学校等		420	420	420	470	470	470	500	630
飲食店等		710	710	710	820	820	820	900	1430
集会所等	図書館等	590	590	590	580	580	580	550	650
	体育館等	790	790	790	910	910	910	910	1000
	映画館等	1490	1490	1490	1510	1510	1510	1510	2090

PAL*計算のポイント

029

point ①ペリメータゾーンは外壁ごとに奥行き5mの範囲を指し、屋根や外気に接する床も対象。
②室使用条件は、一次エネルギー消費量の計算条件と同じである。

外気に面する室はペリメータゾーンとして、空調・非空調にかかわらず一次エネルギー消費量の計算対象とする。また地下階は、原則として計算対象外になるが、ドライエリアなどの外皮に面する部分や店舗の荷さばき場、地下駐車場に面する部分がある場合は計算対象となる。物品、サービス等を生産するための建物および室、非常用発電機室やシェルター等の防災や避難など、特殊な用途のための室は計算に含まない。

床面積計算が簡略化された

ペリメータゾーンの床面積は、外壁ごとに奥行き5mの範囲とする。具体的には、外周長に5mを掛けてペリメータゾーンの床面積を算入する(**図1**)。

屋根や外気に接する床も、ペリメータゾーンとして床面積に加算する。建物の隅角部では、屋根や外気に接する床のペリメータゾーンと外壁のペリメータゾーンが重複することになるが、重複して床面積を拾ってかまわない(**図2**)。

室使用条件の入力は兼用する

PAL*では、各建物用途における室使用条件の想定が数十種類ある(**表**)。これは、空調の一次エネルギー消費量の計算における室使用条件(使用時間や負荷等の標準使用条件)と同じ条件でPAL*を算出するためであり、一次エネルギー消費量計算における空調計算対象室と同じになっている。空調設備の一次エネルギー消費量の計算時にも外皮性能の入力が必須であり、この部分の入力を兼用することによって、入力仕様の統一と入力作業の軽減を図っている。

図１　ペリメータゾーン面積の拾い方の例（平面）（図中の単位はm）

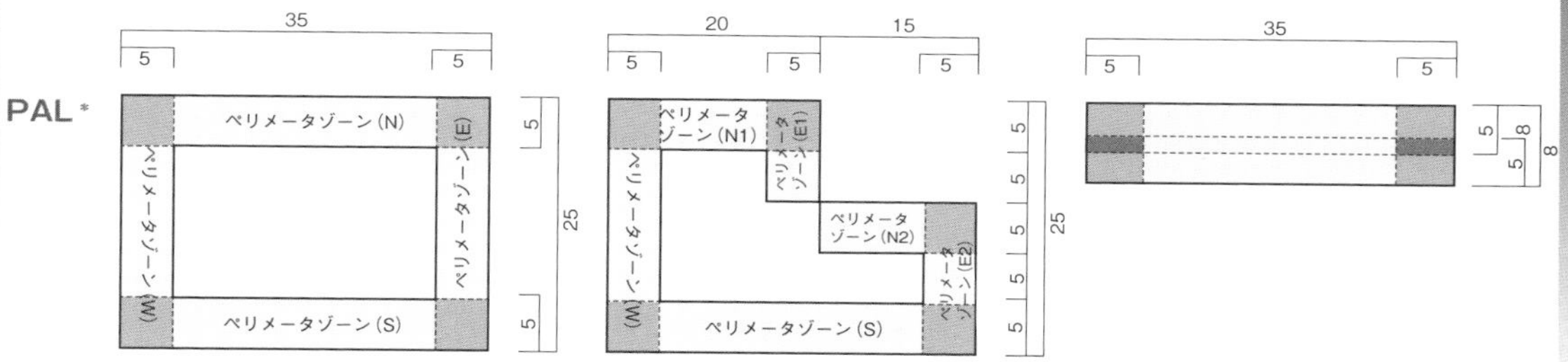

方位の異なる外壁に属するペリメータゾーンの重複を許して、面積を拾う

図２　ペリメータゾーン面積の拾い方の例（断面）

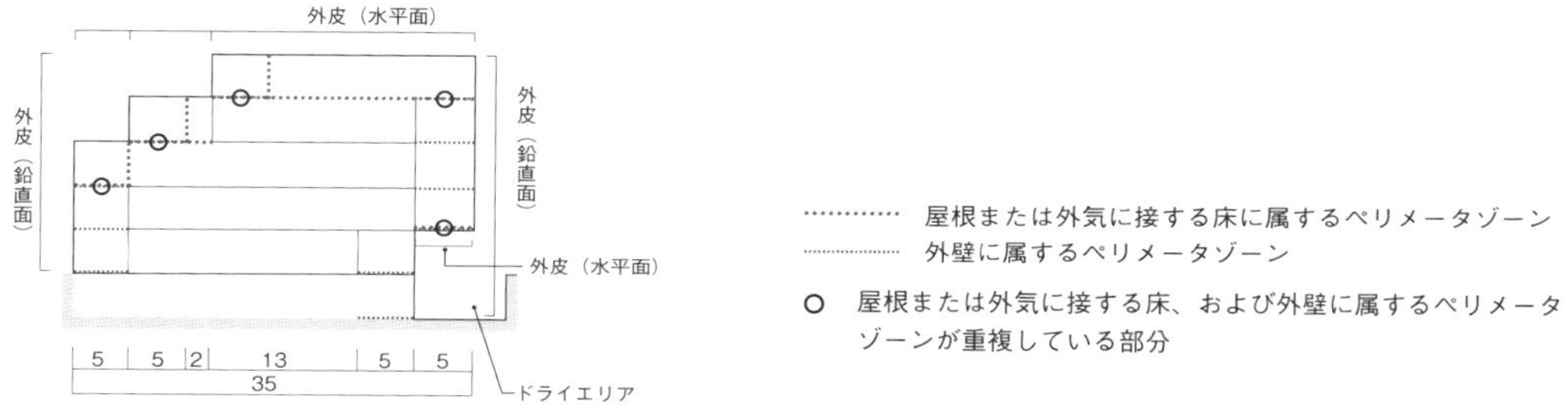

地下階は原則としてPAL＊計算対象外。ただし、ドライエリア等の外皮に面する部分は計算対象。
屋根および外気に接する床と外壁に属するペリメータゾーンの重複して面積を拾ってもかまわない

表　各建物用途における室使用条件の想定

各建物用途における室使用条件の想定
　－PAL＊：一次エネルギー消費量計算で定義する空調室ごとの室使用条件を想定

建物用途	PAL＊
事務所等	・11種類（ただし、室使用条件が同じ室を含む。以下同じ） 事務室、電子計算機器事務室、会議室、社員食堂、中央監視室など
ホテル等	・23種類 客室、宴会場、会議室、結婚式場、レストラン、ラウンジ、バーなど
病院等	・20種類 病室、看護職員室、診察室、待合室、手術室、検査室、集中治療室、解剖室等、レストランなど
物販店舗等	・9種類 大型店の売場、専門店の売場、スーパーマーケットの売場、荷さばき場、事務室など
学校等	・18種類 小中学校の教室、高等学校の教室、大学の教室、職員室、事務室、研究室、電子計算機器演習室、実験室、実習室、講堂又は体育館など
飲食店等	・11種類 レストランの客室、軽食店の客室、喫茶店の客室、バー、フロント、事務室など
集会所等	・51種類 アスレチック場の運動室、公式競技用スケート場、公式競技用体育館、競技場の客席、浴場施設の浴室、映画館の客席、図書館の図書室、博物館の展示室、劇場の客席、カラオケボックス、ボーリング場、ぱちんこ屋、競馬場又は競輪場の客席、社寺の本殿など

PAL*算定用ＷＥＢプログラム

030

point

① PAL*はエネルギー消費性能計算プログラム（非住宅版）を用いて計算する。
② PAL*計算は、設備計画を詳細に決定する前の設計初期段階でも計算できる。

公開プログラムで計算

PAL*の算定用ＷＥＢプログラムは、建築研究所のホームページに各種マニュアルや更新履歴などの情報とともに公開されている（**図1**）。

ホームページより外皮・設備仕様入力シートをダウンロードし、設計図書を参照しながら必要事項を入力する。入力済みの入力シートをアップロードするとＷＥＢ上で自動的に計算され、算定結果をＰＤＦ形式で得ることができる（**図2**）。

設備の詳細の決定前でも計算可能

ホームページよりダウンロードした外皮・設備仕様入力シートは、一次エネルギー消費量の計算に用いる入力シートを兼用している。

エネルギー消費性能計算プログラム（非住宅版）は、PAL*算定で用いる入力シートが正しく入力されていれば、PAL*の計算が可能である。したがって、設備の詳細が決まっていない設計の初期段階でもPAL*を試算できる。

PAL*のみを先に単独で計算する場合は、**図2**の室仕様入力シートを作成せずに、空調ゾーン入力シートで室仕様を直接入力し、空調ゾーンを定義する。入力するのは、ペリメータゾーンにある空調室のみでよい。

コアの位置や室の配置、部材の断熱性能や窓の日射遮蔽性能を検討するために、ぜひ設計の初期段階からPAL*を計算していただきたい。また、入力シートやプログラムは常に最新のものを使用するようにしたい。

図１　国立研究開発法人　建築研究所の PAL*算定用 WEB プログラム

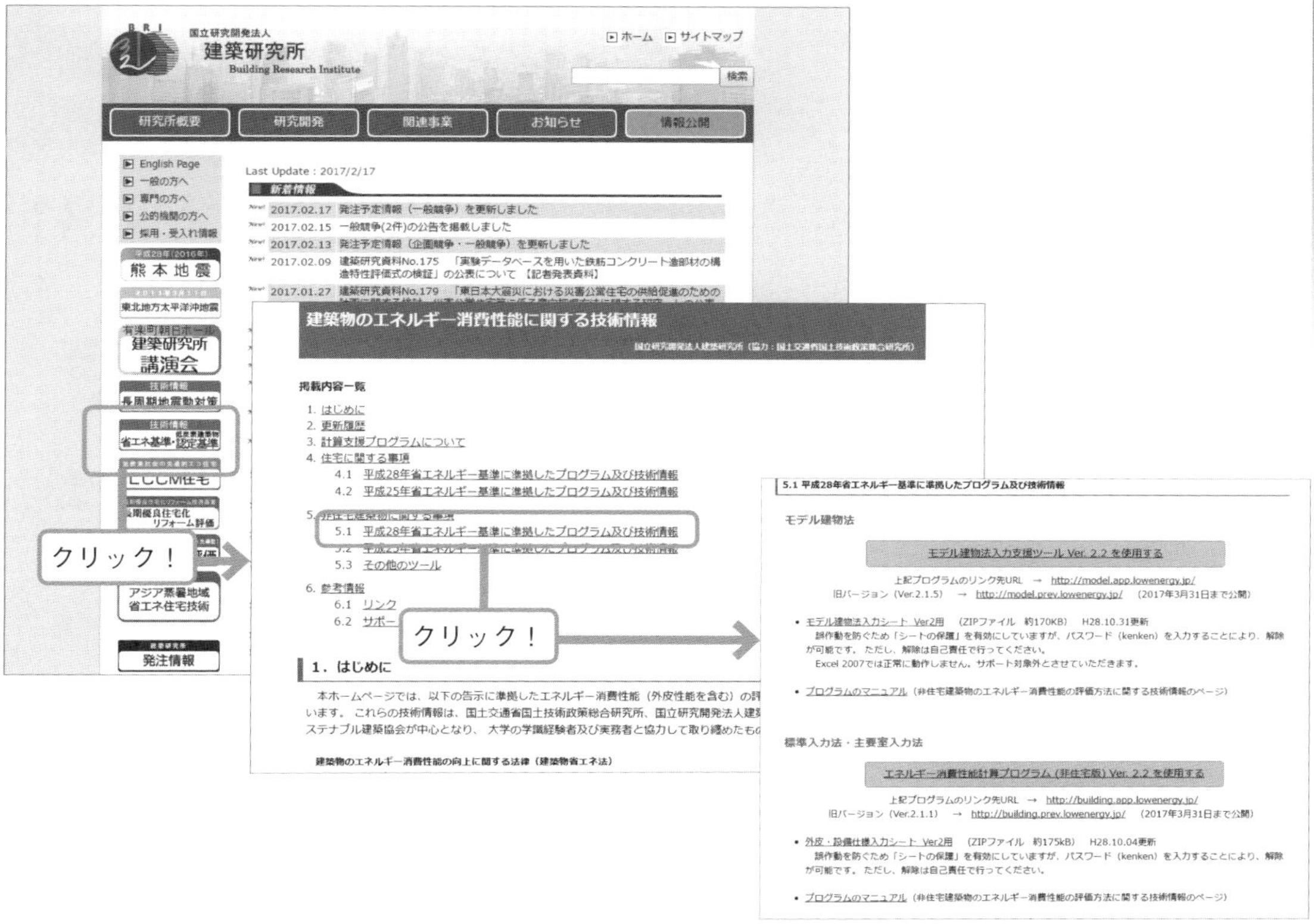

図２　PAL*算定用 WEB プログラムの使用手順

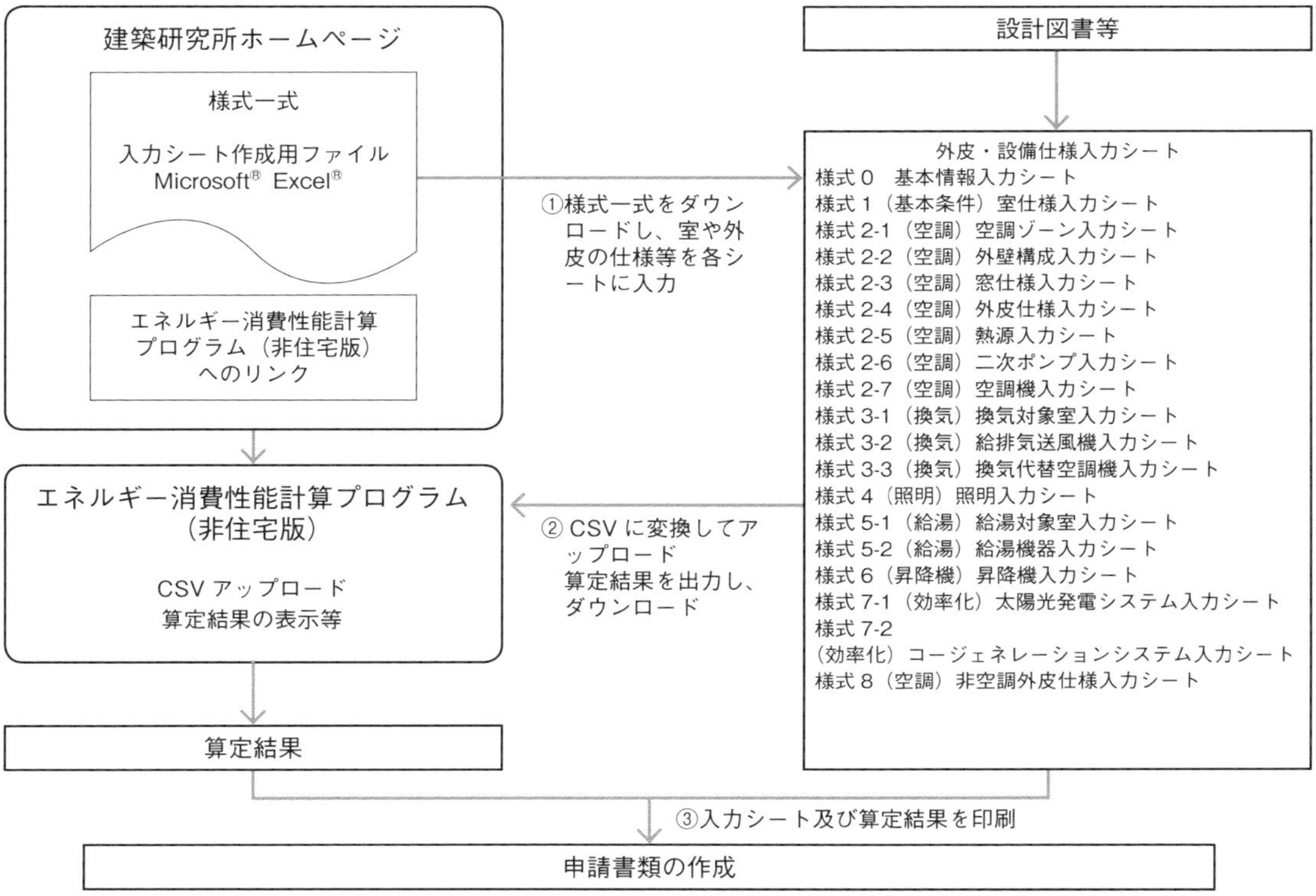

一次エネルギー消費量基準

031

point

①一次エネルギー消費量は、設備性能を判断する総合的な指標である。
②設計一次エネルギー消費量は、基準一次エネルギー消費量以下とする。

一次エネルギーとは

「一次エネルギー」とは、自然から採取された未加工の物質を源としたエネルギーのことである。化石燃料、ウラン、水力・太陽・地熱などの自然エネルギーなどが該当する。

一方、一次エネルギーを変換・加工して得られるエネルギーを「二次エネルギー」と呼ぶ。建築物で使用される電気や都市ガス、液化石油ガス、重油、灯油、地域冷暖房等から得られる蒸気・冷熱・温熱などが含まれる（**図1**）。地域特性や採用するシステムによって二次エネルギーは異なるため、共通の指標である一次エネルギーに換算してエネルギー消費量の判断を行う（**表**）。

一次エネルギー消費量は総合的な指標

一次エネルギー消費量は、建築物のエネルギー消費性能を判断する指標で、【設計一次エネルギー消費量（E_T）】が、【基準一次エネルギー消費量（E_{ST}）】以下となることが求められる（**図2**）。E_Tは外皮負荷削減効果や再生可能エネルギー導入量による削減量を含む各設備のエネルギー消費量の合計、E_{ST}は、室用途・地域区分・設置する設備の種類等に応じて算出する。

E_T、E_{ST}のいずれにも「その他一次エネルギー消費量（E_M）」が含まれている。これは事務・情報機器等の一次エネルギー消費量を想定した項目だ。しかし、建築設備には通常含まれないため省エネ措置は考慮せず、床面積に応じた同一の値を設計一次エネルギー消費量および基準一次エネルギー消費量の双方に加算する。

ただし、【建築物省エネ法】施行規則の様式第一の注意に、設計一次エネルギー消費量を基準一次エネルギー消費量で除したＢＥＩを求める際にはその他一次エネルギー消費量を除くと書かれており、留意されたい。

図 1　一次エネルギーと二次エネルギーとは

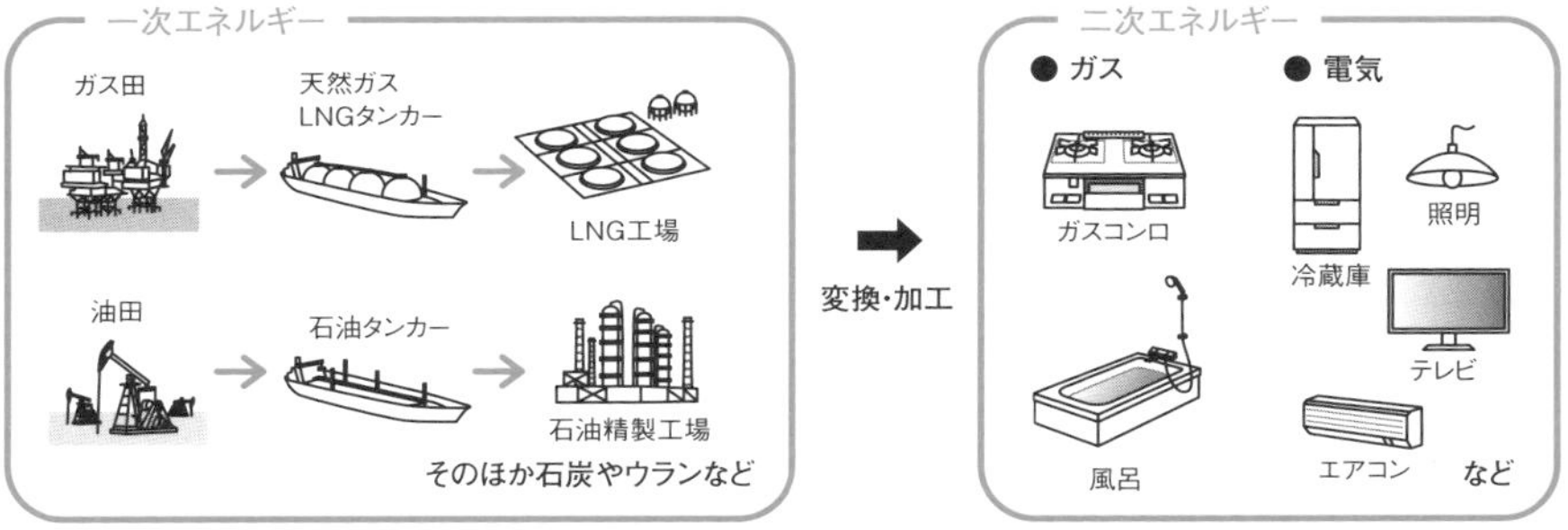

一次エネルギー消費量の単位には、メガジュール(MJ)、ギガジュール(GJ)が使われる。
1MJ は 1,000,000J、1GJ は 1,000MJ

表　二次エネルギーの一次エネルギー換算

重油	41,000 kJ/L
灯油	37,000 kJ/L
液化石油ガス	50,000 kJ/kg
都市ガス	45,000 kJ/m^3
他人から供給された熱（蒸気、温水、冷水）	1.36 kJ/kJ（他人から供給された熱を発生するために使用された燃料の発熱量を算出するうえで適切と認められるものを求めることができる場合においては、当該係数を用いることができる）
電気	9,760 kJ/kW 時（夜間買電を行う場合においては、昼間買電の間の消費電力量については 9,970 kJ/kW 時と、夜間買電の消費電力量については 9,280 kJ/kW 時とすることができる）

図 2　一次エネルギー消費量基準における算定フロー

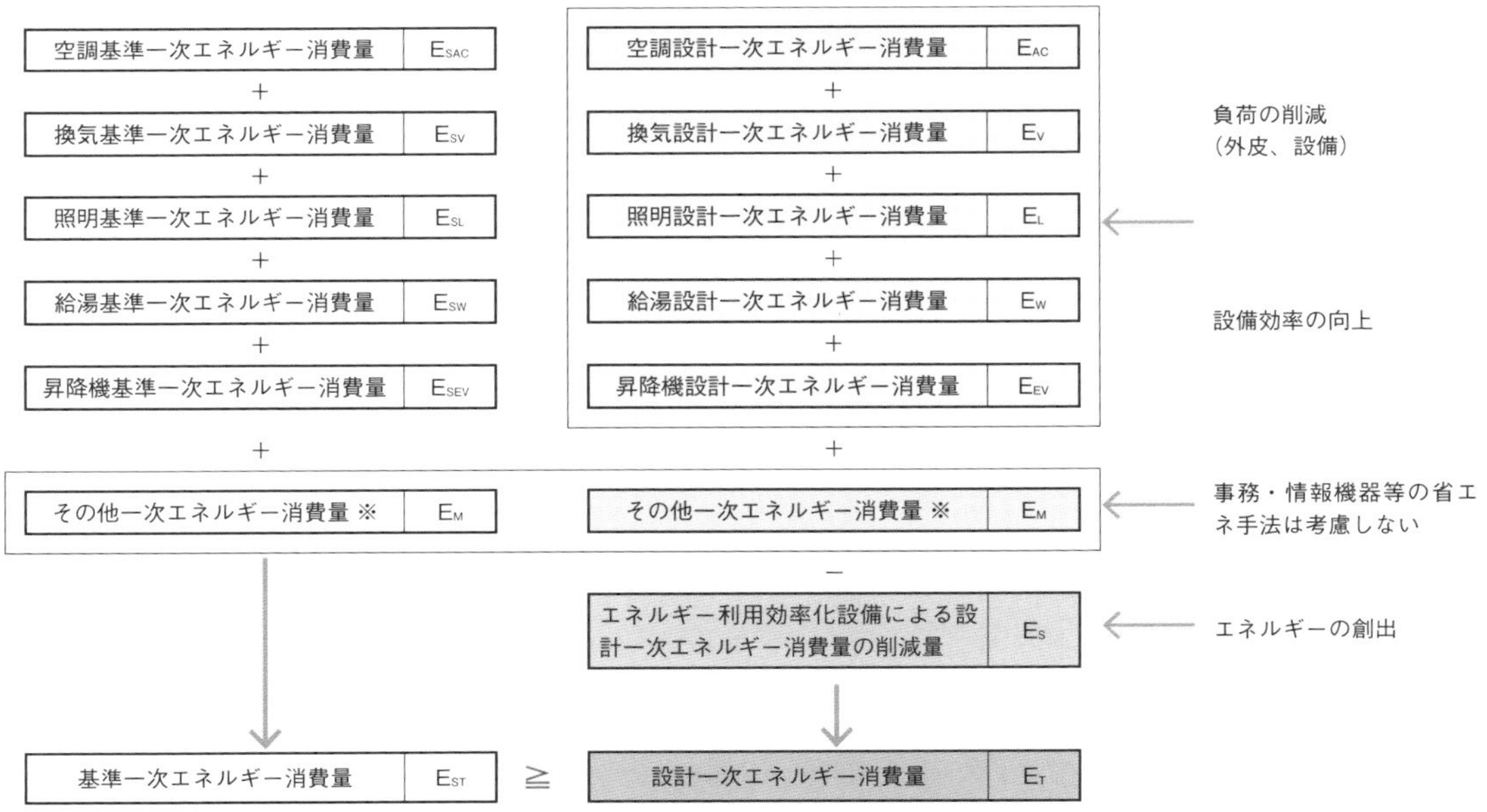

※事務・情報機器等エネルギー消費量：建築設備に含まれないため、省エネルギー手法は考慮せず、床面積に応じた同一の値を設計一次エネルギー消費量および基準一次エネルギー消費量の両方に使用する

※BEI として表示する際の定義は次の通りである

$$BEI = \frac{\text{設計一次エネルギー消費量（その他一次エネルギー消費量除く）}}{\text{基準一次エネルギー消費量（その他一次エネルギー消費量除く）}}$$

一次エネルギー消費量の計算対象

032

point

①工場の生産エリア、倉庫の冷蔵冷凍室、データセンタの電算機室、大学・研究所などのクリーンルームなどは当分の間、計算対象外である。

計算対象に含まない部分に注意

一次エネルギー消費量は、室用途ごとに【算出告示】で定められた「標準的な室使用条件」で使用された場合のエネルギー消費量として計算される。

次のような建築物の部分については、標準的な室使用条件を設定することが困難なため、当分の間、一次エネルギー消費量の計算対象に含まないことが、技術的助言で通知されている。

(1) 工場における生産エリア
(2) 倉庫における冷凍室、冷蔵室及び定温室
(3) データセンタにおける電算機室
(4) 大学・研究所等におけるクリーンルーム等の特殊な目的のために設置される室

また、建築研究所のツール解説では評価の対象となる室および設備の考え方が示されており、標準入力法(主要室入力法)、モデル建物法ではこれに基づいて計算対象を判断する。

計算対象に含まない部分は、現時点では標準的な使用条件を設定することが困難である建築物の部分として上記(1)～(4)以外に次の2点が挙げられる。

・常時使用することが想定されないもの
・融雪および凍結防止のために設置された設備

計算対象となる設備

空気調和設備については、ほとんどの空調機が対象となるが、モデル建物法では厨房に設置された空調機や、機械室などの換気代替設備としての空調機は換気設備として評価する点や、電気室に設置する空調機・換気設備は評価しないなど、使用する評価手法により計算対象が異なる点に注意を要する。

照明設備については、設備シャフト

表 1　計算対象外の室・設備

1）物品等を生産するための室および設備 （現時点では標準的な使用条件を設定することが困難である建築物の部分）
・工場等における物品を製造するための室、及び、その室と機能的に切り離すことができない通路スペース又は搬出入スペース（※ ただし工場等の生産設備を制御するための制御盤室、監視室、機器や工具を保管するための倉庫、作業者のための休憩所や便所等は計算対象となる） ・冷凍室、冷蔵室、定温室（室全体が冷凍庫、冷蔵庫、定温庫であるものに限る） ・水処理設備、焼却設備等が設置された室 ・電気事業、熱供給事業等を目的として電気や熱等を生産、供給するための室 ・データセンター（コンピュータやデータ通信のための設備を設置・運用することに特化した建築物又は室）における電算機室 ・大学や研究所の実験室等において、温熱環境や空気質等を高度に制御する必要がある室（クリーンルーム等） ・研究室等において使用される有害ガス用の局所換気設備（スクラバー、ドラフトチャンバー等）等の特殊な環境を維持するための設備 ・実験室、動物園、水族館、遊園地、博物館等において特殊な温熱環境、視環境を維持する必要がある室 ・機械式駐車場（従属用途も含む、吊上式自動車車庫や機械式立体自動車車庫等）
2）常時使用されることが想定されないもの
a）防災、安全、防犯、避難又はその他特殊な用途のための室及び設備
・免震、制震設備等が設置された室 ・非常用の発電設備、バックアップ用機器等が設置された室 ・水害等の災害対策のために設けられた室（特殊な監視盤等が設置される室、排水ポンプ等の設備機械室等） ・常時運転しない非常用発電機室の機械換気設備 ・予備機としての空気調和設備、機械換気設備 ・蓄電池室の水素除去用機械換気設備 ・オイルタンク室の油分除去用機械換気設備 ・不活性ガス消火の鎮火後用の排風機のように常時運転されない機械換気設備 ・常時点灯しない階段通路誘導灯
b）融雪及び凍結防止のために設置された設備
※ただし、室の暖房を兼ねる設備（便所等に設置されたパネルヒーター等（ポンプ室など人がいない室に設置されたパネルヒーターは除く））については空気調和設備として評価の対象とする。 ・ロードヒーティング、ルーフヒーティング、送水管・排水管ヒーティング、凍結防止ヒーター、融雪設備（散水融雪設備、無散水融雪設備、温水パイプ融雪設備、電熱線融雪設備、ルーフドレインヒーター）
3）部分的に仮設許可を受け、一定期間のみ利用される空気調和設備等

内の運転時間が非常に短い照明や、非常照明など常時点灯しないもの、照度確保以外の目的で設置するカラー照明などは計算対象外となる。

給湯設備については、事務室の給湯室のミニキッチンやプールの循環加温用の給湯設備などは計算対象外となる。

エレベータについては、建物用途によらず、ロープ式の乗用、人荷用、非常用、主動線にないエレベータとも計算対象である。

また、売電のために設置された太陽光発電は計算対象外である。

なお、テナント部分がある建物については、完了検査時点で設置されている設備について一次エネルギー消費量を計算する。仕様が確定していない設備については、デフォルト仕様（基準一次エネルギー消費量を決める際に用いた仕様）を適用する。

表２　計算の対象となる設備と計算対象外の設備

	計算対象となる室・設備	計算対象外の室・設備
空気調和設備	次の３項目の機能を有する一連のシステムを構成する機器 ①空気の浄化（粉塵量や CO 濃度、CO2 濃度等に関する基準に適合するための機能）、②温度、湿度調整（基準となる範囲に適合させるための機能）、③風量調整	電気室やエレベータ機械室などのように、一般に機械換気設備により排熱するところを、機械換気設備を設けずに（もしくは機械換気設備と併用して）冷房することで代替する際の冷房設備。これらは機械換気設備とみなす ※ モデル建物法においては電気室の冷房設備は計算対象外
	ビル用マルチエアコンやルームエアコンなどの個別分散型空調機	
	冷房専用設備、暖房専用設備	
	空調対象室に供給する外気を処理するための全熱交換器、顕熱交換器	厨房に設置された冷暖房設備。
	空調対象室に外気を取り入れるための送風機、空調対象室に供給された外気に対応する排気を行うための送風機	
	空調機と連動する各種送風機（ダクト途中に設置される外気導入用送風機や居室の余剰排気の送風機など）、エアーフローウィンドウやプッシュプルウィンドウのための送風機、循環送風機（エアカーテン、シーリングファンなど）等	
	発電機能付きガスヒートポンプ冷暖房機（熱源機種「ガスヒートポンプ冷暖房機（消費電力自給装置付）」を選択して評価）	
機械換気設備	主として排熱、除湿または脱臭を目的として、外気を室内に給気、もしくは室内空気を室外に排気するため、または室内空気の移動を促進するために設けられる送風機。 ・空調対象室に設置された新鮮外気導入のための送風機・全熱交換器 ・非空調室の外気導入用換気（ブースターファンも評価対象）。	・実験室などにおける局所換気設備（スクラバー、ドラフトチャンバー等） ・常時運転されない（年間稼働時間が 50 時間程度（1 週間に 1 時間程度）以下であるものを目安）送風機 ・非常用発電機室の送風機 / 会議室に設置されるタバコの煙を排気するための送風機 / 排煙機等 ・モデル建物法における外気の導入に直接関わらない送風機
	電気室やエレベータ機械室などの機械換気の代替用空気調和設備	モデル建物法における電気室の冷房設備・換気設備
	厨房の給気、排気、循環用の送風機動力（空調室内等の空気循環用送風機も含む）	モデル建物法における外気の給排気に係らない送風機
照明設備	主として作業上または活動上必要な照明を確保するために屋内もしくは屋外（照らす範囲が明確である屋外駐車場やピロティ等に限る）に設けられる照明設備。	・演出性確保のためのカラー照明（ショールームにおける展示照明、舞台や宴会場、美術館における演出のための照明、広告灯等） ・常時点灯されず（年間点灯時間が 50 時間程度（1 週間に 1 時間程度）以下であるものを目安）、年間点灯時間が非常に短い室の照明（設備シャフト等）
	アンビエント照明と一体で計画され、設計図書上にその配置や仕様等が記されているタスク照明。	明視性確保のための照明設備のうち、以下に掲げるもの ・タスク照明など、コンセント接続される照明器具であり、設計図書上に記されていないもの。 ・高度な機能や目的を有する照明設備（手術室における無影灯等）
	明視性確保が主たる役割であるが、明視性確保以外の役割も併せて備える照明設備（階段通路誘導灯等）	安全性確保のための照明設備（誘導灯、非常時のみ点灯する非常灯等）
		避難用、救命用その他特殊な目的のために設けられた照明設備（航空障害灯、ヘリポート灯火、進入口赤色灯等）

給湯設備	二管式（返湯管があるもの）、一管式（返湯管が無いもの）の給湯設備	・オフィスや待合に設置される個別の給茶器、自動販売機 ・給湯栓を有しない給湯設備（7号給湯器等） ・雑用水利用のための給湯設備（洗濯機用等） ・循環加温用のための給湯設備（浴場施設や温水プールの加温のための設備）。 ※浴場施設や温水プールであっても、シャワーや洗面用途のための給湯設備は計算対象。
昇降機設備	ロープ式乗用エレベータ（トラクションタイプのロープ式） ・人荷用エレベータ（工場等の生産エリアにおいて物品の製造や運搬のために専用で利用するものを除く）、非常用エレベータ、主動線にないエレベータも評価対象 ・定員が定められているエレベータは原則として評価の対象 （例えば、病院向けの寝台用エレベータは定員が定められるため、評価の対象）	・トラクションタイプのロープ式以外のエレベータ ・小荷物専用昇降機や荷物用エレベータ、自動車用エレベータ、共同住宅で見られる地上階と屋内の駐輪場置場をつなぐエレベータ（自転車等の運搬を目的としたエレベータ）など、荷物の運搬を目的とした昇降機 ・エスカレーター ・いす式階段昇降機、段差解消機
エネルギー利用効率化設備	100％自己消費する太陽光設備	売電する太陽光設備（少しでも売電する場合は計算対象外）
	コージェネレーション設備でa)～d)の全てを満たすもの a) 原動機がガスエンジンである b) JIS B 8121「定格発電出力」、JIS B 8122「発電効率」及び「熱出力効率」の規定による値である c) 排熱利用先に冷房・暖房・給湯のいずれかが含まれている d) 排熱利用先に、評価対象外の設備・用途等（融雪及び凍結防止用、循環加温用、雑用水利用が含まれていない	左記に該当しないもの

基準一次エネルギー消費量計算の仕組み

033

point

①基準一次エネルギー消費量は、室用途、地域区分ごとの設備別基準値に床面積を掛けて算出する。
②室用途には計算可能な設備が定められている。

室用途ごとに算出して積算

基準一次エネルギー消費量算出のイメージを**図**に示す。まず、建物を室用途ごとに分類し、床面積を集計する。次に、室用途・地域区分ごとに【算出告示】で定められた設備別基準一次エネルギー消費量(**表**)に、室用途ごとの床面積の集計値を掛けて算出した値を、すべての室用途、設備において積算する。こうして算出した値が基準一次エネルギー消費量である。

室用途は、定められた201種類のなかから、もっとも近い室用途を選択する。室用途を適切に選択するためには、室用途ごとの標準室使用条件を参照する。建物用途内に該当する室用途がない場合には、ほかの用途の類似する室用途から選択できる。

室用途に応じ、計算可能な設備を選ぶ

たとえば、**表**を見ると事務所等の事務室における機械換気設備の標準一次エネルギー消費量の値は0であり、機械換気設備の計算ができない。これは、空調対象室の外気導入用の機械換気設備は空気調和設備として計算するためである。機械換気設備は、廃熱、除湿、脱臭を目的とした設備が対象であり、室用途を選択する際には、計算可能な設備の確認が必要である。

ただし、選択した室用途で計算可能な設備が、計算する室に必ずしも存在する必要はない。計算の際に対象設備として設定しなければ、基準および設計一次エネルギー消費量に積算されない。

このほか、実際の事務室内に給湯設備がない場合でも、ほかの場所に給湯設備が設置されていれば、「給湯設備を利用する可能性がある人が存在する居室」として、給湯設備の一次エネルギー消費量の計算を行う。

図　基準一次エネルギー消費量算出のイメージ

①室用途毎に分類し床面積を集計

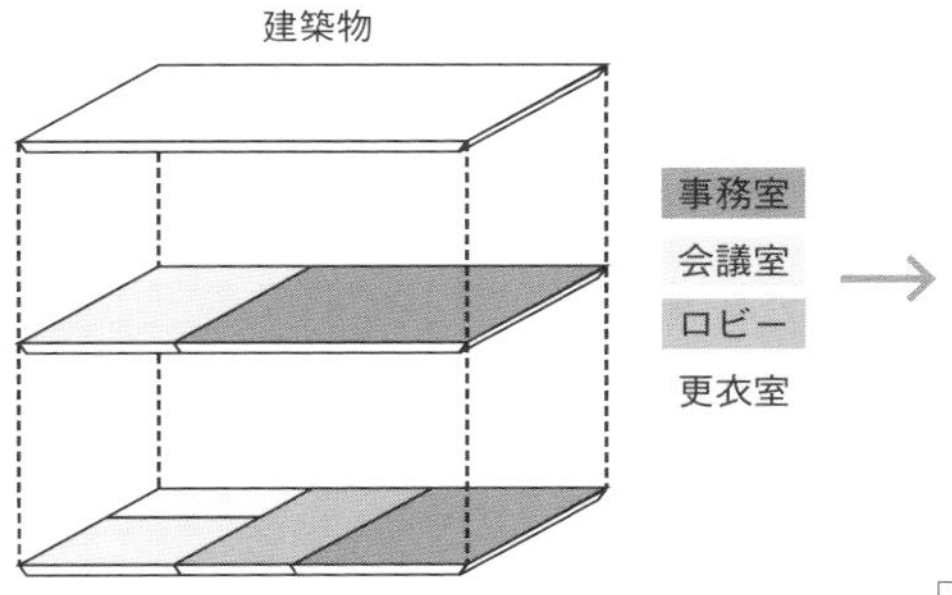

②室用途毎の基準一次エネルギー消費量を用いて、設備毎の基準一次エネルギー消費量を算出（例：空調）

室用途	空調の基準値（GJ/ m^2・年）	床面積	各室用途の合計（GJ/ 年）（基準値 × 床面積）
事務室	1.0	2,000	2,000
会議室	0.8	1,000	800
ロビー	0.9	500	450
更衣室	1.0	200	200
合計		3,700	3,450

$$\text{設備毎の基準一次エネルギー消費量（GJ/ 年）} = \sum_{\text{全室用途}} \left(\text{室用途毎の設備毎の標準一次エネルギー消費量（GJ/ 年）} \times \text{室毎の面積（}m^2\text{）} \right)$$

↓

③設備毎の基準一次エネルギー消費量を合計し、建物全体の基準一次エネルギー消費量を算出

$$\text{建物全体の基準一次エネルギー消費量（GJ/ 年）} = \sum_{\text{全設備}} \text{設備毎の基準一次エネルギー消費量（GJ/ 年）}$$

※ ②の基準値は概数であり、詳細は下表による

表　設備別基準一次エネルギー消費量に関する係数

室用途		設備別基準一次エネルギー消費量（単位：1 m^2・1 年につきメガジュール）																		
		空気調和設備								空気調和設備以外の機械換気設備	照明設備	給湯設備								その他の設備
		地域区分										地域区分								
		1	2	3	4	5	6	7	8			1	2	3	4	5	6	7	8	
事務所等	事務室	1,060	1,063	995	1,018	1,084	1,173	1,180	1,478	0	498	20	20	19	18	17	16	14	12	498
	電子計算機器事務室	1,063	1,068	1,146	1,173	1,284	1,386	1,418	1,787	0	498	20	20	19	18	17	16	14	12	1,245
	会議室	1,303	1,287	1,109	1,126	1,167	1,246	1,241	1,567	0	231	51	50	47	45	43	39	36	29	42
	喫茶室	1,303	1,287	1,109	1,126	1,167	1,246	1,241	1,567	0	254	1,712	1,678	1,572	1,531	1,454	1,322	1,209	978	42
	社員食堂	465	458	412	418	432	484	469	626	0	141	2,568	2,517	2,358	2,297	2,180	1,983	1,813	1,467	0
	中央監視室	2,444	2,458	2,975	3,097	3,349	3,549	3,752	4,634	0	1,171	46	45	42	41	39	36	33	26	2,565
	ロビー	770	766	702	714	727	790	773	958	0	547	6	6	6	5	5	5	4	3	0
	廊下	770	766	702	714	727	790	773	958	0	245	0	0	0	0	0	0	0	0	0
	便所	770	766	702	714	727	790	773	958	413	367	0	0	0	0	0	0	0	0	0
	喫煙室	770	766	702	714	727	790	773	958	826	202	0	0	0	0	0	0	0	0	0
	更衣室又は倉庫	925	928	873	894	935	1,016	1,018	1,283	138	202	995	975	914	890	845	768	702	569	0
	厨房	0	0	0	0	0	0	0	0	3,514	322	0	0	0	0	0	0	0	0	0
	機械室	0	0	0	0	0	0	0	0	769	10	0	0	0	0	0	0	0	0	0
	電気室	0	0	0	0	0	0	0	0	1,539	10	0	0	0	0	0	0	0	0	0
	湯沸室等	0	0	0	0	0	0	0	0	88	64	0	0	0	0	0	0	0	0	0
	食品庫等	0	0	0	0	0	0	0	0	176	70	0	0	0	0	0	0	0	0	0
	印刷室等	0	0	0	0	0	0	0	0	176	106	0	0	0	0	0	0	0	0	0
	屋内駐車場	0	0	0	0	0	0	0	0	1,366	123	0	0	0	0	0	0	0	0	0
	廃棄物保管場所等	0	0	0	0	0	0	0	0	527	35	0	0	0	0	0	0	0	0	0

設計一次エネルギー消費量計算の仕組み

034

point

①設計一次エネルギー消費量は、標準室使用条件に基づいて算出する。
②省エネ手法を工夫することで、設計一次エネルギー消費量が小さくなる。

標準室使用条件に基づいて算出

【設計一次エネルギー消費量】は、設計図書の内容に基づいて、各室に設置される設備の定格能力や定格消費電力、制御方式などを【WEBプログラム】に入力して算出する。用いるプログラムについての詳細は後述する（**035項目**参照）。

室用途には標準室使用条件として運転時間や点灯時間、年間給湯日数等があらかじめ定められているため、標準室使用条件に基づいた各設備の一次エネルギー消費量が計算できる。それをすべての室用途、設備において積算した値が設計一次エネルギー消費量である。

省エネ手法を工夫すれば削減できる

設計一次エネルギー消費量は、【基準一次エネルギー消費量】と異なり、設計図書に採用された省エネ手法が反映される。高効率の熱源機器や空調機器、照明器具等を採用すれば、定格消費電力や制御方式によって定められる係数が小さな値となるため、各設備の設計一次エネルギー消費量も小さな値になる（**表1～4**）。外皮負荷削減効果の高い外壁や窓仕様が採用されている場合には、熱源機器等が処理する暖冷房負荷が小さな値となるため、熱源機器等の設計一次エネルギー消費量も小さな値となる。

太陽光発電設備等のエネルギー利用効率化設備は、売電をせずに自家消費をする場合に限り、各設備を集計した設計一次エネルギー消費量から発電量による一次エネルギー削減量を全量差し引いた値を最終的な設計一次エネルギー消費量とできる。

表１　空調機入力シートの例

						送風機定格消費電力								全熱交換器					二次ポンプ群名称		熱源群名称		
①空調機群名称	②台数 (台)	③空調機タイプ (選択)	④定格冷却（冷房）能力 (kW/台)	⑤定格加熱（暖房）能力 (kW/台)	⑥設計最大外気風量 (m³/h台)	⑦給気 (kW/台)	⑧還気 (kW/台)	⑨外気 (kW/台)	⑩排気 (kW/台)	⑪風量制御方式 (選択)	⑫変風量時 最小風量比	⑬外気カット制御の有無 (選択)	⑭外気冷房制御の有無 (選択)	⑮全熱交換器の有無 (選択)	⑯全熱交換器の設計定格風量 (m³/h台)	⑰全熱交換効率 (%)	⑱自動換気切替機能の有無 (選択)	⑲ロータ消費電力 (kW/台)	⑳冷熱 (転記)	㉑温熱 (転記)	㉒冷熱 (転記)	㉓温熱 (転記)	㉔備考 (機器表の記号系統名等)
EHP1-1	1	室内機	5.6	6.3	1290	0.05				定風量制御	30	無	無						PCH2	PCH2	EHP1-10	EHP1-10	
	1	全熱交ユニット			200	0.17								有	200	60	無						
EHP1-2	1	室内機	3.6	4	960	0.05				定風量制御	30	無	無						PCH2	PCH2	EHP1-20	EHP1-20	
	1	全熱交ユニット			150	0.17								有	150	60	無						
EHP1-3	1	室内機	3.6	4	960	0.05				定風量制御	30	無	無						PCH2	PCH2	EHP1-30	EHP1-30	
	1	全熱交ユニット			150	0.17								有	150	60	無		PCH2	PCH2			

表２　給排気送風機入力シートの例

			制御等の有無		
①換気機器名称	②設計風量 (m³/h)	③電動機定格出力 (kW)	④高効率電動機の有無（選択）	⑤インバータの有無（選択）	⑥送風量制御（選択）
EF-1	700	0.154	無	無	無
EF-2	700	0.154	無	無	無
EF-3	100	0.022	無	無	無
EF-4	300	0.066	無	無	無
EF-5	400	0.088	無	無	無
EF-6	4100	0.902	有	無	無
EF-6	4100	0.902	有	無	無

表３　照明入力シートの例

							室指数						制御による補正			
①階 (転記)	①室名 (転記)	①建物用途 (転記)	①室用途 (転記)	①室面積 (m²) (転記)	①階高 (m) (転記)	①天井高 (m) (転記)	②室の間口 (m)	③室の奥行 (m)	④室係数 (—)	⑤機器名称 (照明器具表の記号等)	⑥定格消費電力 (W/台)	⑦台数 (台)	⑧在室検知制御 (選択)	⑨明るさ検知制御 (選択)	⑩タイムスケジュール制御 (選択)	⑪初期照度補正制御 (選択)
1F	風除け室	事務所等	廊下	21.12	5	2.6	6.8	12.5		ダウンライト	19.2	6	無	無	無	有
1F	ロビー	事務所等	更衣室又は倉庫	114.12	5	3.5	5.2	4.3		ダウンライト	19.2	20	無	無	無	無
1F	EV ホール	事務所等	更衣室又は倉庫	16.32	5	3.5	3.3	6.7		ダウンライト	19.2	6	無	無	無	無
1F	中央監視室・警備室	事務所等	中央監視室	39	5	2.6			0.6	天井埋込下面ルーバー	88	6	無	無	無	無
1F	更衣室 1	事務所等	更衣室又は倉庫	14.63	5	2.4	9.4	9.7		天井埋込下面解放	45	2	無	無	無	無
1F	更衣室 2	事務所等	更衣室又は倉庫	14.63	5	2.4			1.1	天井埋込下面解放	45	2	無	無	無	無
1F	便所	事務所等	便所	33.28	5	2.4				ダウンライト	7.4	12	無	無	無	無

表４　給湯機器入力シートの例

						太陽熱利用			
①給湯機器名称	②燃料種類 (選択)	③定格加熱能力 (kW)	④熱源効率（一次エネルギー換算） (-)	⑤配管保温仕様 (選択)	⑥接続口径 (mm)	⑦有効集熱面積 (m²)	⑧集熱面の方位角 (°)	⑨集熱面の傾斜角 (°)	⑩備考
EB2-11	電力	1.1	0.37	保温仕様 2	20				電気給湯器（B1F 湯沸コーナー）
EB2-12	電力	1.1	0.37	保温仕様 2	20				電気給湯器（B1F シャワーコーナー）
EB2-13	電力	1.1	0.37	保温仕様 2	20				電気給湯器（1F 女子便所）
EB1-11	電力	1.1	0.37	保温仕様 2	20				電気給湯器（1F 男子便所）
EB1-12	電力	1.1	0.37	保温仕様 2	20				電気給湯器（1F 湯沸コーナー）

※ **表１～４** は、入力シート内容を示すものであり、実際の様式は建築研究所のホームページで確認していただきたい

一次エネルギー消費量標準入力法（1）

035

point

①すべての室および設備について計算する。
②省エネルギー消費性能を細かく入力することができる。

標準入力法はモデル建物法（**039項目**）と比較して、入力する項目が多い。従って、より細かく省エネルギー消費性能を計算することが可能である。

計算対象のすべての室・設備を計算

標準入力法では、**032項目**で述べた計算対象に含まない部分を除く、申請建築物のすべての室および設備について計算する。

まず、各々の室について**033項目**で述べた、201種類の室用途から最も使用条件が近い室用途を選択する。また、設備図を見て、その室が空調、換気、照明、給湯計算対象室であるかどうかを判断する（**表**）。

計算対象のすべての室に対し、設定した室用途、床面積、各設備の計算対象室であるかどうかは、標準入力法のすべての計算に使用される。これらの「共通条件」に基づいて、**033項目**に述べた方法で【基準一次エネルギー消費量】、**034項目**に述べた方法で【設計一次エネルギー消費量】を計算する。その結果、設計一次エネルギー消費量が基準一次エネルギー消費量を超えないことを確かめるのが、標準入力法である。

詳細な入力が必要だが、より細かく省エネルギー消費性能を計算可能

034項目で述べたように、設計一次エネルギー消費量は、設計図書に採用された省エネ手法が反映される。

標準入力法は、計算対象のすべての室および設備について計算するため、この各室・各設備の省エネ手法を設計一次エネルギー消費量の計算により詳細に反映しやすい。**037項目**で述べる主要室入力法や、**039項目**で述べるモデル建物法より、より良い値が期待できる。

表　様式 1（共通条件）室仕様入力シート

①階	①室名	②建物用途（選択）	②室用途（選択）	③室面積	④階高	⑤天井高	⑥空調計算対象室（選択）	⑥換気計算対象室（選択）	⑥照明計算対象室（選択）	⑥給湯計算対象室（選択）	⑦備考
1F	風除け室	事務所等	廊下	21.12	5	2.6			■		
1F	ロビー	事務所等	ロビー	114.12	5	3.5	■		■		
1F	EV ホール	事務所等	廊下	16.32	5	3.5	■		■	■	
1F	中央監視室・警備室	事務所等	中央監視室	39	5	2.6	■		■		
1F	更衣室 1	事務所等	更衣室又は倉庫	14.63	5	2.4	■		■		
1F	更衣室 2	事務所等	更衣室又は倉庫	14.63	5	2.4	■		■	■	
1F	休憩室	事務所等	更衣室又は倉庫	29.25	5	2.4	■	■	■		
1F	自販機コーナー	事務所等	廊下	25.87	5	2.6			■		
1F	便所 1	事務所等	便所	33.28	5	2.4		■	■		
1F	便所 2	事務所等	便所	33.77	5	2.4		■	■		
1F	DS・PS1	事務所等	機械室	5.76	5	5			■		
1F	DS・PS2	事務所等	機械室	14.4	5	5			■		
1F	ES1	事務所等	機械室	8.64	5	5			■		
1F	ES2	事務所等	機械室	9.6	5	5			■		
1F	物入	事務所等	更衣室又は倉庫	7.59	5	5		■	■		
1F	給湯室	事務所等	給湯室等	5.28	5	2.4		■	■		
1F	機械室 1	事務所等	機械室	164.31	5	5		■	■		
1F	機械室 2	事務所等	機械室	45.5	5	5		■	■		
1F	電気室	事務所等	電気室	50	5	5		■	■		
1F	事務室 1	事務所等	事務室	352.5	5	2.6	■		■	■	
1F	事務室 2	事務所等	事務室	252	5	2.6	■		■	■	

一次エネルギー消費量標準入力法(2)

036

point

①一次エネルギー消費量は、算定用 WEBプログラムを用いて算出する。
②入力時はルールに注意する。

必要事項を入力すると自動計算

標準入力法の一次エネルギー消費量算定用WEBプログラムは、建築研究所のホームページに各種マニュアルや更新履歴等の情報とともに公開されている(**図1**)。

ホームページより入力シート作成用ファイルをダウンロードし、設計図書を参照しながら必要事項を入力する。入力済みの入力シートをアップロードするとWEB上で自動的に計算され、算定結果をPDF形式で得ることができる。この算定結果と設備仕様入力シートを印刷すれば、そのまま各種の届出書類に利用できる(**図2**)。

基本情報と室仕様は全設備共通

設備仕様入力シートは、基本情報入力シートから非空調外皮入力シートまで19種類ある。基本情報入力シートと室仕様入力シートは、全設備共通の入力シートだ。これらの入力シートに入力する建物や室の情報は、全設備のエネルギー消費量の計算に共通で用いられる情報である。

なお、室仕様入力シートには、入力上の注意点がある。

まず、階は半角文字で「1F」「B1F」「RF」のように入力する。同一階に同じ室名の室がある場合は、「事務室南」「事務室北」のように識別できる室名とする。

室面積は小数第3位を四捨五入して小数第2位の数値を、階高および天井高は小数第2位を四捨五入して小数第1位の数値を記入する。

各設備の計算対象室の欄は、設備図よりエネルギー消費量計算の対象室であるかを判断し、計算対象となる室には「■」を入力する。

入力の詳細については、建築研究所のホームページに公開されているプログラム解説を参照してほしい。

図１　国立研究法人　建築研究所の一次エネルギー消費量算定用 WEB プログラム

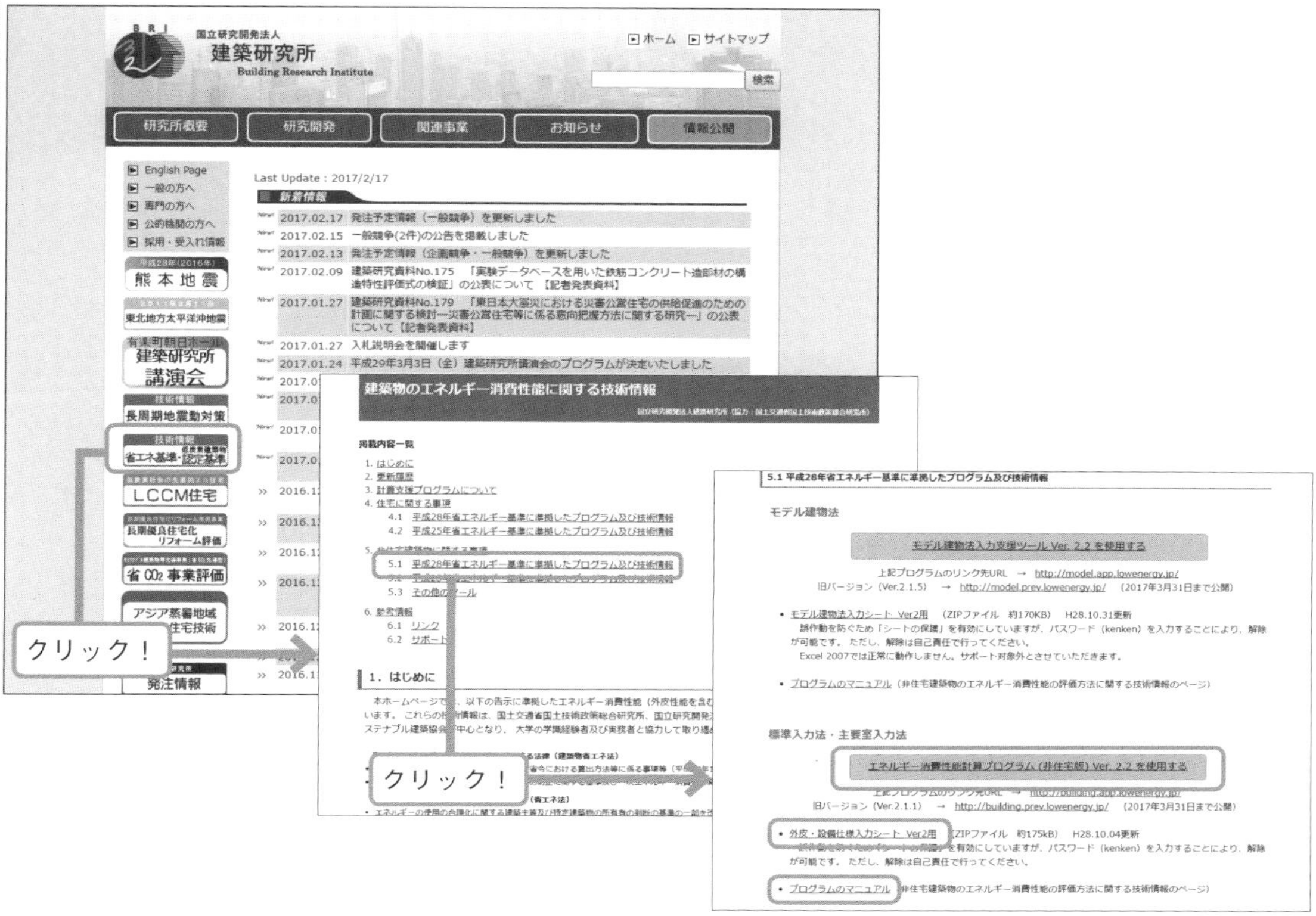

図２　設計一次エネルギー消費量の算定および届出の流れ

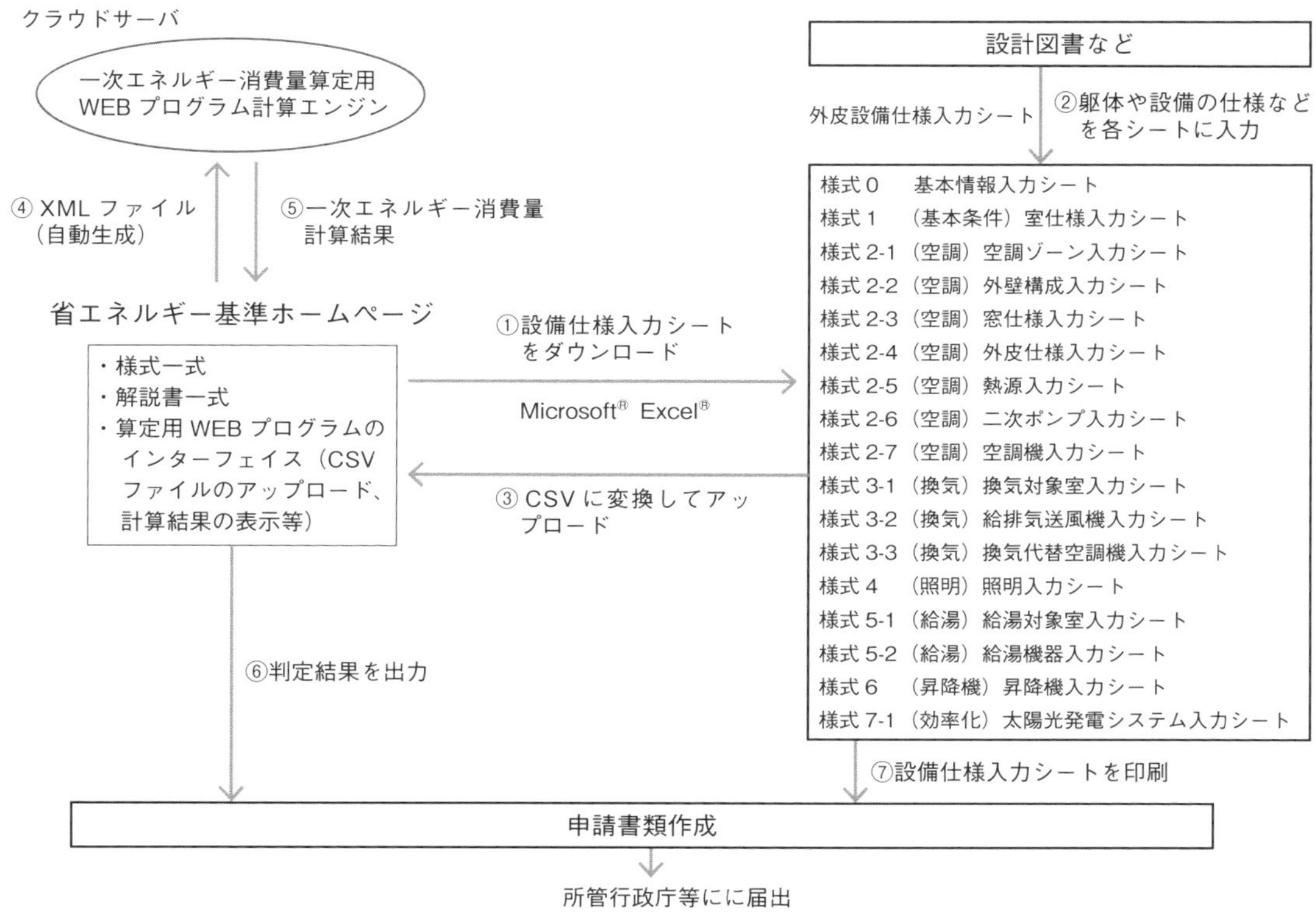

一次エネルギー消費量主要室入力法

037

point

①入力の簡略化を図った方法で、主要室と非主要室に分けて計算する。
②主要室入力法で計算すると、標準入力法に比べて設計一次エネルギー消費量が大きくなる。

非主要室は床面積による簡略計算

一次エネルギー消費量を判断する際に、**035・036項目**で説明した「標準入力法」では計算対象であるすべての室および設備について、その一次エネルギー消費量を算出した。

しかし、建物の主たる用途ではない、面積の小さい室で使用する設備のエネルギー消費量は、建物全体のエネルギー消費量に対して占める割合が非常に小さい。そこで、こうした面積の小さな室のエネルギー消費量計算の入力作業を簡略化したのが、「主要室入力法」である。

建物を主要室と非主要室に分け、主要室は「標準入力法」で計算する。一方、非主要室では外皮や設備の仕様の入力を省略でき、その室の床面積のみを入力すれば、デフォルト仕様で自動計算する。ただし、主要室入力法が適用できるのは室単位で入力する空調、換気、照明、給湯の各設備のみとなる。昇降機、エネルギー利用効率化設備は標準入力法で計算する。

非主要室のエネルギー消費量は大きくなる

非主要室の【設計一次エネルギー消費量】を計算する際には、【基準一次エネルギー消費量】に割増し係数を掛けて算出する（**図**）。この割増し係数は、基準一次エネルギー消費量を算出する際の設備仕様よりも性能が劣る仕様を想定して設備ごとに設定されている（**表**）。

したがって、非主要室の一次エネルギー消費量は設計値が基準値より必ず大きくなり、すべての室で標準入力法を用いた場合より設計一次エネルギー消費量が大きくなる。主要室入力法で計算すると入力作業は省力化できるが、より良い値を得たい場合は標準入力法を選択するほうがよい。

図　主要室入力法のイメージ

基準値 E_{ST}　≧　設計値 E_T

‖

主要室の設計一次エネルギー消費量＋非主要室の基準一次エネルギー消費量 × 割増し係数

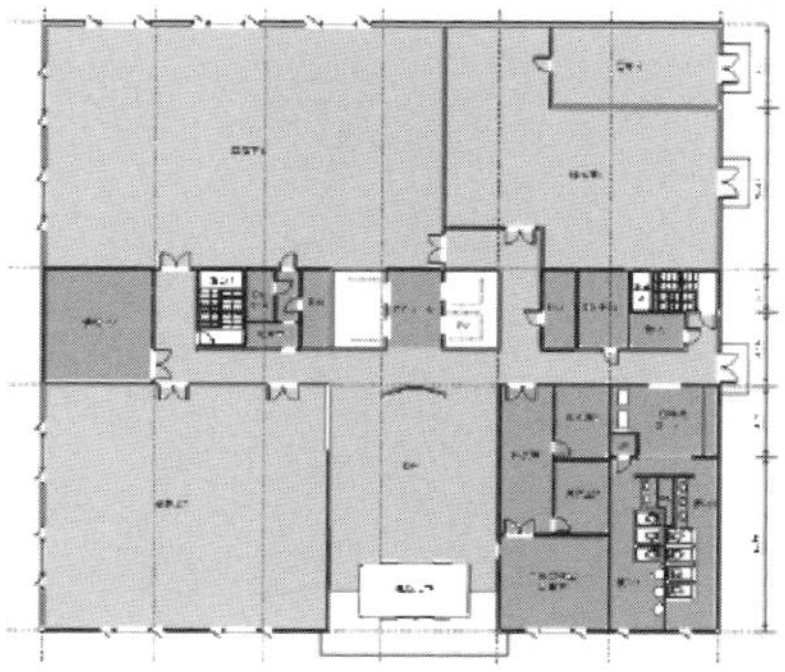

事務所1階

■：主要室
■：非主要室
□：計算対象外の室

↓

主要室の省エネ性を高める必要があるが、入力の簡素化が図られる

表　設計一次エネルギー消費量算出時に想定する室用途と割増し係数

	空調設備		換気設備		照明設備		給湯設備	
	想定室用途	割増し係数	想定室用途	割増し係数	想定室用途	割増し係数	想定室用途	割増し係数
事務所等	更衣室又は倉庫	1.3	便所	1.3	更衣室又は倉庫	1.3	更衣室又は倉庫	3.0
ホテル等	更衣室又は倉庫	1.3	終日利用される共用部の便所	1.3	更衣室又は倉庫	1.3	更衣室又は倉庫	3.0
病院等	更衣室又は倉庫	1.3	終日利用される共用部の便所	1.3	更衣室又は倉庫	1.3	更衣室又は倉庫	3.0
物販店舗等	更衣室又は倉庫	1.3	便所	1.3	更衣室又は倉庫	1.3	更衣室又は倉庫	3.0
学校等	更衣室又は倉庫	1.3	便所	1.3	更衣室又は倉庫	1.3	更衣室又は倉庫	3.0
飲食店等	更衣室又は倉庫	1.3	便所	1.3	更衣室又は倉庫	1.3	更衣室又は倉庫	3.0
集会所等	アスレチック場の便所	1.3	アスレチック場の便所	1.3	アスレチック場の便所	1.3	図書館のロビー	3.0

図、表は「主要室入力法による非住宅建築物の一次エネルギー消費量算定プログラム解説」（国土交通省　国土技術政策総合研究所、独立行政法人建築研究所）より

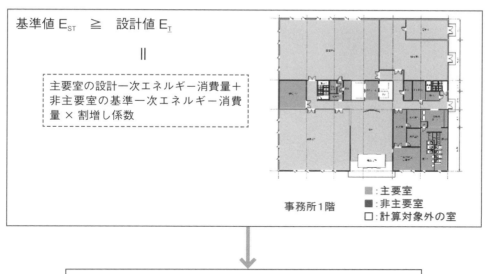

一次エネルギー消費量
主要室入力法の計算手順

038

point
①室用途、面積、設備系統で主要室か否かを判断する。
②主要室が過半を占めていなければならない。

「主要室」か「非主要室」か

主要室入力法の計算手順を**図**に示す。まず、各設備の計算対象室を抽出した後、主要室と非主要室に分ける。

ある室が主要室か非主要室かを判断するにはどうしたらよいか。たとえば事務所等の場合、主要室に該当するのは、①**表**で●印のついた室用途に該当する室、②面積が100㎡以上の室、③①や②で選定した主要室と同一の設備系統に属する室、のいずれかに該当する室である。

③は設備系統の条件であり、同じ室でも空調と照明で系統が異なる場合、空調は主要室、照明は非主要室とすることも可能である。

なお、①～③の主要室の条件に該当する室であっても、計算対象とする設備がない室は計算しない。たとえば、**表**において事務所等の屋内駐車場は主要室となるが、屋内駐車場に換気がない場合は換気の計算対象外となる。

主要室の合計面積は50％以上に

主要室を選定した後、主要室の床面積を合計する。主要室の床面積の合計が計算対象室の床面積の合計の50％以上であればよい。50％未満になった場合には、非主要室のなかから、いくつかの室を主要室として選定し直し、主要室の面積の合計が50％以上になっていることを確認する。

計算は標準入力法と同様に、一次エネルギー消費量算定用WEBプログラムを利用する（**036項目**参照）。

数値の入力は、標準入力法と同じ外皮設備仕様入力シートを使う。主要室は、標準入力法と同様に外皮や設備の仕様を入力する。一方、非主要室は建物用途と床面積のみを入力し、室用途に「非主要室」と入力する。同一階の複数の非主要室を「非主要室区画」としてまとめて入力してもよい。

図　一次エネルギー消費量算定 WEB プログラムにおける主要室入力法の作業の流れ

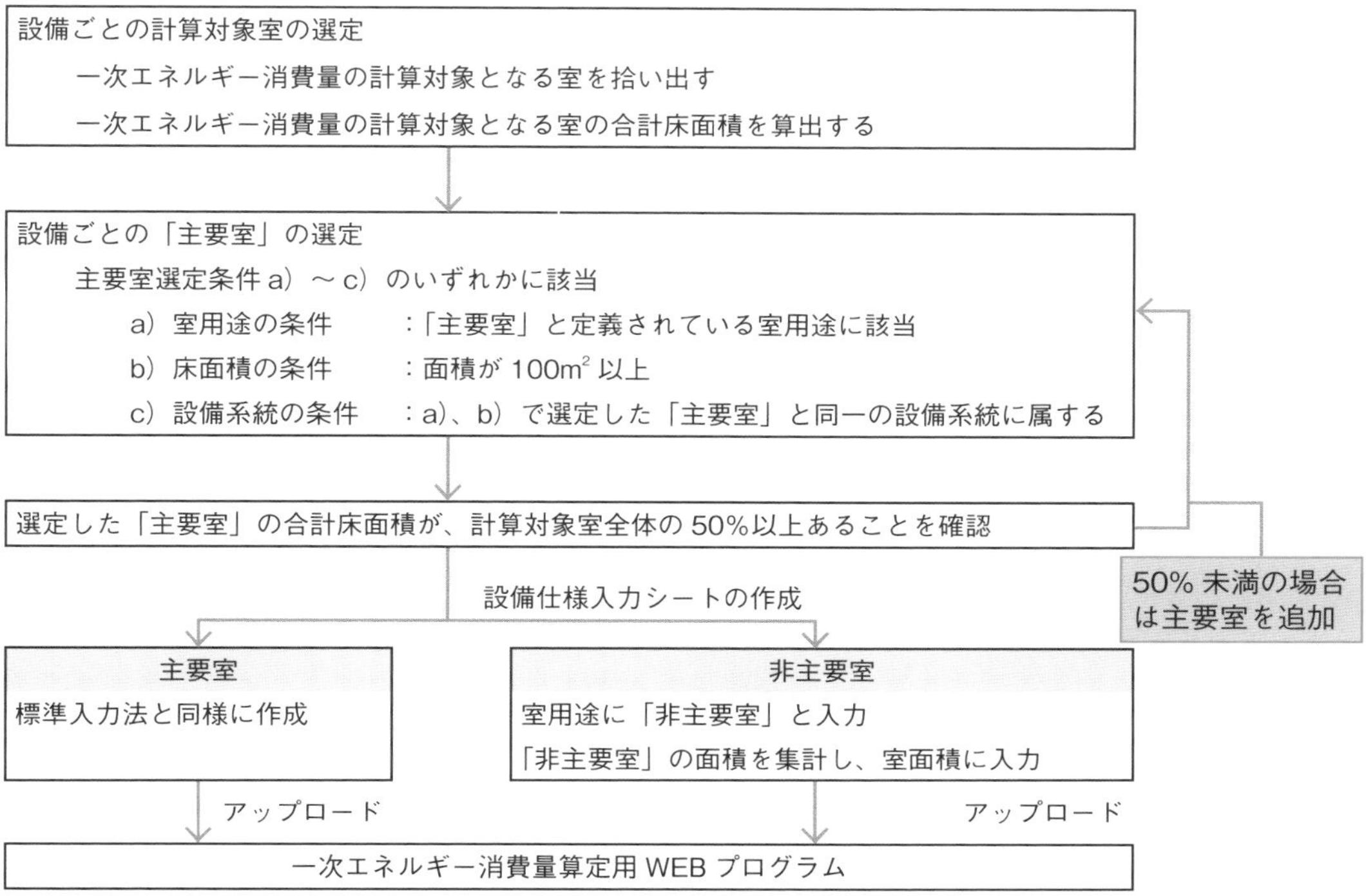
設備ごとの計算対象室の選定
一次エネルギー消費量の計算対象となる室を拾い出す
一次エネルギー消費量の計算対象となる室の合計床面積を算出する
設備ごとの「主要室」の選定
主要室選定条件 a）～c）のいずれかに該当
a）室用途の条件　：「主要室」と定義されている室用途に該当
b）床面積の条件　：面積が 100m² 以上
c）設備系統の条件　：a)、b）で選定した「主要室」と同一の設備系統に属する
選定した「主要室」の合計床面積が、計算対象室全体の 50%以上あることを確認
50% 未満の場合は主要室を追加
設備仕様入力シートの作成
主要室
標準入力法と同様に作成
非主要室
室用途に「非主要室」と入力
「非主要室」の面積を集計し、室面積に入力
アップロード
アップロード
一次エネルギー消費量算定用 WEB プログラム

表　建物用途別・設備別主要室定義表：事務所等の例

建物用途	室用途名称 告示上の名称	空調計算対象室	換気計算対象室	照明計算対象室	給湯計算対象室
事務所等	事務室	●		●	○
	電子計算機事務室	●		●	○
	会議室	●		●	○
	喫茶室	○		○	●
	社員食堂	○		○	●
	中央監視室	○		○	○
	更衣室又は倉庫	○	○	○	●
	廊下	○		○	
	ロビー	○		○	○
	便所	○	○	○	
	喫煙室	○	○	○	
	厨房		●	○	
	屋内駐車場		●	○	
	機械室		●	○	
	電気室		●	○	
	湯沸室		○	○	
	食品庫等		○	○	
	印刷室等		○	○	
	廃棄物保管場所等		○	○	

※ ●○は各設備の計算対象室用途
※ ●は必ず主要室とする室用途
※ 建物用途ごとに表がある

モデル建物法

039

point ①モデル建築物に外皮や設備の仕様を入力して計算する。
② Ver.3ではコージェネレーション設備の評価も可能となる。

2013(平成25)年基準では500㎡以下の【非住宅建築物】で、かつ個別分散空調方式を採用する場合のみ適用可能であった。しかし、2016(平成28)年基準では、すべての非住宅建築物がモデル建物法を利用できるようになった。

また2021(令和3)年4月から正式運用されるVer.3では、コージェネレーション設備の評価も可能となった。

モデル建築物に設備や外皮の仕様を入力

モデル建物法では、建物用途ごとに建物形状や室用途構成をあらかじめ定めた「モデル建築物」が設定されている。実際の申請建築物の設備や外皮の仕様を、この「モデル建築物」に適用した場合の基準値との比を計算する(**図**)。

モデル建築物が定められているため、申請建築物の各室の用途や面積などを入力する必要がないので、入力作業が軽減できる。

集合所モデル12を含めて、合計26のモデルがあるため、さまざまな用途の申請建築物に対応できる(**表**)。

申請建築物に複数の用途が存在する場合は、用途毎に分割して入力し、「複数用途集計」機能を用いて申請建築物全体の計算結果を得る。

一次エネルギー消費量やPAL*の基準値との比のみが表示される

モデル建物法で計算に用いる「モデル建築物」は実際の申請建築物と建物形状や室用途構成が異なるため、一次エネルギー消費量、PAL*は算出されず、一次エネルギー消費量についてはBEIm、PAL*についてはBPImを算出する。適合性判定義務についてはBEImが1.0以下であれば基準適合となる。指標の最後尾の「m」はモデル建物法を用いて計算したことを示す。

図　モデル建物法の考え方

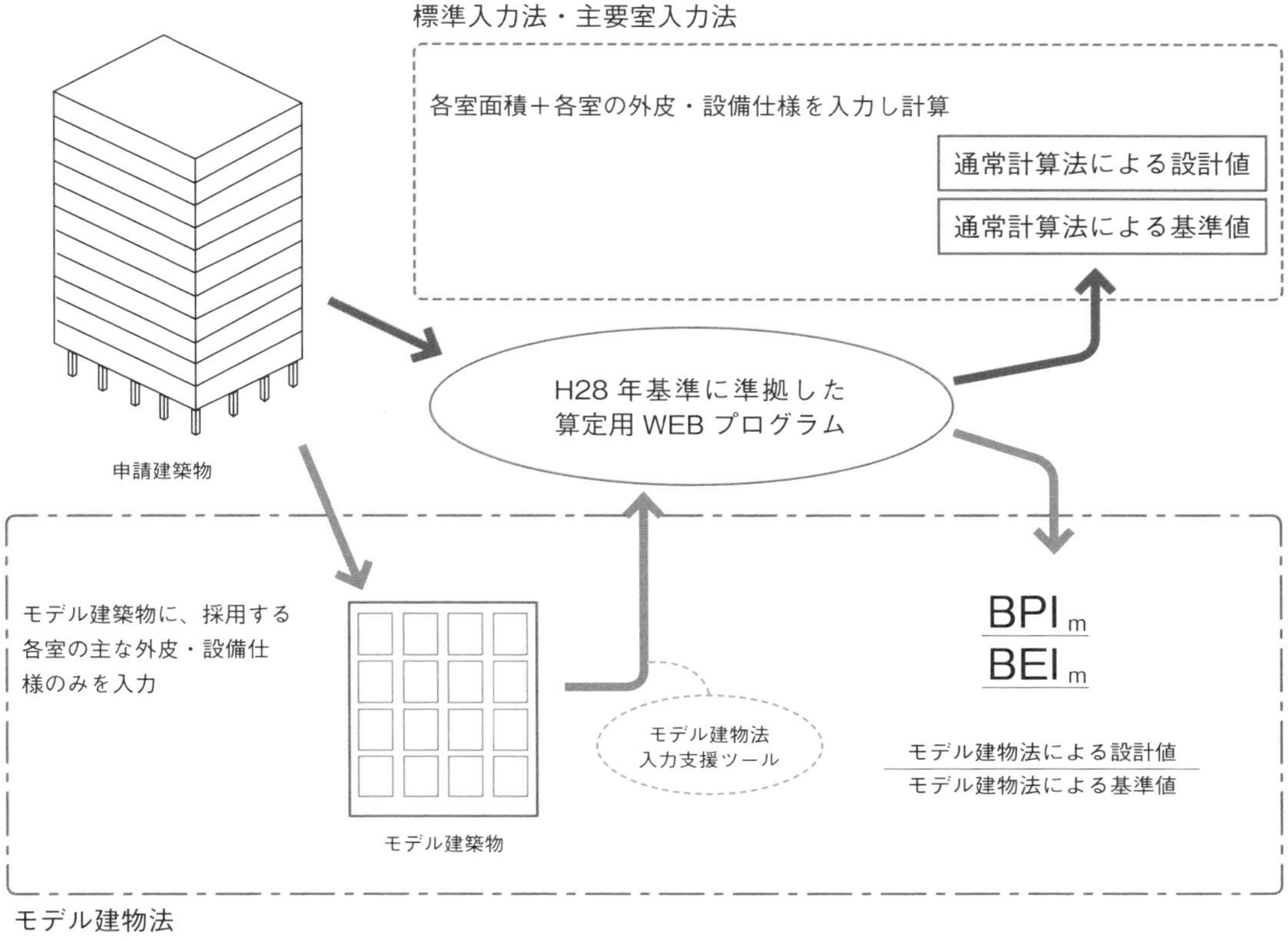

表　モデル建物法の指標と定義式

入力項目	選択肢		入力項目	選択肢	
適用するモデル建物	事務所モデル	1	計算対象室用途「集会所モデル」を選択した場合のみ表示	アスレチック場	15
	ビジネスホテルモデル	2		体育館	16
	シティホテルモデル	3		浴場施設	17
	総合病院モデル	4		映画館	18
	福祉施設モデル	5		図書館	19
	クリニックモデル	6		博物館	20
	学校モデル	7		劇場	21
	幼稚園モデル	8		カラオケボックス	22
	大学モデル	9		ボーリング場	23
	講堂モデル	10		ぱちんこ屋	24
	大規模物販モデル	11		競馬場または競輪場	25
	小規模物販モデル	12		社寺	26
	飲食店モデル	13			
	集会所モデル				
	工場モデル	14			

モデル建物法入力支援ツール

040

point ①入力支援ツールを用いて評価する。
②複合用途建物は用途ごとに分割して計算し、集計機能を用いて集計する。

モデル建物法の入力支援ツールは、建築研究所のホームページにプログラムのマニュアル（以下、マニュアル）や更新履歴等の情報とともに公開されている。

モデル建物法の入力支援ツールの入力方法は2通りある。WEBの画面上で1項目ずつ入力していく方法（**図1**）と、あらかじめモデル建物法入力シートをホームページからダウンロードして入力し、WEBプログラムにアップロードする方法（**図2**）である。いずれの方法でも同じように計算できるが、申請に用いる場合は後者の方法とする必要がある。

計算の結果は一次エネルギー消費量はBEIm、PAL*はBPImで表示される（**図3**）。画面の出力ボタンを押すと、計算結果および入力項目の一覧をPDFファイルでダウンロードできる（**図4**）。

また、入力内容を長期的に保存したい場合は、画面の保存ボタンを押すと、入力情報をXML形式のファイルでダウンロードできる（**図5**）。後日、そのファイルを読み込むと復元できる仕組みである。

複数の建物用途が混在する非住宅建築物の計算方法

申請建築物に複数の用途が混在する場合は、用途毎に分割して入力し、「複数用途集計」機能を用いて申請建築物全体の計算結果を得る。具体的には、建物用途ごとに前述した保存機能を用いて得られたXML形式のファイルをアップロードして集計する（**図6**）。

なお、アップロードするXML形式のファイルは、①すべてのファイルで地域区分が同じである、②すべてのファイルで建物用途に重複がない、③各建物用途の個別のXML形式のファイルで適切に計算できることが必要である。

図１　基本情報の入力画面例

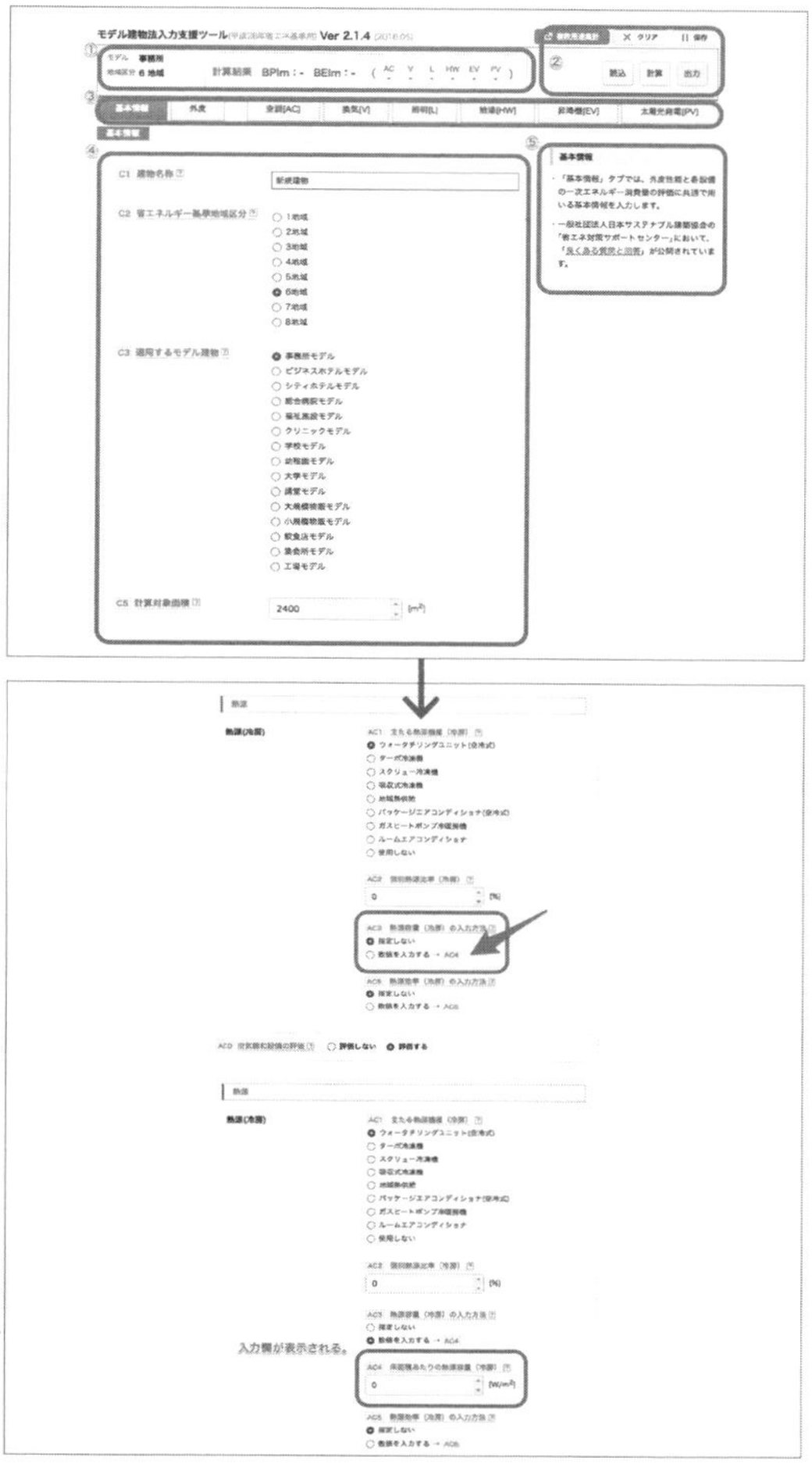

図２　入力シートを使用する場合

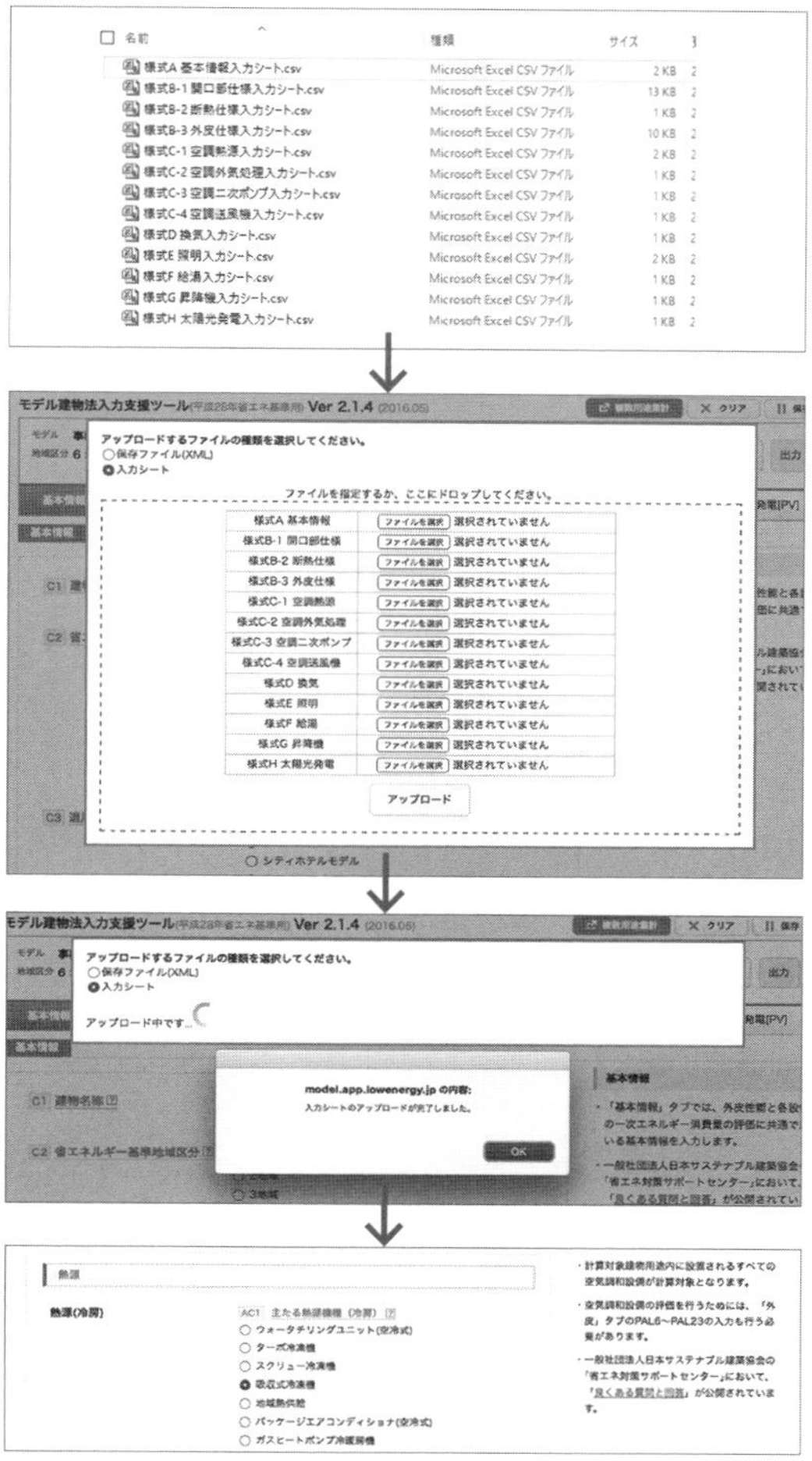

図３　計算の実行と結果の表示

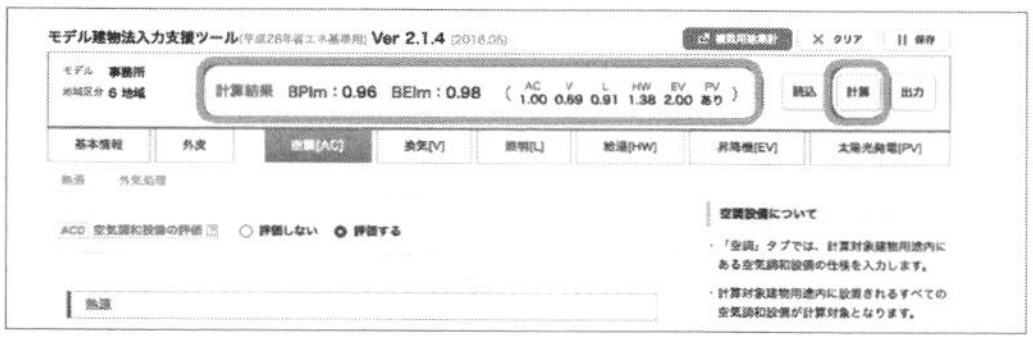

図４　計算結果の出力

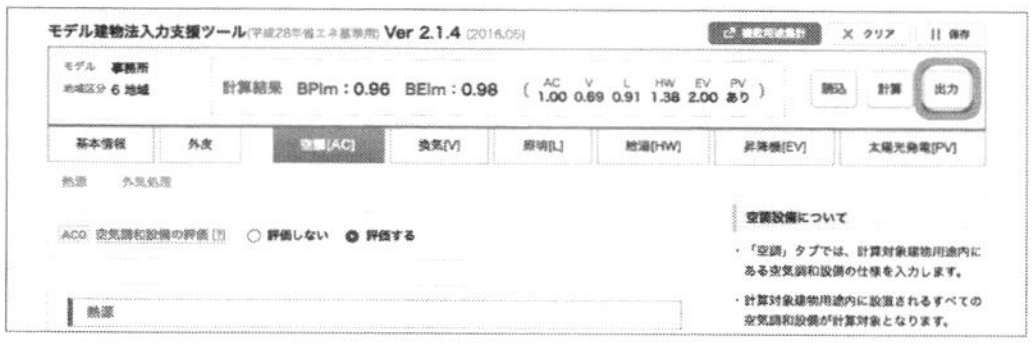

図５　計算結果の保存

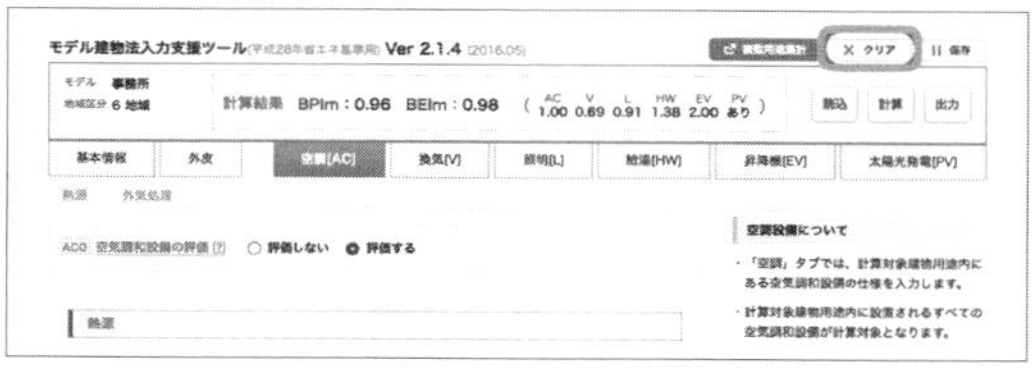

図６　複数用途集計機能

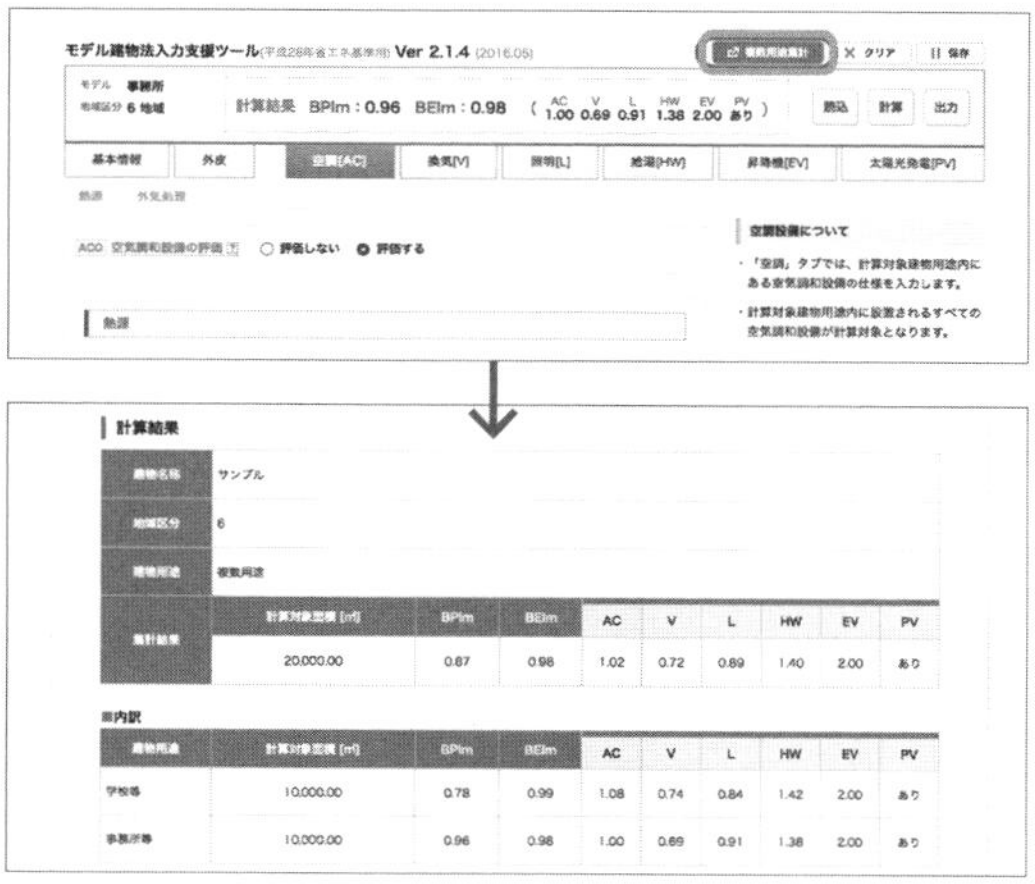

モデル建物法
PAL*

041

point

①階数は地階および塔屋を除く。
②勾配屋根で屋根断熱の場合、勾配なりの実面積を屋根面積とする。

モデル建築物に外皮の仕様を入力

モデル建物法でPAL*を計算する場合、PAL0からPAL23までの計24項目について入力する(**表**)。

入力は2通りある。WEBの画面上で1項目ずつ入力していく方法と、モデル建物法入力シートに入力し、【WEBプログラム】にアップロードする方法の2つである。

いずれの方法にも、それぞれ入力ルールがあるため、詳細はマニュアルで確認されたい。

数値入力時の注意点

モデル建築物に24項目の入力をすればPAL*が計算できるが、各項目に何を入力するのか、マニュアルで定義を確認する。

例えば、階数であれば、地階および塔屋を除く最下階から最上階の各階高の合計を入力する。また、階高は床スラブ上面から上階床スラブ上面の高さである。

外壁面積は、WEBに直接入力する方法では窓面積を含まないが、入力シートをアップロードする方法では窓面積を含んだ外皮面積と窓面積を記入する。

勾配屋根で屋根断熱の場合は、勾配なりの実面積を屋根面積とし、勾配屋根に対して水平な天井断熱の場合は、天井面の水平投影面積を屋根面積とする。

ガラスの熱貫流率、日射熱取得率、断熱材の熱貫流率について、マニュアルでさまざまな仕様の選択肢が示されている。ここに記載のない仕様のものを使用する場合は、熱貫流率や日射熱取得率の算出根拠を示す。その場合、JISやISO規格による値、計算値であることが必要である。

表　モデル建物法入力支援ツールの入力項目と選択肢一覧（外皮）

No.	入力項目	選択肢
PAL0	外皮性能の評価	評価しない
		評価する
PAL1	階数	(数値を入力)
PAL2	各階の階高の合計	(数値を入力)
PAL3	建物の外周長さ	(数値を入力)
PAL4	非空調コア部の外周長さ	(数値を入力)
PAL5	非空調コア部の方位	北
		東
		南
		西
		なし
PAL6	外壁面積 - 北	(数値を入力)
PAL7	外壁面積 - 東	(数値を入力)
PAL8	外壁面積 - 南	(数値を入力)
PAL9	外壁面積 - 西	(数値を入力)
PAL10	屋根面積	(数値を入力)
PAL11	外気に接する床の面積	(数値を入力)
PAL12	外壁の平均熱貫流率	(数値を入力)
PAL13	屋根の平均熱貫流率	(数値を入力)
PAL14	外気に接する床の平均熱貫流率	(数値を入力)
PAL15	窓面積 - 北	(数値を入力)
PAL16	窓面積 - 東	(数値を入力)
PAL17	窓面積 - 南	(数値を入力)
PAL18	窓面積 - 西	(数値を入力)
PAL19	窓面積 - 屋根面	(数値を入力)
PAL20	外壁面に設置される窓の平均熱貫流率	(数値を入力)
PAL21	外壁面に設置される窓の平均日射熱取得率	(数値を入力)
PAL22	屋根面に設置される窓の平均熱貫流率	(数値を入力)
PAL23	屋根面に設置される窓の平均日射熱取得率	(数値を入力)

モデル建物法 一次エネルギー消費量

042

point

①モデル建物法で一次エネルギー消費量を計算する場合、最大 51(+12)項目について入力する。
② PAL*の計算要否に関わらず、空調の一次エネルギー消費量の計算には外皮性能の入力が必要。

モデル建築物に外皮の仕様を入力

モデル建物法で一次エネルギー消費量を計算する場合、空調19項目、機械換気8項目、照明8項目、給湯6項目、昇降機2項目、太陽光発電8項目の最大51項目について入力する(**表1～6**)。なお、2021年4月から正式運用されるVer.3ではコージェネレーション12項目が追加される。

また、PAL*を計算要否に関わらず、空調の一次エネルギー消費量の計算を行う場合は外皮性能の入力が必要である。**041項目**のPAL0で「評価する」を選択し、PAL1以降の外皮性能の入力を必ず行う。

モデル建物法PAL*同様、入力は2通りある。いずれの方法でも計算できるが、それぞれ入力ルールがあるため、詳細はマニュアルで確認されたい。

数値入力時の注意点

モデル建築物に外皮性能および最大51(+12)項目の設備の入力をすれば一次エネルギー消費量が計算できるが、各項目に何を入力するのか、マニュアルで定義を確認する。

例えば、空調の入力において、熱源機種の選択や定格能力、定格消費電力、定格消費燃料消費量は、JIS等の規格に基づき、規定された種類や数値を入力する。換気ファンの電動機出力の値や高効率電動機の有無についてもJIS規格に従う。

照明においては、各モデル建築物について入力する主要な室用途が限定されているため、その室の照明仕様のみを入力する。給湯設備の熱源効率を指定して入力する際には一次エネルギー換算の平均効率とし、定義はマニュアルに従う。

表1　モデル建物法入力支援ツールの入力項目と選択肢一覧（空気調和設備）

	区分 No.	入力項目	選択肢	
全体	AC0	空気調和設備の評価	評価しない	
			評価する	
計算対象室用途毎に入力	AC1	主たる熱源機種（冷房）	ウォータチリングユニット（空冷式）	
			ターボ冷凍機	
			スクリュー冷凍機	
			吸収式冷凍機	
			地域熱供給	
			パッケージエアコンディショナ（空冷式）	
			ガスヒートポンプ冷暖房機	
			ルームエアコンディショナ	
			使用しない	
	AC2	個別熱源比率（冷房）	（数値を入力）	
	AC3	熱源容量（冷房）の入力方法	（数値を入力）	
	AC4	床面積あたりの熱源容量（冷房）（注:AC3 で「数値を入力する」を選択した場合のみ表示）	（数値を入力）	
	AC5	熱源効率（冷房）の入力方法	（数値を入力）	
			数値を入力する	
	AC6	熱源効率（冷房、一次エネルギー換算）（注:AC5 で「数値を入力する」を選択した場合のみ表示）	（数値を入力）	
	AC7	主たる熱源機種（暖房）	ウォータチリングユニット（空冷式）	
			吸収式冷凍機	
			小型貫流ボイラ	
			温水発生機	
			地域熱供給	
			パッケージエアコンディショナ（空冷式）	
			ガスヒートポンプ冷暖房機	
			ルームエアコンディショナ	
			電気式ヒーター等	
			FF 式暖房機等	
			使用しない	
	AC8	個別熱源比率（暖房）	（数値を入力）	
	AC9	熱源効率（暖房）の入力方法	（数値を入力）	
			数値を入力する	
	AC10	床面積あたりの熱源容量（暖房）（注:AC9 で「数値を入力する」を選択した場合のみ表示）	（数値を入力）	
	AC11	熱源容量（暖房）の入力方法	（数値を入力）	
			数値を入力する	
	AC12	床面積あたりの熱源容量（暖房）（注:AC9 で「数値を入力する」を選択した場合のみ表示）	（数値を入力）	
	AC13	全熱交換器の有無	無	有
	AC14	全熱交換効率	70%以上	
			65%以上70%未満	
			60%以上65%未満	
			55%以上60%未満	
			50%以上55%未満	
	AC15	自動換気切替機能	無	有
	AC16	予熱時外気取り入れ停止の有無	無	有
	AC17	二次ポンプの変流量制御	無	有
	AC18	空調機ファンの変風量制御	無	有

表2　モデル建物法入力支援ツールの入力項目と選択肢一覧（機械換気設備）

	区分 No.	入力項目	選択肢	
全体	V0	機械換気設備の評価	評価しない	
			評価する	
計算対象室用途毎に入力	V1	機械換気設備の有無	無	有
	V2	換気方式	第一種換気方式	
			第二種または第三種換気方式	
	V3	電動機出力の入力方法	指定しない	
			単位送風量あたりの電動機出力を入力する	
	V4	単位送風量あたりの電動機出力（注:V3 で「数値を入力する」を選択した場合のみ表示）	（数値を入力）	
	V5	高効率電動機の有無	無	有
	V6	送風量制御の有無	無	有
	V7	計算対象床面積	（数値を入力）	

表3　モデル建物法入力支援ツールの入力項目と選択肢一覧（照明設備）

	区分 No.	入力項目	選択肢	
全体	L0	照明設備の評価	評価しない	
			評価する	
計算対象室用途毎に入力	L1	照明設備の有無	無	有
	L2	照明器具の消費電力の入力方法	指定しない	
			数値を入力する	
	L3	照明器具の単位床面積あたりの消費電力（注:L2 で「数値を入力する」を選択し	（数値を入力）	
	L4	在室検知制御の有無	無	有
	L5	明るさ検知制御の有無	無	有
	L6	タイムスケジュール制御の有無	無	有
	L7	初期照度補正機能の有無	無	有

表4　モデル建物法入力支援ツールの入力項目と選択肢一覧（給湯設備）

	区分 No.	入力項目	選択肢
全体	HW0	給湯設備の評価	評価しない
			評価する
計算対象室用途毎に入力	HW1	給湯設備の有無	無
			有
	HW2	熱源効率の入力方法	無
			有
	HW3	熱源効率（注:HW2 で「数値を入力する」を選択した場合のみ表示）	（数値を入力）
	HW4	配管保温仕様	裸管
			保温仕様2 または3
			保温仕様1
	HW5	節湯器具	無
			自動給湯栓
			節湯B1

表5　モデル建物法入力支援ツールの入力項目と選択肢一覧（昇降機設備）

No.	入力項目	選択肢
EV1	昇降機の有無	無
		有
EV2	速度制御方式	交流帰還制御等
		可変電圧可変周波数制御方式（回生なし）
		可変電圧可変周波数制御方式（回生あり）

表6　モデル建物法入力支援ツールの入力項目と選択肢一覧（太陽光発電設備）

	区分 No.	入力項目	選択肢
全体	PV1	太陽光発電設備の有無	無
			有
計算対象室用途毎に入力	PV2	年間日射地域区分	A1 区分
			A2 区分
			A3区分
			A4 区分
			A5 区分
	PV3	方位の異なるパネルの数	1 面
			2 面
			3 面
			4 面
	PV4	太陽電池アレイのシステム容量	（数値を入力）
	PV5	太陽電池アレイの種類	結晶系太陽電池
			結晶系以外の太陽電池
	PV6	太陽電池アレイの設置方式	下記に掲げるもの以外
			架台設置形
			屋根置き形
	PV7	パネルの設置方位角	0 度（南）
			30 度
			60 度
			90 度（西）
			120 度
			150 度
			180 度（北）
			210 度
			240 度
			270 度（東）
			300 度
			330 度
	PV8	パネルの設置傾斜角	0 度（水平）
			10 度（水平）
			20 度（水平）
			30 度（水平）
			40 度（水平）
			50 度（水平）
			60 度（水平）
			70 度（水平）
			80 度（水平）
			90 度（垂直）

小規模版モデル建物法

043

point

①説明義務制度(300㎡未満の小規模建築物）の非住宅のみに使用できる。
②モデル建物法より入力項目が少なく、評価が簡易。

モデル建物法を更に簡易にした評価方法

小規模版モデル建物法は300㎡未満の【非住宅建築物】のみに使用可能で、主に【説明義務】制度での使用に限定される。基本的な計算方法はモデル建物法と同様だが、エネルギー消費量に影響が小さいと考えられる項目について は、デフォルト化することにより入力項目をモデル建物法の1／3程度に削減している。ただし設計一次エネルギーはモデル建物法に比べ大きくなるように設定されているため、良い値を得たい場合はモデル建物法や標準入力法を選択することも考えられる。

選定するモデルは、モデル建物法と同じく15のモデル建物と集会所モデルに12のモデルがある。小規模版モデル建物法ではモデル建物ごとに「主用途室」が定められており、その主用途室の中で最も床面積が大きい室を「主たる室」として外皮・空気調和設備・照明設備を評価する点がモデル建物法と異なる。

また入力方法はWEBに直接入力する方法のみとなる。計算結果は一次エネルギー消費量のBEIsを算出し、1.0以下であれば基準適合となる(PAL*に該当する項目は表示されない)。指標の最後の「s」は小規模版モデル建物法を用いて計算したことを示す。

さらにモデル建物法のような複数用途集計機能はないため、建築物の用途が複数混在する非住宅建築物を評価する場合は、各用途について計算を行い、その結果がそれぞれ全て適合する場合においてのみ基準適合となる(一つでも不適合の用途が存在する場合は不適合となる)。

図１　小規模版モデル建物法入力支援ツール（建築研究所のWEBプログラム）

「適用するモデル建物」の選択肢	入力対象となる用途			
	主用途室		対象用途	
	外皮・空気調和設備	照明設備	機械換気設備	給湯設備
事務所モデル	事務室	事務室	便所	洗面・手洗い
ビジネスホテルモデル	客室	客室	便所	浴室
シティホテルモデル	客室	客室	便所	浴室
総合病院モデル	病室	病室	便所	浴室
福士施設モデル	個室	個室	便所・厨房	浴室
クリニックモデル	診察室	診察室	便所	洗面・手洗い
学校モデル	教室	教室	便所	洗面・手洗い
幼稚園モデル	教室	教室	便所	洗面・手洗い

	入力対象となる用途			
	主用途室		対象用途	
「適用するモデル建物」	外皮・空気調和設備	照明設備	機械換気設備	給湯設備
福祉施設モデルの場合	個室		便所・厨房	浴室

■参考例（幼稚園）

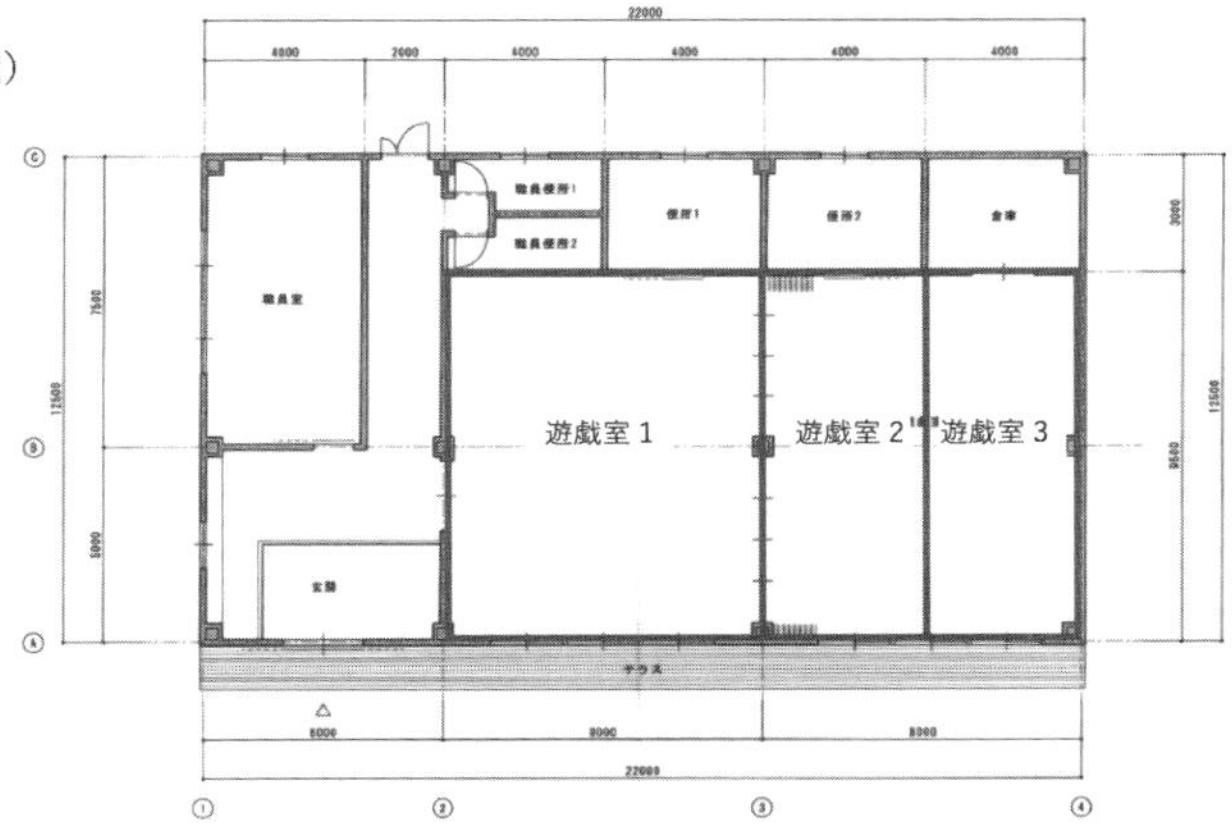

①建物用途	幼稚園	
②モデル建物	幼稚園モデル	
③主用途室	教室	
④主たる室	床面積が最大の遊戯室 ⇒　遊戯室１	遊戯室１：8m×9.5m=76㎡ 遊戯室２：4m×9.5m=38㎡ 遊戯室３：4m×9.5m=38㎡

注）主たる室が複数ある場合は、入力項目ごとの指示に従って入力を行って下さい。

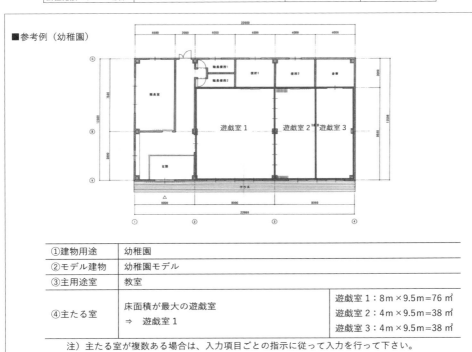

第4章　住宅の省エネルギー判断基準

住宅の省エネ基準

044

point ①外皮性能は「外皮平均熱貫流率(U_A値)」と「冷房期の平均日射熱取得率(η_{AC}値)」で評価する。
②冷暖房、照明、給湯などのエネルギー消費は「一次エネルギー消費量」で評価する。

住宅の省エネ基準とは

住宅の【省エネ基準】は、【非住宅建築物】の省エネ基準と同様に、「外壁、窓を通しての熱の損失の防止に関する基準」と「一次エネルギー消費量に関する基準」で構成されている。ただし、各基準の内容は、非住宅建築物とは異なる。

「外壁、窓を通しての熱の損失の防止に関する基準」は、外皮平均熱貫流率(U_A値)と冷房期の平均日射熱取得率(η_{AC}値)の値が、地域区分ごとの基準値以下であること、とされている。

「一次エネルギー消費量に関する基準」は、【設計一次エネルギー消費量】が【基準一次エネルギー消費量】を上回らないという点は非住宅建築物と同じだが、各々の値の算出方法が異なる。

省エネ基準の変遷

省エネ基準は、省エネルギー法において1980(昭和55)年に制定され、判断基準が大きく変わった2013(平成25)年の改正を含む数度の改正を経て、2015(平成27)年に【建築物省エネ法】に移行された(**表**)。

2013(平成25)年の大幅な基準改正以前は、外皮の断熱性能、開口部の断熱および日射遮蔽性能のみ基準が定められ、冷暖房機器、給湯設備など住設機器の省エネ性能に係る基準は無かった。その後の「一次エネルギー消費量に関する基準」により、住設機器を含め省エネ性能に係る基準が加わり、一層の省エネが求められることになった。

また、基準値などを定める上での地域区分は8地域に変更され、非住宅建築物の基準に合わせて統一された(**図1**)。

省エネ基準は、住宅性能表示制度の温熱環境に係る等級や、住宅金融支援機構の融資条件とも関連してくる。**図2**にそれぞれの関係を記載したので留意したい。

表　省エネルギー法及び建築物省エネ法と住宅省エネ基準の変遷

エネルギーの使用の合理化に関する法律 （省エネルギー法）	住宅の省エネルギー基準 （　）は通称、住宅性能表示方法基準省エネ等級で該当する等級を示す
● 1979 年　省エネ法制定 ● 1993 年　改正 ● 1997 年　改正 ● 2006 年　改正 ● 2008 年　改正 ● 2013 年　改正	● 1980 年　住宅の省エネルギー基準制定（旧省エネルギー基準：等級 2） ● 1992 年　住宅の省エネルギー基準改正（新省エネルギー基準：等級 3） ・各構造の断熱性能の強化　・Ⅰ地域での気密住宅の適用 ● 1999 年　住宅の省エネルギー基準の全面改正 （次世代省エネルギー基準：等級 4） ・躯体断熱性能の強化　・全地域を対象に気密住宅を前提 ・計画換気、暖房設備等に関する規定の追加 ○ 2001 年　一部改正 ○ 2006 年　一部改正 ● 2009 年　一部改正 ● 2013 年　住宅の省エネルギー基準の全面改正 ・外皮性能の基準を U_A 値と η_A 値に変更 ・一次エネルギー消費量に関する基準を導入
建築物のエネルギー消費性能の向上に関する法律（建築物省エネ法）	
● 2017 年　制定 ● 2019 年　改正	○省エネルギー法の 2013 年基準とほぼ同じ（一部変更あり） ○共同住宅の住棟単位の評価方法の追加など

図 1　住宅の省エネ基準体系

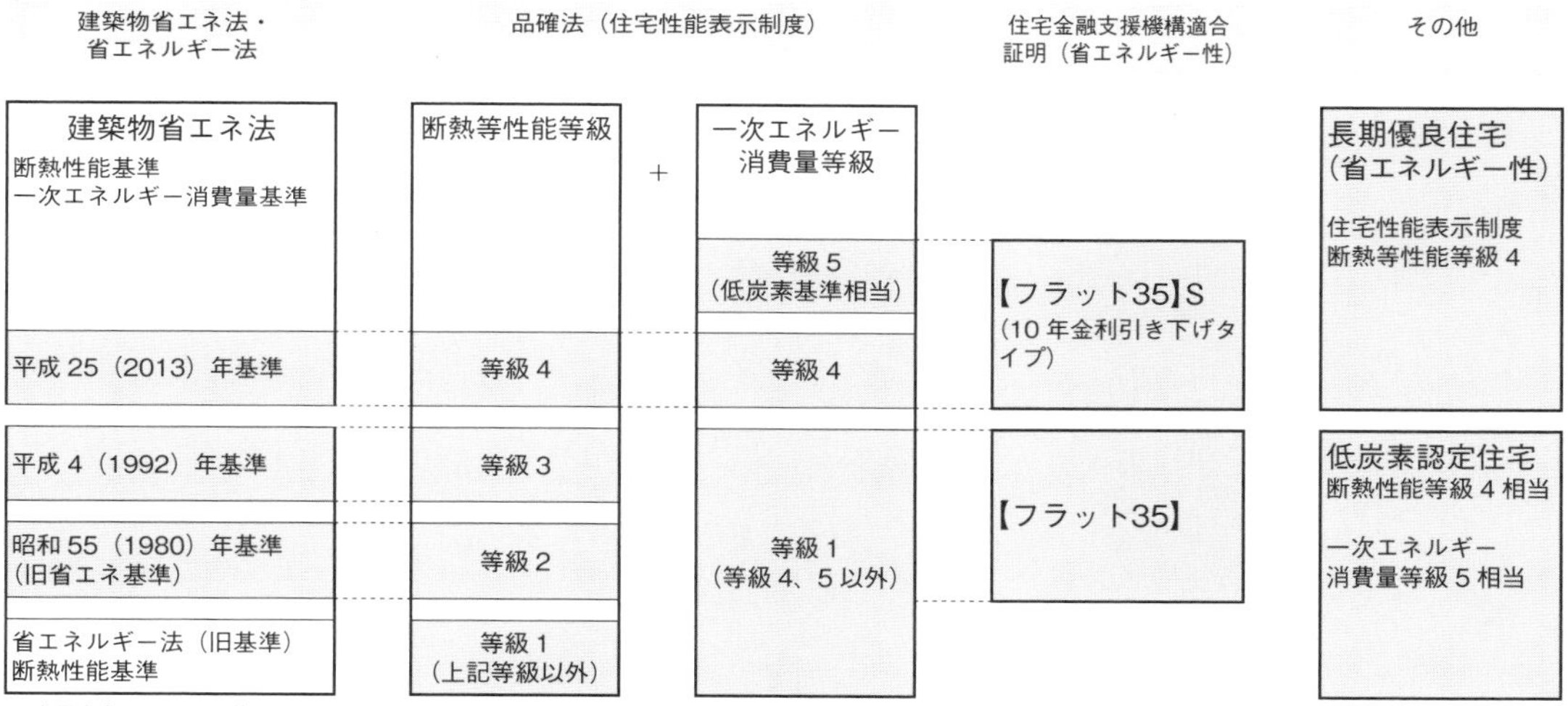

※ 水平方向のレベルは基準が同等であることを示す（長期優良住宅、低炭素認定住宅を除く）

図 2　改正後の省エネ基準

法律	省エネ基準	住宅性能表示制度における断熱等性能等級	評価に用いる基準
エネルギーの使用の合理化に関する法律（省エネ法）	昭和 55 年省エネ基準（旧省エネ基準）	≒　等級 2	外皮性能基準
	平成 4 年省エネ基準（新省エネ基準）	≒　等級 3	
	平成 11 年省エネ基準（次世代省エネ基準）	≒　等級 4	
	平成 25 年省エネ基準		外皮性能基準＋一次エネルギー消費量
建築物のエネルギー消費性能の向上に関する法律（建築物省エネ法）	平成 28 年省エネ基準		
	【改正】平成 28 年省エネ基準	≒　等級 4（一部見直しあり）	

住宅の省エネ基準

外皮平均熱貫流率（U_A値）

045

point

①外皮の総熱損失量を外皮等の合計面積で除して算出するU_A値を、地域区分ごとの基準値以下に。

②U_A値は、住宅の規模の大小や形状に関わらず、断熱性能を適切に評価できる指標。

外皮等の断熱性能は、外皮平均熱貫流率（U_A値）を地域区分ごとの基準値以下とすることが求められる（**表2**）。

外皮平均熱貫流率（U_A値）とは

U_A値とは、住宅全体の熱の逃げやすさを示す指標で、「内外の温度差が1℃の時に、外部へ逃げる1時間あたりの熱量（外皮総熱損失量）を、外壁、天井又は屋根、開口部などの部位の面積の合計（外皮等面積の合計）で除した値」と定義される。値が小さいほど断熱・遮熱性能が高く暖房効率が良い。

U_A値の計算例を**表1**に示す。各部位の熱貫流率の算出には、熱橋（梁、下地材、窓枠下地などの断熱構造を貫通する部分で、断熱性能が周囲より劣る部分）の貫流熱量を考慮する。また、木造、RC造などの構造種別によって計算方法が異なる。

U_A値は、地域区分ごとの基準値（**表2上段**）以下であることが求められる。8地域（沖縄）では基準値は定められていないが、冷房一次エネルギー消費量の計算に用いるため、U_A値は8地域でも算出する必要がある。

熱損失係数（Q値）との違い

2013（平成25）年の大幅な基準改正前に外皮等の断熱性能の基準だった熱損失係数（Q値）は、小規模住宅での値が評価上不利となるため、基準値の補正（緩和）が規定されていたが、U_A値は規模の大小や形状に関わらず適切に評価できる。

住棟単位の外皮平均熱貫流率（U_A値）

共同住宅は現行の戸単位の評価方法に加えて、2019（令和元）年の改正により全住戸の平均値を住棟単位の基準値以下とする住棟単位での評価方法が追加された。改正に伴い住棟単位の平均熱貫流率（U_A値）基準が規定された（**表2下段**）。

表１　外皮平均熱貫流率（U_A 値）の計算例

手順１：断熱部位（熱的境界）の確認
手順３：面積等の算出
手順２：各部位Ｕの算出
手順４：貫流熱損失の算出
隣接空間等の種類に応じた値

部位		隣接空間	A 面積 [m²]	L 土間周長熱橋長さ [m]	U U：熱貫流率 [W/ m²K] [W/ m K]	H 温度差係数 [—]	A(L)×U×H 貫流熱損失 [W/K]
屋根		外気	0.00	—	0.00	1.00	0.00
天井		小屋裏	67.91	—	0.24	1.00	16.30
外壁		外気	144.79	—	0.53	1.00	76.74
開口部	窓	外気	28.69	—	4.65	1.00	133.41
	ドア	外気	3.51	—	4.65	1.00	16.32
床		外気	0.00	—	0.00	1.00	0.00
		床下	62.10	—	0.48	0.70	20.87
基礎 玄関土間	周長	外気	—	3.185	0.53	1.00	1.69
		床下	—	3.185	0.53	0.70	1.18
基礎 浴室土間	周長	外気	—	3.64	0.53	1.00	1.93
		床下	—	3.64	0.76	0.70	1.94
		ΣA	312.80			q = Σ(A・U・H)	270.37
						U_A = Σ(A・U・H) / ΣA	0.864

手順６：各部位面積の集計
手順５：貫流熱損失の集計
手順７：外皮平均熱貫流率の算出

U_A：外皮平均熱貫流率
[W/（m²・K)]

建築・環境省エネルギー機構の講習会テキストより

表２　外皮平均熱貫流率

地域区分	1	2	3	4	5	6	7	8
戸単位の基準値（W/ ㎡・K）	0.46	0.46	0.56	0.75	0.87	0.87	0.87	—
住棟単位の基準値（W/ ㎡・K）	0.41	0.41	0.44	0.69	0.75	0.75	0.75	—

図　熱損失係数（Q 値）と外皮平均熱貫流率（U_A値）の違い

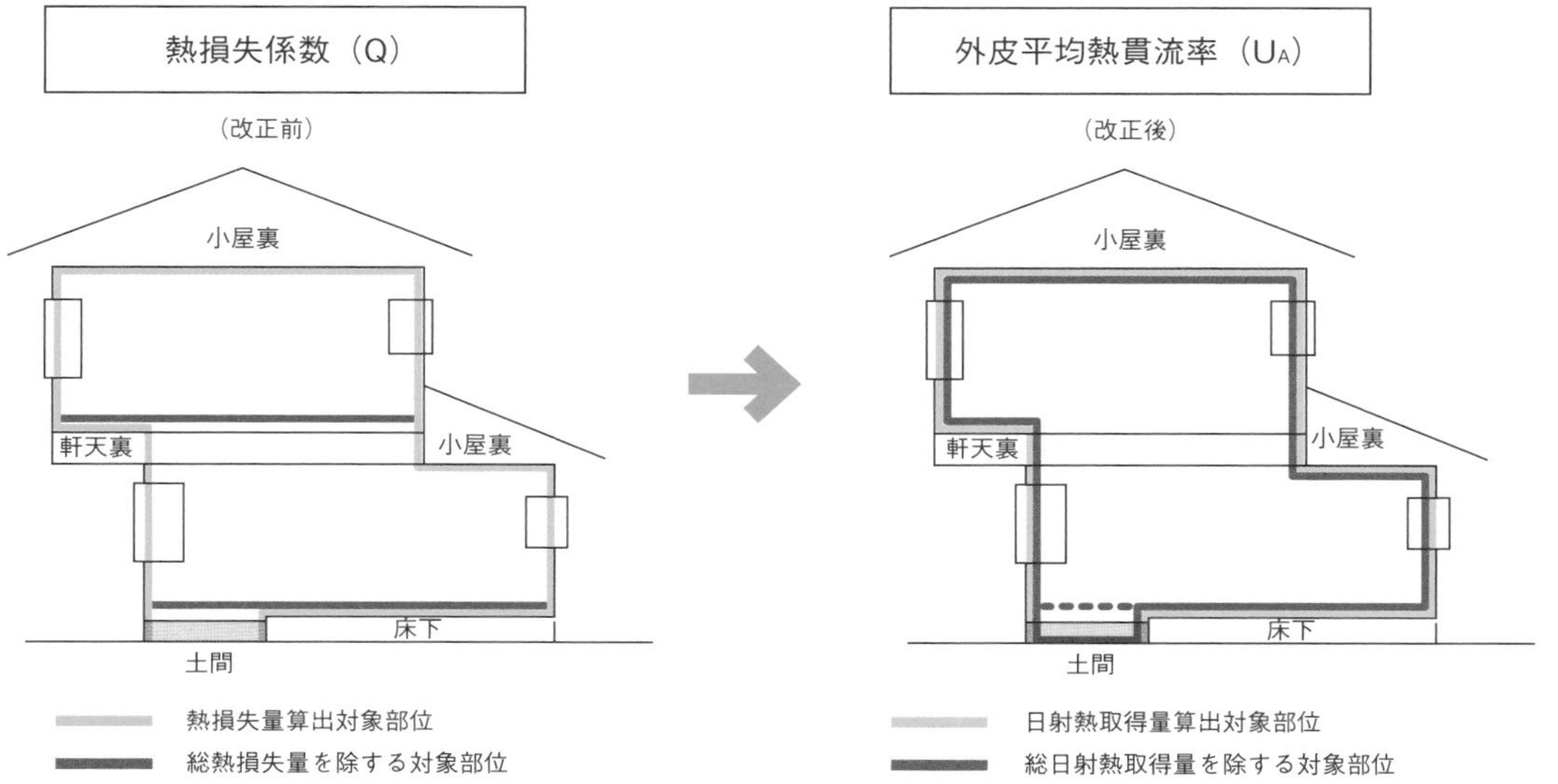

建築・環境省エネルギー機構の講習会テキストより作成

住宅の省エネ基準

平均日射熱取得率（η_{AC}値）

046

point

①外皮等の日射遮蔽性能を示す冷房期の η_{AC}値を、地域区分ごとの基準値以下に。
②和障子や外付けブラインドは日除け装置として扱えるが、カーテンや内付けブラインドは除外。

外皮等の日射遮蔽性能は、冷房期の平均日射熱取得率（η_{AC}値）を地域区分ごとの基準値以下とする（**表**）。

平均日射熱取得率（η_{AC}値）とは

η_{AC}値は、住宅への日射熱の侵入の程度を示す指標である。「住宅に入射する日射量に対する室内に侵入する日射量の割合を、外皮全体で平均した値」と定義され、値が小さいほど日射遮蔽性能が高く、冷房効率が良い。

η_{AC}値の計算式を**図1**に示す。２０１７（平成29）年の【建築物省エネ法】への移行に伴う基準の見直しで、開口部の垂直面日射熱取得率にＪＩＳ Ｒ ３１０６に定める値を用いる場合は、窓枠の影響を考慮することになった。庇、和障子、外付けブラインドは日除け装置として扱い、形状に基づく取得日射量補正係数を求め、窓の日射熱取得率を補正する。カーテンや内付けブラインドは日除け装置としては扱えない。

外壁、屋根または天井およびドアの日射熱取得率は、当該部位の熱貫流率に係数０・０３４を乗じて求める。

１～４地域のη_{AC}値に基準値はないが、冷房一次エネルギー消費量の計算に用いるため、η_{AC}値は算出しなければならない。２０１９（令和元）年の改正で８地域のη_{AC}が見直されている。

夏期日射取得係数（μ値）との違い

２０１３（平成25）年の基準改正前の外皮等の日射遮蔽性能の基準であった夏期日射取得係数（μ値）と比較するとη_{AC}値は冷房期の総日射熱取得量を外皮等の合計面積で除するためμ値では見られた住宅の規模や形状の影響が、η_{AC}値では無くなった（**図2**）。

住棟単位の平均日射熱取得率（η_{AC}値）

２０１９（令和元）年の改正により冷房の平均日射熱取得率（η_{AC}値）の住棟単位の基準値が規定された。

表　冷房期の平均日射熱取得率

地域区分	1	2	3	4	5	6	7	8
戸単位の基準値（W/㎡・K）	—	—	—	—	3.0	2.8	2.7	6.7※
住棟単位の基準値（W/㎡・K）	—	—	—	—	1.5	1.4	1.3	2.8

※2019（令和元）年の法改正で8地域の ηAC が見直された（見直し前は3.2）

図１　冷房期の平均日射熱取得率（η_{AC} 値）の算出方法

冷房期の平均日射熱取得率は、次の式により算出する

$$\eta_{AC} = \left(\sum_{i}^{n} A_i \eta_i \nu_i \ / \ A \right) \times 100$$

η_{AC}、A_i、η_i、ν_i、nおよびAは、それぞれ次の数値を表す

η_{AC} ：冷房期の平均日射熱取得率
A_i ：外皮の第i部位の面積（㎡）
η_i ：外皮の第i部位の日射熱取得率［※］
ν_i ：外皮の第i部位の方位および地域の区分ごとに次の表に掲げる係数
n ：外皮の部位数
A ：外皮の部位の面積の合計（㎡）

方位	地域の区分							
	1	2	3	4	5	6	7	8
上面	1.0							
北	0.329	0.341	0.335	0.322	0.373	0.341	0.307	0.325
北東	0.430	0.412	0.390	0.426	0.437	0.431	0.415	0.414
東	0.545	0.503	0.468	0.518	0.500	0.512	0.509	0.515
南東	0.560	0.527	0.487	0.508	0.500	0.498	0.490	0.528
南	0.502	0.507	0.476	0.437	0.472	0.434	0.412	0.480
南西	0.526	0.548	0.550	0.481	0.520	0.491	0.479	0.517
西	0.508	0.529	0.553	0.481	0.518	0.504	0.495	0.505
北西	0.411	0.428	0.447	0.401	0.442	0.427	0.406	0.411
下面	0							

※ η_i については、省令の別表に掲げられた例示仕様の日射熱取得率を用いた計算またはこれらの数値を求めた計算と同等以上の性能を有することを確かめることができる方法により求めた数値を用いることができるものとする

図２　夏期日射取得係数（μ 値）と冷房期の平均日射熱取得率（η_{AC} 値）の違い

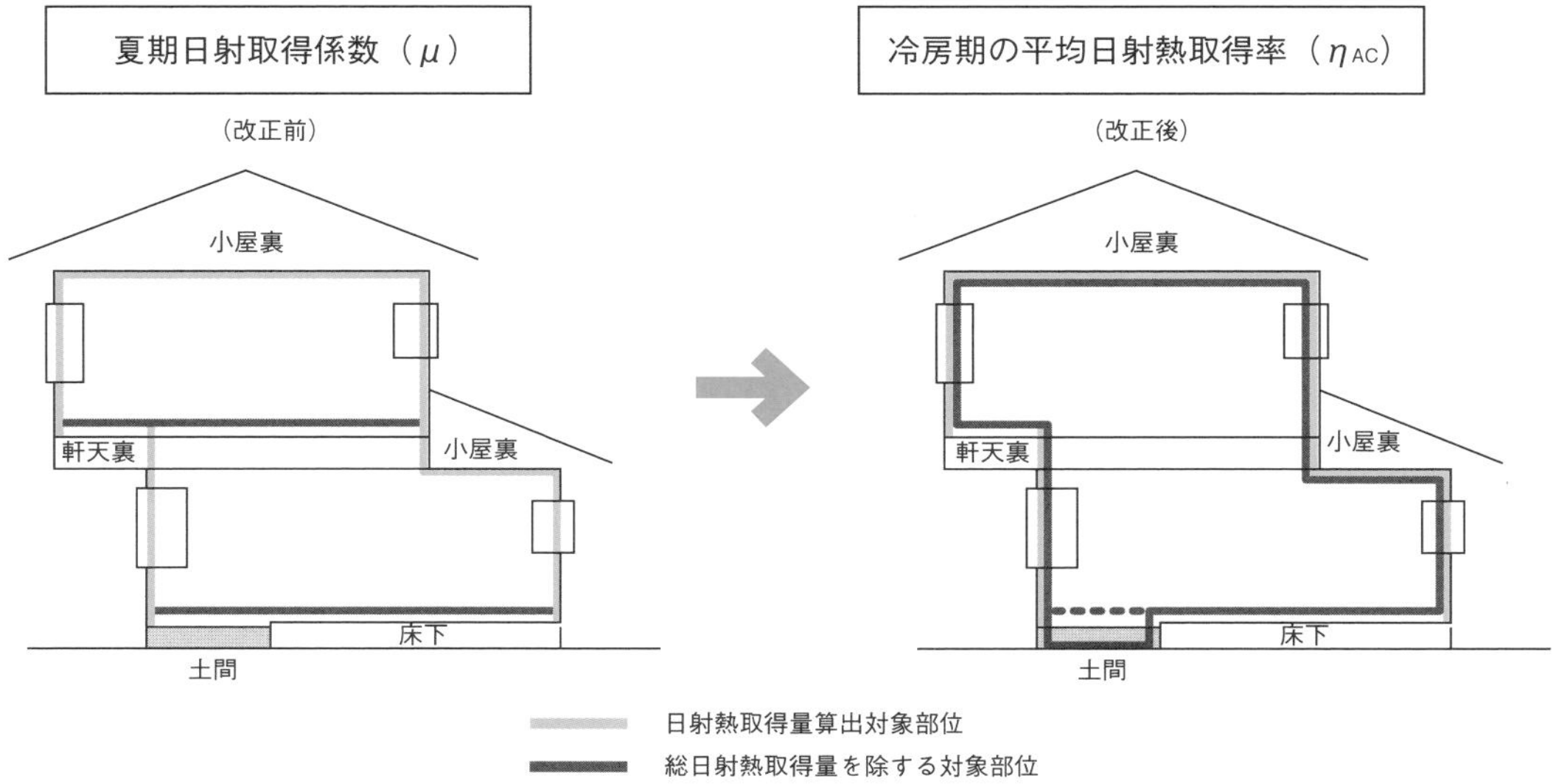

住宅の省エネ基準

一次エネルギー消費量

047

point

① 6種類の設備の省エネ性能を評価する。
②共同住宅等では、単位住戸ごとと建物全体それぞれまたは住棟単位で設計消費量が基準消費量を下回ること。

2013(平成25)年の改正により、暖冷房、照明、給湯などの住設機器の【省エネ性能】を評価する「一次エネルギー消費量に関する基準」が新たに定められた。2017(平成29)年の【建築物省エネ法】への移行後も、一部に変更はあるものの同じ基準で評価することが求められている。

一次エネルギー消費量の基準

住宅の一次エネルギー消費量に関する基準では、計画する住宅の設計仕様で算出した「設計一次エネルギー消費量」が、基準仕様の住宅で算出した「基準一次エネルギー消費量」以下となることが求められる。

設計および基準一次エネルギー消費量の計算対象となる設備は全部で6種類あり、暖房、冷房、機械換気、照明、給湯、その他(家電、調理機器など)である。各設備の設計および基準一次エネルギー消費量を合計したものが、評価対象住宅の設計および基準一次エネルギー消費量となる。その他設備については省エネ措置は考慮できず、住宅の床面積に応じて算出される値を設計および基準一次エネルギー消費量の双方に計上する。

太陽光発電設備などのエネルギー利用効率化設備を導入する場合は、発電電力の自家消費分を設計一次エネルギー消費量から差し引く(**図1**)。

共同住宅等の一次エネルギー消費量

共同住宅等(長屋等を含む)では、住戸単位で【基準一次エネルギー消費量】と【設計一次エネルギー消費量】を算出するとともに、建築物全体(各住戸の合計+共用部)についても算出する必要があるが、2019(令和元)年の改正で共用部の評価は任意となり、建築物全体の計算対象に含めなくてもよいこととなった。また住棟単位の評価方法が追加されたことにより、計算プロ

図１　住宅の一次エネルギー消費量基準における算定フロー

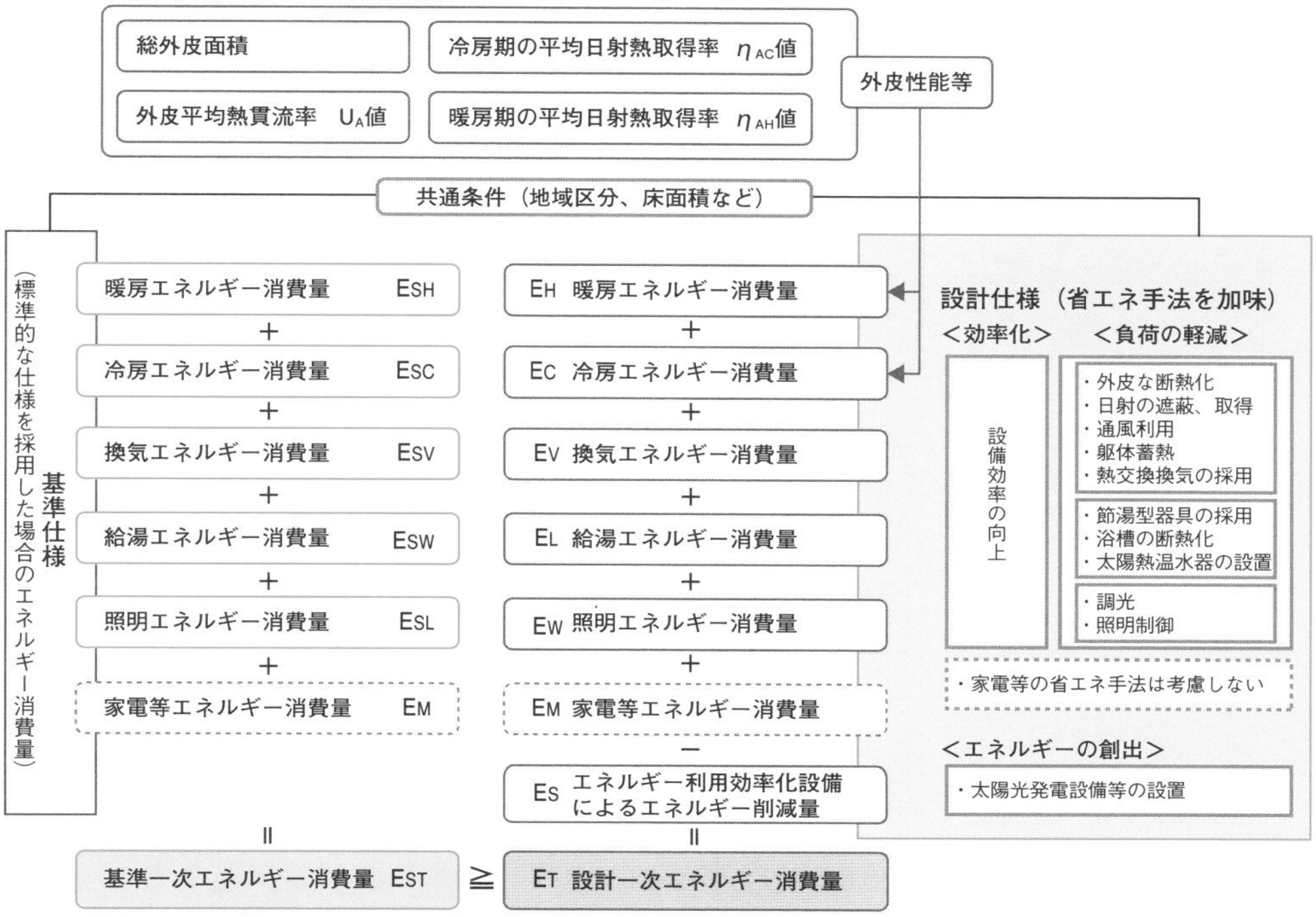

図２　省エネ基準に基づく評価方法の概要（戸建住宅）

評価方法		標準計算ルート	簡易計算ルート	モデル住宅法	仕様ルート
特徴		パソコン等で行う精緻な評価方法	パソコン等で行う簡易な評価方法	手計算で行う簡易な評価方法	仕様で判断する評価方法
外皮性能	計算ツール	外皮計算用Excel等	外皮計算用Excel等	簡易計算シート	—
外皮性能	部位毎の面積・長さ	計算する	計算しない（固定値を使用）	計算しない（固定値を使用）	計算しない（計算する方法も有）
外皮性能	部位毎の外皮性能	各部材の熱伝導率等より部位の外皮性能を計算	各部材の熱伝導率等より部位の外皮性能を計算	カタログ等より部位の外皮性能を転記	仕様基準への適合確認
一次エネ性能	計算ツール	WEBプログラム（住宅版）		簡易計算シート	—
一次エネ性能	設備毎の性能・仕様	設置する各設備の性能・仕様を入力	or 設備設置の有無と設備の種類を入力	設置する設備を選択	仕様基準への適合確認
一次エネ性能	太陽光発電設備等	設備の性能・仕様を入力可能		考慮できない	—
留意点		—	—	住宅トップランナー制度、性能向上計画認定制度、住宅性能表示制度、BELS等には使用不可	—

精緻／作業量大　⟷　おおまか／作業量小

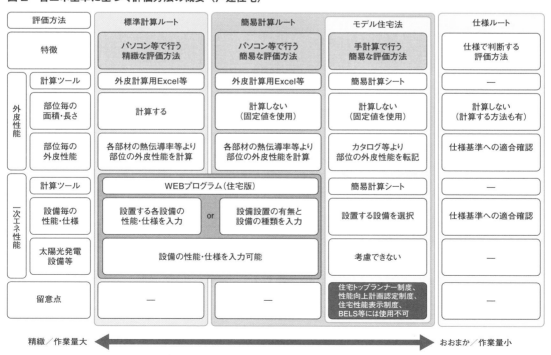

図３　省エネ基準に基づく評価方法の概要（共同住宅）

評価方法		標準計算ルート	フロア入力法	仕様ルート
特徴		住戸毎に計算する精緻な評価方法	フロア毎に単純化した住戸モデルで計算する簡易な評価方法	全住戸の仕様で判断する評価方法
外皮性能	計算ツール	外皮計算用Excel等	フロア入力法の評価シート	—
外皮性能	部位毎の面積・長さ	各住戸の部位毎に計算する	フロア毎の住戸部分の外周長さ等を計算する	計算しない（計算する方法も有）
外皮性能	部位毎の外皮性能	各部材の熱伝導率等より部位の外皮性能を計算	各部材の熱伝導率等より部位の外皮性能を計算	住戸毎に仕様基準への適合確認
一次エネ性能	計算ツール	WEBプログラム（住宅版）（共用部は非住宅版で計算）	フロア入力法の評価シート＋WEBプログラム（住宅版）（共用部は非住宅版で計算）	—
一次エネ性能	設備毎の性能・仕様	各住戸に設置する設備の性能・仕様を入力	フロア毎の代表的な設備の性能・仕様を入力	住戸毎に仕様基準への適合確認
留意点		—	・住棟評価専用 ・住宅トップランナー制度、性能向上計画認定制度、住宅性能表示制度、BELS等には使用不可	—

精緻／作業量大　←→　おおまか／作業量小

表　各制度において使用可能な計算方法・ツール（共同住宅）

		計算方法・ツールの通称		運用開始（予定）	建築物省エネ法					エコまち法	品確法
					適合義務	届出義務説明義務	住宅トップランナー	向上計画認定	表示認定	低炭素認定	性能評価
共同住宅等	外皮	標準計算	【住戸評価】（各住戸）外皮計算用Excel	公開済み	△	●	●	●	●	●	●
共同住宅等	外皮	標準計算	【住棟評価】（全住戸平均）外皮計算用Excel	2019.11	△	●	●	●	●	—	—
共同住宅等	外皮	仕様確認	仕様基準	公開済み	△	●	—	—	●	—	●（等級4のみ）
共同住宅等	一次エネ	標準計算	WEBプログラム	公開済み	△※1	●※1	●※1	●※1	●※1	●※1	●
共同住宅等	一次エネ	仕様確認	仕様基準	公開済み	△※2	●※2	—	—	●※2	—	●（等級4のみ）
共同住宅等	外皮・一次エネ	簡易計算	フロア入力法	2020.4	△※1	●※1	—	—	●※1	—	—

※1　共同住宅の一次エネルギー消費量の算出にあたっては、住宅部分の設計一次エネルギー消費量、基準一次エネルギー消費量（または誘導基準一次エネルギー消費量、特定建設工事業者基準［トップランナー基準］）の算出において、共用部分（住宅部分のうち単位住戸以外の部分）を評価しない方法が可能（2019［令和元］年11月16日施行）

※2　共用部分を計算しない評価方法の追加に伴い、「住宅部分の外壁、窓等を通しての熱の損失の防止に関する基準及び一次エネルギー消費量に関する基準」を定める省令（2016［平成28］年国土交通省告示第266号。表において「仕様基準」という）」の２（２）を削除予定。

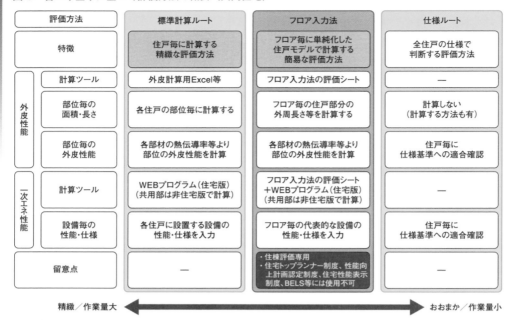

図４　共同住宅の計算方法（イメージ）

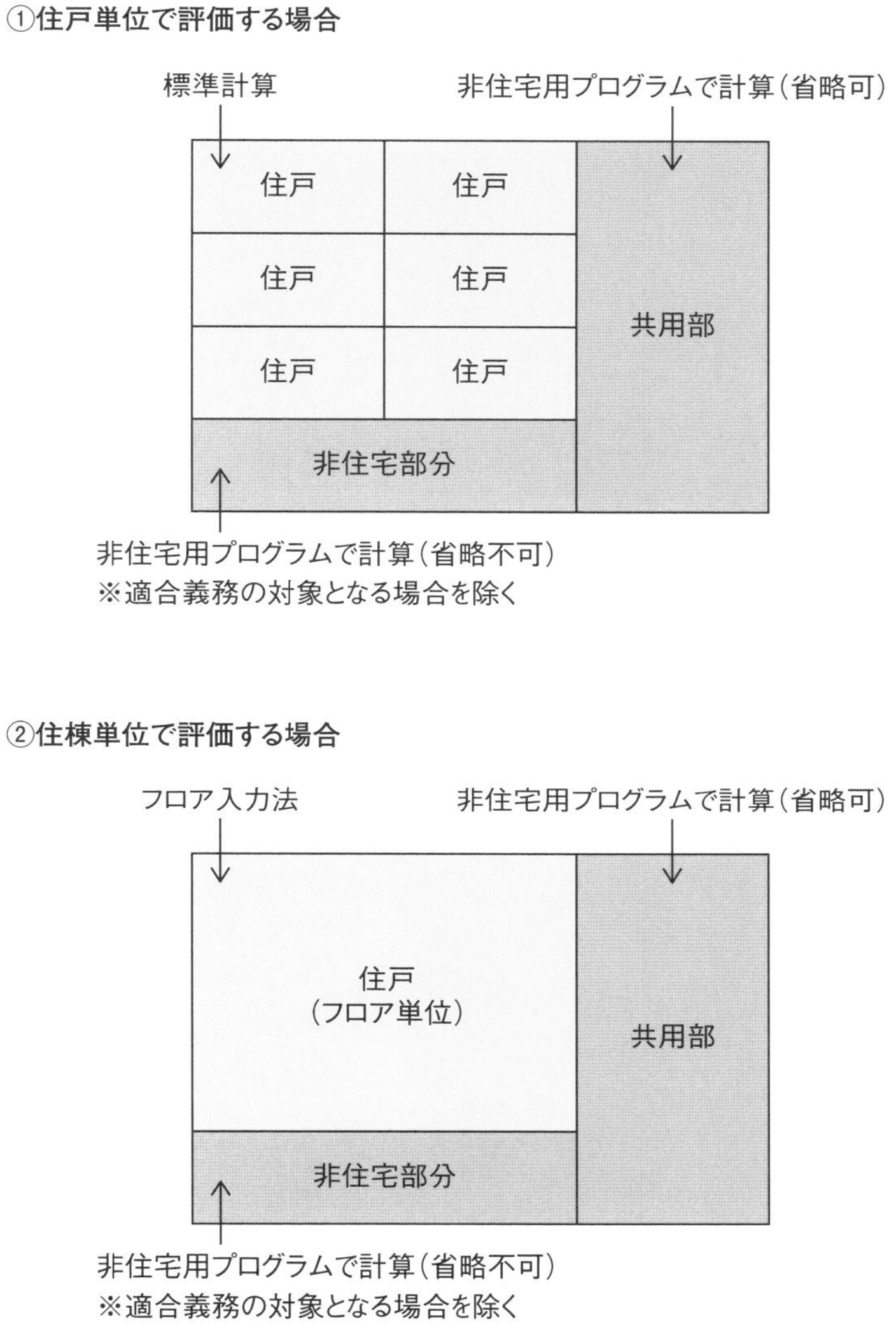

グラムにフロア入力法が導入された。（**図３**）なお、フロア入力法による計算結果は住宅性能評価制度などには利用できない（**表**）ことに留意したい。

また、共同住宅の共用部を評価する場合、当該部分は非住宅用のプログラムで計算するが、計算は標準入力法で行う。

住宅の省エネ基準

U_A値とη_{AC}値の算定（1）

048

point

①住宅性能評価・表示協会が公開する表計算ソフト、WEBプログラムなどが活用できる。
②最初に方位ごとの外壁、屋根、天井、床、基礎の面積を算定する。

一般公開の表計算ソフトなどを使う

U_A値とη_{AC}値の計算には、さまざまな団体や企業が提供する計算プログラムが活用できる。

ここでは（一社）住宅性能評価・表示協会が、ホームページ上で低炭素建築物認定申請用のツールの一つとして公開している表計算ソフトのうち、木造戸建て住宅用の標準入力型のソフトについて紹介する。同ホームページ上ではほかに、木造戸建て住宅の仕様選択型、鉄筋コンクリート造等共同住宅用の表計算ソフトが公開されている（**図1**）。

外壁、屋根、基礎等の面積の算定

まず、方位ごとの外壁、屋根、天井、床、基礎の面積を算定する。計算プログラムでは、方位は8方位が設定されている。

床や屋根、壁などの面積を算定する際は、壁心までの長さを測る（**図2**）。外壁の面積を算定する際の外壁面における高さの頂部位置は、天井断熱の場合は天井面の下端まで、屋根断熱の場合は桁の上端までとする（**図3**）。

基礎断熱を行う場合には外部と接する床が無いので、床の面積の算定は不要となり、基礎部分の面積を算定する。床断熱の場合は、断熱が施されている床の部分と、施されていない土間床などの部分に分けて面積を算定する。

床の断熱が施されている部分はそのまま面積を算定するが、施されていない部分（玄関土間、浴室などの部分）については、その部分の面積と基礎の外周長さを算定する。基礎の外周長さは、外気に面している部分と、床下（基礎断熱を施した部分）に面している部分に分けて算定する（**図4**）。床下に面する部分の熱損失の度合いは、外気に面する部分の7割で計算される。

図１　一般社団法人　住宅性能評価・表示協会が公開する外皮平均熱貫流率と外皮平均日射熱取得率の計算プログラム

図４　土間部分の面積と基礎の長さの算定

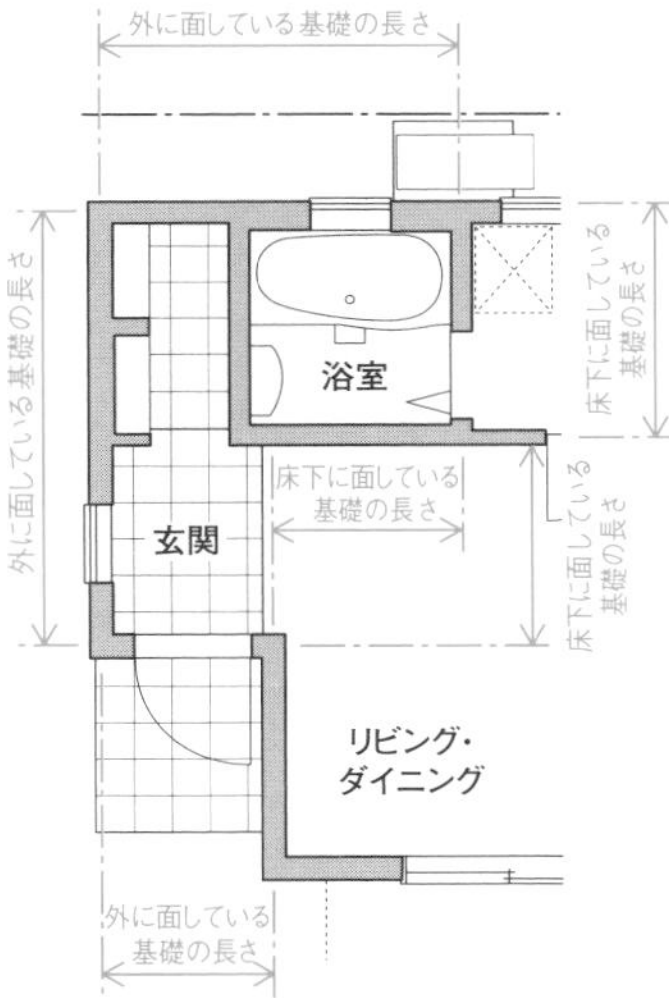

図２　面積などを測定する際の長さの測り方

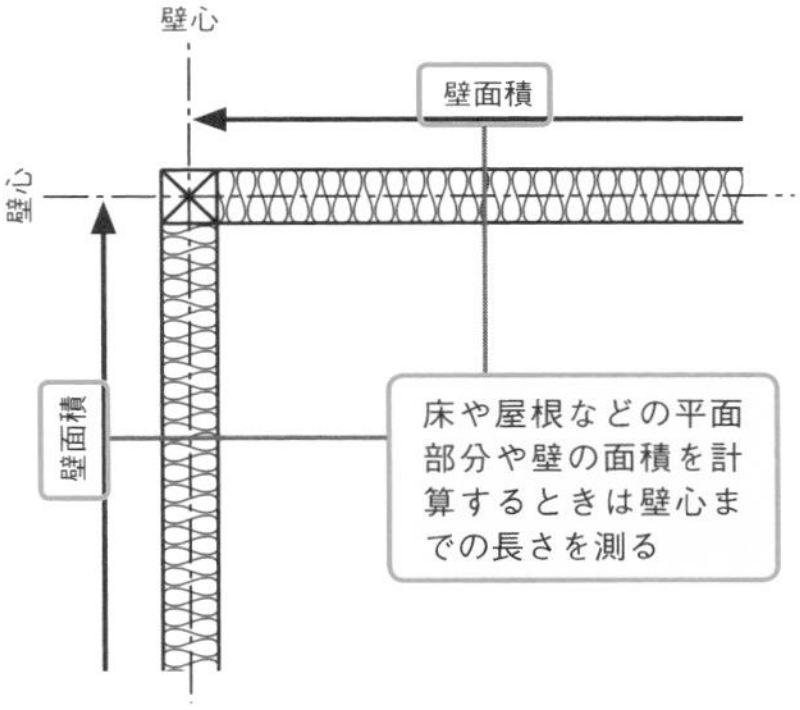

図３　外壁面の頂部の取り方

天井断熱の場合　　**屋根断熱の場合**

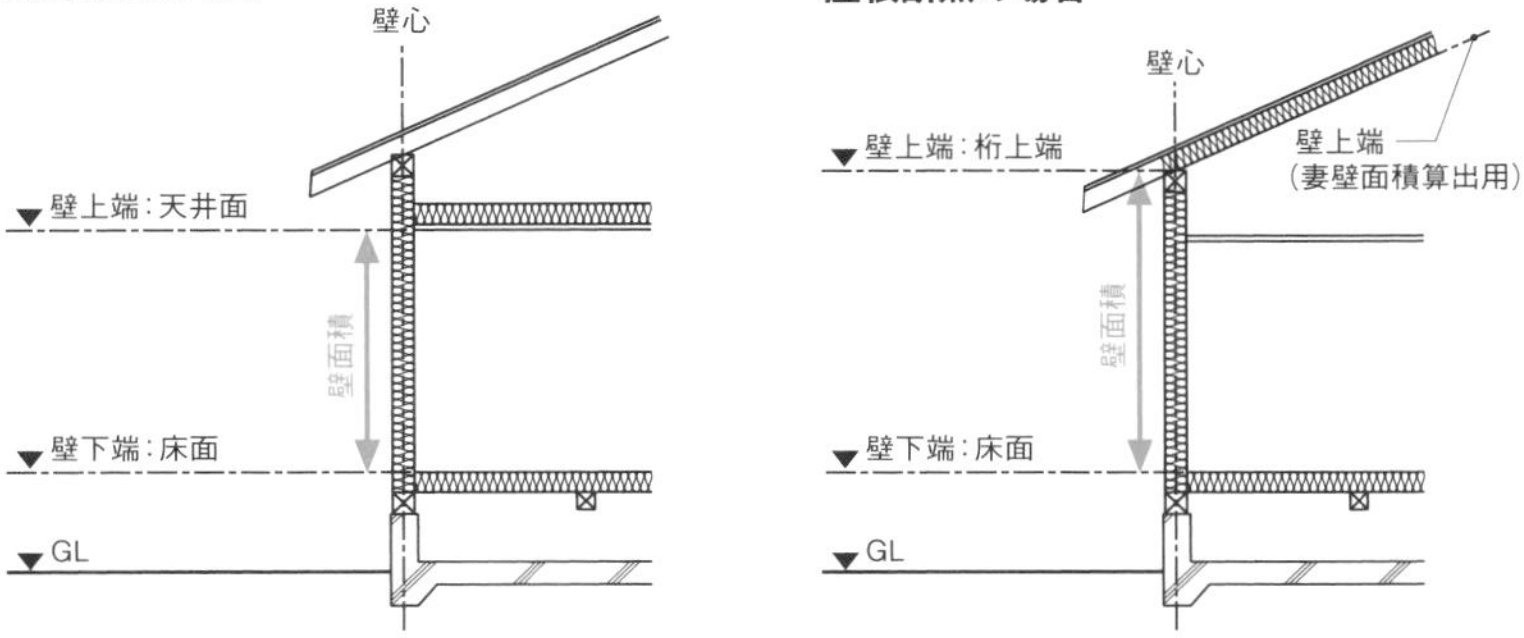

住宅の省エネ基準

U_A値とη_{AC}値の算定(2)

049

point

①標準入力型の表計算ソフトでは、部位の材料と熱伝導率、厚さなどを入力し、熱貫流率を計算。
②方位別の内訳計算シートで、外壁、屋根、窓の部位別の面積と熱貫流率、庇の情報などを入力。

外壁からの熱損失量の計算

次に、外壁からの熱損失量を計算する。まず、部位U値計算シートで部位別の熱貫流率を計算する。同シートでは熱貫流率の計算方法として、木造工法別に定められた断熱部分と熱橋部分の面積比率を用いる「面積比率法」と、断熱工法別に定められた補正熱貫流率を加算して求める「熱貫流率補正法」が準備されている(**表1**)。

方位別に用意された外皮熱損失量の内訳計算シートでは、外壁、窓、ドアのデータを記入する。

外壁では、部位別に外壁面積、除外窓等面積、熱貫流率を入力する。外壁面積には窓やドアの面積も含んだ値を入力し、除外窓等面積が計算時に差し引かれる。

窓では、窓の寸法、熱貫流率、日射熱取得率を入力する。シャッターや外付けブラインドなどの日除け装置がある場合は、付属部材の欄で選択する(**表2**)。ドアは、仕様と風除室の有無を選択し、ドアの寸法を入力する。

屋根・天井・床からの熱損失量の計算

屋根・天井・床の部位U値計算シートの入力は、外壁の場合と同様になる。部位別に構成部材、熱伝導率、部材の厚さなどを入力して計算する。

熱損失量の内訳計算シートでは、部位別に面積、除外窓等面積、熱貫流率を入力する(**表3**)。屋根断熱を施した勾配屋根の面積は、水平投影ではなく実面積を入れる(**図**)。天窓がある場合は天窓等の入力欄で建具とガラスの仕様を選び、窓の寸法を入力する。

床断熱の場合は、床からの熱損失のほかに、土間床からの熱損失も計算しなければならない。また、ピロティ上部の床など、外気に接している床の部分は、断熱仕様一覧シートの外皮種別で「外気床」を選択して入力する。

表1　部位U値計算シートの入力例

1)簡略計算法①による部位熱貫流率

(外壁)の実質熱貫流率 W/㎡K				
仕様番号	部分名		一般部	熱橋部
	熱橋面積比		0.850	0.150
W-1	熱伝導率λ W/(m･K)	厚さd m	d/λ ㎡･K/W	
熱伝導抵抗　Rsi	—	—		
外壁材(サイディング)				
外壁下地材(構造用合板)	0.160	0.012	0.075	0.075
断熱材(住宅用グラスウール16K)	0.045	0.106	2.333	0.000
柱･間柱(杉)	0.120	0.105	0.000	0.875
内壁下地材(石膏ボード)	0.220	0.012	0.055	0.055
熱抵抗率　Rse	—	—		
夏貫流抵抗　ΣR=Σ(di/λi)			2.463	1.005
熱貫流率　Un=1/ΣR			0.406	0.995
平均熱貫流率　Ui=Σ(ain･Un)			0.494	

木造住宅の工法別に計算基準で定められている、部位の断熱（一般）部分と熱橋部分との面積比率を入力する

断熱（一般）部分を構成する材料では無い場合はゼロを入力する

熱橋部分を構成する材料では無い場合はゼロを入力する

計算基準に準備されている建材の熱物性値の表を参考に、部位を構成する。材料の名称、熱伝導率、厚さを入力する

算定された部位の平均熱貫流率の値が表示される

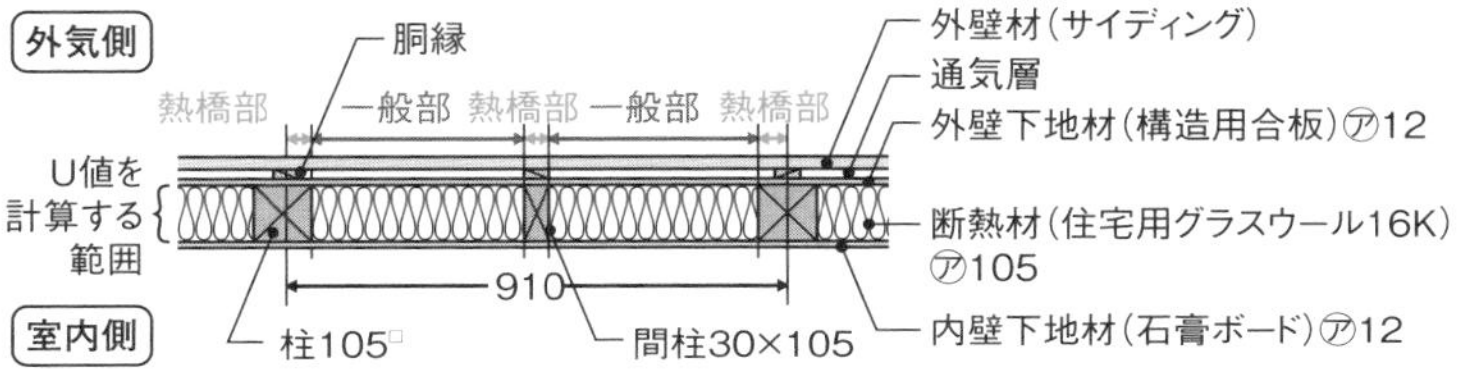

表2　窓の熱損失計算書（内訳計算シートA）の入力例

基本情報シートで入力した地域区分に応じた値が表示される

1)窓の入力

窓番号	寸法(m) 幅	寸法(m) 高さ	熱貫流率	日射熱取得率※1	附属部材の有無	取得日射量補正係数の算出 デフォルト値仕様	庇による補正計算 z	y1	y2	冷房期日射熱取得量	暖房期日射熱取得量	熱損失
									方位係数	0.341	0.261	
9	0.6	2	3.49	0.4		☑				0.15	0.06	4.19
10	0.6	0.5	3.49	0.4		☑				0.04	0.02	1.05
11	1.19	0.23	3.49	0.4		☑				0.03	0.01	0.96

基準値に対して余裕がある場合は、詳細計算を行わずにデフォルト値を選ぶことも一つの方法である

窓の寸法、および計算基準に準備されている窓の熱物性値の表を参考に、熱貫流率、日射熱取得率の値を入力する

シャッターや外付けブラインドなどがある場合は、プルダウンで選択

算定された日射熱取得量、熱損失の値が表示される

表3　屋根・天井・床の熱損失計算書（内訳計算シートB）の入力例

2)屋根･天井･外気等に接する床(以下「屋根等」という。)の入力

仕様番号	部位名称	屋根等面積	除外窓等面積	計算対象外壁面積	熱貫流率	冷房期日射熱取得量	暖房期日射熱取得量	熱損失
R-1	屋根	5.42	0	5.42	0.49	0.09	0.09	2.66
R-1	屋根	44.03	0.76	43.27	0.49	0.72	0.72	21.20
F-1	その他床	38.58	0	38.58	0.53	0.00	0.00	14.31
	外壁<屋根･天井･床>各値合計					0.81	0.81	38.17

「屋根等面積」には天窓も含む面積を入力。窓面積は「除外窓等面積」に入力。「計算対象面積」は「屋根等面積」から「除外窓等面積」が除かれた値が算定される

部位には「その他床」のほかに「外気床」がある。ピロティ直上の床など、外気に面している床が該当する

部位U値計算シートで算定した熱貫流率を入力

算定された日射熱取得量、熱損失の値が表示される

図　天井・屋根面積の測り方

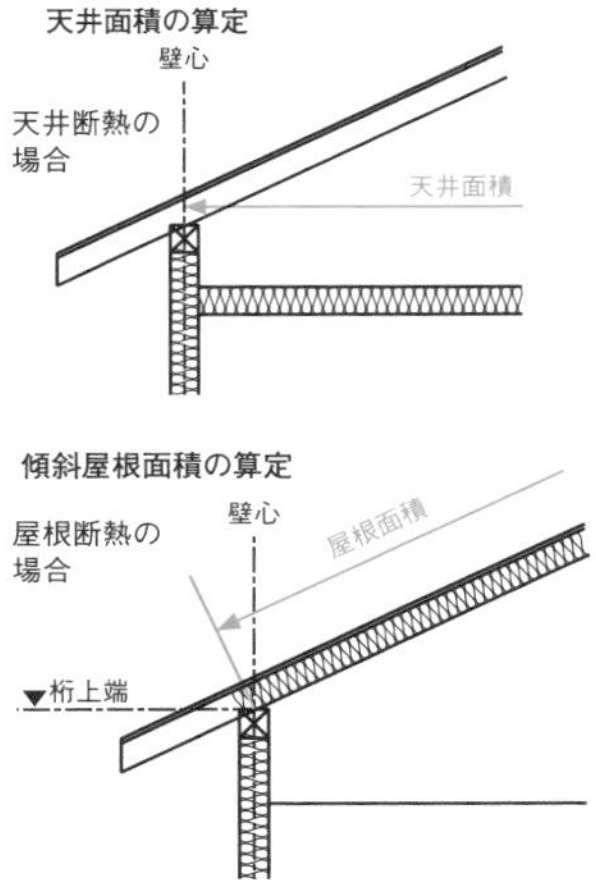

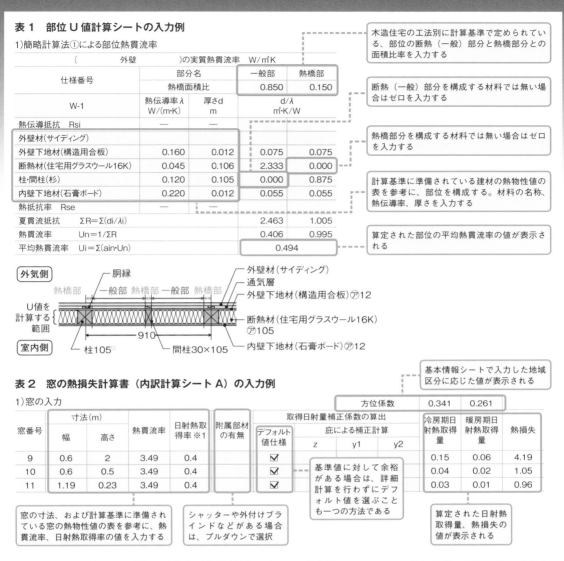

住宅の省エネ基準

U_A値とη_{AC}値の算定（3）

050

point

①基礎部分の外周長さをもとに、基礎からの熱損失を算定する。

②表計算ソフトへの入力が終わると、U_A値、η_{AC}値、基準表への適否などが自動的に表示される。

基礎からの熱損失量の計算

最後に、基礎用の内訳計算シートを用いて、基礎の形状別に断熱箇所ごとの断熱材の熱抵抗、基礎高や根入れ、折返しの長さなどを入力する（**表1**）。

基礎からの熱損失は、基礎部分の外周長さをもとに計算される。基礎部分の外周長さとは、建物全体の外周ではなく、床断熱が施されていない部分の外周を指す（**図**）。熱損失量は、外気に面している部分と、断熱を施した床の下部に面した部分で異なるので、それぞれの部分に分けて長さを算定し、部位別に入力する。

U_A値、η_{AC}値の計算結果の確認

以上で、表計算ソフトへの入力が完了する。方位別の外壁・窓等、屋根・天井、床、基礎に関する入力を終えると、結果シートにはU_A値、η_{AC}値とともに、地域別の基準を満たしているかどうか、についても表示される。

U_A値、η_{AC}値が基準値を上回って不適合となった場合は、外皮の断熱材の仕様や厚さ、窓の仕様を見直す必要がある。外皮については、断熱材をより厚くする、あるいは、より高性能のものに変更する。窓については、ガラスをより日射遮蔽性能の高いものに変更する、あるいは、日射量の多い方位の窓に外付けブラインドを取り付ける、などの方法がある。

外皮熱損失量などの表示

表計算ソフトの結果シートには、基準値が定められているU_A値、η_{AC}値のほかに、暖房設備の一次エネルギー消費量の計算に用いられる暖房期の平均日射熱取得率（η_{AH}値）も計算されて表示される（**表2**）。

表 1　基礎の熱損失計算書（内訳シートC）

1)基礎等の断面仕様の入力

部位番号	部位名	断熱材熱抵抗R1	断熱材熱抵抗R2	断熱材熱抵抗R3	断熱材熱抵抗R4	基礎高H1	底盤高H2	断熱材根入れW1	断熱材折返しW2	断熱材折返しW3	適用計算式番号	熱貫流率
1	玄関土間	0	0	1.7	0	0	0	0	0	1.5	(13)	1.80
2	玄関土間	0	0	1.7	0	0	0	0	0	1.5	(13)	1.75
3	その他	0	1.7	0	1.7	0	0	0	0.6	0	(13)	1.74
4	その他	0	1.7	0	1.7	0	0	0	0.6	0	(13)	1.74

注1：上記各部の寸法は下図の寸法等（長さm、熱抵抗㎡K／W）を入力して下さい。
注2：H1の寸法（基礎高さ）は0.4mを上限とし、0.4mを超える部分は内訳計算シートAで計算して下さい。

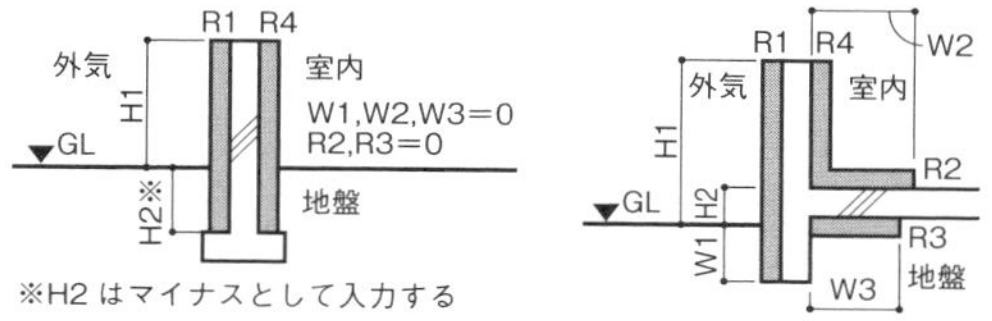

※H2はマイナスとして入力する

基礎等の廻りの断熱施工について、左図に示された各部の記号の通りに断熱材の熱抵抗値と各部の寸法を入力する

基礎等の底盤上端の地盤面からの深さに応じて計算基準に定められた算定式によって計算された熱貫流率の値と適用した計算式番号が表示される

2)基礎等の外周長さの入力

部位番号	部位名	基礎等外周長(L)	温度差係数	熱損失
1	玄関土間	5.88	1.0	4.59
2	玄関土間	1.66	0.7	0.51
3	その他	1.82	1.0	1.46
4	その他	1.49	0.7	0.84
基礎等熱損失合計				7.80

床断熱が施されていない部分の外周長さを、外気に面している部分と床下に面している部分に分けて入力する

図　基礎の外周長の測り方

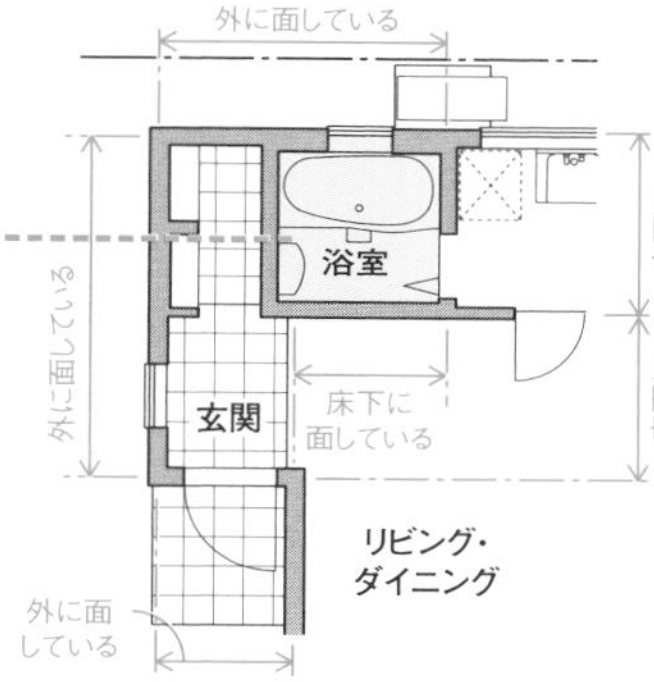

表 2　外皮計算書の結果シート

住宅の外皮平均熱貫流率及び外皮平均日射熱取得量（冷房期・暖房期）計算書
H28年省エネルギー基準に基づく（木造戸建て住宅）

1)計算結果

外皮等面積の合計	243.85㎡	冷房期の平均日射熱取得率(η_{AC})	2.2
外皮平均熱貫流率(U_A)	0.79W／(㎡K)	暖房期の平均日射熱取得率(η_{AH})	2.2

一次エネルギー消費量の計算で使用される

2)省エネルギー基準外皮性能適合可否結果

	計算結果	基準値	判定
外皮平均熱貫流率	0.79W／(㎡K)	0.87W／(㎡K)	適合
冷房期の平均日射熱取得率	2.2	2.8	適合

計算結果≦基準値で適合となる

⊙	等級4
○	等級3
○	等級2

住宅性能表示制度の断熱性能等級が表示される

住宅の省エネ基準

一次エネルギー消費量の算定（1）

051

point

①居間、食堂などの「主たる居室」、寝室、子供室などの「その他の居室」に分けて計算する。
②暖冷房のエネルギー消費量の計算に必要なU_A値、η_{AC}値、η_{AH}値は表計算ソフトで算出した値を入力。

一次エネルギー消費量を計算するには

一次エネルギー消費量の計算には、建築研究所が無料公開している一次エネルギー消費量算定用WEBプログラム（以下、算定プログラム）を用いる。

暖房、冷房、換気、照明設備のエネルギー消費量は、室によって使用時間帯や使用条件が異なる。そこで算定プログラムでは、「主たる居室」、「その他の居室」、「非居室」に分けてエネルギー消費量を算定し、これらを合計して求める。「主たる居室」は「基本生活行為において就寝を除き日常生活上在室時間が長い居室」と定義され、居間、食堂、台所が該当する。寝室、子供部屋、和室などは「その他の居室」になる（**図1**）。

算定プログラムにおける基本情報の入力では、「主たる居室」、「その他の居室」等の面積を入力し、省エネ基準地域区分、年間日射地域区分を選択する。年間日射地域区分は、太陽光発電または太陽熱温水器を設置する場合に用いる。発電量や給湯量の算定の条件となる日射量のデータが地域ごとに準備されているので、該当する地域を選択する（**図2**）。

外皮性能の入力

次に、暖冷房設備のエネルギー消費量を計算するのに必要な外皮性能の入力をおこなう（**図3**）。外皮のページで、外皮平均熱貫流率U_A値、冷房期平均日射熱取得率η_{AC}値、暖房期平均日射熱取得率η_{AH}値を入力する。

通風の利用の有無を選択してチェックする。通風の利用とは、自然風を利用して冷房設備の運転時間を抑え、エネルギー消費量を減らす措置である。通風利用と判断されるには、通風に用いる開口部の位置や面積に要件があり、これらを満たさなければならない。

図１　「主たる居室」と「その他の居室」の区分

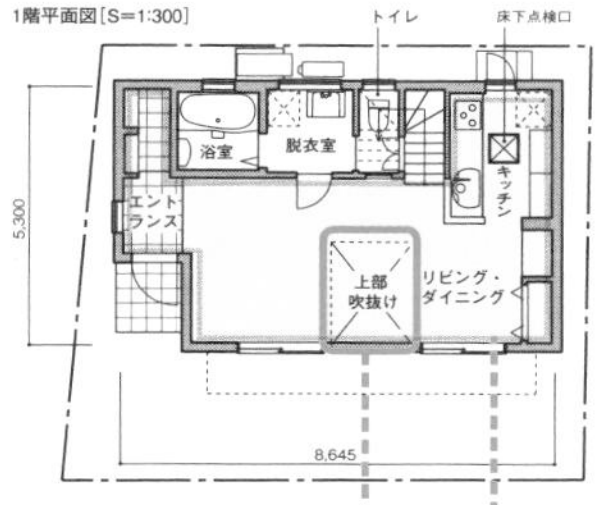

住戸内に吹抜けがある場合は、吹抜け部分に仮想床があるものとみなして、床面積を計算する

主たる居室

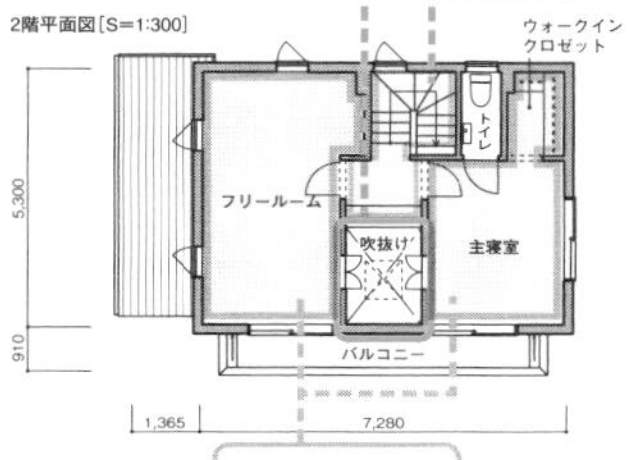

その他の居室

図２　基本情報の入力画面

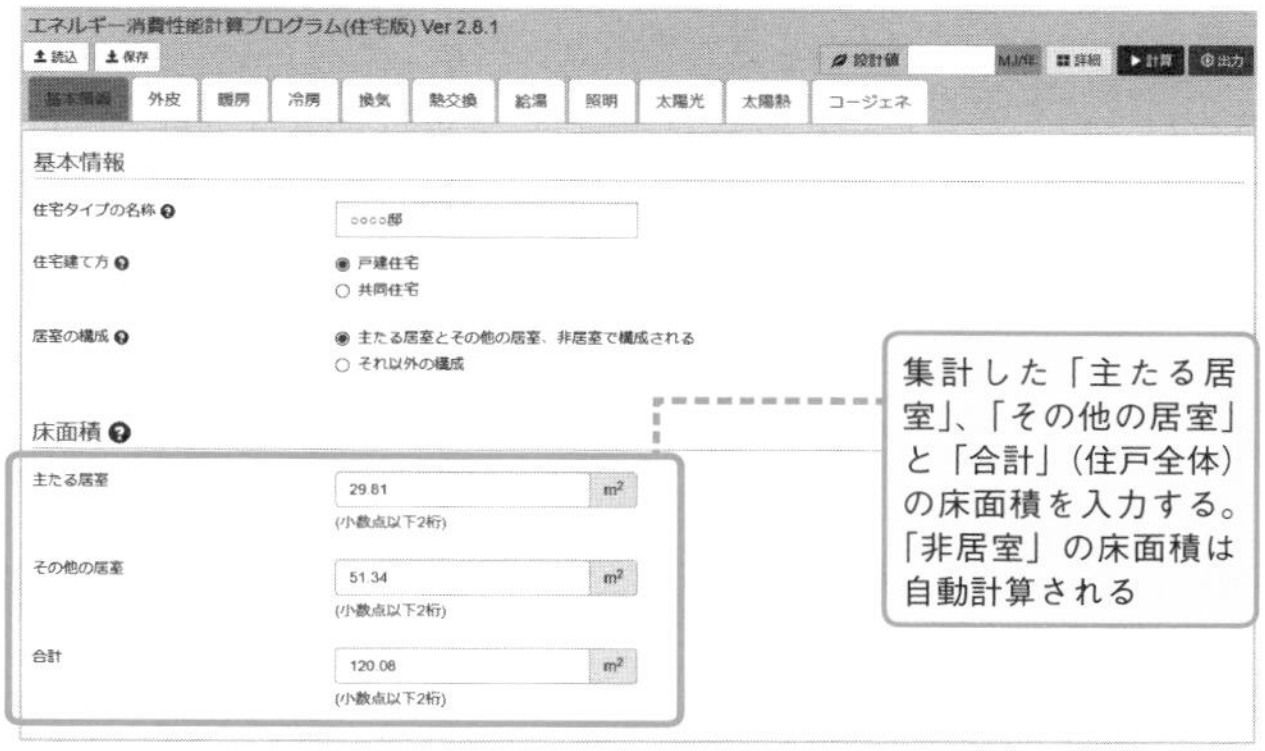

集計した「主たる居室」、「その他の居室」と「合計」（住戸全体）の床面積を入力する。「非居室」の床面積は自動計算される

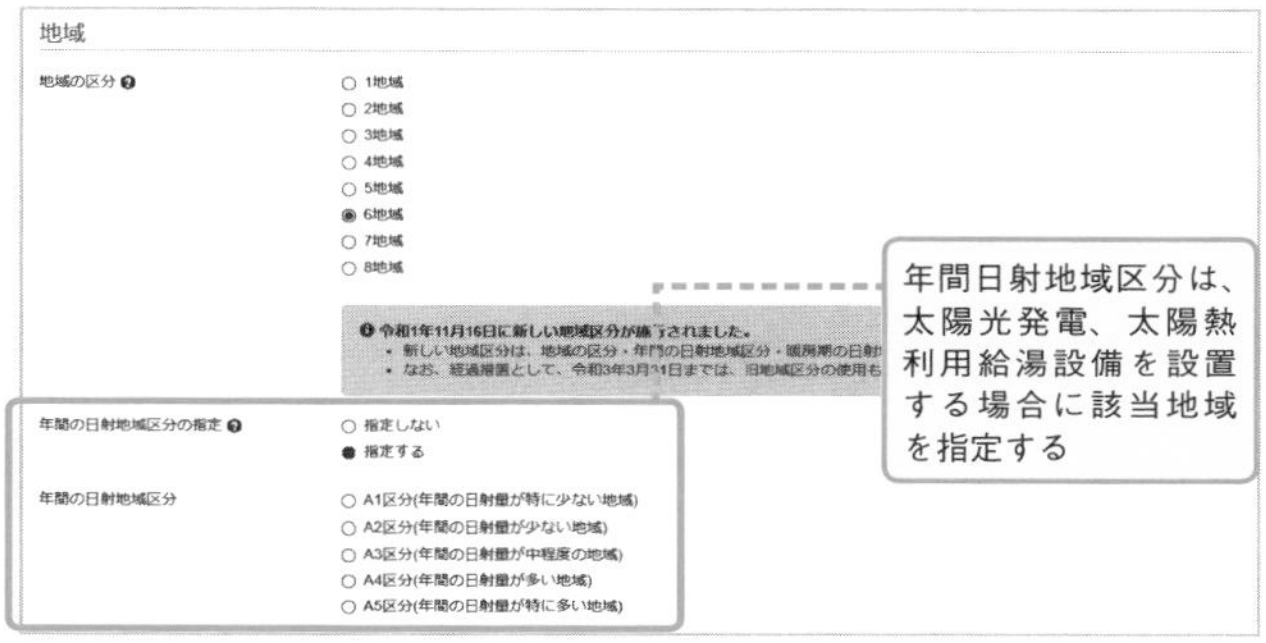

年間日射地域区分は、太陽光発電、太陽熱利用給湯設備を設置する場合に該当地域を指定する

図３　外皮の入力画面

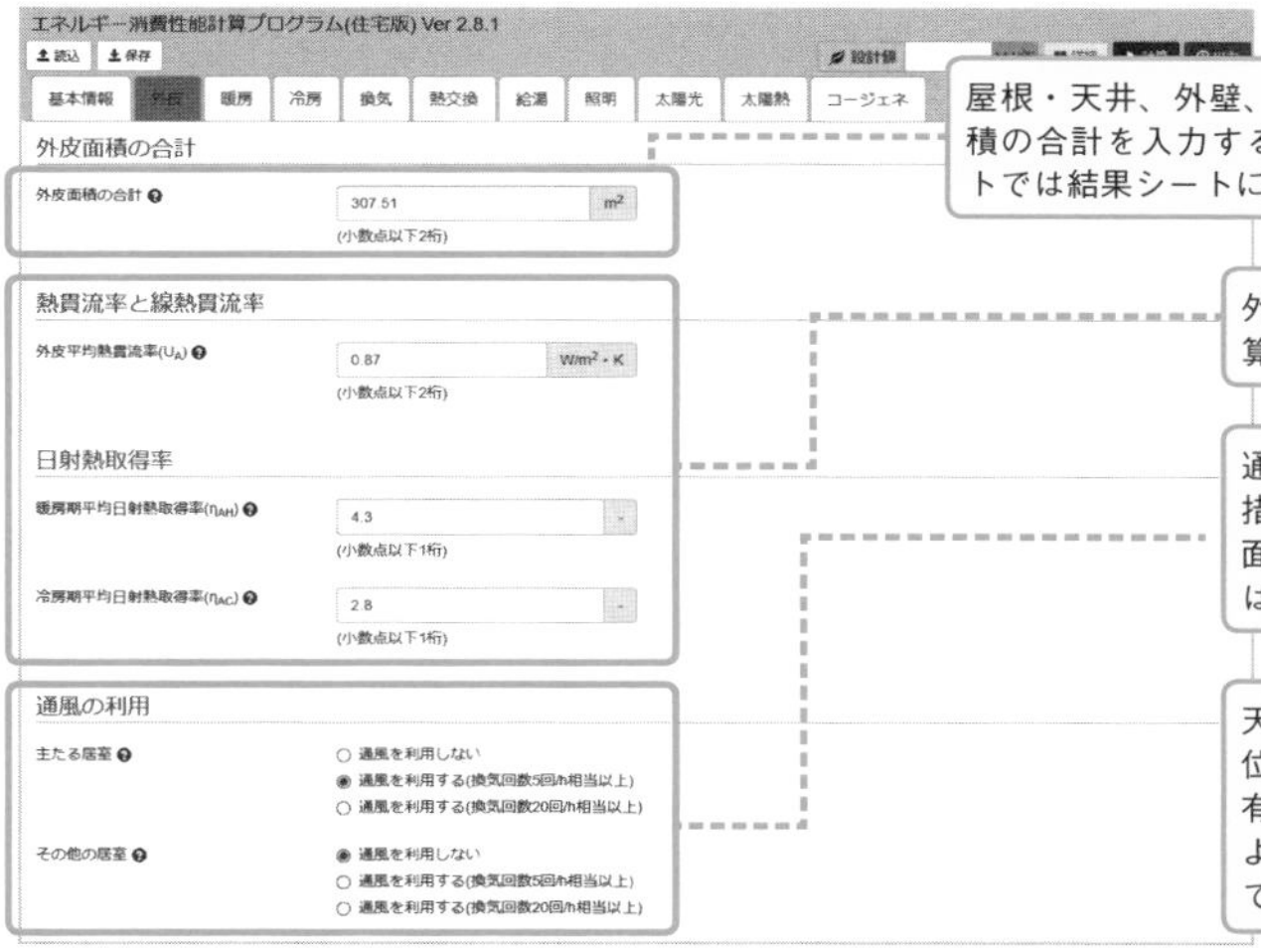

屋根・天井、外壁、開口部、床などの外皮面積の合計を入力する。外皮性能の表計算ソフトでは結果シートに値が表示される

外皮性能の表計算ソフトで算出した値を入力する

通風の利用は、計算基準に定められている通風を確保する措置の有無の判定条件（通風経路、開口部の開放可能部の面積比など）によって判断する。判定にかかる手間の割には消費エネルギーの削減効果は比較的小さい

天井、床、壁などの蓄熱部位に基準値以上の熱容量を有する材料を用いることにより、暖房負荷の低減として効果が反映される

外気に比べて温度環境の変動が緩やかな床下空間に外気を導入することで、換気負荷を低減させ、暖冷房エネルギー消費量の削減が見込める

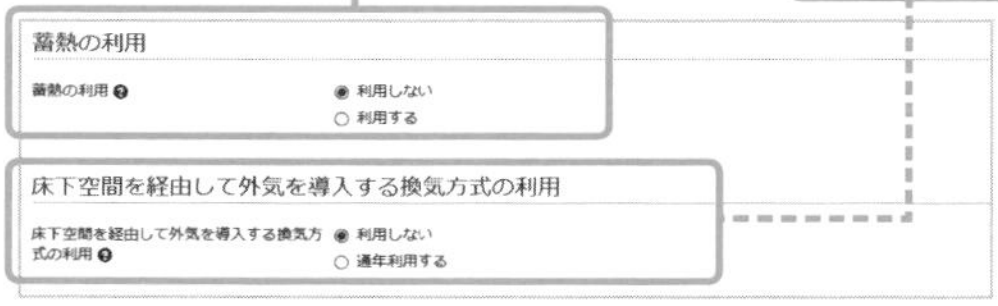

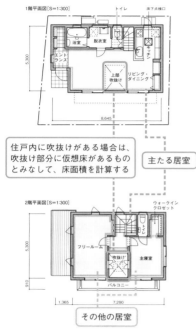

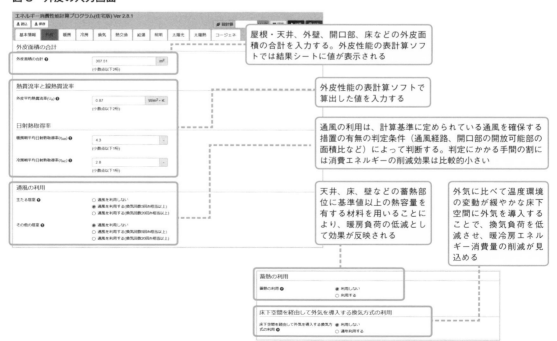

住宅の省エネ基準

一次エネルギー消費量の算定（2）

052

point

①複数の暖・冷房機器を設置する場合は、計算基準に定められた「評価の優先順位」の高い機器を入力する。
②暖・冷房機器を「設置しない」を選ぶと、標準的な方式を設置するものとして計算される。

暖房設備の条件の入力

暖房設備は、住宅の一次エネルギー消費量において占める割合が最も大きい傾向にある設備である。

算定プログラムではまず、暖房方式を選択する。選択肢は「居室のみを暖房する」、「住戸全体を暖房する」、「設置しない」の3種類が用意されている。「設置しない」を選ぶと、地域区分に応じた標準的な方式で暖房機器を設置するものとして計算される。

「居室のみを暖房する」方式では、「主たる居室」と「その他の居室」に分けて入力する。準備された暖房機器から選択し、機器に応じて計算に必要な条件を入力する。「その他の暖房機器」、「暖房機器を設置しない」を選択した場合は、その居室には地域区分に応じて標準的な種類および能力の暖房機器が設置されたものとして計算される。

一室に異なる種類の暖房機器を複数設置する場合は、基準に定められた「評価の優先順位」の高い暖房機器を入力する。リビングの暖房機器としてルームエアコンと床暖房を併設する場合は、床暖房が計算の対象となる。同じ種類の暖房機器で居室ごとに性能が異なる場合は、エネルギー消費効率が劣る機器の条件で入力しなければならない（**図1**）。

冷房設備の条件の入力

冷房設備も暖房設備の場合と同様に、「居室のみを冷房する」、「住戸全体を冷房する」、「採用しない」から選択する。

機器の選択肢は「ルームエアコン」と「その他の冷房機器」「冷房機器を設置しない」になる。「その他」「設置しない」を選択した場合や、居室ごとに性能が異なる機器を設置する場合の扱いは、暖房設備の場合と同じである（**図2**）。

図１　暖房設備の入力画面

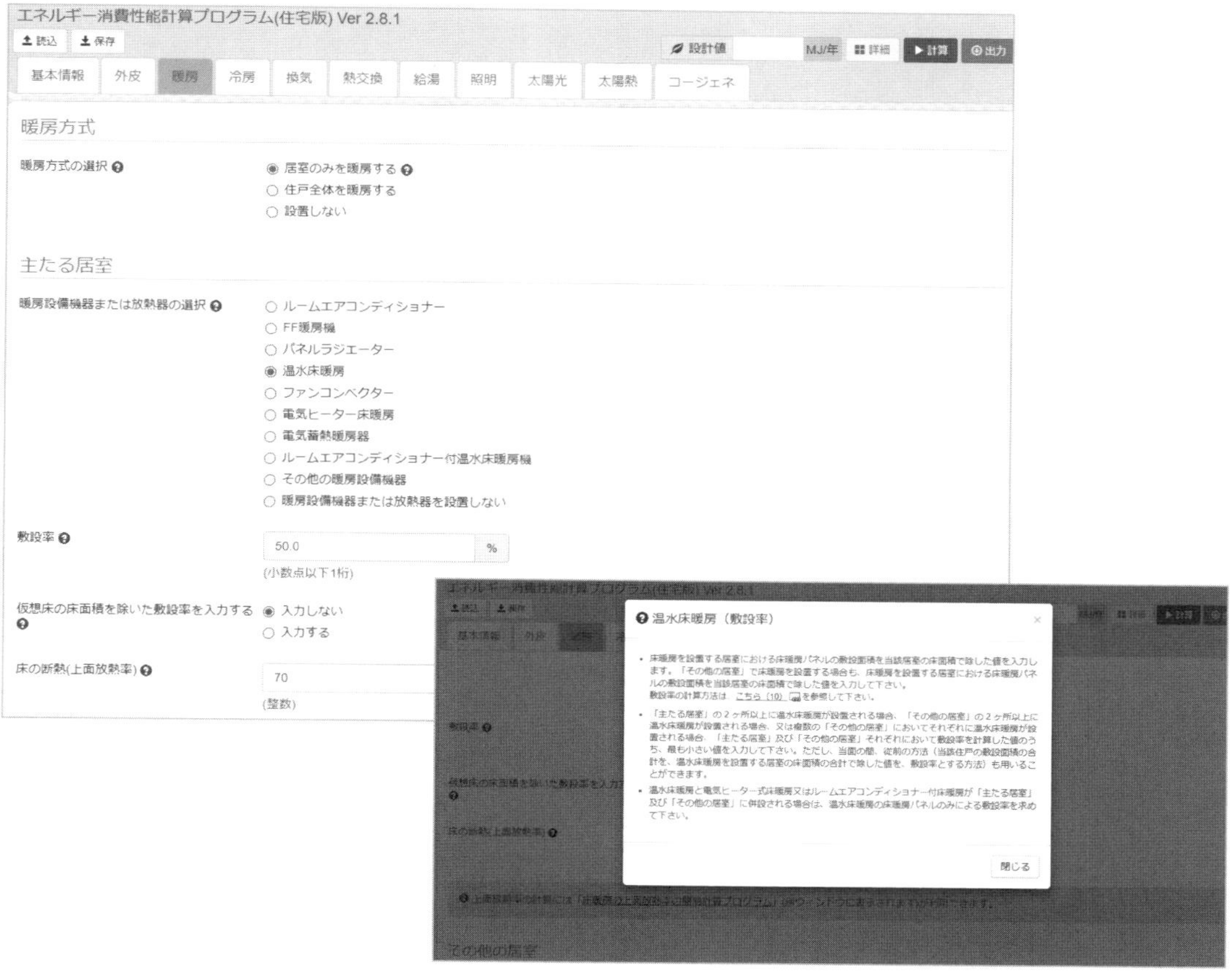

図２　冷房設備の入力画面

住宅の省エネ基準

一次エネルギー消費量の算定(3)

053

point

①第一種換気方式を選んだ場合には、熱交換型換気の採用の有無を選択する。
②給湯設備の消費エネルギー量は、給湯機器の種類によっても大きく左右される。

換気設備の条件の入力

高気密高断熱住宅では、換気は重要な要素だが、一次エネルギー消費量に関しては、換気設備の影響はそれほど大きくはない。

算定プログラムでは、換気設備の方式を選択したのち、比消費電力や換気回数の有無の選択、省エネルギー対策の入力を行う。第一種換気方式の場合には有効換気量率(有効換気量の給気量に対する比率)を入力するとともに、熱交換型換気設備の採用の有無を選択する(**図1**)。

熱交換型換気設備を採用する場合は、機器の温度交換効率と、給気と排気の比率による交換効率の補正係数、および排気過多時に外皮からの漏気による交換効率の補正係数を入力する。

給湯設備の条件の入力

給湯設備は、暖房設備に次いで一次エネルギー消費量が大きい傾向にある。また、給湯機器の種類によっても、消費量の差が大きい。

算定プログラムでは、給湯設備・浴室等の有無、熱源機の分類と種類、機器の効率、風呂の追焚機能の有無などを入力する。「給湯設備がない」を選択した場合は、地域区分に応じて標準的な種類および能力の給湯機を設置するものとして計算される。

給湯設備の省エネルギー化を図るには、給湯負荷の低減も効果がある。その効果を計るため、放熱による無駄なエネルギー消費を低減させるための配管方式や浴槽保温の有無を選択する。また、湯使用量の低減につながる給湯栓の種類を選択する(**図2**)。

太陽熱利用給湯設備を設置する場合は、集熱器の面積、設置方位角と傾斜角などを入力する。省エネ効果は、給湯負荷の削減として反映される。

図１　換気の入力画面

図２　給湯の入力画面

住宅の省エネ基準

一次エネルギー消費量の算定（4）

054

point

①照明設備はLEDや白熱灯などの電球種別のほか、調光や人感センサーの有無などを選択する。
②発電システムでは、太陽光発電や家庭用コージェネレーションシステムを入力できる。

照明設備の条件の入力

照明設備は、暖房設備や給湯設備には及ばないが、これらの次に一次エネルギー消費量が大きい傾向にある。

算定プログラムでは、「主たる居室」、「その他の居室」「非居室」ごとに照明設備の設置の有無を選ぶ。「設置しない」を選択すると、【基準一次エネルギー消費量】の計算条件とされた標準的な照明器具を設置するものとして計算される。その場合は白熱灯が含まれる。

「器具の設置」を選択した場合、器具の種類（LEDや白熱灯）、調光や人感センサーの採用の有無を選んでいく。主たる居室で「すべての機器でLEDを使用」、「全ての機器で白熱灯以外を使用」を選択すると、多灯分散照明方式の採用の有無が選択に加わる。

多灯分散照明方式は、一室に複数の種類の照明設備を設置し、状況に応じ必要な器具のみ点灯する方式で、光環境の向上と消費電力の削減効果がある。複数の蛍光灯をスイッチで点灯数を調整する「段調光」も調光制御に該当する（**図1**）。

発電設備を設置する場合

太陽光発電設備を設置する場合は、算定プログラムで時間帯別の発電量と消費電力量を算出し、売電分を除いた自家消費分が【設計一次エネルギー消費量】から差し引かれる。

算定プログラムでは、設置方位別に太陽電池アレイのシステム容量、設置方式、設置方位角と傾斜角を入力する。同じ方位に設置する場合でも傾斜角が異なる場合には、別のシステムとして入力する必要がある（**図2**）。

家庭用コージェネレーションシステムについては、製造事業者と製品の品番別に分類記号が設定されており、設置する場合は採用製品に応じた記号を選択するのみである。

図1　照明の入力画面

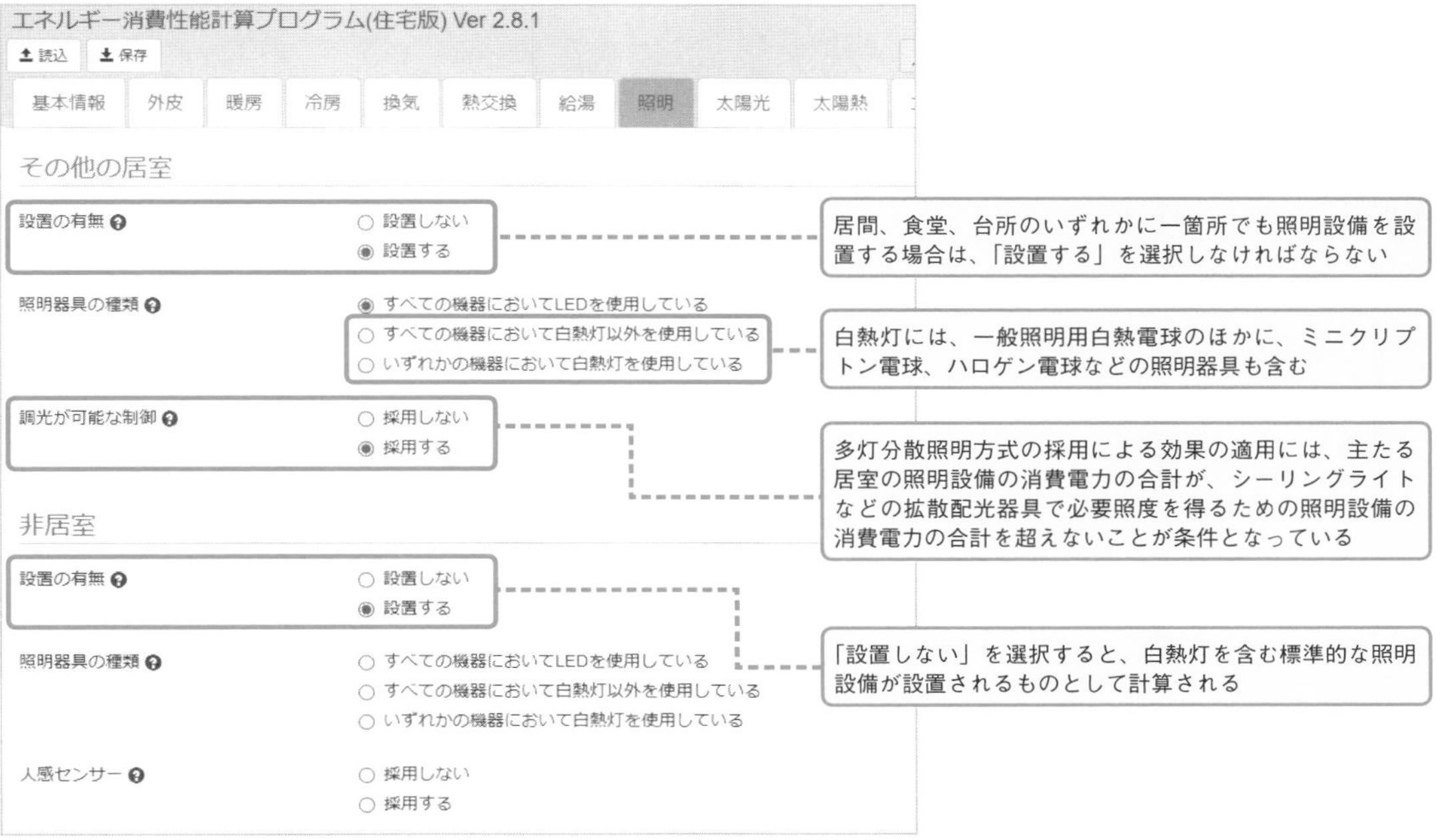
エネルギー消費性能計算プログラム(住宅版) Ver 2.8.1
読込
保存
基本情報
外皮
暖房
冷房
換気
熱交換
給湯
照明
太陽光
太陽熱
その他の居室
設置の有無
設置しない
設置する
照明器具の種類
すべての機器においてLEDを使用している
すべての機器において白熱灯以外を使用している
いずれかの機器において白熱灯を使用している
調光が可能な制御
採用しない
採用する
非居室
設置の有無
設置しない
設置する
照明器具の種類
すべての機器においてLEDを使用している
すべての機器において白熱灯以外を使用している
いずれかの機器において白熱灯を使用している
人感センサー
採用しない
採用する
居間、食堂、台所のいずれかに一箇所でも照明設備を設置する場合は、「設置する」を選択しなければならない
白熱灯には、一般照明用白熱電球のほかに、ミニクリプトン電球、ハロゲン電球などの照明器具も含む
多灯分散照明方式の採用による効果の適用には、主たる居室の照明設備の消費電力の合計が、シーリングライトなどの拡散配光器具で必要照度を得るための照明設備の消費電力の合計を超えないことが条件となっている
「設置しない」を選択すると、白熱灯を含む標準的な照明設備が設置されるものとして計算される

図2　太陽光発電の入力画面

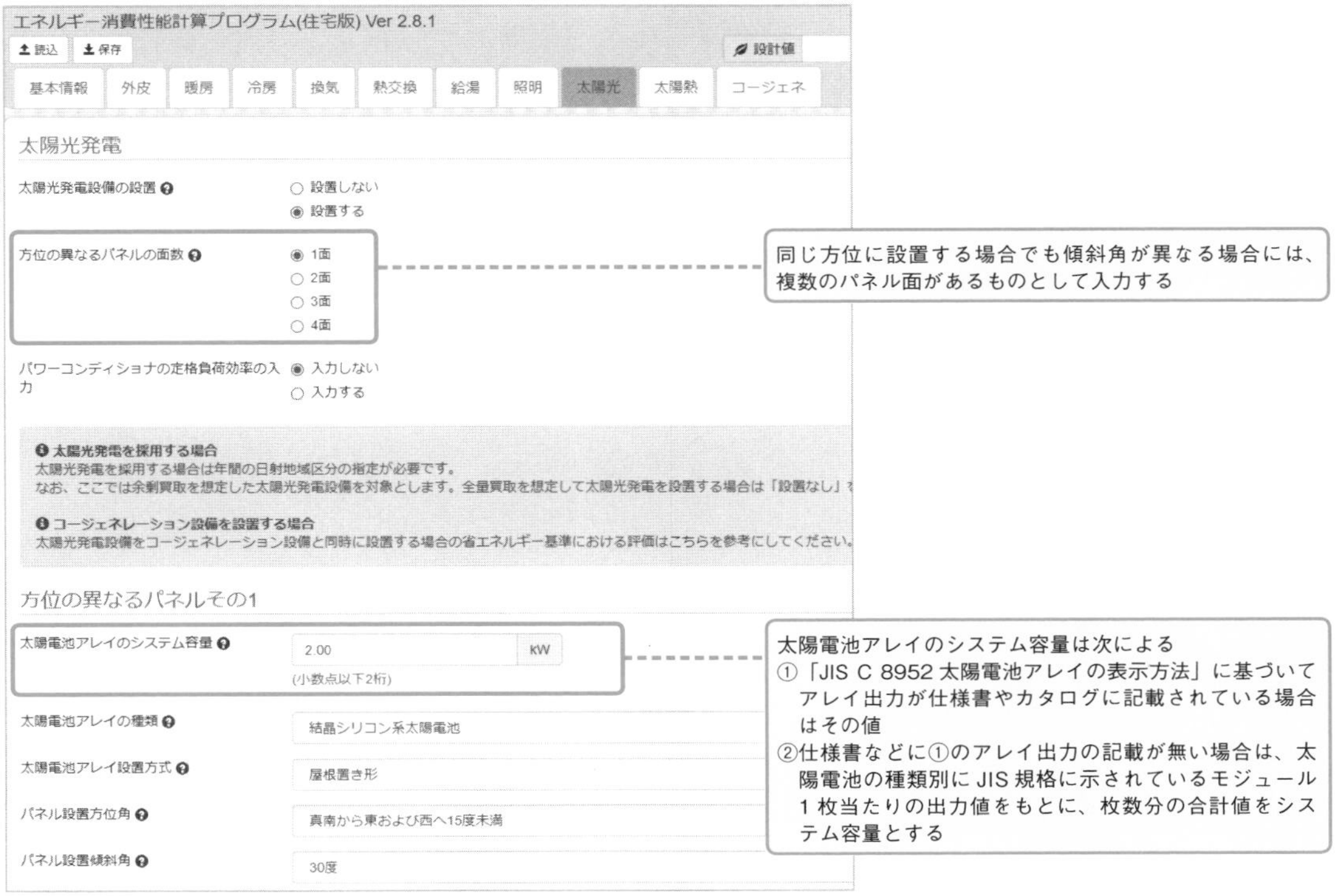
エネルギー消費性能計算プログラム(住宅版) Ver 2.8.1
読込
保存
設計値
基本情報
外皮
暖房
冷房
換気
熱交換
給湯
照明
太陽光
太陽熱
コージェネ
太陽光発電
太陽光発電設備の設置
設置しない
設置する
方位の異なるパネルの面数
1面
2面
3面
4面
パワーコンディショナの定格負荷効率の入力
入力しない
入力する
太陽光発電を採用する場合
太陽光発電を採用する場合は年間の日射地域区分の指定が必要です。
なお、ここでは余剰買取を想定した太陽光発電設備を対象とします。全量買取を想定して太陽光発電を設置する場合は「設置なし」を
コージェネレーション設備を設置する場合
太陽光発電設備をコージェネレーション設備と同時に設置する場合の省エネルギー基準における評価はこちらを参考にしてください。
方位の異なるパネルその1
太陽電池アレイのシステム容量
2.00
kW
(小数点以下2桁)
太陽電池アレイの種類
結晶シリコン系太陽電池
太陽電池アレイ設置方式
屋根置き形
パネル設置方位角
真南から東および西へ15度未満
パネル設置傾斜角
30度
同じ方位に設置する場合でも傾斜角が異なる場合には、複数のパネル面があるものとして入力する
太陽電池アレイのシステム容量は次による
①「JIS C 8952 太陽電池アレイの表示方法」に基づいてアレイ出力が仕様書やカタログに記載されている場合はその値
②仕様書などに①のアレイ出力の記載が無い場合は、太陽電池の種類別に JIS 規格に示されているモジュール1枚当たりの出力値をもとに、枚数分の合計値をシステム容量とする

住宅の省エネ基準

共同住宅の省エネ基準

055

point ①住戸間の界壁と界床も、熱損失量と日射熱取得量の算出対象部位に含まれる。
②建物全体と各住戸それぞれの設計一次エネルギー消費量が、基準量を下回る必要がある。

共同住宅のU_A値とη_{AC}値

共同住宅の場合は、全ての住戸についてU_A値とη_{AC}値が基準値以下となるように外皮の断熱・遮熱性能を計画しなければならない。

2013（平成25）年の大幅な基準改正前のQ値、μ値の計算と異なるのは、住戸間の界壁と界床も、熱損失量と日射熱取得量の算出対象部位となることである（**図1**）。U_A値では、界壁と界床からの熱損失量は温度差係数の値をもって考慮される。η_{AC}値では、界壁と界床の面積は外皮等面積の合計に算入するが、日射は受けないので日射熱取得量の算入はしない。

しかし2017（平成29）年の施行後は、すべての住戸について一次エネルギー消費量を算出するためU_A値、η_{AC}値、η_{AH}値も全住戸について算出しなければならないこととなった。2019（令和元）年の改正により住棟単位の基準値が規定され、共用部の評価が任意となったことに伴い、フロア入力法（**056項目**参照）で住棟単位の計算結果を直接算出することが可能となった。また、標準計算ルートで住棟単位の計算を行う場合は、外皮性能を計算する表計算ソフトが公開される予定である（2021［令和3］年4月より運用開始予定）。

共同住宅の一次エネルギー消費量

2017（平成29）年の施行時は共同住宅の一次エネルギー消費量基準は、全住戸と共用部を合わせた建物全体の【設計一次エネルギー消費量】が【基準一次エネルギー消費量】を上回らないこと、かつ、すべての住戸ごとの設計消費量も基準消費量を上回らないこととされていた。2019（令和元）年の改正により共用部の評価は任意となり、フロア入力法（**056項目**参照）が追加された。

図1　熱損失量と日射熱取得量の算出対象部位

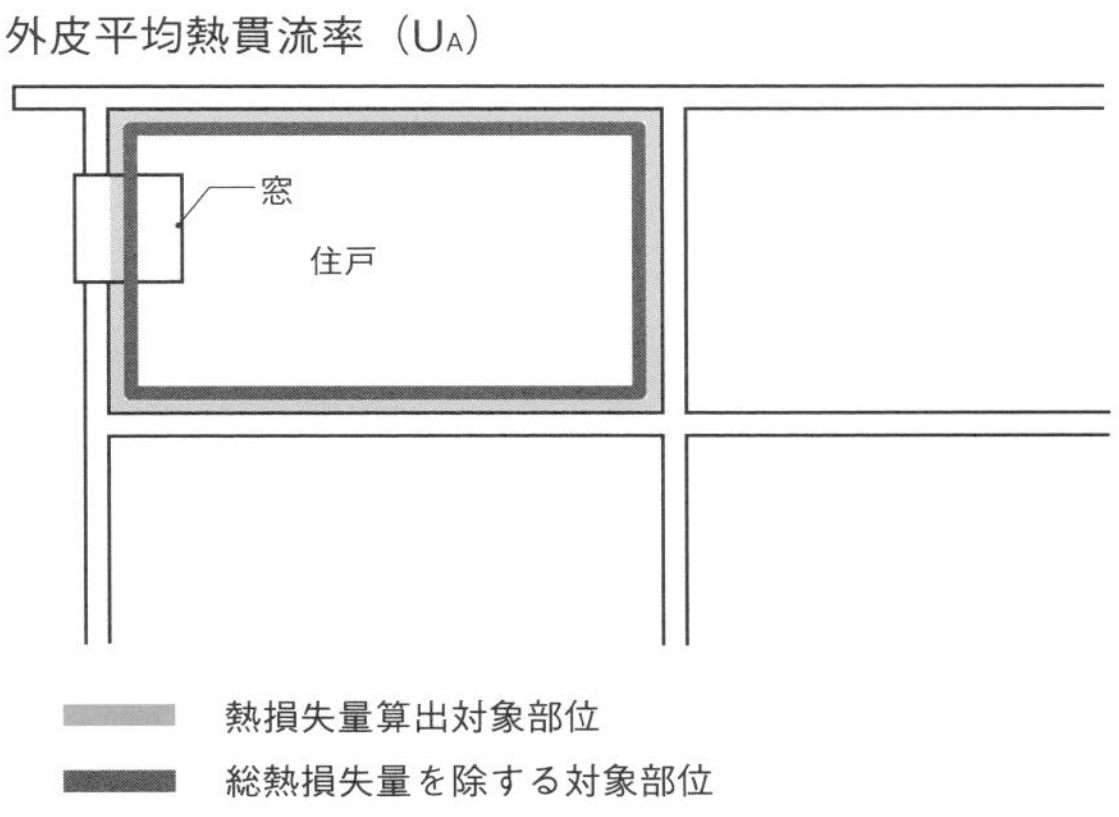

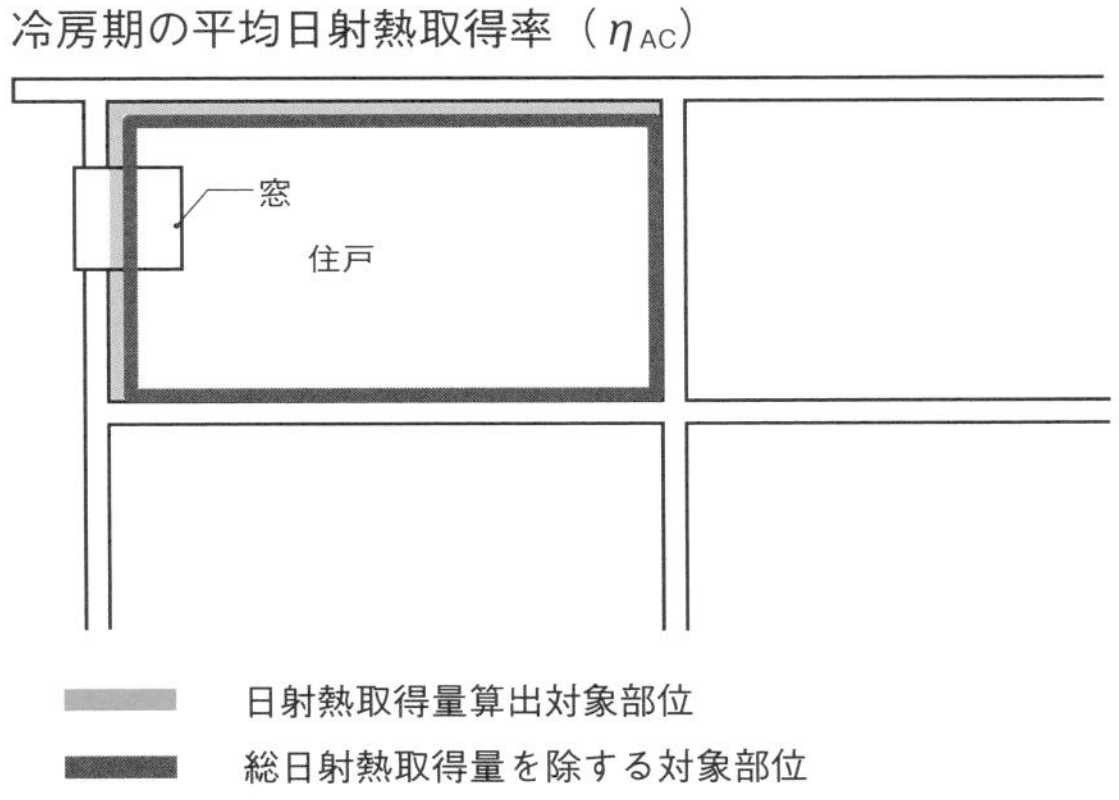

すべての住戸ごとに計算する場合、たとえば板状の単純な形状の共同住宅では、①プラン、外皮・開口部の構造、面積、②住棟内での配置による外皮の熱的性能、③住設機器の仕様、が共通するタイプに分類できる場合にはタイプ別に計算をすればよい（**図2**、**表**）。

図２　共同住宅の一次エネルギー消費量計算におけるタイプ分類例

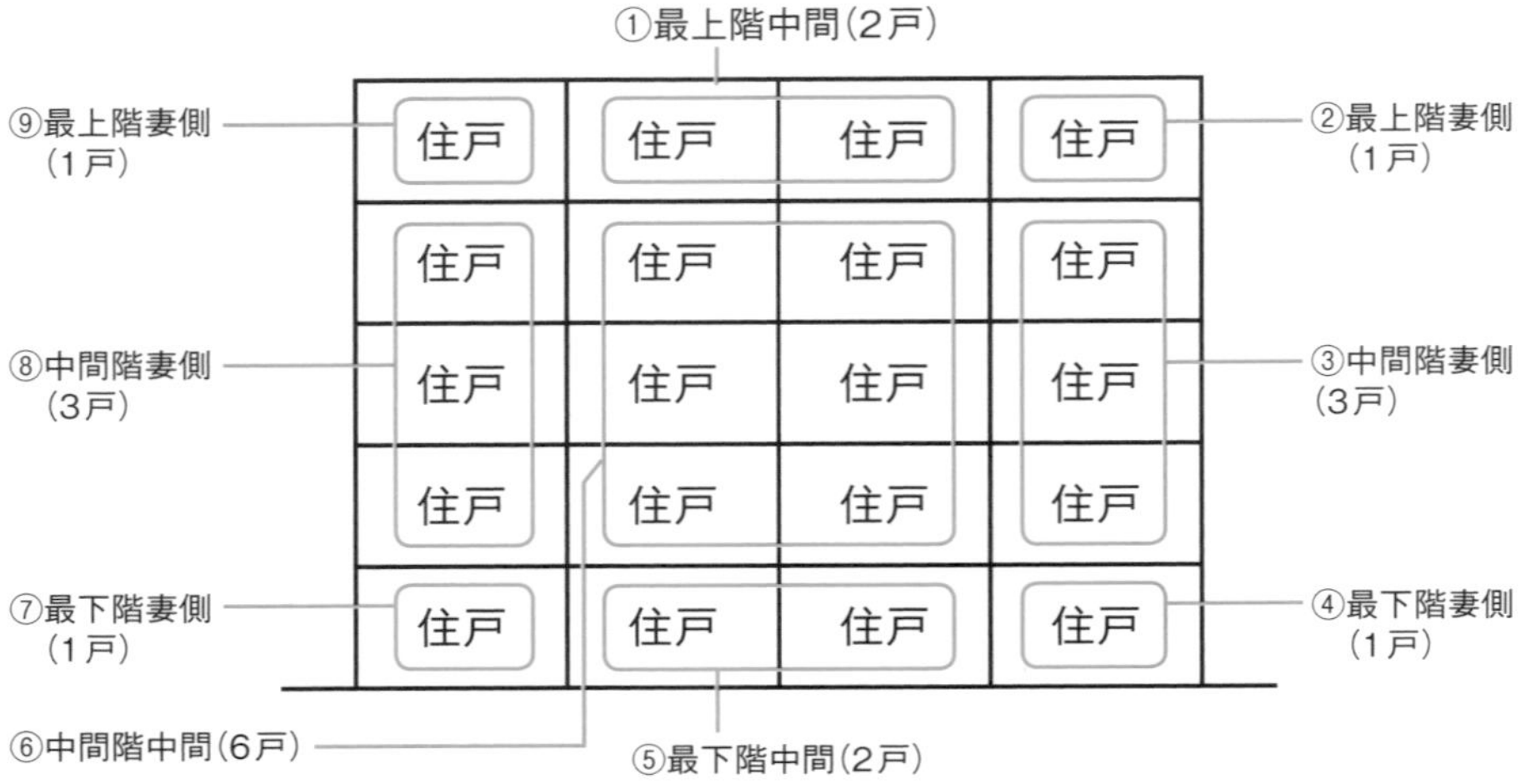

共同住宅がすべて同じ向きをしていたとしても、上図の9タイプはそれぞれ計算する必要がある。また、面積が同じでも、間取りなどによって、窓の面積や仕様が異なれば別に計算を行う。面積が異なる住戸があれば、その住戸は別に計算

※フロア入力法の場合は、フロア単位で最も条件の悪い住戸の外皮性能で計算する

表　共同住宅を含む建築物の一次エネルギー消費量集計例

住戸部分の一次エネルギー消費量

住戸タイプ番号	設計値	基準値 省エネ基準	基準値 認定基準	住戸数	タイプごとの集計	基準適合判断	
	［MJ／戸・年］	［MJ／戸・年］	［MJ／戸・年］	［戸］	［GJ／年］	省エネ基準	低炭素認定基準
No.1	67,848	74,595	67,136	8	542.8	適合	不適合
No.2	70,865	77,672	69,905	8	566.9	適合	不適合
No.3	68,483	76,386	68,748	8	547.9	適合	適合
No.4	68,083	76,386	68,748	8	544.7	適合	適合
No.5	65,501	74,381	66,943	8	524.0	適合	適合
No.6	69,348	74,595	67,136	1	69.3	適合	不適合
No.7	72,365	77,672	69,905	1	72.4	適合	不適合
No.8	70,283	76,386	68,748	1	70.3	適合	不適合
No.9	69,783	76,386	68,748	1	69.8	適合	不適合
No.10	67,101	74,381	66,943	1	67.1	適合	不適合
No.11	68,848	74,595	67,136	1	68.8	適合	不適合

	設計値	基準値 省エネ基準	基準値 認定基準
	［GJ／年］	［GJ／年］	［GJ／年］
住戸部分の一次エネルギー消費量の合計	3,144.0	3,489.4	3,140.4

住宅の省エネ基準

住棟単位の計算 フロア入力法

056

point

①建物形状等に係る基本情報を入力すると仮想住戸（各階最大3種）の外皮性能が直接計算される。

②フロアごと、仮想住戸ごとの外皮性能、床面積をもとに仮想住戸の一次エネルギー消費量をフロア毎の代表的な設備機器の種類、仕様で計算する。

フロア入力法とは

共同住宅のフロア入力法は、実際の住棟の形状等にかかわらず、建物形状を仮定して、住棟単位外皮平均熱貫流率（住棟単位U_A値）、住棟単位平均日射熱取得率（住棟単位η_A値）、住棟単位のBEIを計算するものである。ただし、次の共同住宅に対しては本計算方法を適用することができない。

・混構造の共同住宅（例：鉄筋コンクリート造と鉄骨造による共同住宅）

・2層以上で構成される住戸（スキップフロア、メゾネット等）を有する共同住宅

・地下に住戸を有する共同住宅

計算にはフロア入力法による共同住宅の評価シート（以下、評価シート）を用いる。

計算方法

建築研究所が無料公開している「共同住宅フロア入力法計算プログラム」（2021［令和3］年4月より運用開始予定）を用いる。WEB上のプログラムに以下の情報を入力すると直接住棟の外皮性能及び一次エネルギー消費性能の計算結果が出力される予定となっている。

・基本情報（建物名称、地域）

・建物形状（構造、建物全体の高さ、階数、共用廊下の種別、主たる居室の窓の方位）

・各フロアの情報（住戸数、住戸部分の床面積の合計、住戸部分の外周長、住戸部分の外気に接する床の面積の合計、住戸部分の屋根の面積の合計、その他の居室の有無）

・外皮の性能値（※最も不利な性能値）（外壁・屋根・最下階床の熱貫流率、界壁・界床の熱貫流率、窓の熱貫流率・日射取得率）

・設備の仕様（最も不利な仕様）

図 1　フロア入力法のイメージ

評価建物　例）13戸を有する4階建ての共用住宅の場合

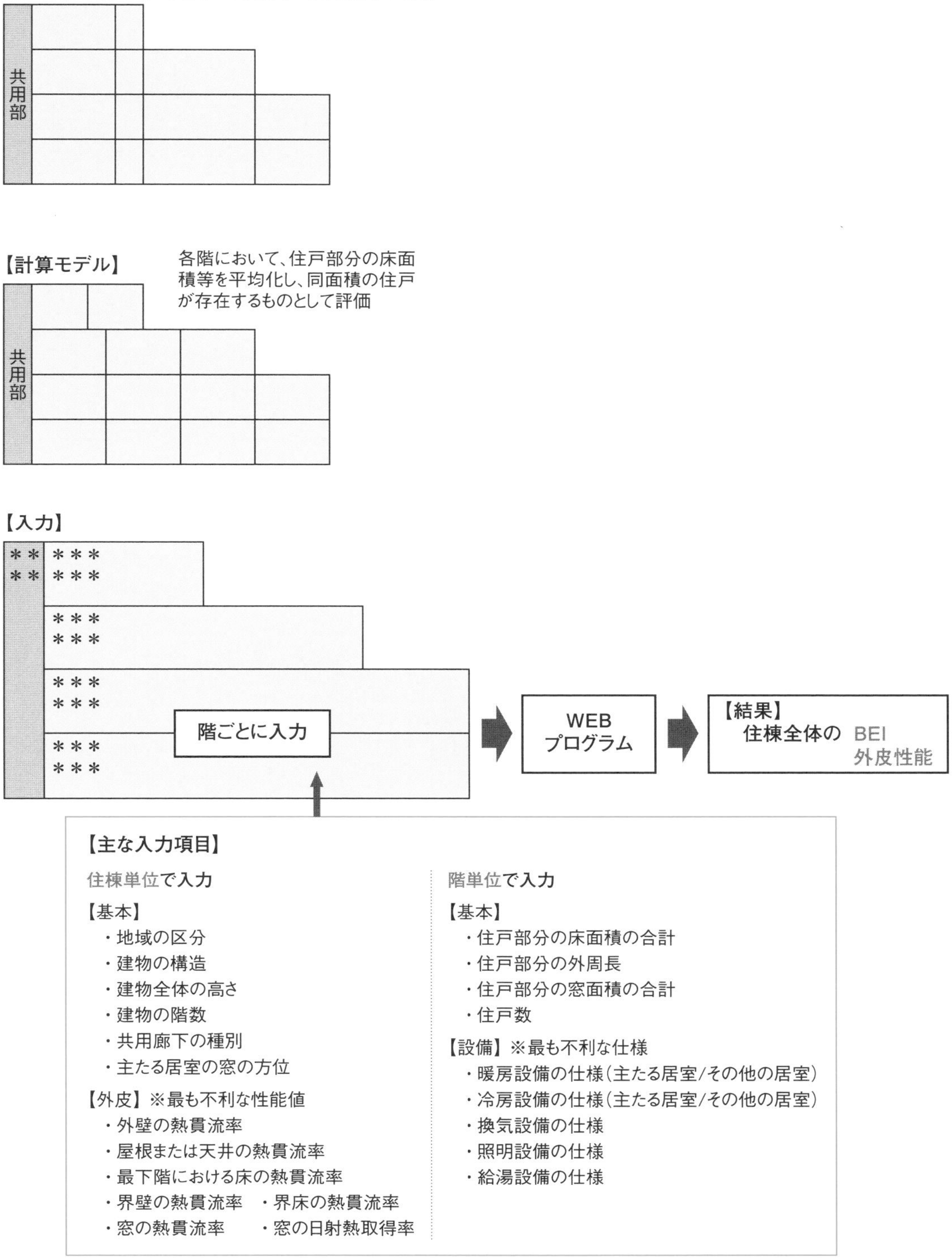

【主な入力項目】

住棟単位で入力

【基本】
- 地域の区分
- 建物の構造
- 建物全体の高さ
- 建物の階数
- 共用廊下の種別
- 主たる居室の窓の方位

【外皮】※最も不利な性能値
- 外壁の熱貫流率
- 屋根または天井の熱貫流率
- 最下階における床の熱貫流率
- 界壁の熱貫流率
- 界床の熱貫流率
- 窓の熱貫流率
- 窓の日射熱取得率

階単位で入力

【基本】
- 住戸部分の床面積の合計
- 住戸部分の外周長
- 住戸部分の窓面積の合計
- 住戸数

【設備】※最も不利な仕様
- 暖房設備の仕様（主たる居室/その他の居室）
- 冷房設備の仕様（主たる居室/その他の居室）
- 換気設備の仕様
- 照明設備の仕様
- 給湯設備の仕様

外皮性能の計算

①プログラムに建築物全体の構造、高さ、階数などの②建物形状、各階の住戸部分の床面積の合計、外周長、住戸数などの③各フロアの情報、④外皮仕様を入力するとフロアごとの仮想住戸（最大3種）の外皮性能が計算される。外皮性能は住宅・住戸の外皮性能の計算プログラム等を用いて計算する。従来の表計算ソフトのほか2019（令和元）年の法改正で【WEBプログラム】「住宅・住戸の外皮性能計算プログラム」が追加された。（2021［令和3］年4月より運用開始予定）

一次エネルギー消費量の計算

住戸に設置される代表的な設備をプログラムに入力すると、仮想住戸ごと（各フロア最大3種）の外皮性能及び各フロアの代表的な設備機器の種類・仕様を用いて計算される。

共用部・非住宅用途部分の計算

共用部及び非住宅用途部分の計算は【非住宅建築物】のエネルギー消費性能計算プログラムを用いて別途計算する。第3章（非住宅建築物の省エネルギー判断基準）を参照されたい。なお、2019（令和元）年の法改正で共用部の評価は任意となり、省略できることとなった。また、非住宅用途部分が【適合義務】の対象となる場合は住棟の評価に含めなくてよい。

評価結果

評価結果には住棟単位のU_A値、住棟単位のη_{AC}値、住棟単位のBEI値（住戸部分のみ共用部分を含む）及び基準判定（適合・不適合）が表示される。

図2　プログラム入力画面（イメージ）

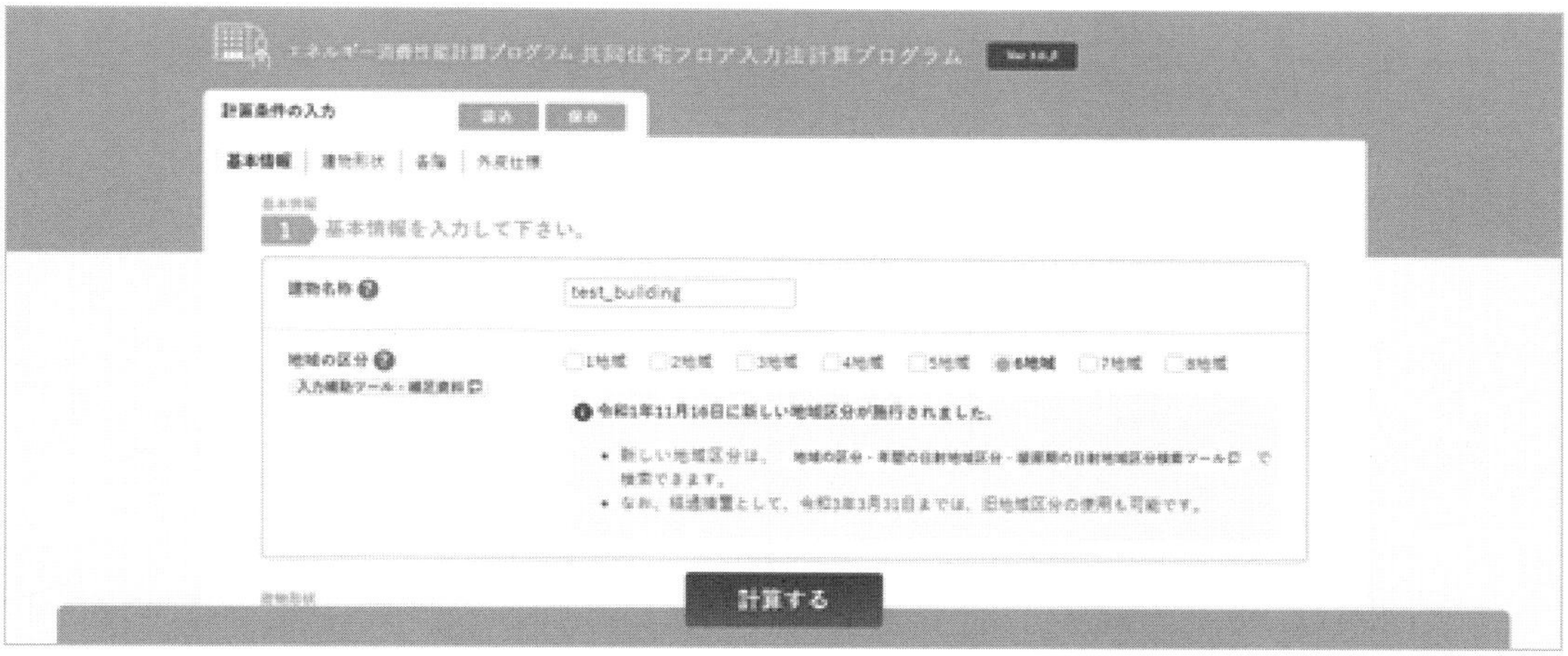

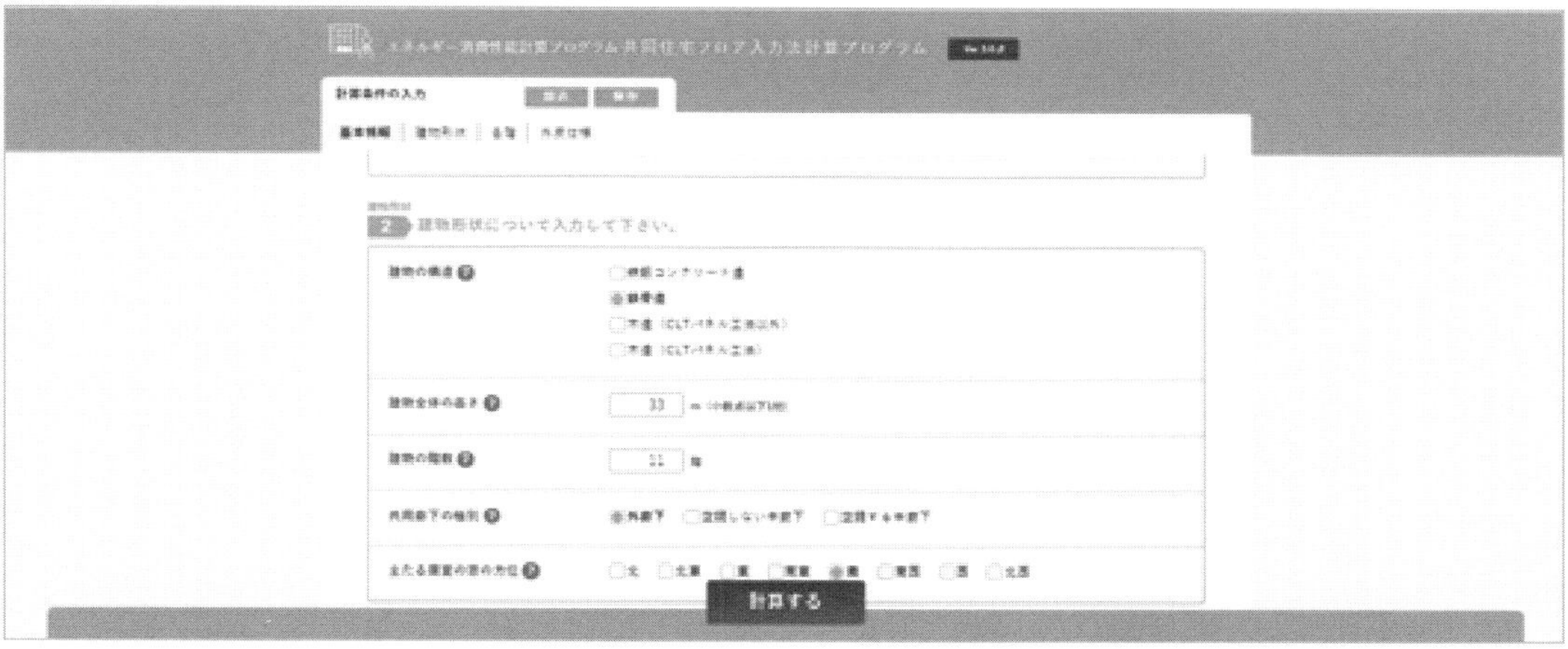

住宅の省エネ基準

住宅の仕様基準の概要（1）

057

point

①外皮の断熱性能は、部位別の熱貫流率または熱抵抗、および熱橋部の断熱補強で評価する。
②開口部の断熱性能は、熱貫流率、ガラスの日射熱取得率、およびブラインドや庇の有無で評価する。

住宅省エネの仕様基準

住宅の【省エネ基準】のうち、省エネルギー法の告示「住宅に係るエネルギーの使用の合理化に関する設計、施工及び維持保全の指針」（以下、指針）の附則に定められていた設計基準（いわゆる仕様基準）の内容は、【建築物省エネ法】の告示「住宅部分の外壁、窓等を通しての熱の損失の防止に関する基準及び一次エネルギー消費量に関する基準」に移行された。基準に関する適否確認のフローを、**図**に示す。

外皮および開口部の断熱性能の基準

仕様基準では、外皮の断熱性能の評価は、外皮平均熱貫流率U_A値、冷房期の日射熱取得率η_{AC}値に代えて、次のいずれかによって評価する。

①熱貫流率が基準値以下であること
②断熱材の熱抵抗が基準値以上であること

①、②とも、基準値は、天井・屋根、壁、床などの部位ごとに、住宅の構造・工法別、断熱施工法別、地域区分別に定められている。①、②のいずれかの基準を満たすことに加えて、構造熱橋部に、規定された断熱補強を施すことが要求される。

開口部の評価は、開口部の熱貫流率が基準値以下であること、およびガラスの日射熱取得率が基準値以下であること、ブラインドや庇が設けられていることなどをもって評価する。

なお、外皮の熱貫流率の値は、告示「建築物エネルギー消費性能基準等の算出方法等に係る事項」において、別表に部位の断面構成別の熱貫流率が示されているので、参考にされたい。なお、開口部比率による制限は2017（平成29）年の改正時に廃止されている。

図　住宅の仕様基準に関する適否確認のフロー

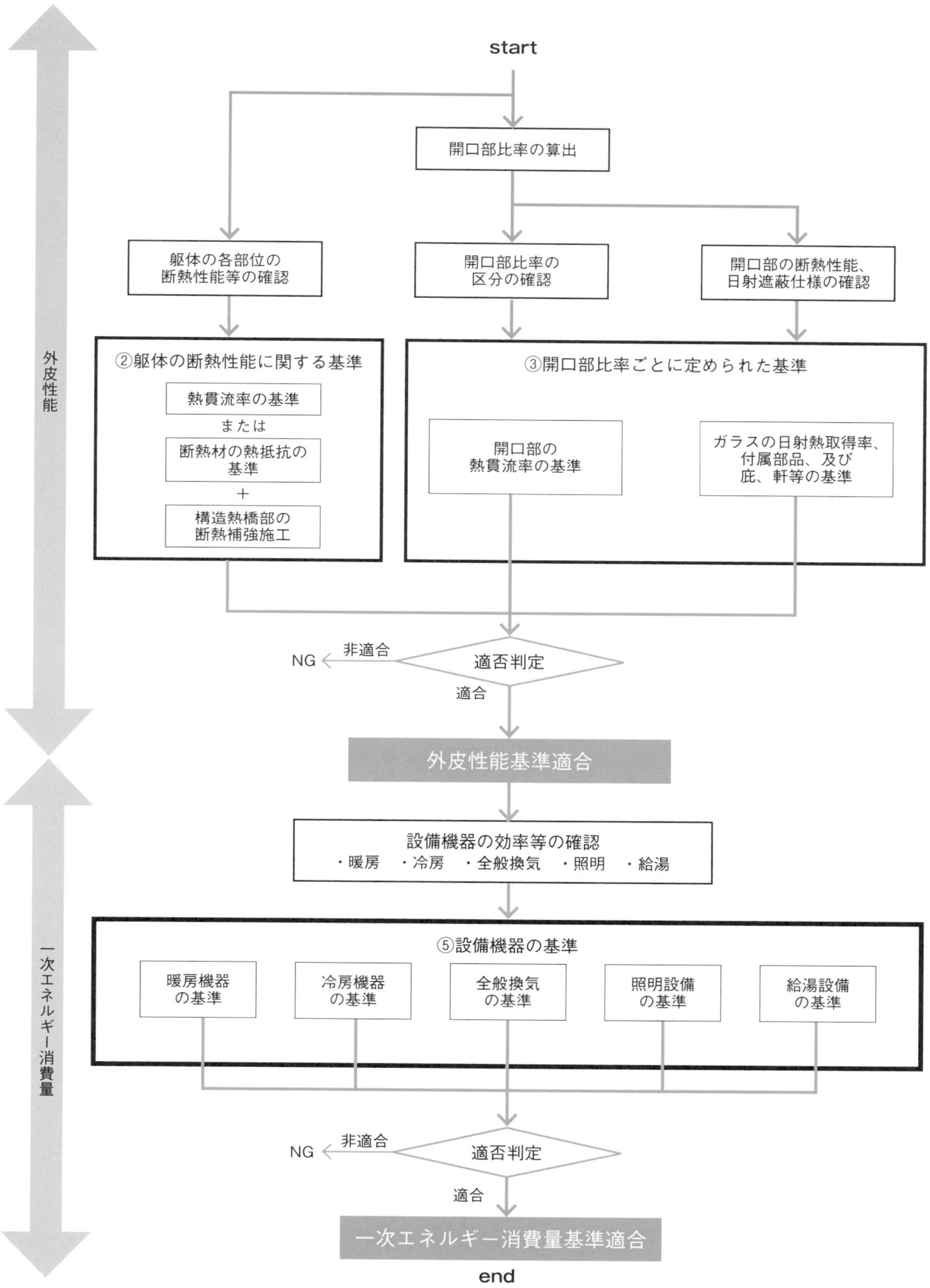

サステナブル建築協会の資料をもとに作成

住宅の省エネ基準

住宅の仕様基準の概要(2)

058

point

①一次エネルギー消費量は、暖房、冷房、換気、照明、給湯の仕様に関する要件で評価する。
②設備仕様については、各設備がそれぞれの要件を同時に満たすことが求められる。

仕様基準では、一次エネルギー消費量については、採用設備の仕様に関する要件を同時に満たせば、基準に適合していると評価される。

採用設備の仕様に関する要件

暖房、冷房、換気、照明および給湯の各設備が定められた仕様と同じで機器の効率が規定以上であること、または判断基準において同等以上の評価となることが条件となる(**図**)。

暖房・冷房設備は、住戸全体を暖冷房する方式ではヒートポンプ熱源のダクト式セントラル空調機に限られる。居室のみを暖冷房する場合は、運転方式や地域区分に応じて機器の種類と熱効率、運転効率の値が定められている。

機械換気設備は、採用する全般換気設備の比消費電力(熱交換型では、比消費電力を有効換気量率で除した値)が、換気回数0.5回以下の場合に0.3W/㎥毎時以下、とされている。

照明設備は、非居室に白熱灯またはこれと同等以下の性能の照明設備を採用しないことが条件となる。

給湯設備は、地域区分に応じて機器の種類と熱効率の値が定められている。

仕様基準と性能基準の違い

047、051～054項目で説明した、いわゆる性能基準では、設備種別のひとつにおいて高い【省エネ性能】の設備を採用することで、設備相互の補完により住戸として基準値を満たすことも可能である。しかし仕様基準では、それぞれの設備が全て、定められた要件を満たさなければならない。

前段の「同等以上の評価」の判断は、性能基準の算定プログラムを用いて確認することができる。

図　採用設備の仕様に関する要件

イ　単位住戸に採用する暖房設備が、暖房方式、運転方式および地域区分（地域区分の８を除く）に応じ、次表に掲げる事項に該当するものまたは建築物エネルギー消費性能基準等を定める省令における算出方法等に係る事項（平成 28 年国土交通省告示第 265 号）に定める算出方法によりこれと同等以上の評価となるものであること

暖房方式	運転方式	暖房設備およびその効率に関する事項	
		地域の区分	
		1、2、3および4	5、6および7
単位住戸全体を暖房する方式		ダクト式セントラル空調機であって、ヒートポンプを熱源とするもの	
居室のみを暖房する方式	連続運転	石油熱源機を用いた温水暖房用パネルラジエーターであって、日本工業規格S3031に規定する熱効率が83.0％以上であり、かつ、配管に断熱被覆があるもの	ガス熱源機を用いた温水暖房用パネルラジエーターであって日本工業規格S2112に規定する熱効率が82.5％以上であり、かつ、配管に断熱被覆があるもの
	間歇《けつ》運転	強制対流式の密閉式石油ストーブであって、日本工業規格S3031に規定する熱効率が86.0％以上であるもの	ルームエアコンディショナーであって、日本工業規格B8615-1に規定する暖房能力を消費電力で除した数値が、以下の算出式により求められる基準値以上であるもの −0.321×暖房能力（kW）＋6.16

ロ　単位住戸に採用する冷房設備が、冷房方式および運転方式に応じ、次表に掲げる事項に該当するものまたは建築物エネルギー消費性能基準等を定める省令における算出方法等に係る事項に定める算出方法によりこれと同等以上の評価となるものであること

冷房方式	運転方式	冷房設備およびその効率に関する事項
単位住戸全体を冷房する方式		ダクト式セントラル空調機であって、ヒートポンプを熱源とするもの
居室のみを冷房する方式	間歇運転	ルームエアコンディショナーであって、日本工業規格B8615-1に規定する冷房能力を消費電力で除した数値が、以下の算出式により求められる基準値以上であるもの −0.504×冷房能力（kW）＋5.88

ハ　単位住戸に採用する全般換気設備の比消費電力（熱交換換気設備を採用する場合にあっては、比消費電力を有効換気量率で除した値）が、換気回数が 0.5 回以下の場合において、0.3（W ／㎥毎時）以下であることまたは建築物エネルギー消費性能基準等を定める省令における算出方法等に係る事項に定める算出方法によりこれと同等以上の評価となるものであること

ニ　単位住戸に採用する照明設備について、非居室に白熱灯またはこれと同等以下の性能の照明設備を採用しないこと

ホ　単位住戸に採用する給湯設備（排熱利用設備を含む）が、地域区分に応じ、次の表に掲げる事項に該当するものまたは建築物エネルギー消費性能基準等を定める省令における算出方法等に係る事項に定める算出方法によりこれと同等以上の評価となるものであること

地域の区分	
1、2、3および4	5、6、7および8
石油給湯器であって、日本工業規格S2075に基づくモード熱効率が81.3％以上であるもの	ガス給湯器であって、日本工業規格S2075に基づくモード熱効率が78.2％以上であるもの

住宅の省エネ基準

断熱構造とする部分

059

point

①断熱構造とする部分とは、屋根・天井、壁・床・開口部等、外気と住宅内の境界に当たる部分。
②玄関・勝手口の土間床、断熱構造の浴室下部の土間床は、断熱構造としなくてよい。

断熱構造とする部分

仕様基準では、「躯体および開口部を、地域区分に応じた断熱構造とすること」と定めている。ここでいう「断熱構造とする部分」とは、外気と住宅内の境界に当たる部分であり、具体的には以下の部分をいう（**図1**）。

《屋根および天井》

A：小屋裏または天井裏が外気に通じている場合の「天井」。B：小屋裏または天井裏が外気に通じていない場合の「屋根」またはその直下の「天井」。

《壁・床・開口部》

C：外気に接する壁。D：外気に接する床。E：外気に通じる床裏に接する床。F：外気に接する土間床等の外周部。G：その他の土間床等の外周部。H：外気に接する開口部。

土間床等とは、地盤面をコンクリートその他これに類する材料で覆ったもの、または床裏が外気に通じていないものをいう。

断熱構造としなくてもよい部分

仕様基準では、断熱構造としなくてもよい部分として以下が示されている（**図2、3**）。

イ．物置、車庫などの空間で居室に面する部位以外の部位（居室に面する部位は断熱構造であること）。

ロ．外気に通じる床裏、小屋裏または天井裏に接する外壁。

ハ．断熱構造の外壁から突き出した軒、袖壁またはベランダ。

ニ．玄関、勝手口およびこれに類する部分の土間床部分。

ホ．断熱措置がとられている浴室下部における土間床部分。

ヘ．共同住宅の住戸の外皮が接する空間が住戸と同じ熱的環境である場合の当該外皮。

図１　断熱構造とする部分

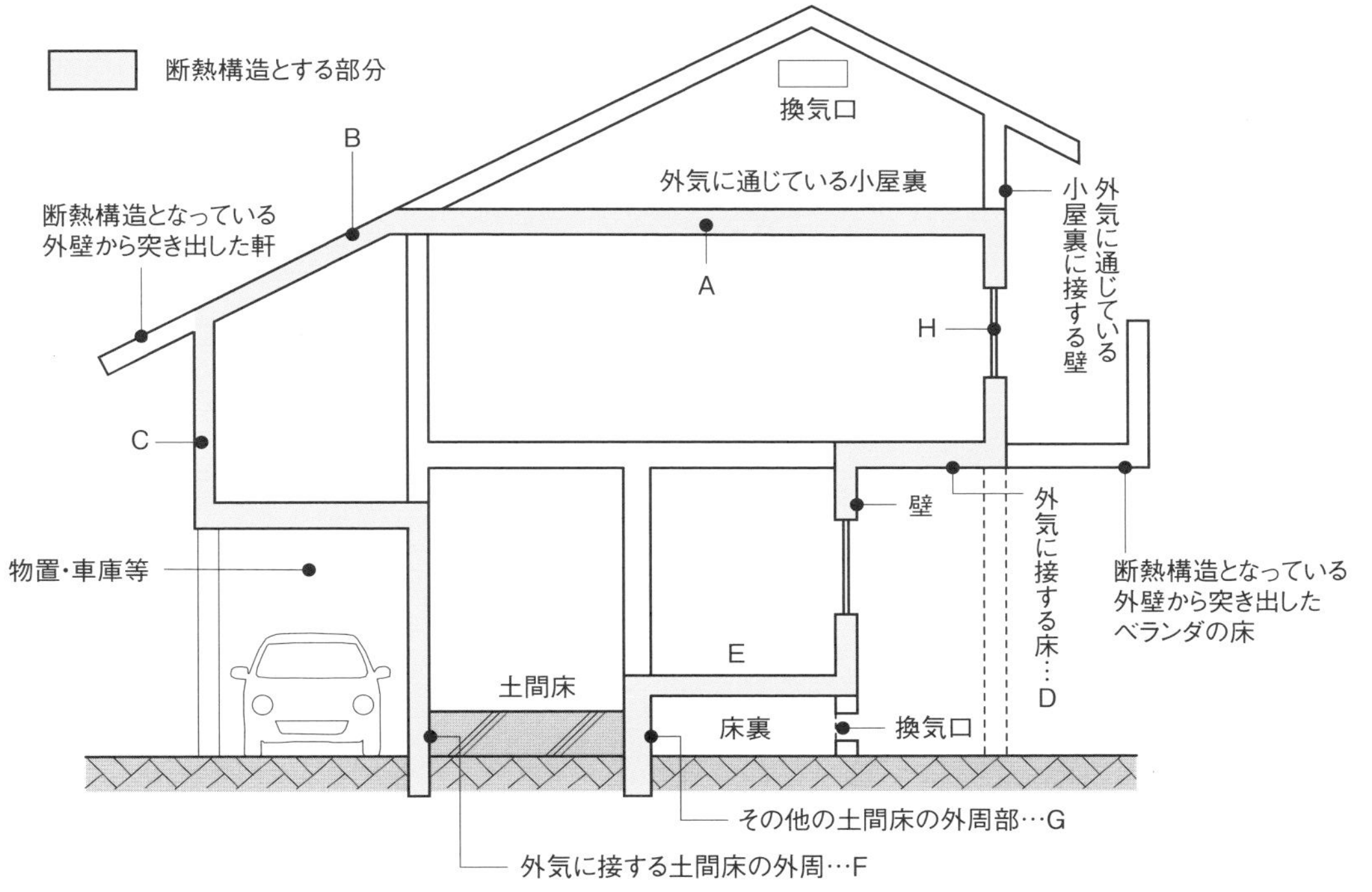

図２　土間床等の断熱

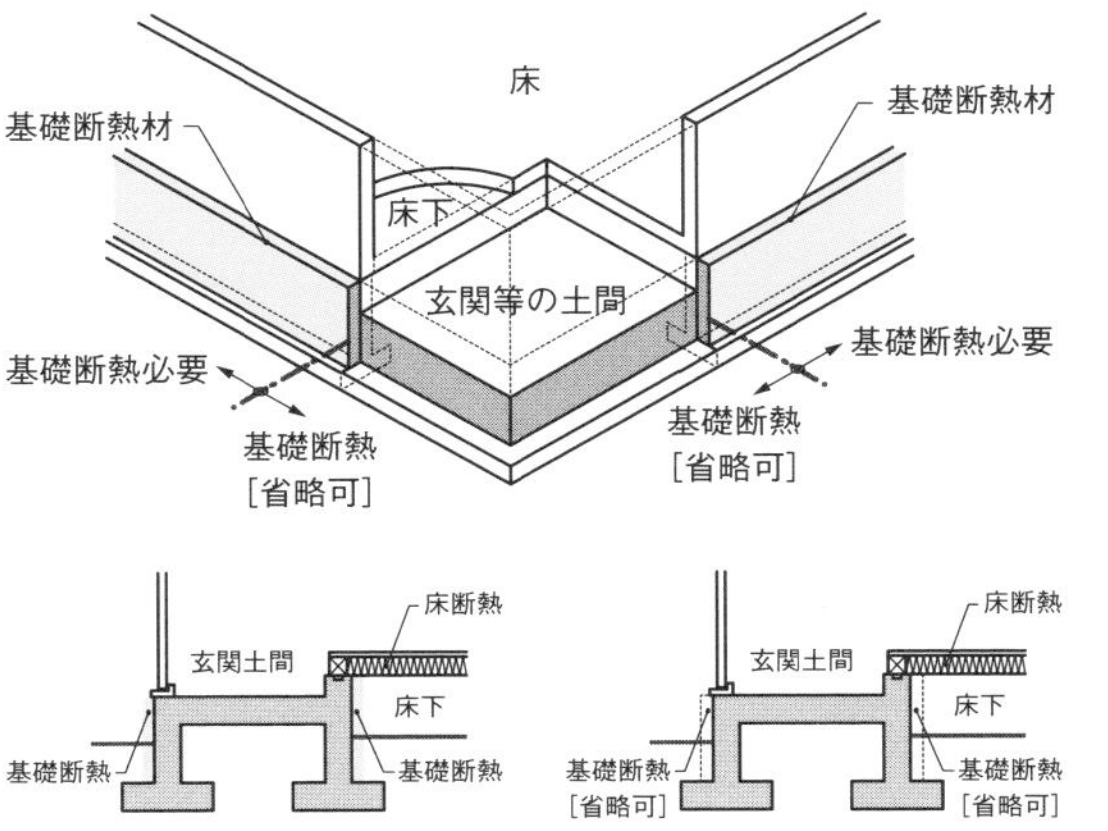

図３　浴室下部の断熱

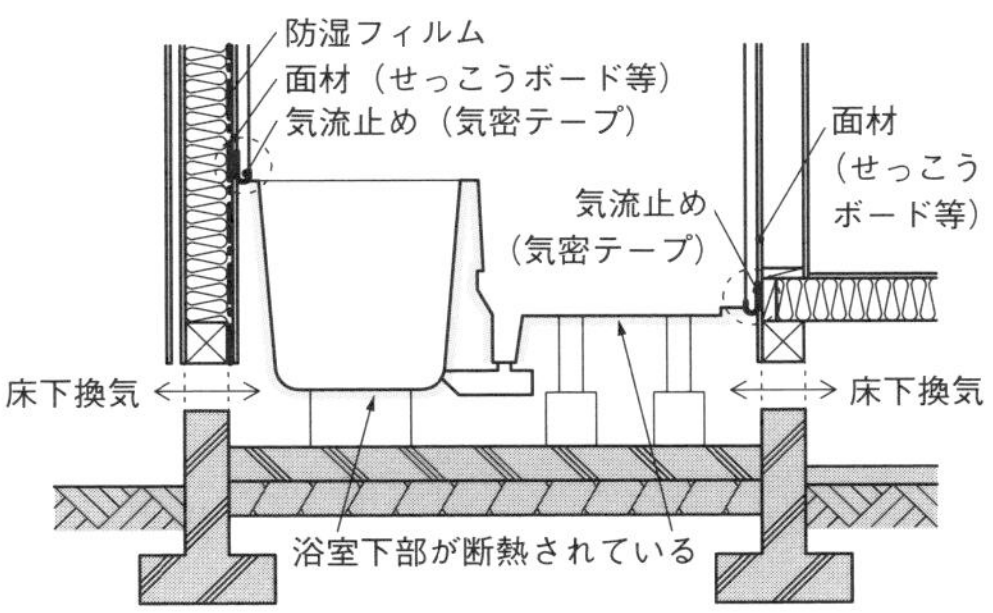

ユニットバスの下部が断熱されている場合は、壁・床等との取合部に適切な気流止めが設置され、床下換気を確保することで、土間床部分断熱を施工する必要がない。

「住宅の省エネルギー基準の解説」（財団法人　建築環境・省エネルギー機構）より

住宅の省エネ基準

躯体の断熱性能

060

point

①躯体の断熱性能は、熱貫流率、熱抵抗、構造熱橋部の3つの基準が定められている。
②断熱性能基準は、住宅の種類、断熱材の工法、地域の区分により定められている。

躯体の断熱性能に関する基準

「断熱構造」とする躯体の断熱性能に関する仕様を定めた基準である。躯体の断熱性能に関する基準は大きく以下の3つの項目からなる。

(1)熱貫流率の基準
(2)熱抵抗の基準
(3)構造熱橋部の基準

躯体の断熱性能は、(1)または(2)の基準のいずれかに適合させる必要があり、加えて構造熱橋部は(3)の基準に基づき断熱材の施工を行うことが必要となる(**063項目**参照)。

「熱貫流率」とは、内外の温度差1度の部分において1㎡当たりの貫流する熱量をワットで表した数値のことである。この数値が小さいほど、断熱性能が高い。

鉄筋コンクリート造等(鉄筋コンクリート造、組石造その他これらに類する構造)の住宅にあっては、熱橋(構造部材、下地材、窓枠下地その他断熱構造を貫通する部分であって、断熱性能が周囲の部分より劣る部位)となる部分を除いた熱貫流率が、その他の住宅にあっては熱橋となる部分(壁に設けられる横架材を除く)による低減を勘案した熱貫流率が、それぞれ断熱材の施工法、部位および地域の区分に応じ、**表1**に掲げる基準値以下であることが必要である。

断熱材の熱抵抗の基準

熱貫流率基準が、壁体全体の断熱性能を規定するのに対し、熱抵抗基準では壁体に設けられる断熱材のみの断熱性能を規定している。

各部位の断熱材の熱抵抗が、住宅の種類、断熱材の施工法および地域の区分に応じ、**表2**に掲げる基準値以上である必要がある。熱抵抗の数値が大きいほど、断熱性能が高い。

表１　躯体の熱貫流率の基準

住宅の種類	断熱材の施工法	部位		熱貫流率の基準値（単位　１㎡１度につきワット）地域の区分 1、2	3	4～7	8
鉄筋コンクリート造等の単位住戸	内断熱工法	屋根又は天井		0.27	0.35	0.37	0.53
		壁		0.39	0.49	0.75	
		床	外気に接する部分	0.27	0.32	0.37	
			その他の部分	0.38	0.46	0.53	
		土間床等の外周部	外気に接する部分	0.47	0.51	0.58	
			その他の部分	0.67	0.73	0.83	
	外断熱工法	屋根又は天井		0.32	0.41	0.43	0.62
		壁		0.49	0.58	0.86	
		床	外気に接する部分	0.27	0.32	0.37	
			その他の部分	0.38	0.46	0.53	
		土間床等の外周部	外気に接する部分	0.52	0.62	0.98	
			その他の部分	1.38	1.60	2.36	
その他の単位住戸		屋根又は天井		0.17	0.24	0.24	0.24
		壁		0.35	0.53	0.53	
		床	外気に接する部分	0.24	0.24	0.34	
			その他の部分	0.34	0.34	0.48	
		土間床等の外周部	外気に接する部分	0.27	0.27	0.52	
			その他の部分	0.71	0.71	1.38	

表２　断熱材の熱抵抗の基準

住宅の種類	断熱材の施工法	部位		断熱材の熱抵抗の基準値（単位　㎡・K／W）地域の区分 1、2	3	4～7	8
鉄筋コンクリート造等の単位住戸	内断熱工法	屋根又は天井		3.6	2.7	2.5	1.6
		壁		2.3	1.8	1.1	
		床	外気に接する部分	3.2	2.6	2.1	
			その他の部分	2.2	1.8	1.5	
		土間床等の外周部	外気に接する部分	1.7	1.4	0.8	
			その他の部分	0.5	0.4	0.2	
	外断熱工法	屋根又は天井		3.0	2.2	2.0	1.4
		壁		1.8	1.5	0.9	
		床	外気に接する部分	3.2	2.6	2.1	
			その他の部分	2.2	1.8	1.5	
		土間床等の外周部	外気に接する部分	1.7	1.4	0.8	
			その他の部分	0.5	0.4	0.2	
木造の単位住戸	充填断熱工法	屋根又は天井	屋根	6.6	4.6	4.6	4.6
			天井	5.7	4.0	4.0	4.0
		壁		3.3	2.2	2.2	
		床	外気に接する部分	5.2	5.2	3.3	
			その他の部分	3.3	3.3	2.2	
		土間床等の外周部	外気に接する部分	3.5	3.5	1.7	
			その他の部分	1.2	1.2	0.5	
枠組壁工法の単位住戸	充填断熱工法	屋根又は天井	屋根	6.6	4.6	4.6	4.6
			天井	5.7	4.0	4.0	4.0
		壁		3.6	2.3	2.3	
		床	外気に接する部分	4.2	4.2	3.1	
			その他の部分	3.1	3.1	2.0	
		土間床等の外周部	外気に接する部分	3.5	3.5	1.7	
			その他の部分	1.2	1.2	0.5	
木造、枠組壁工法または鉄骨造の単位住戸	外張断熱工法又は内張断熱工法	屋根又は天井		5.7	4.0	4.0	4.0
		壁		2.9	1.7	1.7	
		床	外気に接する部分	3.8	3.8	2.5	
			その他の部分				
		土間床等の外周部	外気に接する部分	3.5	3.5	1.7	
			その他の部分	1.2	1.2	0.5	

住宅の省エネ基準

開口部の断熱性能

061

point

①開口部の断熱性能は、熱貫流率を基準値以下にする。
②合計面積が住宅の延べ面積の2%以下の開口部は、断熱性能について対象外にできる。

住宅では、開口部からの熱損失が住宅全体の約3割を占める。このため、住宅の居住快適性を高めながら、開口部の断熱性、気密性、日射遮蔽性を確保することが不可欠である。開口部はフレームやガラスといったさまざまな部材で構成されているが、その断熱性能の評価には熱貫流率や日射侵入率といった総合的な指標を使う。

外皮仕様基準では、開口部の断熱性能は、開口部の熱貫流率(U値:熱の通しやすさ)が、地域区分および開口部比率の区分ごとに定められた基準値以下であることをもって評価する(**図1**・**表1**、**2**)。

また、小窓に対する緩和規定があり、開口部の合計面積が住宅の延べ面積の2%以下の開口部は、断熱性能に関して対象外にできる(例:浴室、脱衣室、廊下など)。これは小窓は機能やデザインの問題から断熱構造化することが容易でなく、住宅全体の熱損失に与える影響が少ないことによる。

仕様基準に定められている典型的な建具の構造は、**図2**の左から「金属(アルミ)製一重窓」、「プラスチック製一重窓」、「プラスチックと金属の複合一重窓」である。「プラスチックと金属の複合一重窓」の下枠は、「金属製熱遮断構造(サーマルブレイク)」となっており、断熱性に劣る金属フレームを硬質ウレタン樹脂や繊維強化ポリアミド樹脂などで断熱したものである。

また、開口部の日射遮蔽措置に関しても考慮する必要がある。地域区分が5~8の地域においては、ガラスの日射熱取得率の制限もしくは庇・付属部材などによる対策が必要となる。この際の付属部材については、外付けブラインド・紙障子などの「開口部に建築的に取り付けられるもの」のみが有効となり、カーテンレールなどは付属部材とみなされないので、注意されたい。

図1　ガラスの仕様と性能

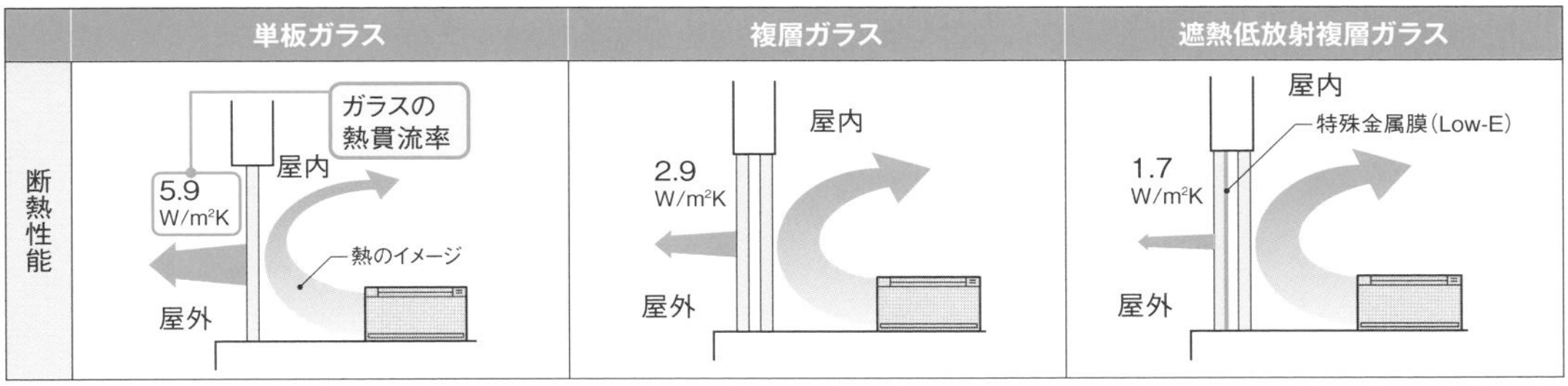

表1　地域区分と開口部比率の区分

住宅の種類	開口部比率の区分	地域区分		
		1、2および3	4、5、6および7	8
一戸建ての住宅	（い）	0.07 未満	0.08 未満	0.08 未満
	（ろ）	0.07 以上 0.09 未満	0.08 以上 0.11 未満	0.08 以上 0.11 未満
	（は）	0.09 以上 0.11 未満	0.11 以上 0.13 未満	0.11 以上 0.13 未満
	（に）	0.11 以上	0.13 以上	0.13 以上
一戸建ての住宅以外の住宅および複合建築物	（い）	0.05 未満	0.05 未満	0.05 未満
	（ろ）	0.05 以上 0.07 未満	0.05 以上 0.07 未満	0.05 以上 0.07 未満
	（は）	0.07 以上 0.09 未満	0.07 以上 0.08 未満	0.07 以上 0.08 未満
	（に）	0.09 以上	0.08 以上	0.08 以上

※ 開口部比率：外皮等面積の合計に占める開口部面積の合計の割合

表2　開口部比率の区分と熱貫流率の基準値

開口部比率の区分	熱貫流率の基準値（単位　1㎡1度につきワット）			
	地域区分			
	1、2および3	4	5、6および7	8
（い）	2.91	4.07	6.51	
（ろ）	2.33	3.49	4.65	
（は）	1.90	2.91	4.07	
（に）	1.60	2.33	3.49	

図2　ガラスの仕様と性能

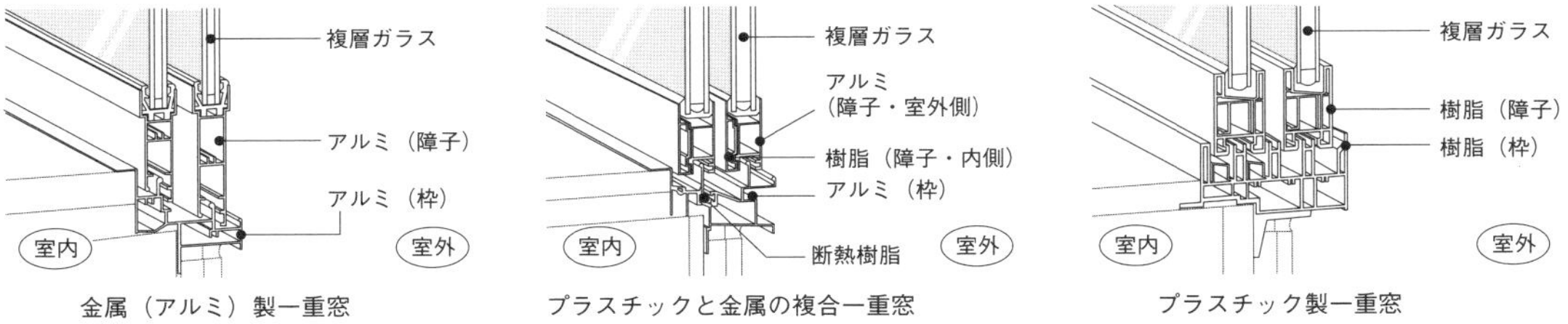

住宅の省エネ基準

開口部の日射遮蔽性能

062

point

①日射遮蔽性能は、日射熱取得率や遮蔽装置の構造によって評価する。
②合計面積が住宅の延べ面積の 4%以下の開口部は、日射遮蔽性能について対象外にできる。

日射遮蔽性能と日射侵入率

開口部の日射遮蔽は、直達光と拡散光の両方を遮蔽しなければ十分な効果がない。日射遮蔽性能の向上には、窓の遮熱性能を高める方法と、窓本体に付属部材（レースカーテン、ブラインド等４種）や庇、軒等を付加する方法、両方を組み合わせた方法がある。

窓の日射遮蔽性能は、ガラスとフレームの総合的な性能だが、ガラスの性能によるところが大きい。ガラス部の日射侵入率はＪＩＳ Ｒ ３１０６の「日射熱取得率」で、この値が小さいほど性能が高い。「低放射複層ガラス」、「遮熱複層ガラス」、「熱線吸収ガラス」、「熱線反射ガラス」などは普通板ガラスより日射侵入率が小さく、日射遮蔽性能を高めることができる（**図1**、**2**）。

日射侵入率は、窓に入射する日射熱量に対する室内に流入する熱量の割合で示したもので、μ値（無単位）という。流入する熱量には、ガラスの透明部分を透過する熱量と、フレーム部のような不透明部分で吸収された後に室内側に流入する熱量の２つが含まれる。

日射遮蔽性能の検討方法

開口部の日射遮蔽性能は、開口部のガラスの日射熱取得率の値や、付属部材（紙障子、外付けブラインド、その他これらと同等以上の日射遮蔽性能を有する建築部材）、庇、軒等の構造をもって評価する（**図3**、**表**）。

また、小窓に対する緩和規定があり、開口部の合計面積が住宅の延べ面積の４％以下の開口部は、日射遮蔽性能に関する対象外にできる。ただし、直射光の入る天窓は対象外である。

図1　ガラスの仕様と性能

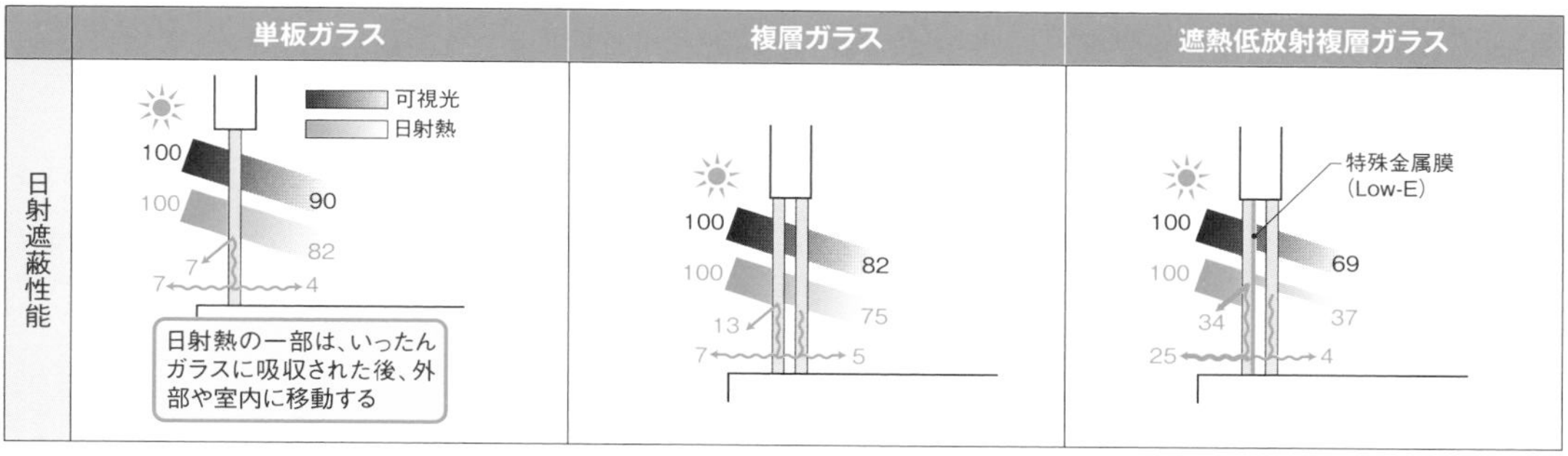

図2　遮熱低放射複層ガラスを採用した場合の例

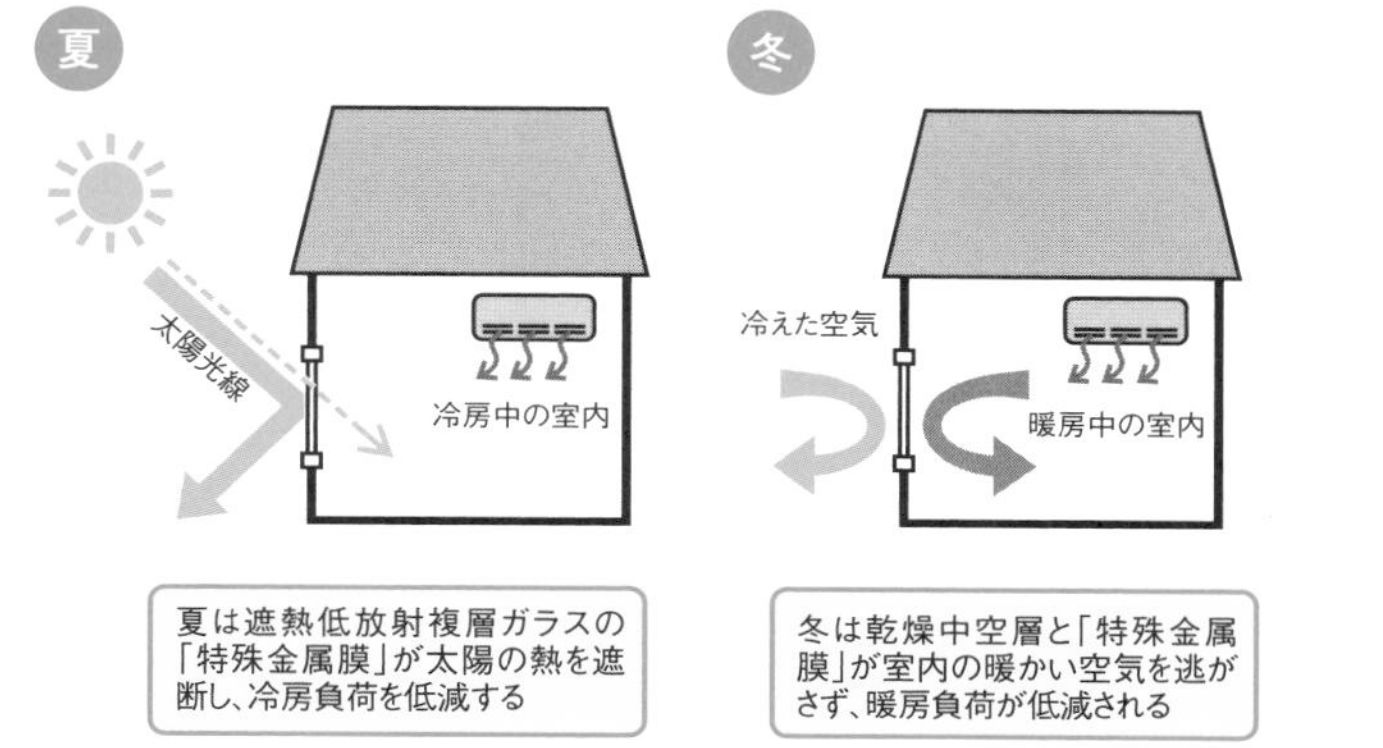

図3　方位の考え方

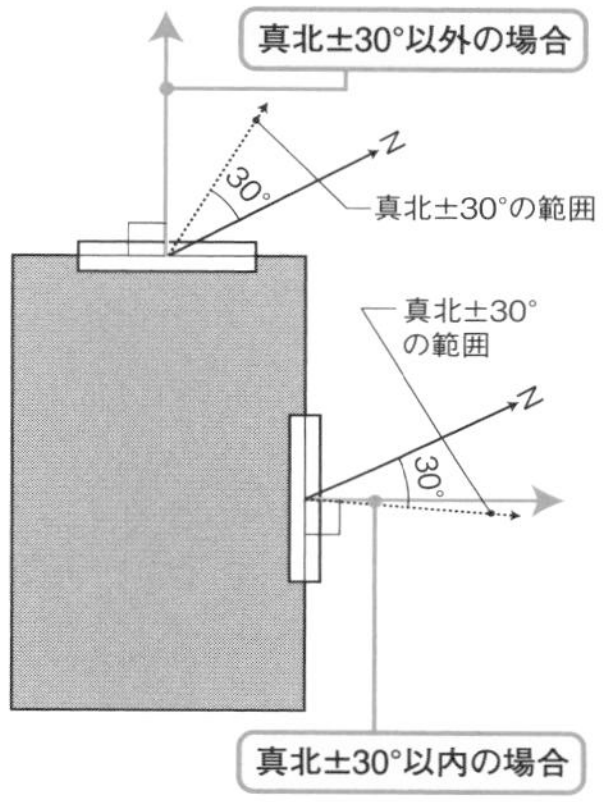

表　日射遮蔽性能の仕様基準

住宅の種類	地域区分	開口部比率の区分	建具の種類若しくはその組合せまたは付属部材、ひさし、軒等の設置
一戸建ての住宅	1、2、3、4	(い)、(ろ)、(は)、(に)	
	5、6、7	(い)	
		(ろ)	次のイ又はロに該当するもの イ ガラスの日射熱取得率が 0.74 以下であるもの ロ 付属部材又は庇、軒等を設けるもの
		(は)、(に)	次のイ、ロ又はハに該当するもの イ ガラスの日射熱取得率が 0.49 以下であるもの ロ ガラスの日射熱取得率が 0.74 以下のものに、庇、軒等を設けるもの ハ 付属部材（南 ±22.5 度に設置するものについては、外付けブラインドに限る）を設けるもの
	8	(い)	付属部材又は庇、軒等を設けるもの
		(ろ)	次のイ又はロに該当するもの イ ガラスの日射熱取得率が 0.68 以下のものに、庇、軒等を設けるもの ロ 付属部材を設けるもの
		(は)、(に)	ガラスの日射熱取得率が 0.49 以下のものに、付属部材（南 ±22.5 度に設置するものについては、外付けブラインドに限る）または庇、軒等を設けるもの
一戸建ての住宅以外の住宅および複合建築物	1、2、3、4	(い)、(ろ)、(は)、(に)	
	5、6、7	(い)、(ろ)、(は)、(に)	
	8	(い)	
		(ろ)	付属部材または庇、軒等を設けるもの
		(は)、(に)	次のイ又はロに該当するもの イ ガラスの日射熱取得率が 0.68 以下のものに、庇、軒等を設けるもの ロ 付属部材を設けるもの

開口区分の比率（い）、（ろ）、（は）、（に）は前項目参照

1「ガラスの日射熱取得率」は、日本工業規格 R3106（板ガラス類の透過率・反射率・放射率・日射熱取得率の試験方法）に定める測定方法によるものとする。

2「付属部材」とは、紙障子、外付けブラインド（窓の直近外側に設置され、金属製スラット等の可変により日射調整機能を有するブラインド）その他これらと同等以上の日射遮蔽性能を有し、開口部に建築的に取り付けられるものをいう。

3「庇、軒等」とは、オーバーハング型の日除けで、外壁からの出寸法がその下端から窓下端までの高さの 0.3 倍以上のものをいう。

住宅の省エネ基準

構造熱橋部

063

point

①外壁から突出したバルコニー等の構造熱橋部は、地域区分に応じて断熱補強を行う。
②断熱補強は、構造熱橋部の両面で行い、その範囲は、原則として躯体面を起点とする。

鉄筋コンクリート造では、外壁と床との接合部、外壁から突出したバルコニー等の構造体が熱橋となる(**図1**)。鉄筋コンクリート造や組積造では、このような構造熱橋の影響を無視することができない。

一般に、熱橋の影響は高断熱化するほど顕著に表れ、壁体の断熱仕様は大きく変わる。断熱に関する知識が乏しい設計者が、共同住宅の中間階の住戸や壁式ラーメン構造等の小規模住宅の設計を行った場合、極めて薄い断熱もしくは無断熱とすることも考えられ、一般部で表面結露の問題や住空間の快適性保持に著しい影響を与える。

以上のことから仕様基準では、鉄筋コンクリート造、組積造等は、熱橋となる部分を除いた熱貫流率の基準値を定め、構造熱橋部については地域区分に応じて断熱補強を行うこととしている。

断熱補強は、地域区分、断熱工法(内断熱、外断熱)に応じて、断熱性能(熱抵抗で規定)と断熱補強の範囲を定めている(**表**)。

断熱補強は、構造熱橋部の両面で行い、断熱補強の範囲は、原則として躯体面を起点として定めている(**図2**)。

断熱補強を省略できる部分

以下の部分は、断熱補強を省略することができる。

①乾式構造の界壁、間仕切り壁等が断熱層を貫通する部分(ただし、断熱性のある絶縁体を設けるなどの処置をすることが望ましい)。

②玄関床が断熱層を貫通する部分

柱・梁等が断熱層を貫通する場合は、躯体から柱、梁等から柱、梁等の先端までの寸法によって**図3**のように扱っている。また、結露上支障のない地域では、一般部位の断熱性を強化することによって、熱損失の増大を招かない範囲で断熱補強を省略できる。

図1　断熱工法別の構造熱橋

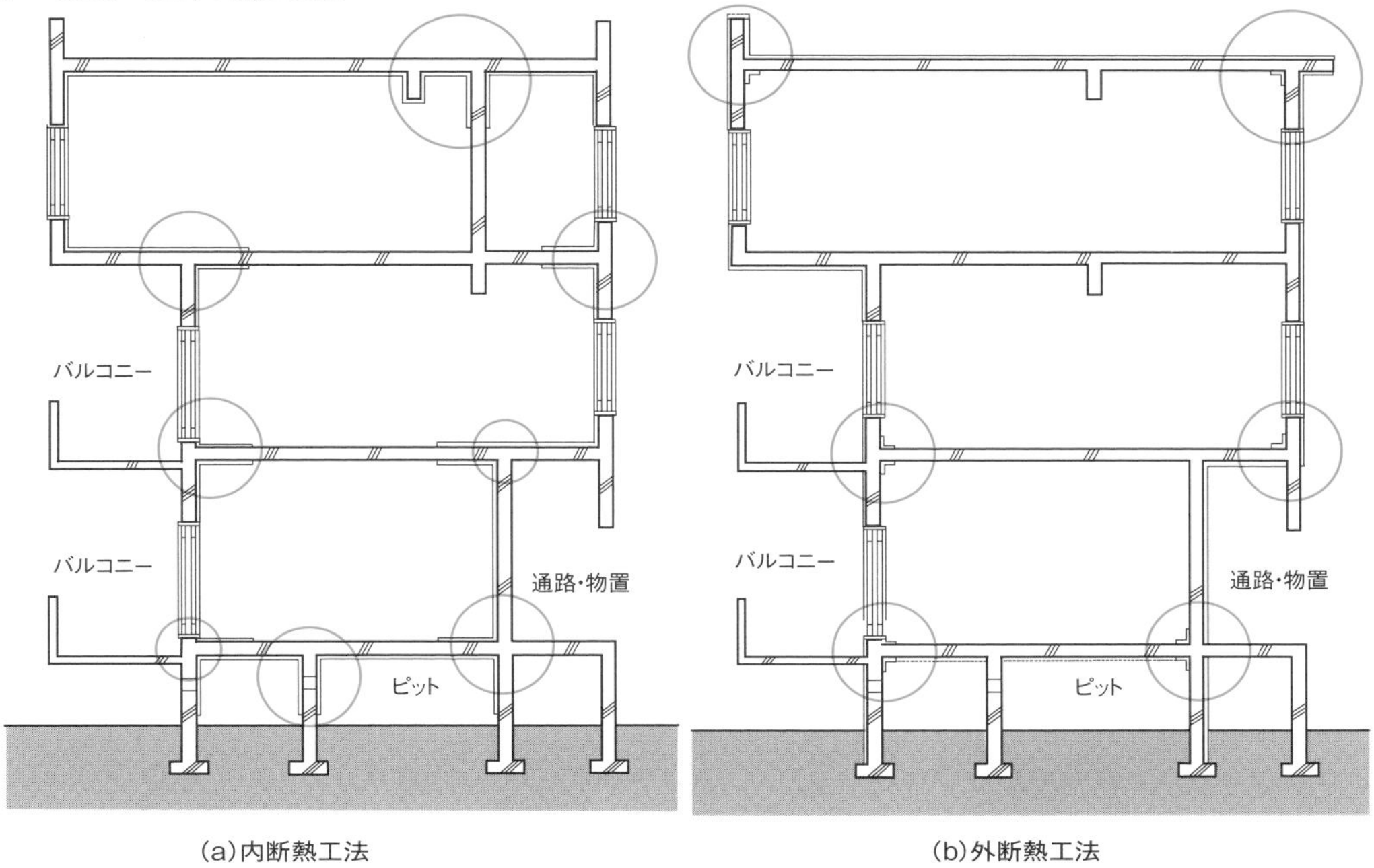

表　鉄筋コンクリート造等の断熱補強の基準

a）補強の範囲

断熱工法	地域区分・断熱補強の範囲［mm］		
	1,2	3,4	5,6,7
内断熱工法	900	600	450
外断熱工法	450	300	200

b）断熱補強材の熱抵抗、および断熱材の厚さ

断熱補強材の熱抵抗［㎡・K ／ W］
0.6

図2　断熱補強の範囲

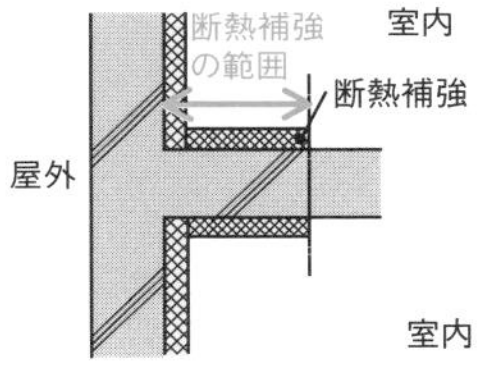

図3　柱、梁等の出寸法による断熱補強の範囲

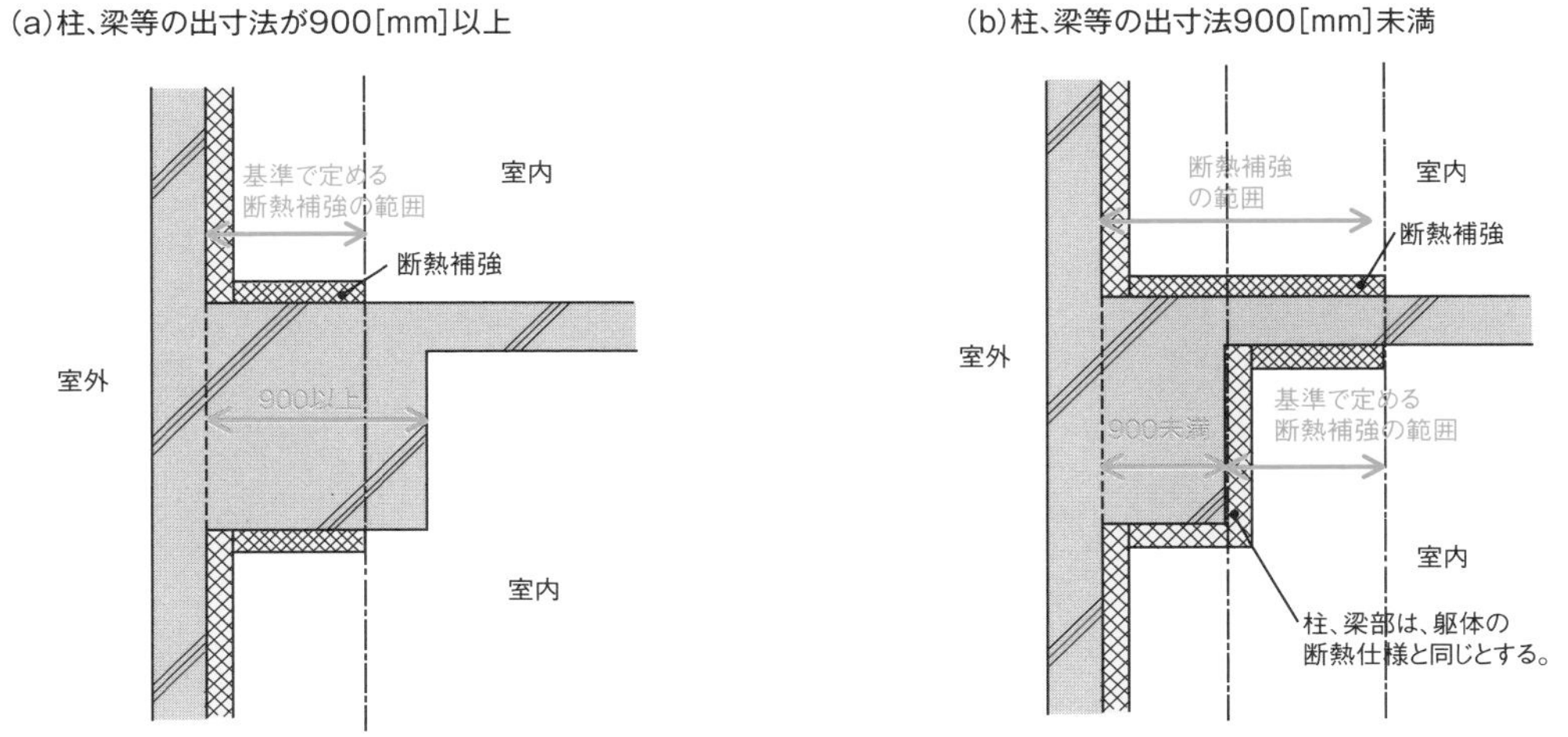

「住宅の省エネルギー基準の解説」（財団法人　建築環境・省エネルギー機構）より

木造

064

point

①鉄筋コンクリート造を除く構造の断熱工法は、充填断熱と外張り断熱に大別できる。
②外張り断熱は、充填断熱に比べ熱橋が少なく、断熱面が明確で、安定した断熱性能が得られる。

外皮仕様基準における熱貫流率の基準は、「鉄筋コンクリート造を除く構造」と「鉄筋コンクリート造・組積造等」に大別され、「鉄筋コンクリート造を除く構造」の断熱工法は、充填断熱と外張り断熱に大別できる（**図1〜3**）。

① 充填断熱

軸組の間、構造の空隙に充填する断熱工法をいい、戸建住宅では最も一般的な断熱手法である。住宅のデザイン等への制約も少なく、比較的安価で断熱化できる点が最大の特徴である。高断熱化を図るには、気流止めの設置、防湿層の連続性の確保などが必要となる。

② 外張り断熱

軸組、構造体の外側に断熱層を設ける断熱工法をいい、ボード状断熱材を用いることが多い。充填断熱に比べ、断熱工事上の省力化が図れ、工法的にも明確であることが特徴で、安定した性能が発揮できる。

③ 内張り断熱

鉄骨系・木造系でいう内張り断熱とは、軸組よりも室内側に断熱材を施工する方法で、充填断熱に比べ柱等の熱橋を少なくできる。一方で、横架材が断熱層を貫通した部分で多くの熱橋が生じやすいことは充填断熱と変わらないので、注意が必要である。

従来は、いずれかの方法で断熱化を図るのが一般的だったが、住宅の断熱部位によって工法を使い分けることが考えられる。例えば、外壁に「充填断熱」、基礎に基礎断熱工法、屋根に「外張り断熱」を適用すれば、外壁や間仕切り壁の気流止めの施工が大幅に簡略化可能となる。また、外壁を「外張り断熱」とし、天井断熱とすれば、厚い断熱を施す場合の屋根外張り断熱の難しさを解消することが可能である。

図１　構造と断熱工法

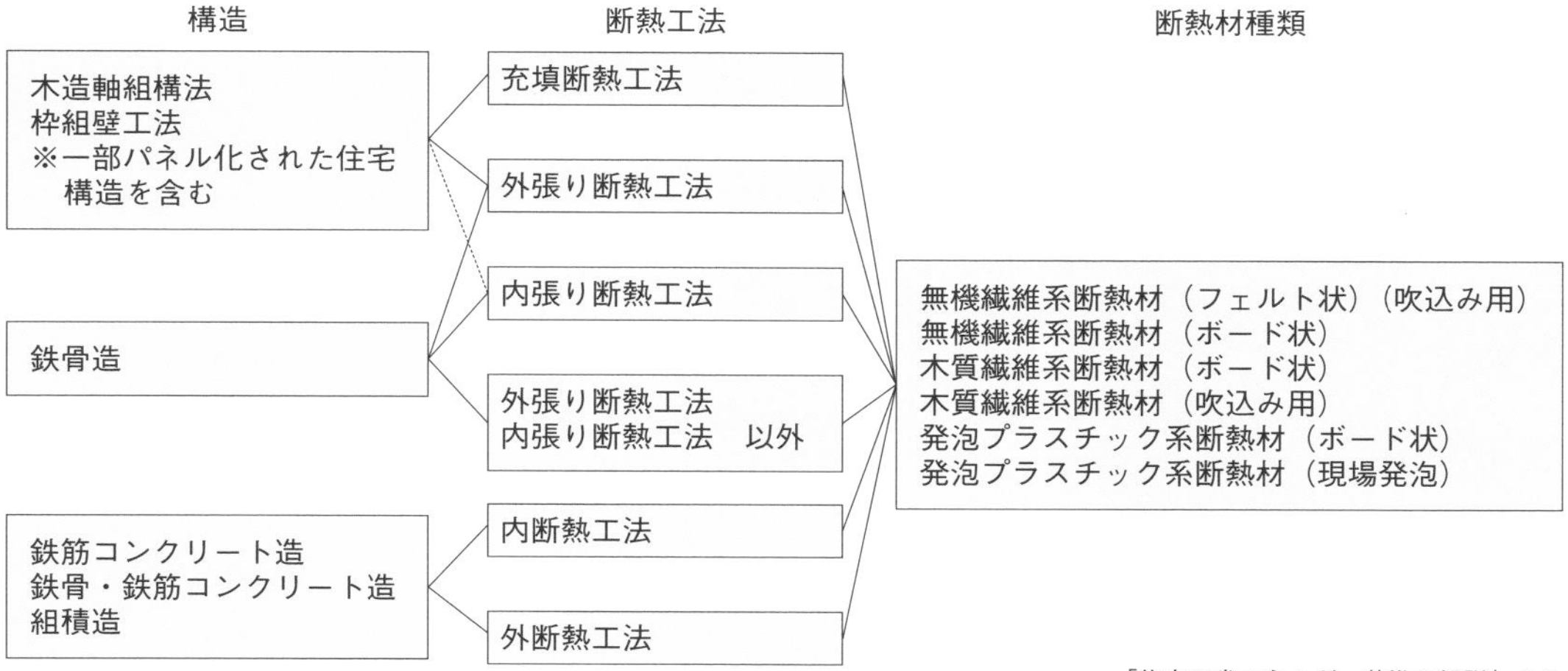

「住宅の省エネルギー基準の解説」より

図２　断熱工法パターン

標準的な充填断熱工法による方法

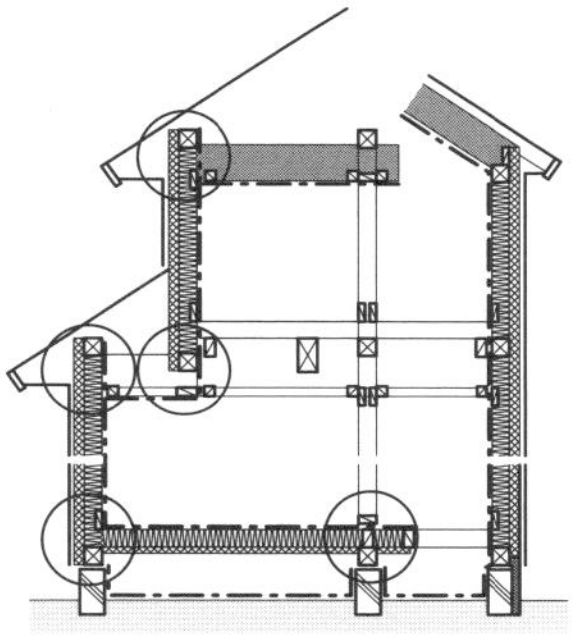

標準的な外張り断熱工法による方法

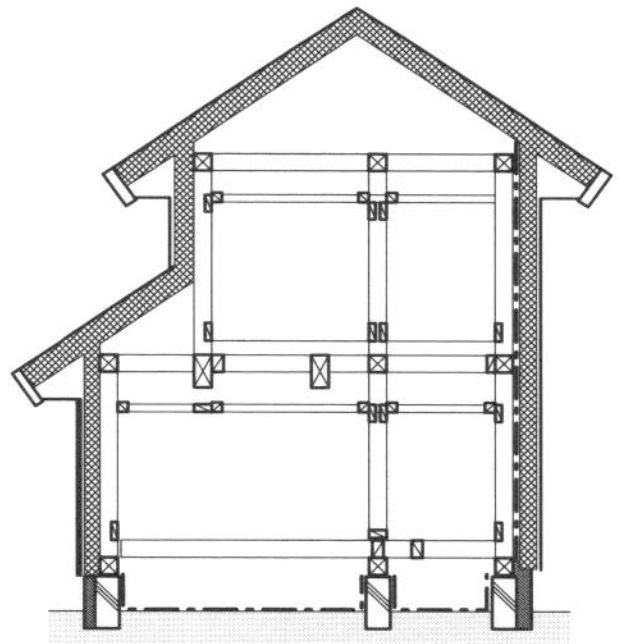

充填＋外張りの複合断熱工法 -1

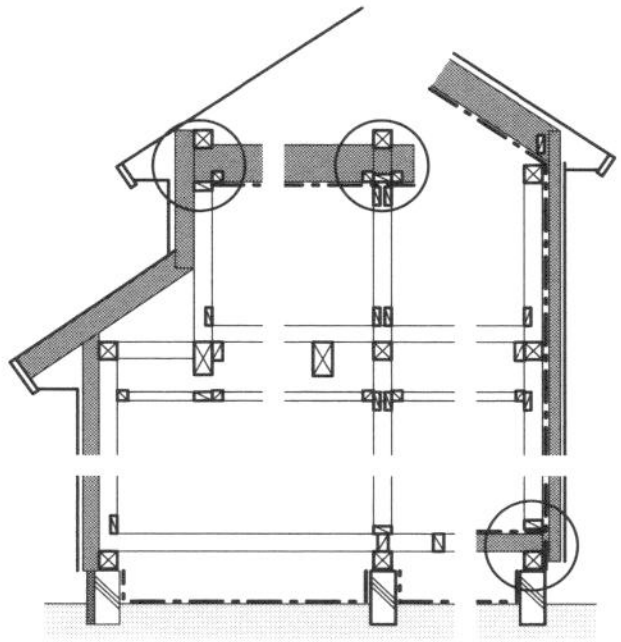

充填＋外張りの複合断熱工法 -2

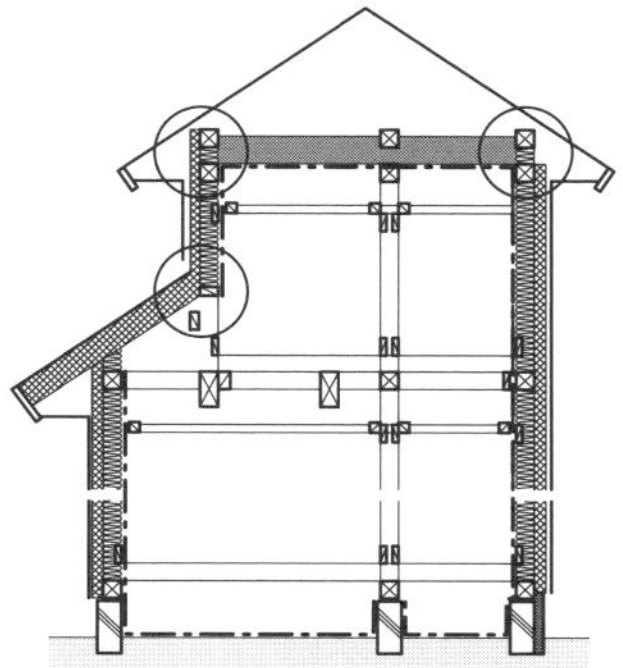

「住宅の省エネルギー基準の解説」
（財団法人　建築環境・省エネルギー機構）より

図３　構造と断熱工法

基礎内断熱の場合

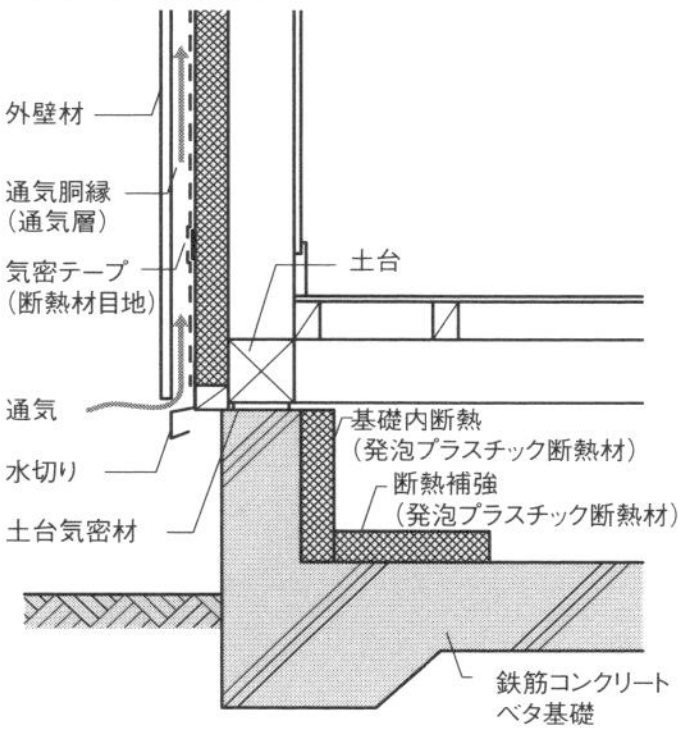

基礎外断熱の場合

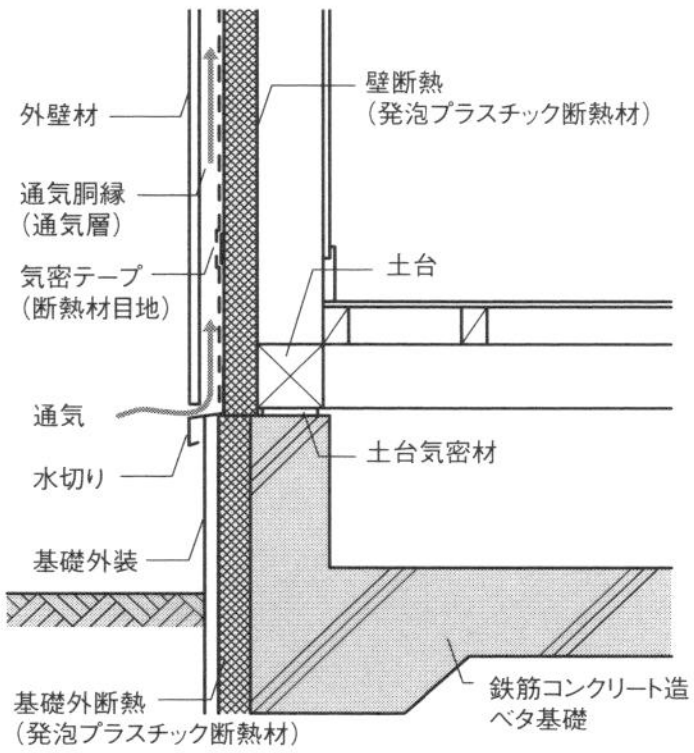

「平成 22 年改正　木造住宅工事仕様書
（解説付）」（住宅金融支援機構）より

住宅の省エネ基準

鉄骨造

065

point ①鉄骨は熱伝導率が大きいため、構造材が貫通する部分では、断熱補強等の措置を施す。
②外張り断熱、内張り断熱の工法の違いで、特徴や注意事項が大きく異なる構造である。

鉄骨造特有の問題として、ほかの構造部材と比べて熱伝導率が大きく、断熱層を貫通する鉄骨部材が熱橋となり、結露の危険性が高い点があげられる。このため構造材が貫通する部分では、断熱補強等の措置を施す必要があるなど、鉄骨造の断熱構造は、以下のように多くの断熱工法が考えられる（**図1、2、表**）。

屋根

①コンクリートスラブ、ALC：外断熱と内断熱がある。外断熱は鉄筋コンクリート造と同様である。内断熱はデッキプレートに吹付け断熱とすることが一般的。梁等には断熱補強が必要。

②折板屋根：室内からの吹付け断熱が考えられるが、一般的な断熱工法とはいえない。折板を2層にして断熱材を挟んだ工法などもある。

③小屋組屋根：野地板の外側で断熱する場合は、木造外張り断熱と同様である。野地の内側で断熱する場合は、野地板への吹付け断熱、張付け断熱がある。

天井

天井の断熱は、木造の施工方法と同様である。鋼製野縁等が断熱層を貫通する場合は、断熱補強が必要となる。

外壁

鉄骨の柱梁が壁体部にあるため、同じ外壁でも、壁一般部と柱・梁部は各々断熱方法が異なる。外壁の断熱工法には「外張り断熱」、「内張り断熱」、「外張り、内張り断熱以外」の3工法がある。

床

床の断熱は、基礎断熱と床断熱があり、木造の施工方法と同様である。なお、外皮仕様基準では、鋼材床組みによる断熱層貫通は許容されていない。

柱、梁

鉄骨柱・鉄骨梁の断熱補強は、耐火被覆されるケースが多く、耐火被覆材（吹付けロックウール、ケイ酸カルシウム板等）で熱抵抗値基準を満たす必要がある。

図１　断熱工法別断熱層の位置及び一般部と柱・梁部

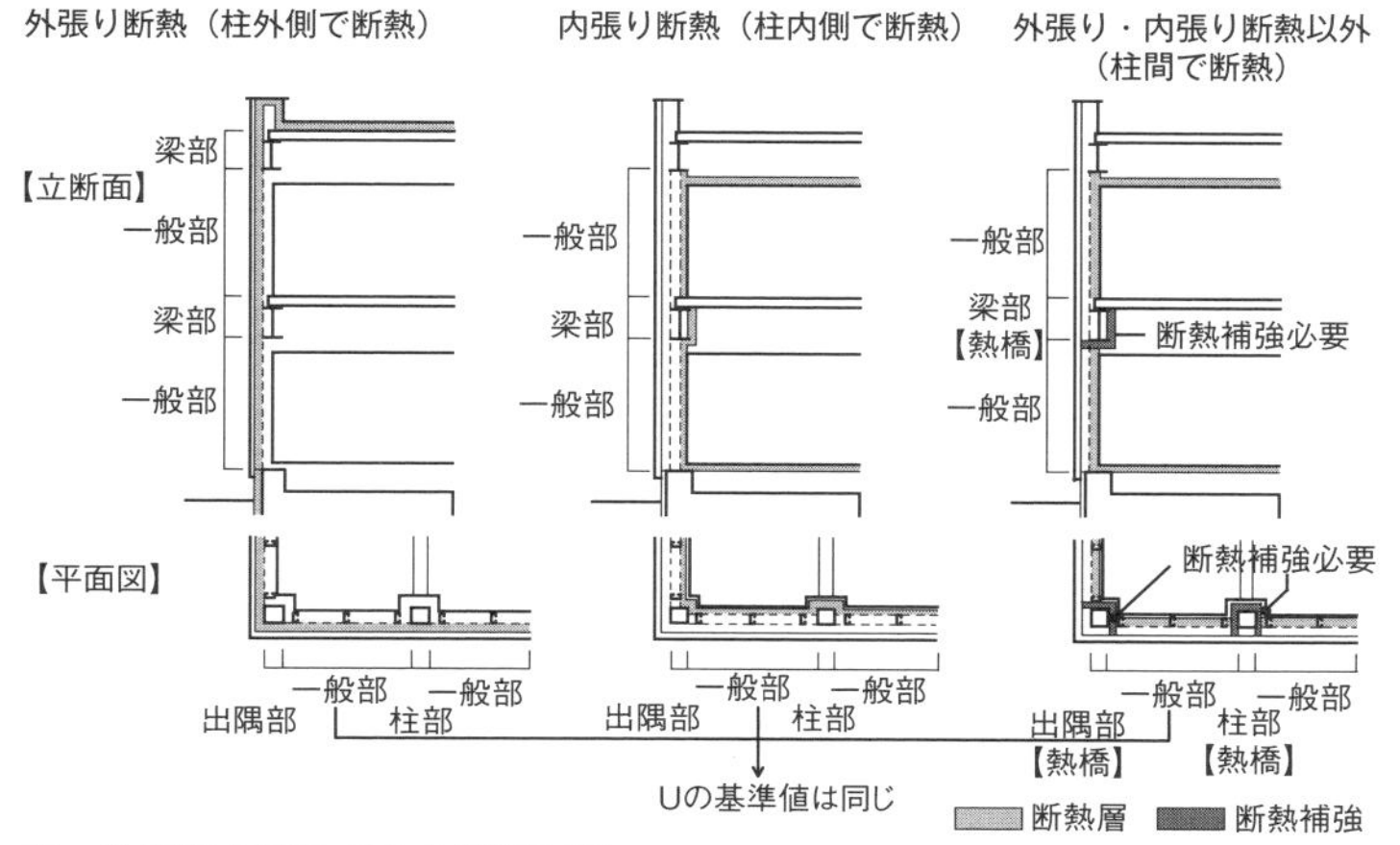

図２　壁一般部における断熱補強

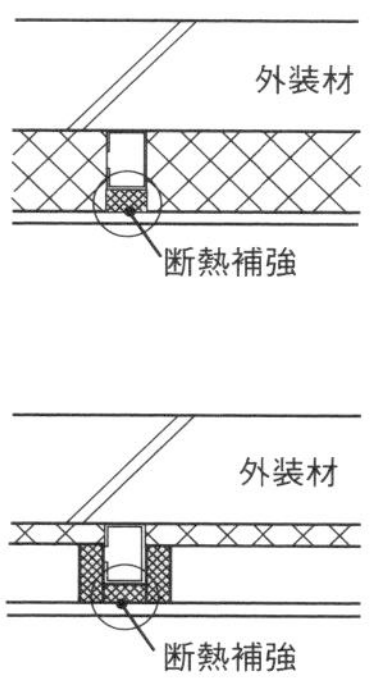

表　鉄骨造各部位の主な断熱工法

部位	部位構造		断熱工法	特徴、注意事項等
屋根	陸屋根	コンクリートスラブ（デッキプレート下地）、ALC	外断熱	鉄筋コンクリート造等の場合と同様
			内断熱	断熱層を貫通する梁等に断熱補強が必要。寒冷地では天井吊ボルトなどを断熱型のタイプとする
		折板屋根	吹付け断熱	折板裏面に断熱。梁部には断熱補強が必要
	小屋組		外張り断熱	木造の場合と同様
			垂木間断熱	垂木が熱橋になるため、断熱補強が必要
			垂木内張断熱	小屋組材が断熱層を貫通する場合があるので、貫通部は断熱補強を要する
天井			敷込・吹込断熱	木造の場合と同様。野縁が金属の場合は、断熱材を貫通しないようにすること
			内側断熱（張上断熱）	木造の場合と同様
外装	外装材 R ≧ 0.56	ALC t = 100 相当	外張り断熱	仕上材の取り付け工法上、外張り断熱は採用実績が少ない
			内張り断熱	柱、梁等も外壁部分と同じ断熱厚とする
			外張り・内張り断熱以外：柱・梁間断熱（断熱材貫通部材：無）	柱、梁に断熱補強が必要
			外張り・内張り断熱以外：柱・梁間断熱（断熱材貫通部材：有）	スタッドなど断熱材を貫通する金属部材を断熱補強する。柱、梁等も断熱補強が必要
	外装材 0.15 ≦ R ＜ 0.56	ALC t = 75 相当、 押出成形セメント板 t = 60 相当など	外張り断熱	仕上材の取り付け工法上、外張り断熱は採用実績が少ない
			内張り断熱	柱、梁等も外壁部分と同じ断熱厚とする
			柱間断熱（断熱材貫通部材：無）	柱、梁に断熱補強が必要
			柱間断熱（断熱材貫通部材：有）	スタッドなど断熱材を貫通する金属部材を断熱補強する。柱、梁等も断熱補強が必要
		ALC　t = 50 相当	外張り断熱	一般的ではない。外装材下地（鋼材）が外張り断熱材の層内にあるため、断熱補強が難しい
			内張り断熱	柱、梁等も外壁部分と同じ断熱厚とする
			外張り・内張り断熱以外：柱・梁間断熱（断熱材貫通部材：無）	断熱材を貫通させずに外装下地鋼材を設置することは、納まり上難しい
			外張り・内張り断熱以外：柱・梁間断熱（断熱材貫通部材：有）	スタッドなど断熱材を貫通する金属部材を断熱補強する。柱、梁等も断熱補強が必要
	外装材 R ＜ 0.15	サイディング通気工法	外張り断熱	柱、梁等も外壁と同じ断熱厚とする。また、柱、梁に断熱補強が必要
			内張り断熱	柱、梁等も外壁と同じ断熱厚とする
			外張り・内張り断熱以外：柱・梁間断熱（断熱材貫通部材：無）	実際には断熱材を貫通させずに外装下地鋼材を設置しにくい
			外張り・内張り断熱以外：柱・梁間断熱（断熱材貫通部材：有）	スタッドなど断熱材を貫通する金属部材を断熱補強する。柱、梁等も断熱補強が必要
床	土間床		基礎断熱：外側、内側	木造の場合と同様
	床組み		根太間、大引間充填断熱	木造の場合と同じ。根太等が鋼材の場合は、断熱補強を施すことが望ましい

「住宅の省エネルギー基準の解説」（財団法人　建築環境・省エネルギー機構）より

住宅の省エネ基準

鉄筋コンクリート造・組積造の断熱工法

066

point

① RC造等、熱容量に富む躯体の内外に断熱層を設ける手法を、内断熱・外断熱工法と定義。
②外断熱工法は、熱橋が少なく、高断熱化する際も多くの利点があるが、技術的課題も多い。

鉄筋コンクリート造の断熱工法は、内断熱と外断熱に大別される。内断熱工法と充填断熱工法、外断熱工法と外張り断熱工法が混同して用いられることが多いが、鉄筋コンクリート造など熱容量に富む躯体の内外に断熱層を設ける断熱手法を内断熱・外断熱工法と定義しており、充填断熱・外張り断熱と明確に区分されているので、注意が必要である(**図1**)。

① 内断熱工法

内断熱工法とは、鉄筋コンクリート造などの構造躯体の内側に断熱層を設ける工法をいい、この構造においては最も一般的な断熱工法である。外断熱に比べて、断熱工法のバリエーションが豊富で、安価なことが特徴。しかし、構造熱橋が生じやすいため、断熱補強を行う必要があるなど、施工上の留意点が多い(**図2～5**)。

② 外断熱工法

外断熱工法とは、鉄筋コンクリート造などの構造躯体の外側に断熱層を設ける工法をいう。構造熱橋が少なくなり、高断熱化する際にも居住面積を圧迫しないなど、多くの利点がある。しかし、外壁に適用する場合には、外装デザイン上の制約、コスト、寒冷地では外装劣化、防耐火性等、技術的課題が多く残されている(**図6**)。

将来、時代の要求から省エネ法の改正等により、さらなる高断熱化により従来の断熱方法の概念にとらわれず新たな工法の採用も念頭におく必要がある。2017(平成29)年基準の告示の別表では、外壁を例にさまざまな断熱工法のバリエーションを示している。

図1のa充填断熱工法、b外張り断熱工法は、一般的な断熱工法で、これらをベースに高断熱化を図るには、c、dのような構造熱橋の熱的影響を最小にする付加断熱という考え方を採用することが、比較的容易に対応できる方法となる。

図１　断熱工法のバリエーション

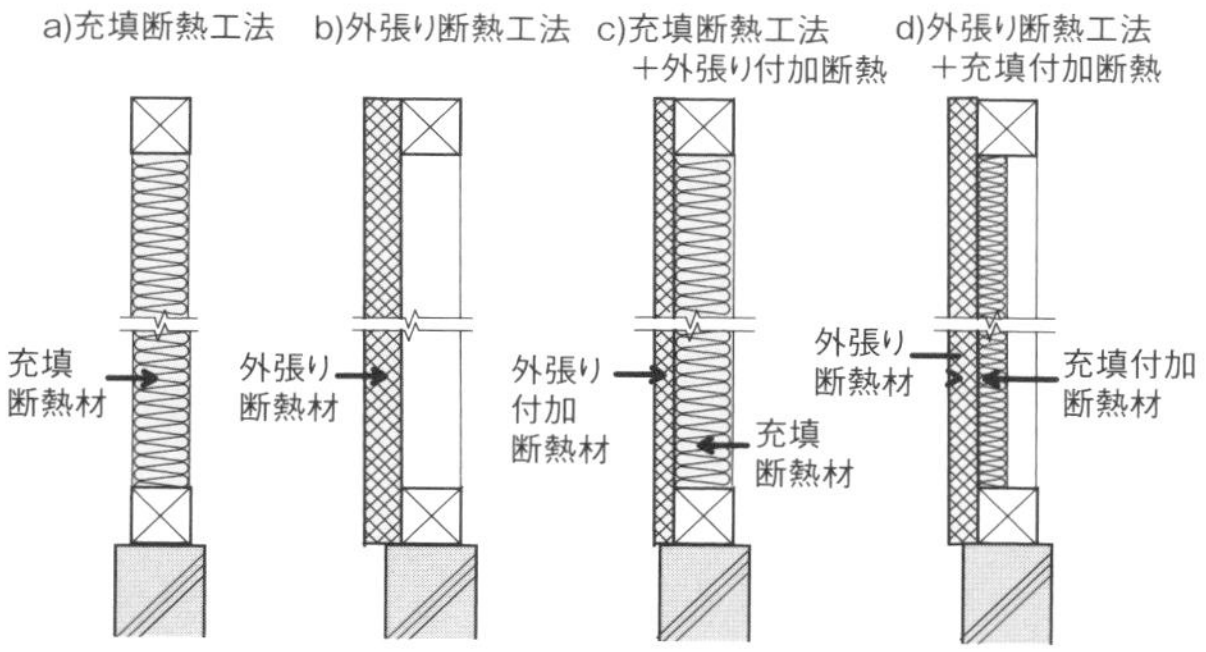

図３　断熱したスラブと間仕切壁の取合部

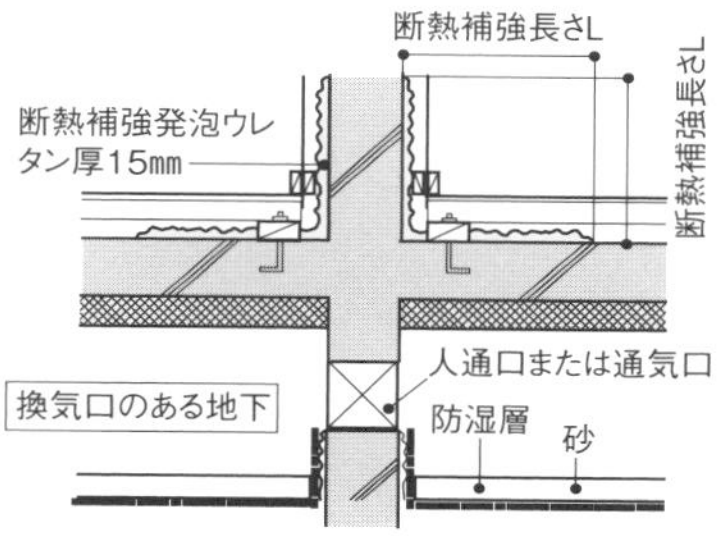

図２　天井断熱（プラスチック系断熱材を用いた場合）**の施工上の留意点**

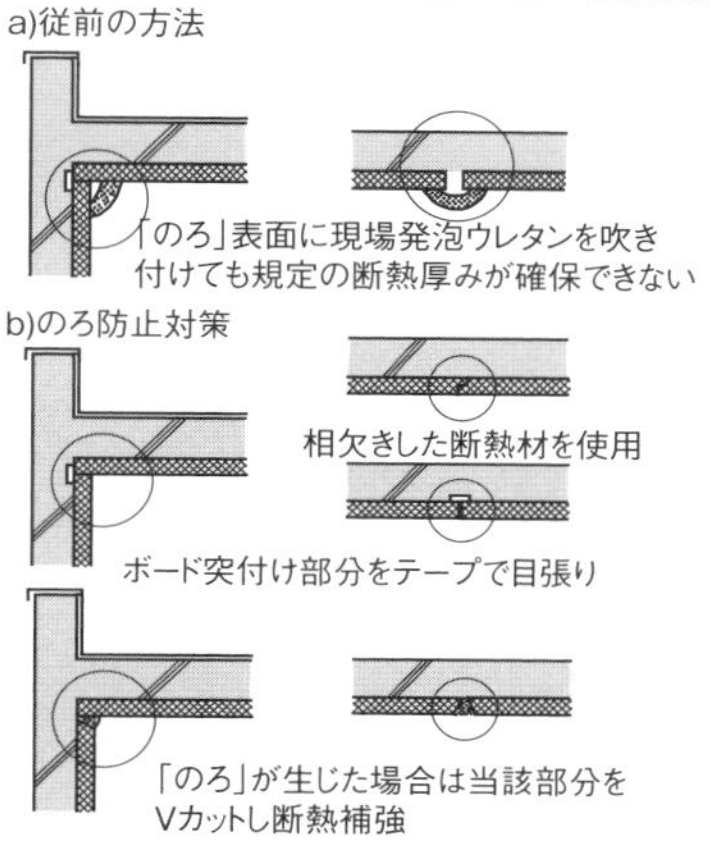

図４　浮き床、吊り天井仕上げとする場合

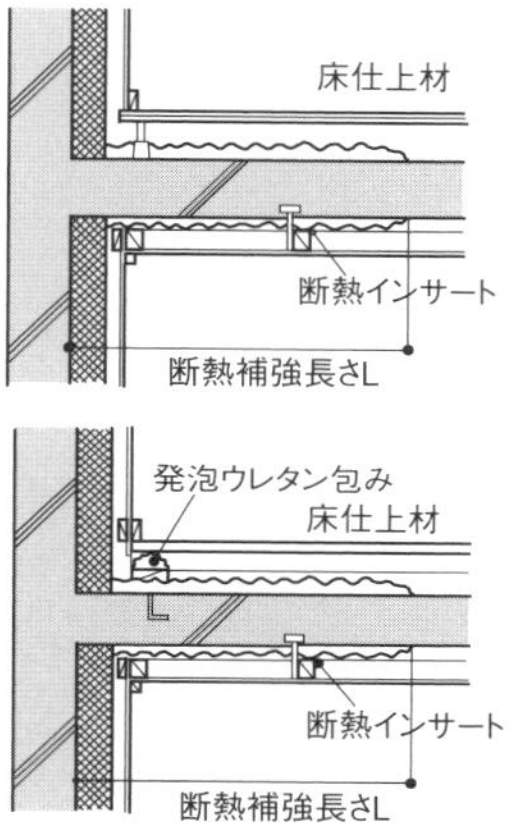

図５　床や天井を直仕上げとする場合

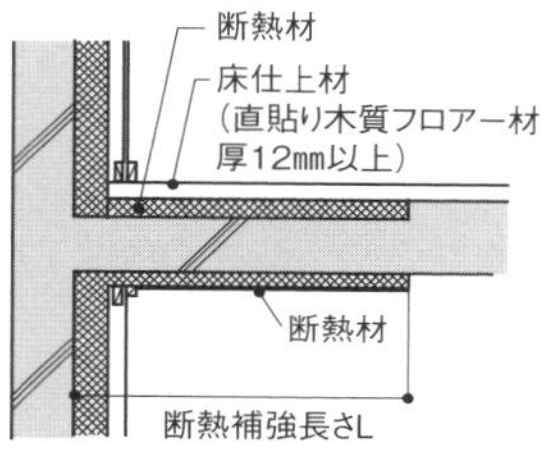

図６　外断熱工法の断熱補強対策

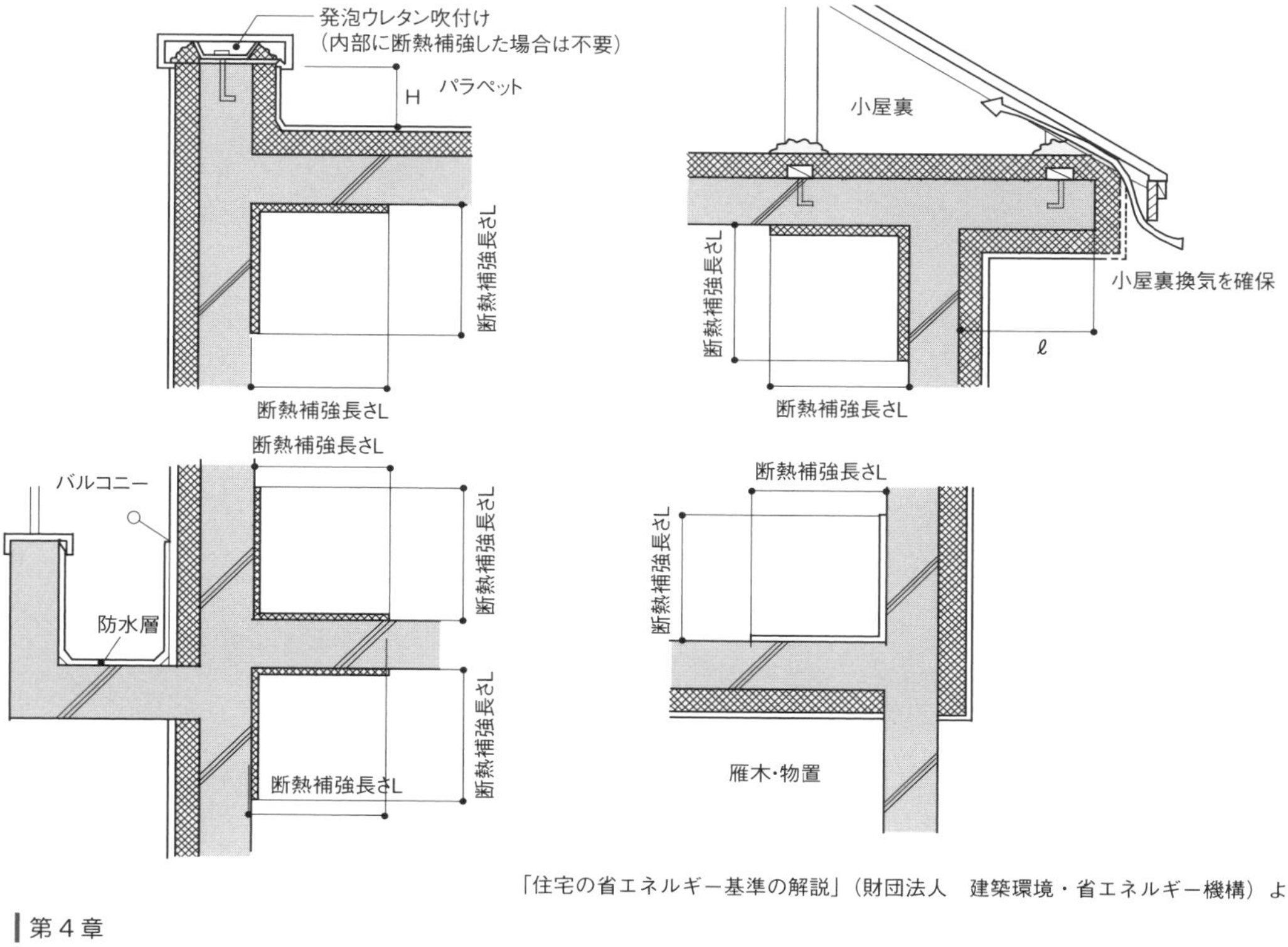

「住宅の省エネルギー基準の解説」（財団法人　建築環境・省エネルギー機構）より

第5章　建築物省エネ法における省エネルギー手法

省エネ手法

建築物省エネ法における省エネ手法

067

point

①全ての省エネ手法が評価されるわけではない。

②運用上の省エネ手法は評価されない。

【建築物省エネ法】における各種省エネ計算ツールで評価される省エネ手法等について紹介する。主に【非住宅建築物】における評価手法である標準入力法(主要室入力法)及びモデル建物法で評価される内容となる。

建築物省エネ法では運用上の省エネ手法(冷房や暖房の設定温度の変更、照明設備の昼休み時の消灯など)は評価されない。また、設計上の省エネ手法においてもフリークーリングや蒸気システムの廃熱回収などは評価されない。こういった省エネ手法に関しては掲載を見送ることにした。

建築物省エネ法で評価される省エネ手法は、各機器の性能(効率)や各負荷の低減を行った上で評価される省エネ手法である。高効率熱源の採用や、必要照度の低減などといった省エネ上重要な検討は、これまで通り必須の内容となる。

図１　一次エネルギー消費量算定フロー

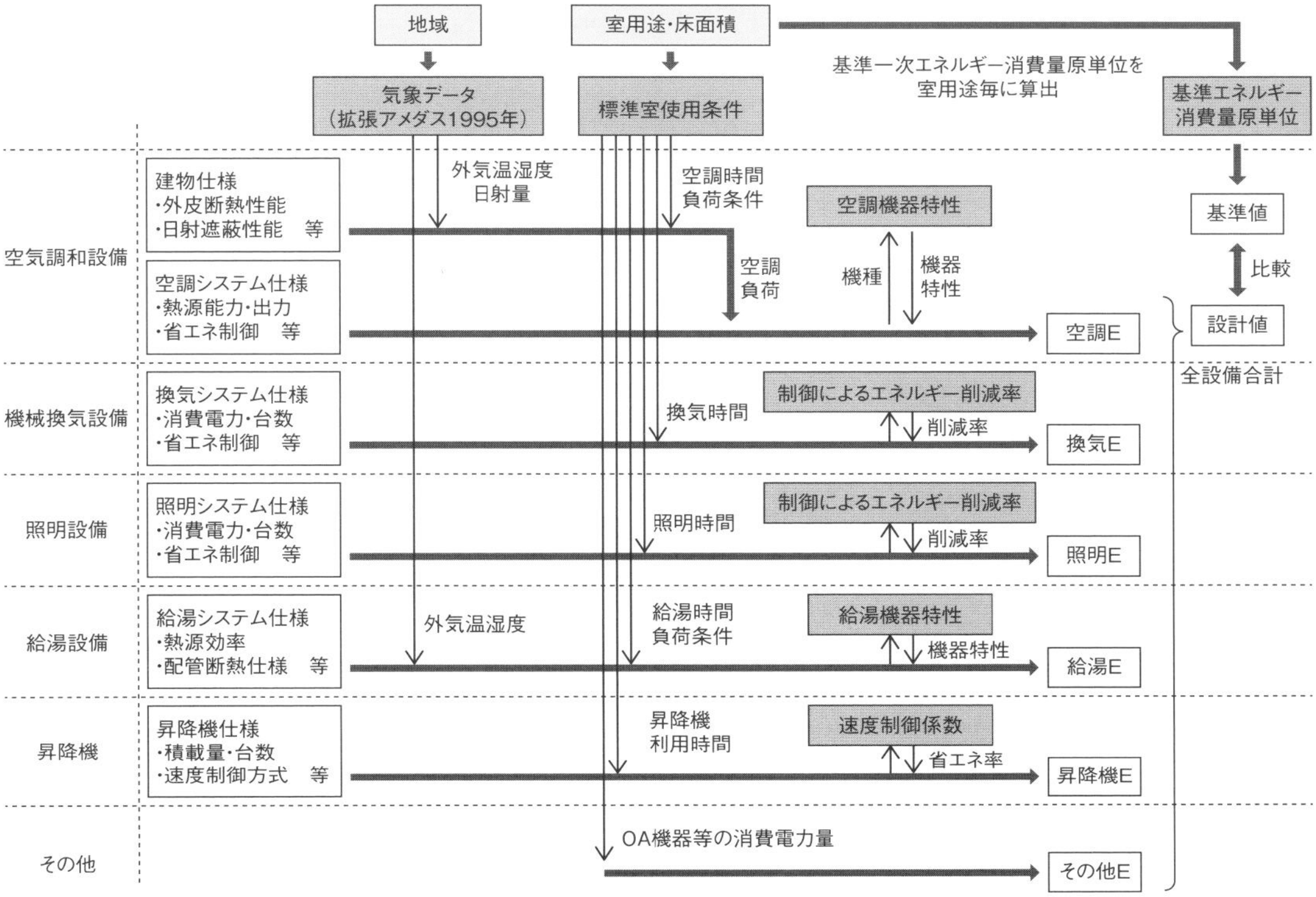

出典　「建築物省エネ法に関する算定ロジックと計算事例解説テキスト」（一般財団法人　建築環境・省エネルギー機構）

図２　評価設備の省エネ手法の例

評価設備	評価される省エネ手法の例
空調設備	開口部（建具）性能
	外皮断熱性能
	全熱交換器の有無及び制御
	空調二次ポンプの制御
	空調送風機の制御
換気設備	送風機の仕様及び制御
照明設備	照明設備の制御
給湯設備	配管の断熱仕様
	節湯器具
昇降機設備	インバータ
	電力回生
エネルギー利用効率化設備	太陽光発電
	コージェネレーションシステム

省エネ手法・外皮性能

高省エネ性能ガラス建具

068

point

①目的に合った高省エネ性能ガラス建具の種類の選択により熱負荷の低減が可能となる。
②窓に断熱性能の高いガラスやサッシを用いて熱損失を抑え、冷暖房負荷を低くできる。

高省エネ性能ガラス建具

窓に断熱性能の高いガラスやサッシを用いることで、窓から入ってくる熱または窓から逃げる熱を抑え、年間冷暖房負荷の低減を図ることができる。

断熱性能の高いガラスやサッシは、各メーカーから多くの種類の製品が発売されており、何を採用するかは、製品の性能や特性を把握して決定することが望ましい。

熱線吸収ガラスの特徴

熱線吸収ガラスは、日射熱を吸収して、ガラスを透過する熱量を抑える性能をもったガラスである。ガラス組成の内部に金属成分を混ぜて着色し、日射を30～40%吸収することで冷房負荷を抑えることができる。また、直射日光が抑えられ、眩しさを緩和する効果もある。

一方、日射熱の吸収によりガラスの温度が上がり、熱割れが起こりやすいガラスでもある(**図1**)。

熱線反射ガラスの特徴

熱線反射ガラスは、日射を反射して日射侵入量を抑える性能をもったガラスである。ガラス表面に薄く金属酸化物を焼きつけて、その金属が室内に入る日射光を反射し、窓ぎわの温度上昇を抑える。

金属膜がコーティングしてあるため、キラキラした輝きがあり、ハーフミラーのような表情を見せる(**図2**)。

複層ガラスの特徴

複層ガラスは、乾燥材入りの金属部材をスペーサーにして、中空層をもたせて合わせたガラスである。中空層に乾燥空気等を封印した構造により、断熱性能を高め、冷暖房負荷を低くすることができる。

また、結露の防止や遮音性能にも優

**図1
熱線吸収ガラスの構造**

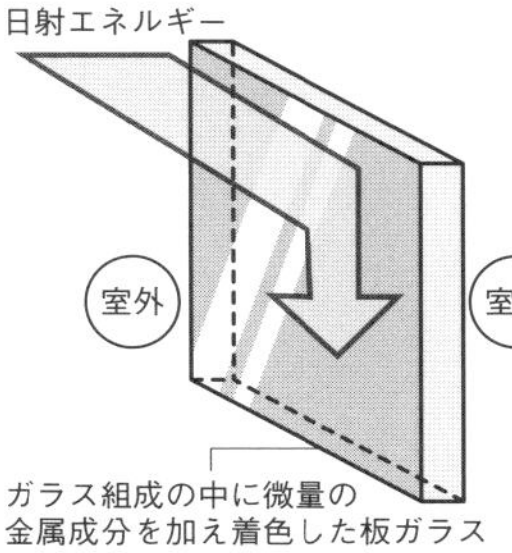

**図3
複層ガラスの構造**

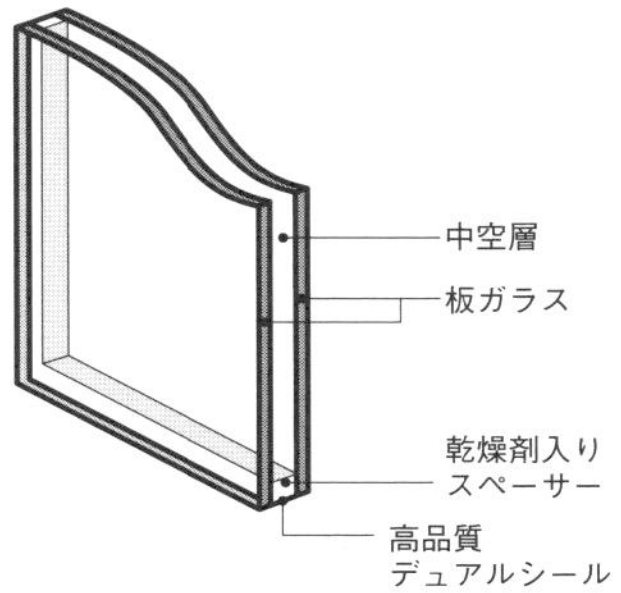

**図2
熱線反射ガラスの構造**

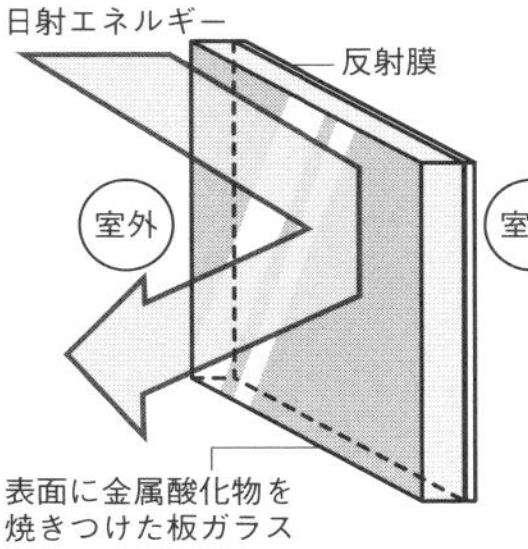

**図4
Low-E
複層ガラスの構造
（遮熱タイプ）**

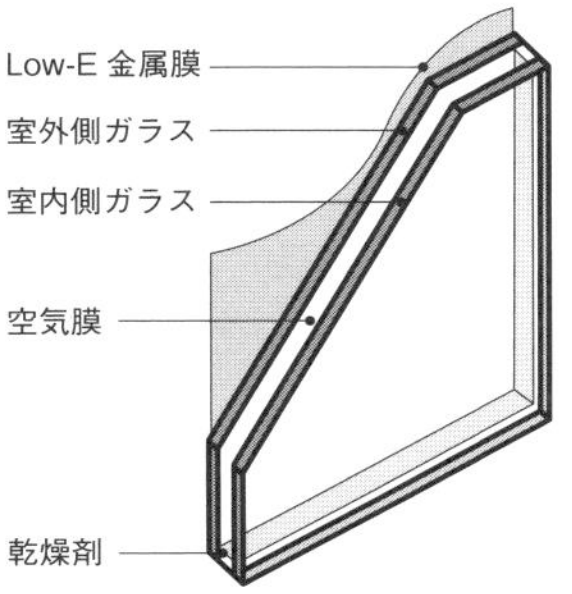

れ、室内環境の向上が図れるガラスである（**図3**）。

Ｌｏｗ－Ｅ複層ガラスの特徴

Ｌｏｗ－Ｅは低反射を意味し、表面にＬｏｗ－Ｅ金属膜をコーティングしたガラスのことをいう。このガラスを複層構造としたものがＬｏｗ－Ｅ複層ガラスである。

Ｌｏｗ－Ｅガラスには、日射遮蔽型（遮熱タイプ）と日射取得型（断熱タイプ）の2種類がある。

日射遮蔽型（遮熱タイプ）は外側にコーティングしたガラスを使い、日射熱を抑えて、断熱性能を高める。日射取得型（断熱タイプ）は室内側にコーティングしたガラスを使い、太陽熱を取り入れながら、室内側の熱を外に出さない（**図4**）。

なお、Ｌｏｗ－Ｅ複層ガラスは断熱性能が高いだけではなく、遮光効果も高い特徴をもっている。

断熱サッシ

一般的に窓枠にガラスを入れたものをサッシと呼ぶ。ガラスと窓枠は一体的な構造になっており、高性能ガラスを使用しても窓枠の断熱性能が低いとその分の省エネ効果が低減されてしまう。そのため、窓枠に断熱性能が高い材質や構造のものを使用して、効果的な省エネ措置を行うことが重要である。

窓枠の材質は、アルミ製、木製、樹脂製が多く使われている。加工性や気密性に優れたアルミ製が多く利用されているが、熱伝導率が高く断熱性能は低い。

断熱サッシは、ガラスを挟み込むアルミの額縁を外側と内側に分けて、間に樹脂部材を入れて絶縁構造としたものや外側がアルミ製で内側が樹脂製や木製といった構造で断熱性能を高めたサッシである。

省エネ手法・外皮性能

ダブルスキン及び窓システム

069

point

①ペリメータレス空調方式の採用で【省エネ性能】の向上が見込める。
②窓回りの表面温度が室内温度に近くなり、窓回りの温熱環境が向上し、快適性も向上する。

ペリメータレス空調方式

ペリメータゾーン（**028項目**参照）は、インテリアゾーンに比べ、外気温や日射の影響を受けやすい（**図1**）。そのため、インテリア用の空調機で内部負荷を除去するとともに、ペリメータ部分に空調機を設置することで外部からの伝熱負荷や日射負荷に対処する空調方式（ペリメータ空調）が多く用いられている。

ペリメータレス空調方式はペリメータ用の空調機を設けず、インテリア用の空調機のみでペリメータ領域を含めて快適条件を維持する方式である。この実現のため、ガラスを含めた外壁の熱性能（日射遮蔽性能、断熱性能など）を向上させ、ペリメータ部分の負荷及び方位による負荷変動を低減させることができる。外壁からペリメータ部分への熱負荷を削減するだけでなく、ペリメータ空調がないためインテリア空調とのミキシングロスも起こらず、省エネ性能の向上が見込める。ペリメータレス空調方式の代表的な手法として、ダブルスキンや窓システムがある。

ダブルスキン

建築物外壁の外側に空気層を設け、その外側をガラス等で覆う手法である。壁間の中空層内は温度差による自然換気が行われる。また、壁内にはブラインドといった日射遮蔽部材が設置される場合もある。

窓システム

ダブルスキンとは異なり送風機を用いる機械換気方式で、窓システム内の排気のみを行うシステムをエアフローウインドといい、窓システム内の給気及び排気を行うシステムをプッシュプルウインドという。ダブルスキンでは外壁が2層構造となるが、窓システムでは単層構造となる場合もある。

図１　一般的な窓の室内環境

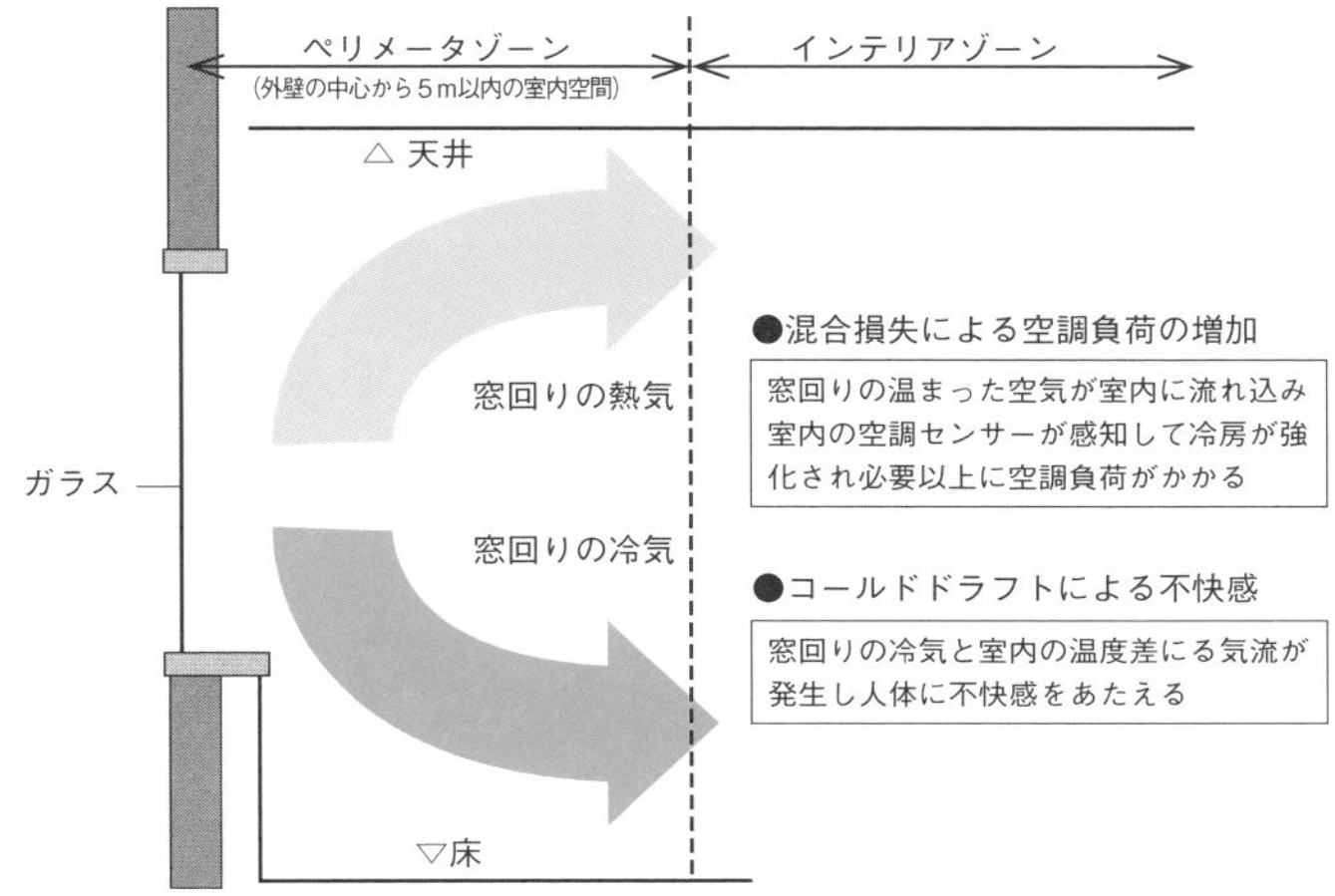
ペリメータゾーン
(外壁の中心から５m以内の室内空間)
インテリアゾーン
△ 天井
窓回りの熱気
●混合損失による空調負荷の増加
窓回りの温まった空気が室内に流れ込み室内の空調センサーが感知して冷房が強化され必要以上に空調負荷がかかる
ガラス
窓回りの冷気
●コールドドラフトによる不快感
窓回りの冷気と室内の温度差にる気流が発生し人体に不快感をあたえる
▽床

図２　ベンチレーションウィンドウシステムの特徴

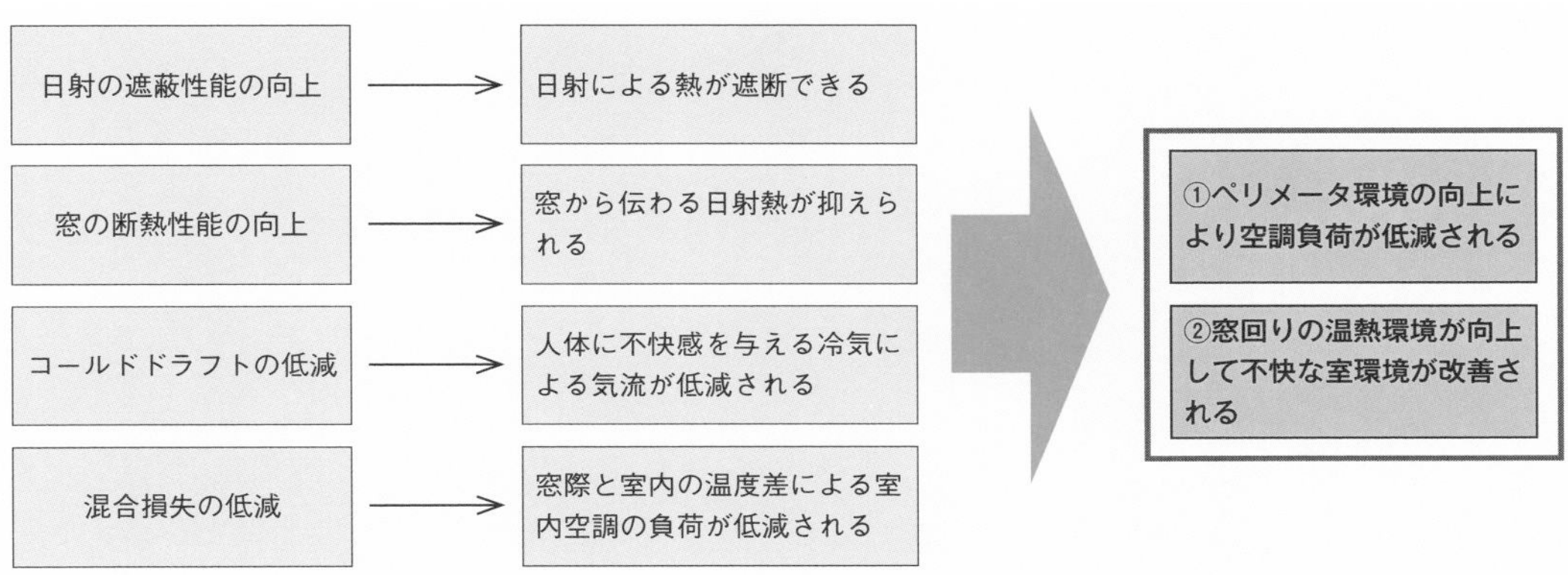
日射の遮蔽性能の向上
日射による熱が遮断できる
窓の断熱性能の向上
窓から伝わる日射熱が抑えられる
コールドドラフトの低減
人体に不快感を与える冷気による気流が低減される
混合損失の低減
窓際と室内の温度差による室内空調の負荷が低減される
①ペリメータ環境の向上により空調負荷が低減される
②窓回りの温熱環境が向上して不快な室環境が改善される

図３　換気方法によるダブルスキン及び窓システムの分類
（国立研究開発法人建築研究所より引用）

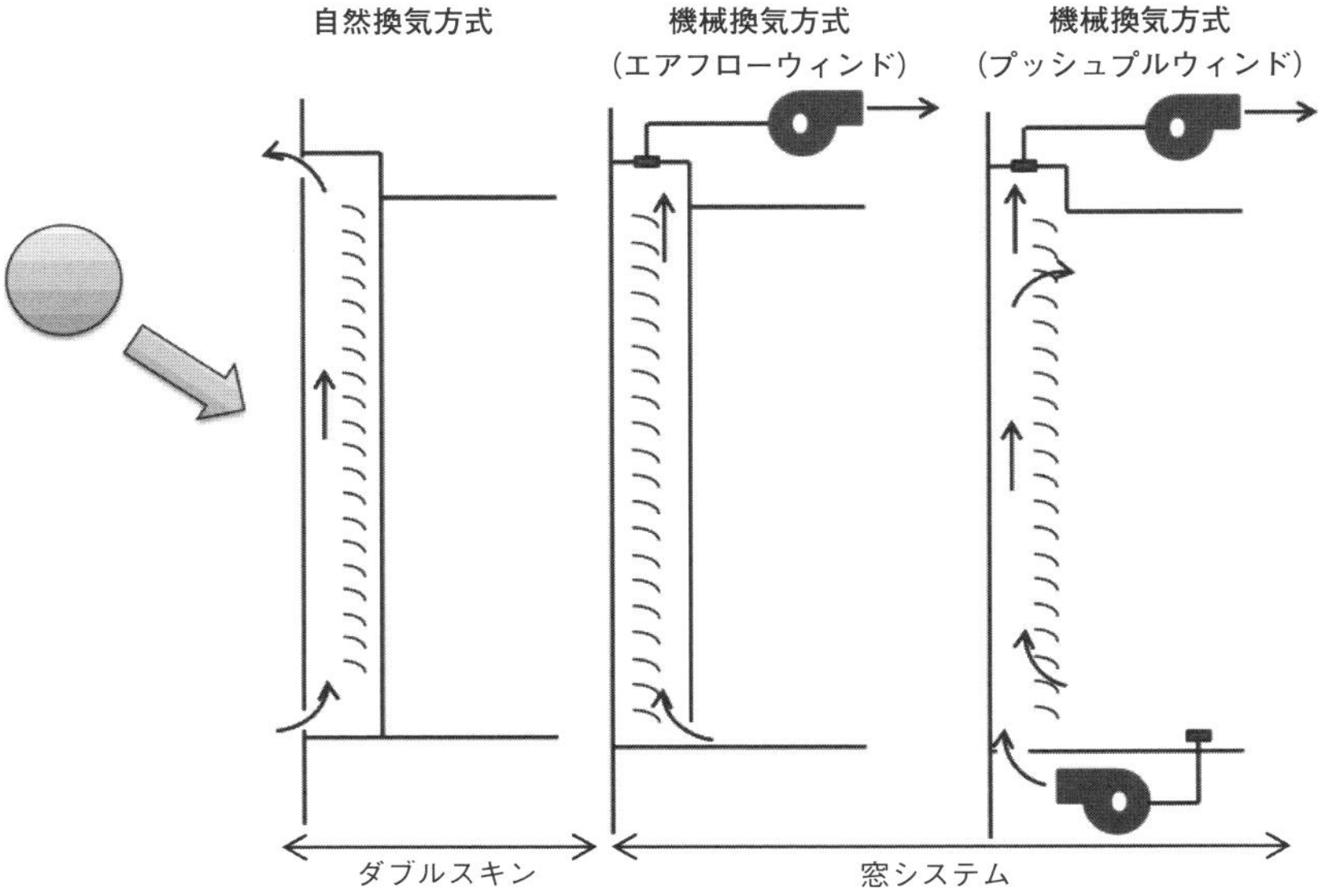
自然換気方式
機械換気方式
（エアフローウィンド）
機械換気方式
（プッシュプルウィンド）
ダブルスキン
窓システム

省エネ手法・開口部性能

日射遮蔽装置

070

point

①庇は、夏期の日射の遮りと冬期の取り込みを考慮し、方位や太陽高度を考えて設置する。
②ブラインドやスクリーンは、角度調整や収納が容易で、日射遮蔽の効果的な手法。

日射対策

省エネルギー化を図るための日射対策は、方位と季節で変わる太陽高度を考慮することが重要となる。夏期は日射を遮る必要があるが、冬期は日射量を多く取り入れたい。夏期と冬期では、太陽高度や日照時間が変わり、それに伴い日射量も変化する(**図1**)。

夏期は、日照時間も長く、太陽高度が高い。日中は屋根面に、夕方でも西側の外壁に多くの日射を受ける。省エネ措置として日射を遮り、冷房負荷を低減することが必要となる。

しかし、冬期は日射時間が短く、太陽高度が低くなり、入射角度が小さく、外壁南面では日射が増えるので、暖房負荷には有利となる。

日射遮蔽装置

日射遮蔽装置は、夏期の日射対策としての省エネ手法の1つで、【建築物省エネ法】のなかでも評価される。

庇は日射遮蔽の効果が高く、庇を設けることで、日射を遮り、建物内部への日射による室内の温度上昇を抑え、冷房負荷の低減をする。

庇の設置は、夏期の日射の遮りと、冬期の日射の取り込みを効果的にするために、方位や太陽高度を考慮して、位置や出寸法を決める必要がある。

また、外部に設ける日除けルーバーも同様である(**図2**)。

窓にブラインドやスクリーンを設置し、窓からの日射量を減らして室内の温度上昇を抑えることも有効である。

窓の内側に設置する構造上、外部に設ける日射遮蔽装置に比べて遮蔽性能は低いが、角度調整や可動タイプにより収納も容易で、夏期の日射遮蔽と冬期の日射の取り込みの対応が適宜できるので、日射遮蔽の効果的な手法となる(**図3**)。

図１　季節の違いによる太陽の位置

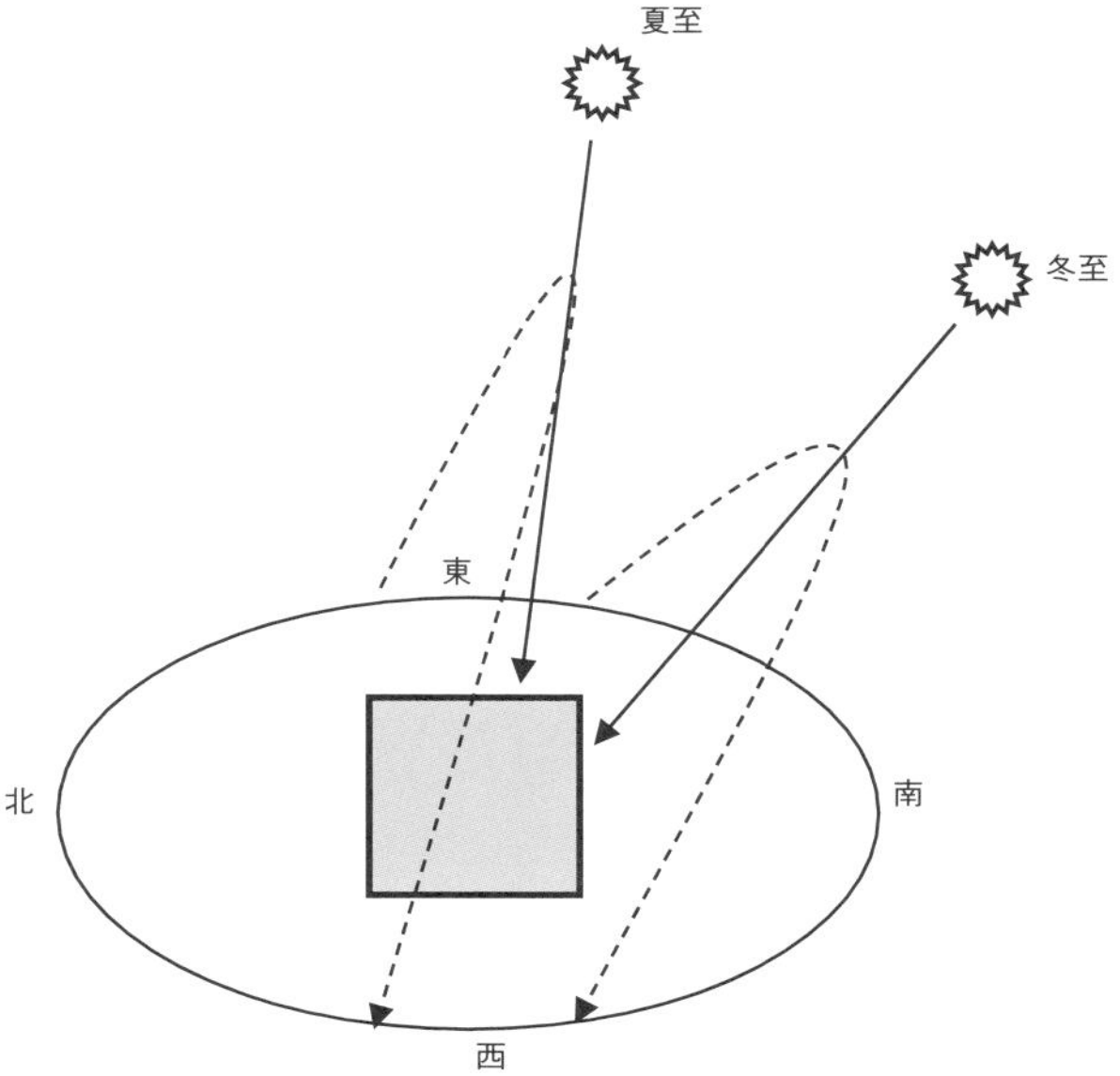

夏期は太陽高度が高く屋根面に多く日射があり、冬期は高度が低く壁面まで日射があるが、日照時間が短くなる。夏期は日射を遮蔽して冷房効果を、冬期は日射を取り入れて暖房効果が向上するように、季節による日射を考慮して日射遮蔽の検討を行う

図２　太陽高度を考慮した庇の考え方

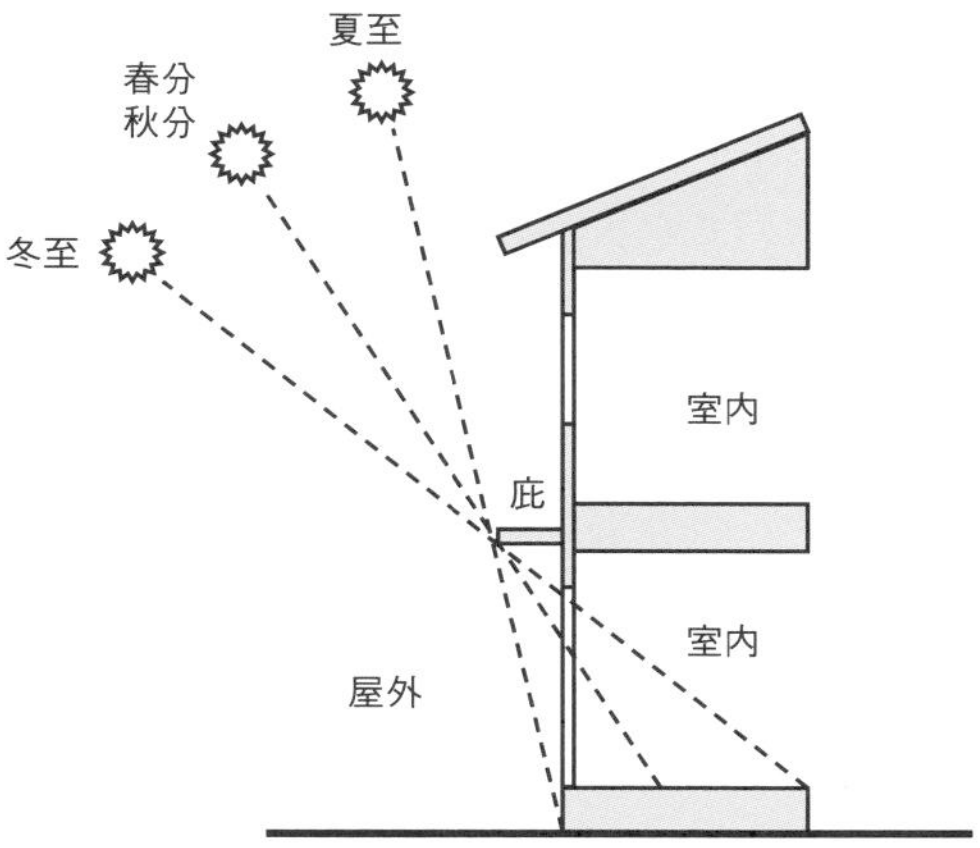

庇（日除けルーバーも同様）は日射遮蔽に効果のある手法である。庇の大きさや位置は太陽高度と方位を考慮して検討する。図１と同様に季節による太陽高度が効果に大きく影響するので、建物の地域や配置を調査して計画する

図３　室内側で日射を調整する

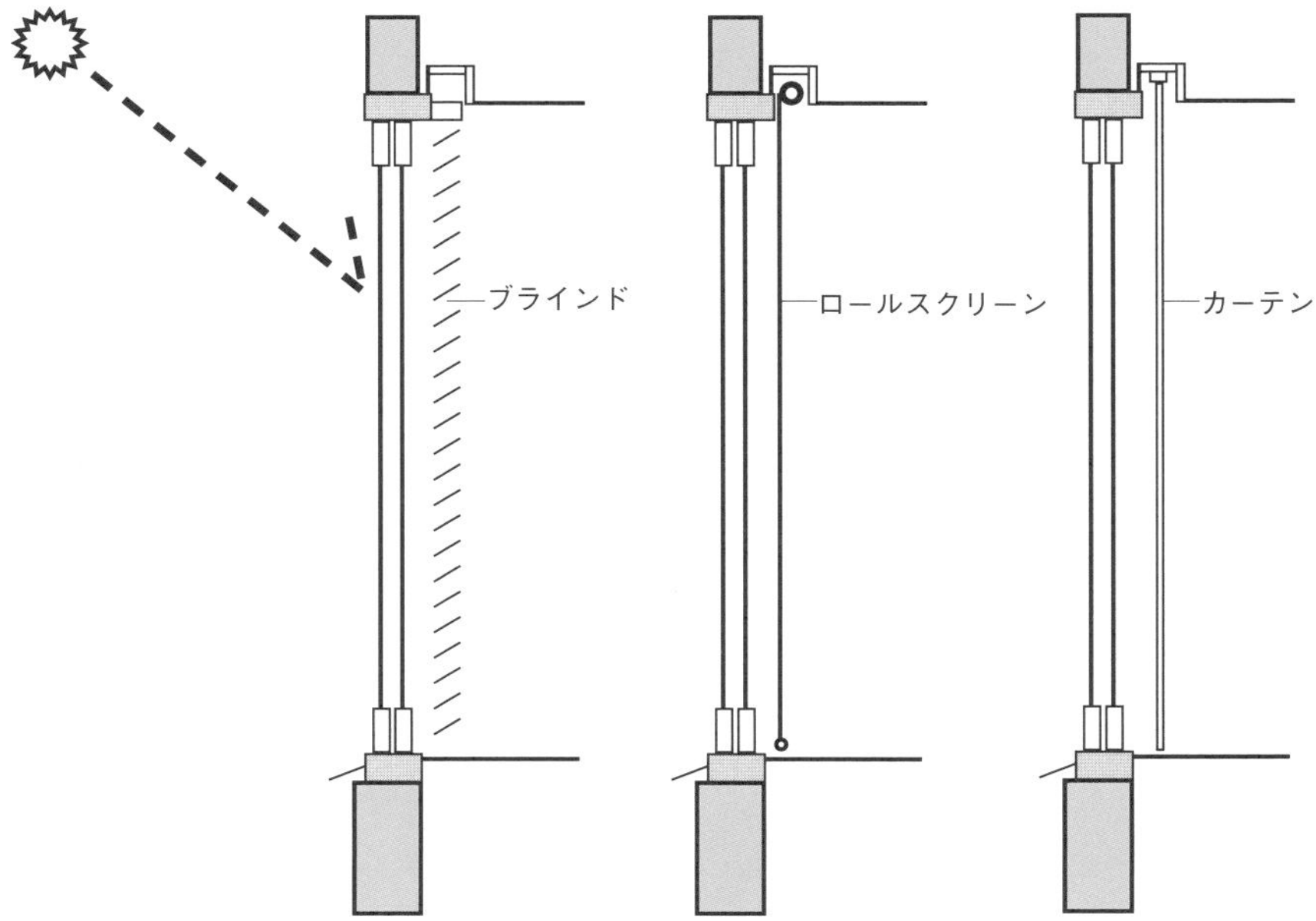

日射遮蔽装置で一般的なのが、室内側で遮蔽するブラインドやカーテン（障子等も同様）である。可動ができ季節の変化や室内の利用状況にあわせた日射の遮蔽や取入れが簡易に可能であるが、室内に入射した日射を遮蔽するため、外部に設ける遮蔽装置に比べ遮蔽効果は低い

省エネ手法・空調設備

空調設備の概要

071

point

①空調負荷を低減することは省エネルギー上重要である。
②空調機器は高効率化と省エネ制御を計画することが重要である。

空気調和設備とは

空気調和設備とは、室用途に適した屋内の空気調和を維持・調整するための設備である。空調設備とも呼ばれ、本書でも空調設備として記載している。

空調設備において調整すべき内容は①温度、②湿度、③気流、④清浄度、⑤気圧であり、これらの調整は冷暖房設備や換気設備などの制御技術を総合して行われる。

空調設備は冷温水や蒸気などの熱媒体を製造する熱源設備（冷凍機、冷温水発生機、室外機など）、冷温水などと空気の熱交換を行うなど空気を処理する空調機（エアハンドリングユニット、ファンコイルユニット、室内機など）、冷温水や空調機により処理された空気を搬送する搬送設備（ポンプ、送風機など）により構成される。なお、熱源設備側は一次側、空調機側は二次側と呼ばれることもある。

空調設備の中でも特にエネルギー消費の大きい設備が熱源設備と搬送設備（空調機に組み込まれたものを含む）であり、これらの設備の高効率化及び省エネ制御を行うことで、【建築物】全体の【省エネ性能】を向上できる。

空調設備が処理する負荷を空調負荷と呼び、冷房時に処理する負荷を冷熱（冷房）負荷、暖房時に処理する負荷を温熱（暖房）負荷と呼ぶ。空調負荷は屋内で発生するものと屋外から侵入又は流出する負荷で構成される。屋内で発生する負荷とは、照明器具やＯＡ機器、在室人員などの発熱などによるものが大きい。屋外から侵入又は流出する負荷とは、太陽による日射や屋内外の温度差によるものや、換気上必要な外気又は排気などがある。これらの空調負荷を低減することが空調設備の省エネルギー化を検討する上で重要な項目となる。

省エネ手法・空調設備

蓄熱空調システム

072

point ①夜間に熱源機器を運転し、熱を水や氷に蓄え、その熱を昼間の空調用として利用する。
②蓄熱空調システムにより、電力需要の昼夜格差を小さくし、電力負荷の平準化に貢献する。

蓄熱空調システムの仕組み

蓄熱空調システムとは、電力需要の低い夜間に熱源機器を運転し、熱を蓄熱槽などの水や氷に蓄え、その熱を昼間の空調に利用する方式である。昼間の空調負荷を夜間に処理(製造)することで昼間の使用電力量を削減でき、電力需要者側はデマンドの低減や熱源機器の小型化が図れ、電力会社側の供給電力負荷の平準化にも貢献することができる(**図1、2**)。

蓄熱空調システムは蓄熱槽の水又は氷の熱エネルギーのみで空調を行う場合と、熱源機器と蓄熱空調システムの両方を用いて空調を行う場合の追掛け運転がある。

図１　蓄熱空調システムのイメージ

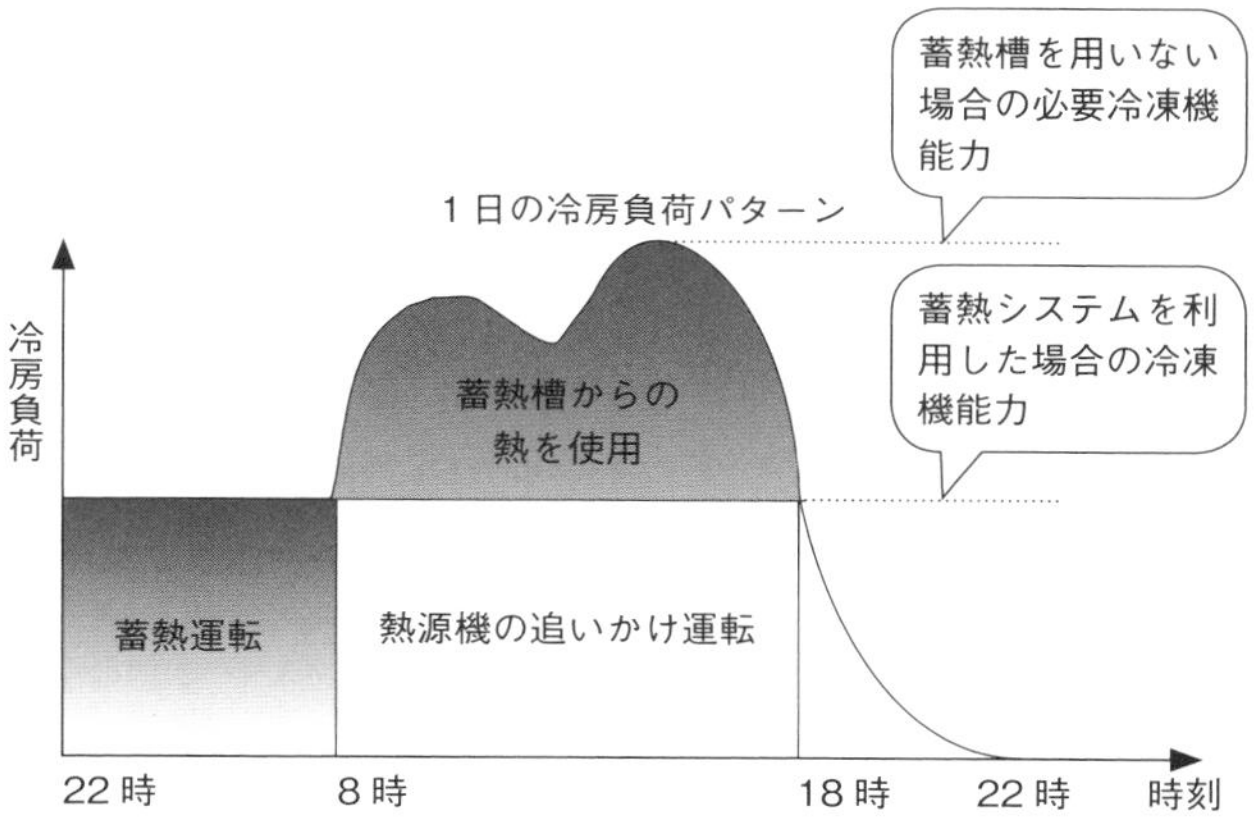

図２　夜間蓄熱時間帯の熱源機器の定格出力時刻別グラフ

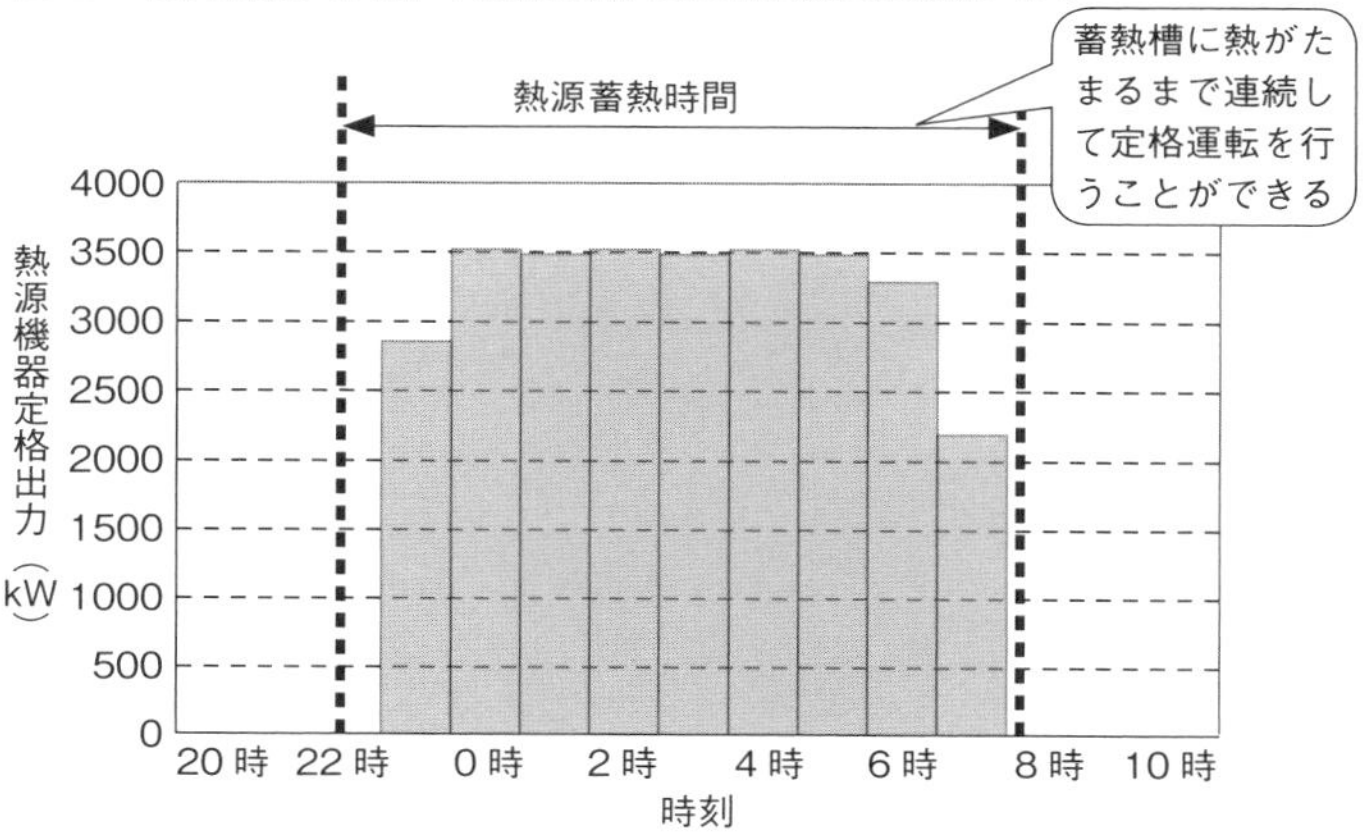

省エネ手法・空調設備

熱源機器の台数制御

073

point ①台数制御は、機器を最適な台数に分割し、効率のよい状態で運転する時間を増やす方法。
②機器効率が高い熱源機器を優先的に運転することで、より大きな省エネが可能。

熱源機器の運転効率

熱源設備には冷水を製造する冷凍機や温水を製造するボイラー、その両方を製造できるヒートポンプ熱源機や冷温水発生機などがある。冷水は夏期の冷房負荷の合計を、温水は冬期の暖房負荷の合計をもとに熱源設備の容量を計画するが、中間期(春や秋)は設計された冷房能力や暖房能力よりも少ない空調負荷となる期間が多い。また、1日の中でも夜間と昼間でも同様に空調負荷の増減が生じる。熱源設備は空調負荷量により運転効率が変わるため(部分負荷特性)、熱源機器が複数台設置される場合は、より高い効率の運転となるよう熱源機器の台数を減段または増段させて運転する。この制御を台数制御と呼ぶ。

例えば熱源機器の能力の60%の時に最大の効率となるような機器の場合、運転台数を調整し、60%の能力で運転できる台数として運転できれば、より省エネ性が向上する。

仮に年間の最大空調負荷に対して1台の熱源機器が選定されている場合、1年を通して最大空調負荷が発生する時間は極めて少なく、大部分の運転時間は低負荷での運転となるのが一般的である(**図1**)。

熱源機器の選定において、台数を分割することはイニシャルコストとの兼ね合いも併せて検討する必要がある(**図2、3**)。大型の機器を少数台設置する方が、小型の機器を多数台設置する場合に比べてコストが抑えられる場合が多い。建築物の種類によっては、メンテナンスや故障により空調設備を止める事が望ましくないなどの理由で熱源機器を分割する場合などには、台数制御を併せて検討することが空調設備の省エネルギー化を検討する上で有効である。

図１　年間の熱源冷房処理熱量の時間別降順グラフの例

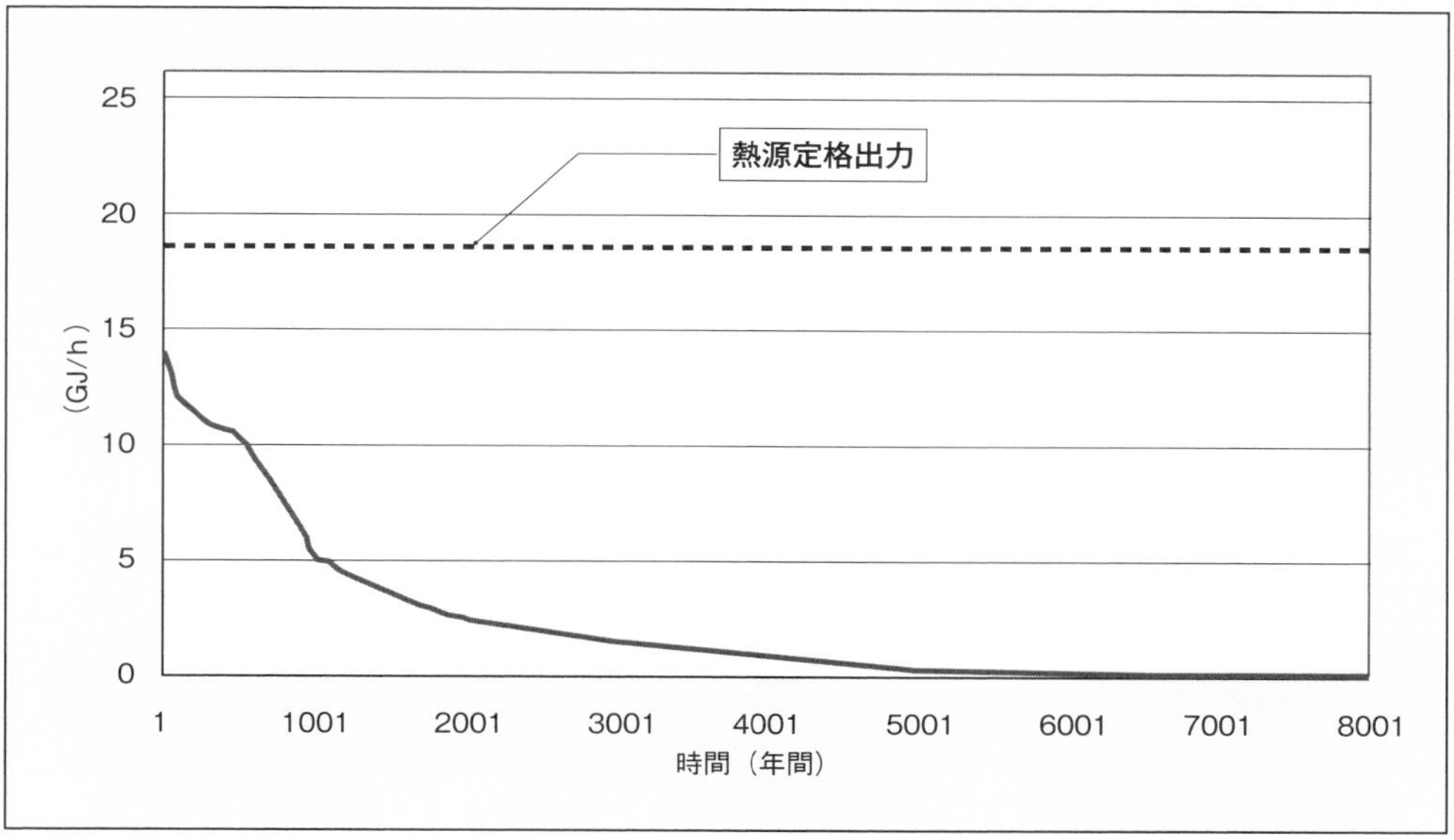

出典：「省エネ法に基づく建築物調査員講習テキスト」ビューローベリタスジャパン（株）

図２　熱源処理熱量と機器の ON-OFF 状況

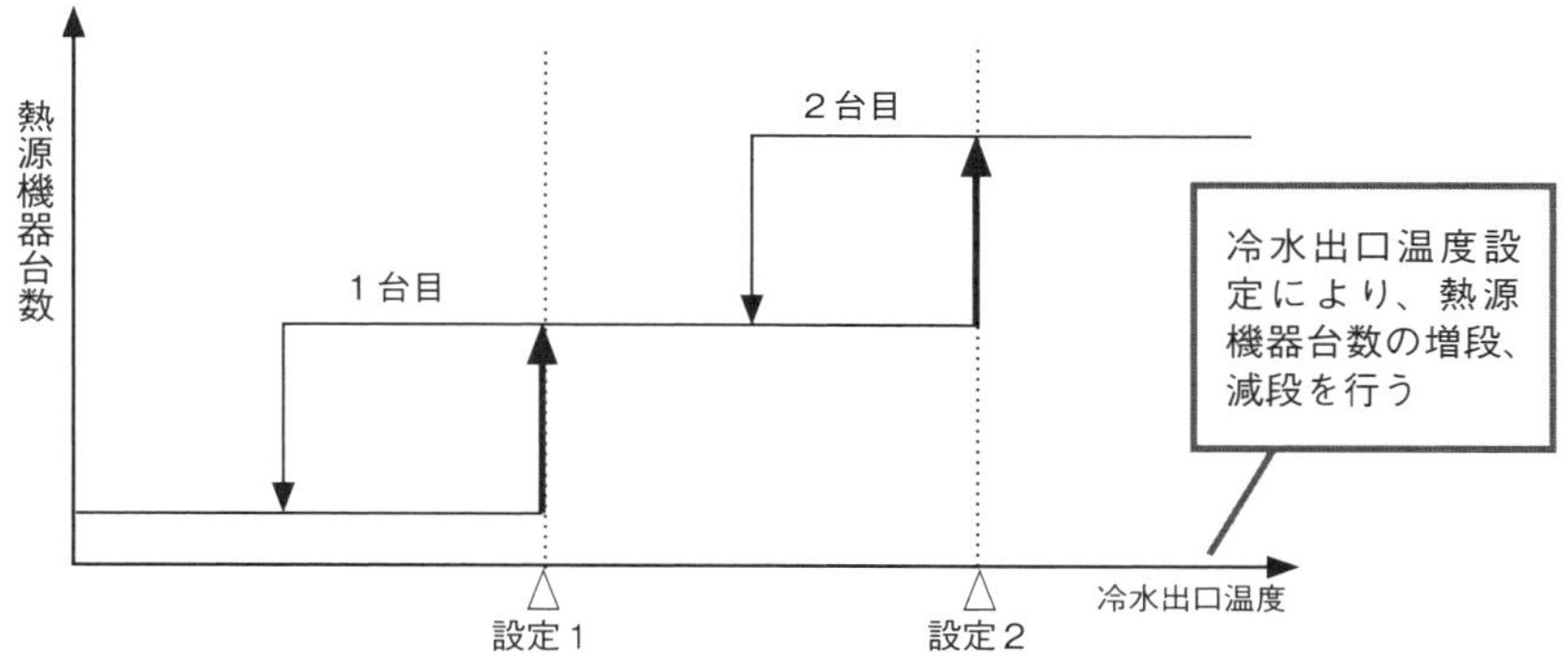

図３　熱源台数分割例

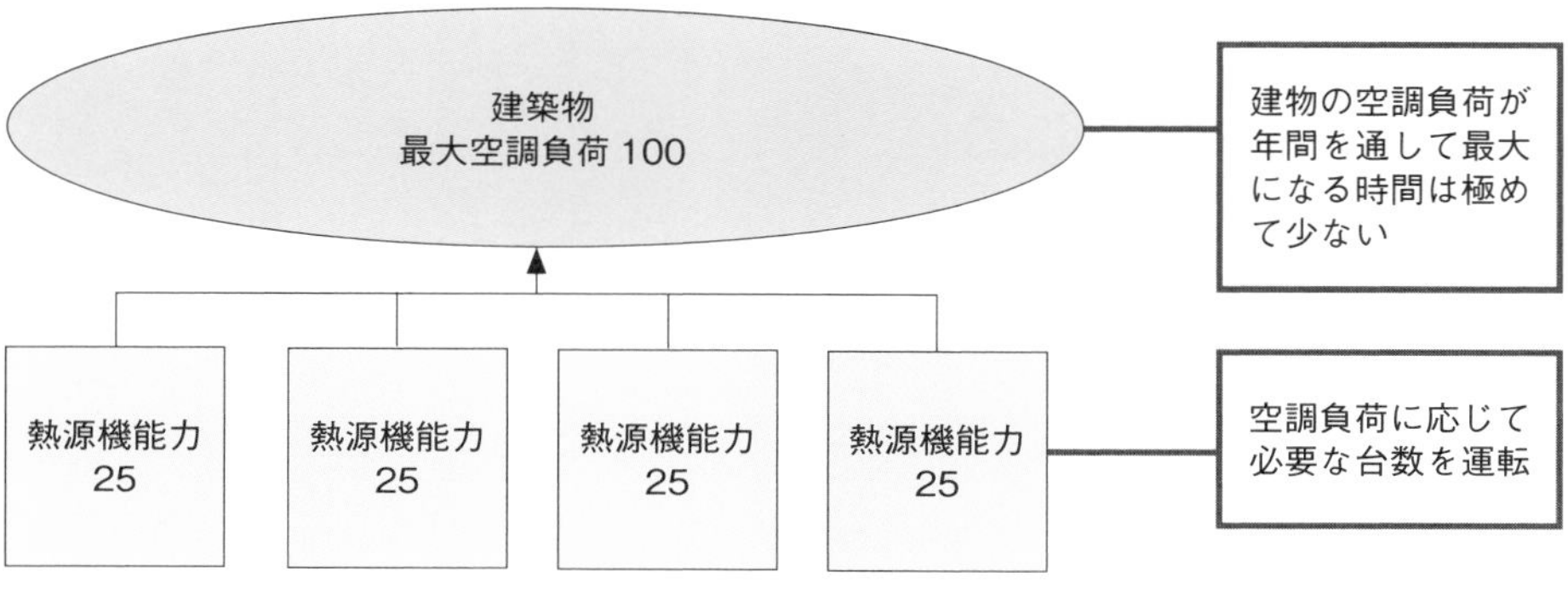

省エネ手法・空調設備

ポンプの変流量制御(VWV)

074

point

①ポンプの送水制御方式は、定流量制御（CWV）と変流量制御(VWV）がある。
② VWVは要求に応じて送水量を制御し、ポンプの消費電力を低減する。

ポンプの流量制御

空調設備の搬送設備は主に冷水や温水を送るためのポンプ、空気を送るための送風機がある。ここではポンプの変流量制御について紹介する。

ポンプの送水制御方式は定流量制御方式（ＣＷＶ）と変流量制御方式（ＶＷＶ）がある。定流量制御では、熱源機器と空調機間の循環水量は一定で、空調負荷や要求温度にかかわらず常にポンプの消費エネルギー量は変わらない。一方、変流量制御では、循環水量を空調負荷に応じて変化させることで、ポンプの消費エネルギー量を削減することができる（**図1**）。

ポンプの変流量制御を行うためにはインバータ（**図2**）を設置し、搬送設備以外も変流量制御に対応できるように設計する必要がある。一般的に定流量制御では空調機周りに三方弁が設置され、変流量制御では二方弁が設置される。空調負荷に応じて、空調機の二方弁を制御し、空調機へ流れる冷水や温水の量を調整する。空調負荷が増減すると、空調機の二方弁が開閉し、ポンプの送水圧力が増減する。この送水圧力により、ポンプモーターの周波数をインバータにて変化させ、ポンプ能力を制御する。

図　定流量制御フローと変流量制御フロー

■100% 負荷時

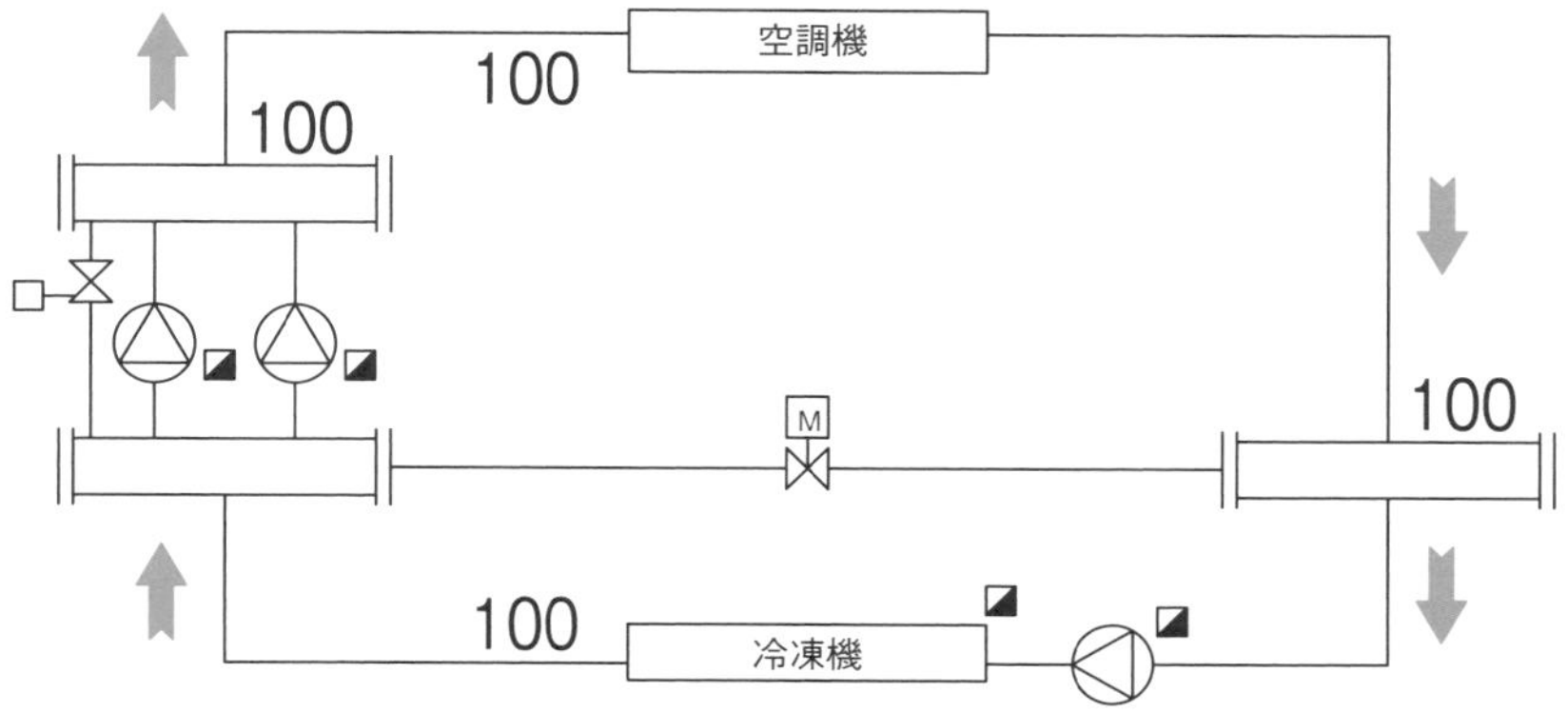

■変流量制御（VWV）時

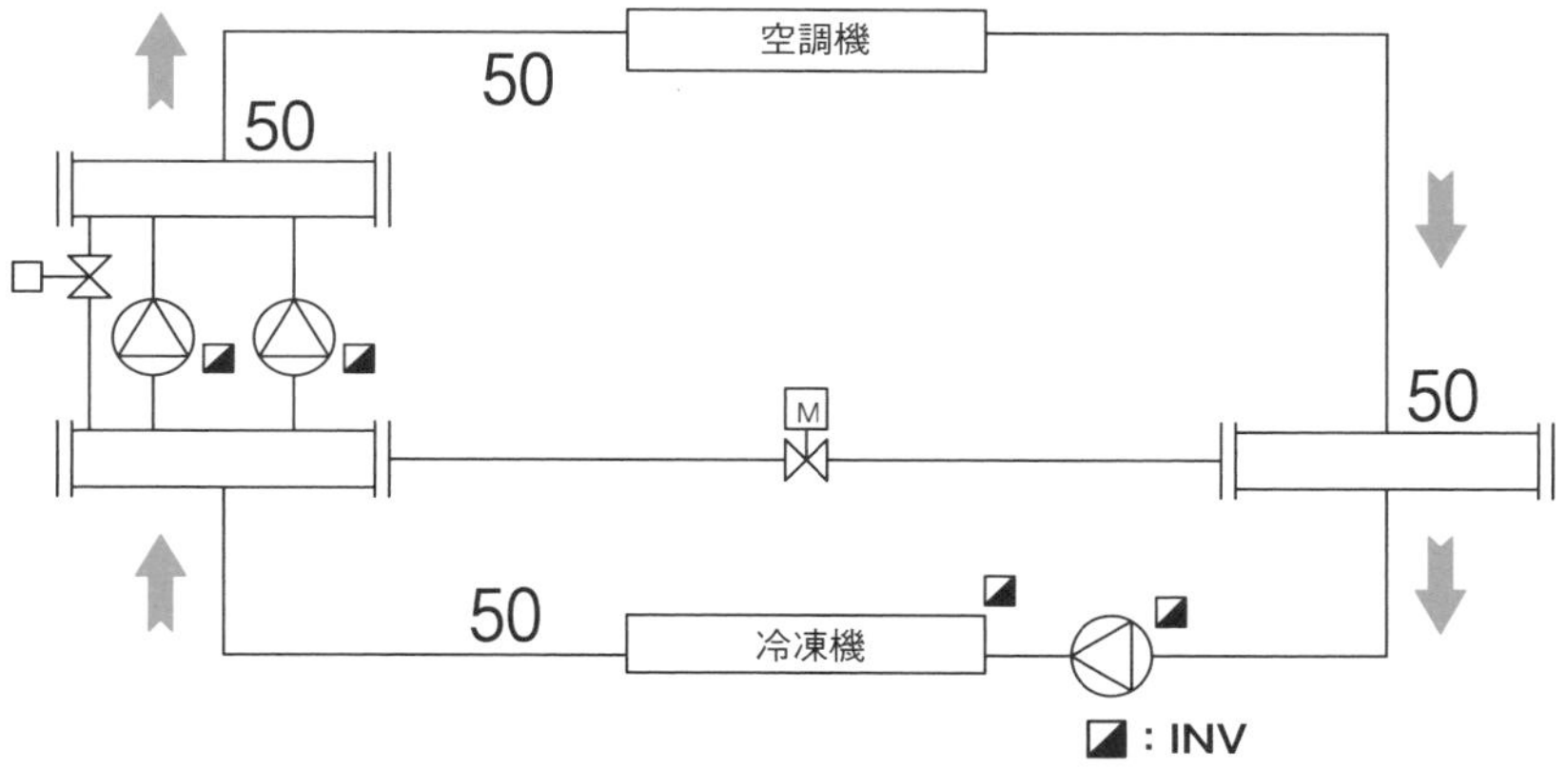

※ 数字は割合を示す

図２　インバータの構成

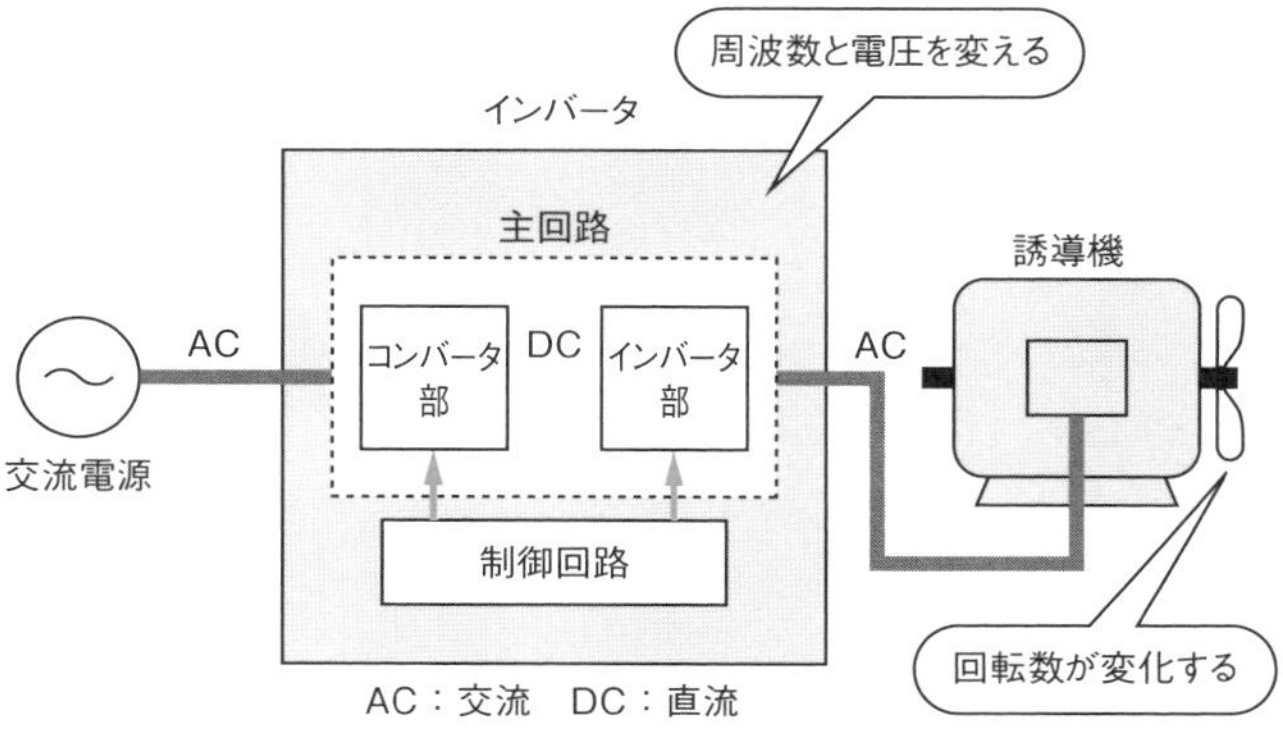

出典：「ビギナーのための電気 Q&A」オーム社

省エネ手法・空調設備

送風機の変風量制御（VAV）

075

point ①空調機の風量の制御方式には、定風量制御（CAV）と変風量制御（VAV）がある。
② VAVは要求に応じて送風量を制御し、送風機動力の低減を図る。

送風機の風量制御

空調設備の搬送設備は主に冷水や温水を送るためのポンプ、空気を送るための送風機がある。ここでは送風機の変風量制御について紹介する。送風機とはファンとも呼ばれ、換気設備としての給風機や排風機だけでなく、空調機内の送風機も含まれる。

送風機の風量制御方式には、定風量制御方式（CAV）と変風量制御方式（VAV）がある。定風量制御は送風量が一定のため、空調負荷や要求温度にかかわらず送風機の消費エネルギー量は変わらない。一方、変風量制御では、室温センサーなどからの要求に応じて送風機の送風量を制御することができる（**図1**）。

送風機の制御方式は主にスクロールダンパー、インレットベーン、インバータなどの方式があるが、【建築物省エネ法】ではインバータ方式のみが評価の対象となる。インバータ方式では送風機にインバータを設置し、送風機モーターの周波数を変化させ、能力を制御する（**図2、写真**）。

図1　変風量制御フロー

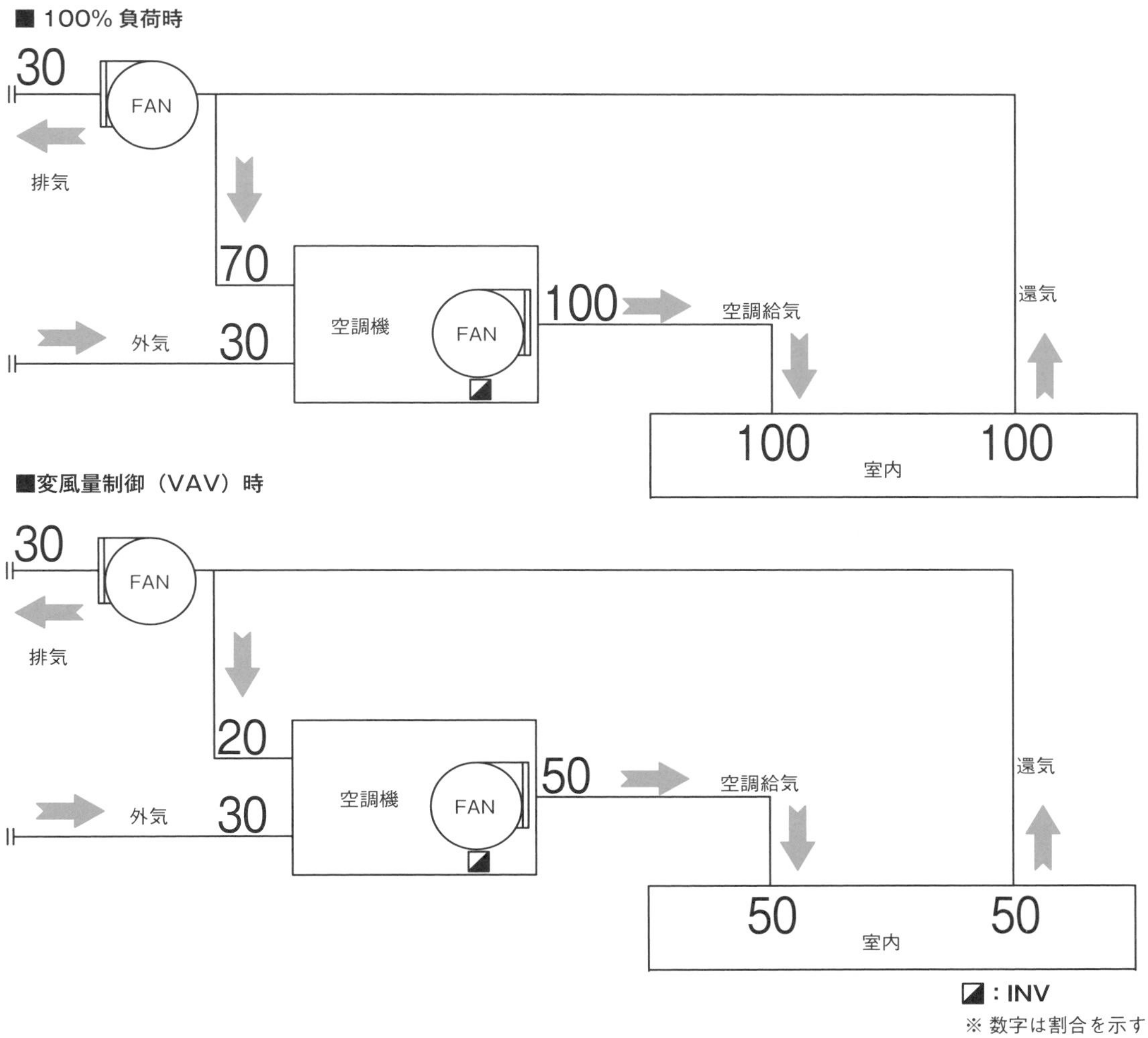

図2　空調機のインバータ周波数と電力量の時刻別グラフ

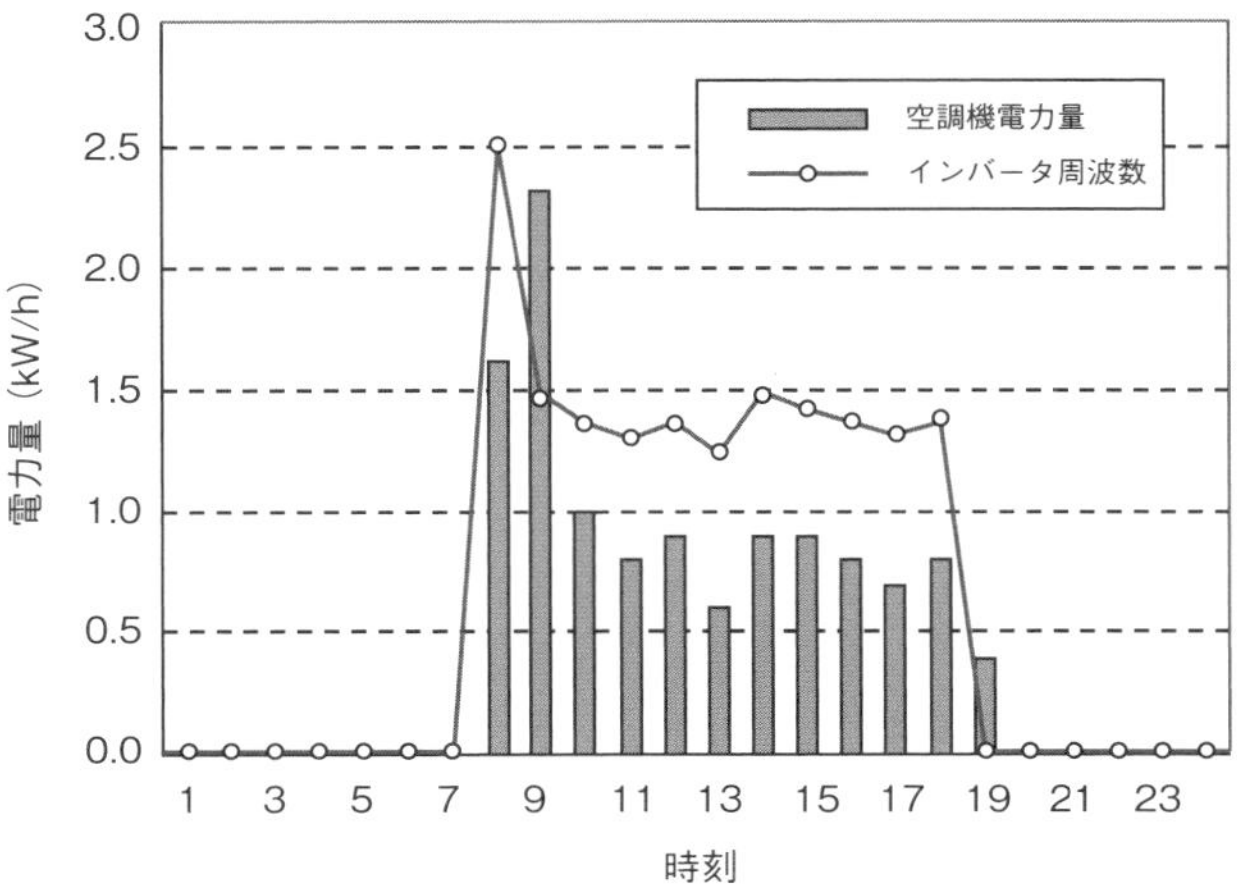

写真　VAV 制御用インバータ盤

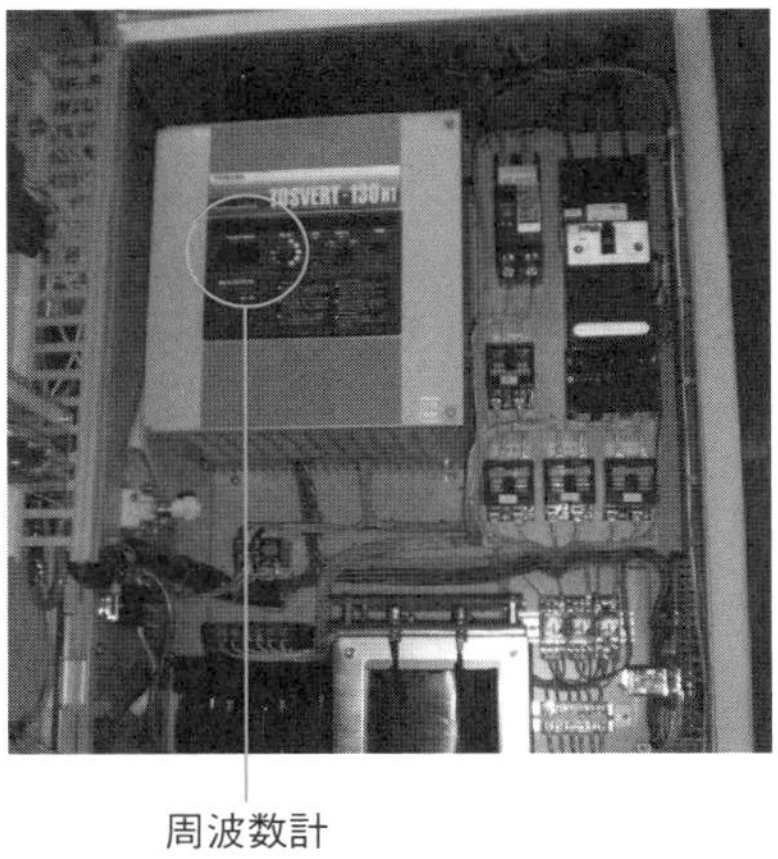

省エネ手法・空調設備

外気冷房制御

076

point

①中間期や冬期に外気エンタルピーと室内空気エンタルピーの差による冷房を行う。
②温度センサー等の要求で外気取入れダクトのダンパーを制御し、取り入れ外気量を変化させる。

外気冷房の仕組み

照明器具やＯＡ機器、在室人員などの発熱量が多い場合、中間期や冬期でも冷房負荷が生じることがある。そのときに室内空気より外気の温度が低い場合（正確には室内空気エンタルピーより外気エンタルピーが低い場合）、外気を取り入れて冷房を行うことを外気冷房という。室内空気を外気で冷却し、熱源機器で処理する熱負荷を低減して、省エネルギー効果を得る（**図**）。なお、エンタルピーとは空気の持つ熱量のことをいう。

外気冷房は、室内温度センサー等の要求により、外気取り入れダクトのモーターダンパーやＶＡＶ等の開度を制御して取り入れ外気量を変化させている。外気冷房が有効か無効かの判断は、室内外の空気の温湿度やエンタルピーにより行うが、簡易な方法として外気温度のみで判断することもある。

図　熱源稼働時フローと外気冷房サイクルフロー

※ 数字は割合を示す

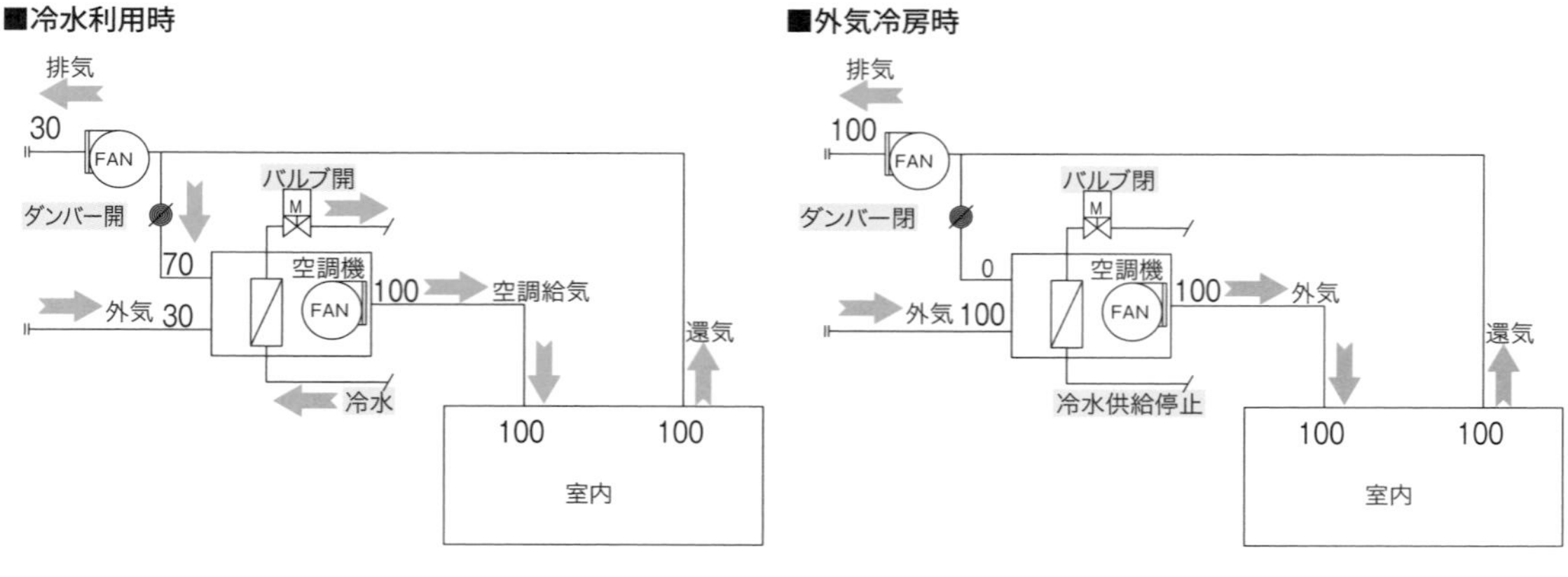

省エネ手法・空調設備

予冷・予熱時外気取入れ停止制御

077

point

①使用開始前に設定した室内温湿度条件に調整することが予冷（冷房期）・予熱（暖房期）である。

②予冷・予熱時（在室者不在時）の外気導入を停止することで、空調負荷を低減できる。

予冷・予熱時の省エネ措置

空調設備では在室者に対する新鮮空気の導入を主な目的として一定量の外気が取り入れられる。夏期や冬期に温湿度が調整された室内の空気を排気し、外気を取り入れることは、空調設備にとって比較的大きな負荷となる（外気負荷）。

建物の使用開始前に空調設備を運転し、在室者に適した室内温室度条件に調整することを予冷（冷房期）・予熱（暖房期）という。予冷・予熱はその間、在室者がいなければ外気を取り入れる必要がない。

予冷・予熱時に外気取入れダクトのモーターダンパーを閉鎖することなどにより、外気の導入を停止することを予熱時外気取入れ停止制御と呼び、その採用により空調負荷を低減することができる（**図**）。

図　外気シャットオフ制御時の考え方

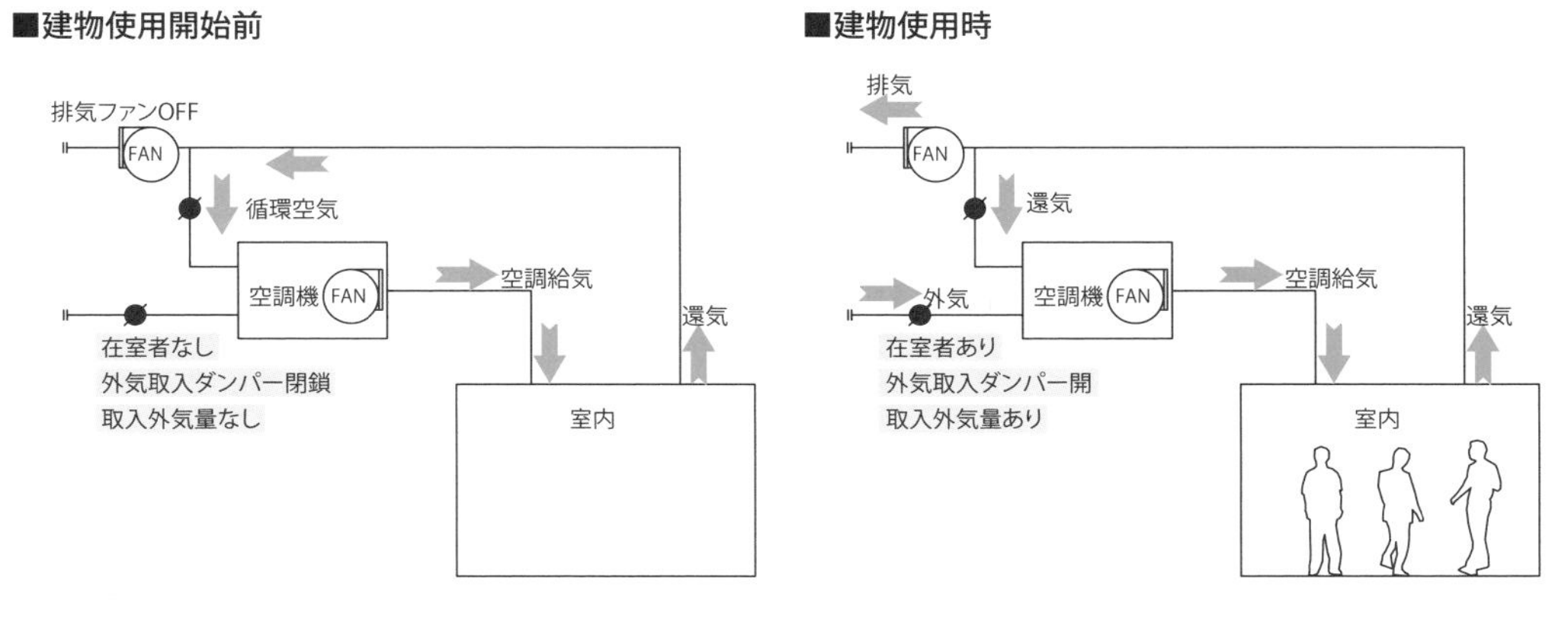

全熱交換器

point

①全熱交換器とは換気による外気負荷を軽減できる機器。
②取り入れる外気に室内の熱（顕熱）と湿気（潜熱）を回収することで空調負荷を低減する。

全熱交換器の仕組み

全熱交換器は、換気を行う際に排気側の空調された室内空気と給気側の外気の全熱（顕熱＋潜熱）を熱交換し、捨てられる排気の熱を給気側に回収することで、空調対象室の外気負荷を低減し、省エネルギーを図るための機器である。

たとえば夏期に、換気のために屋外から高温高湿な空気を取り入れることは、空調設備にとっては大きな負荷となる。そこで全熱交換器を用いることにより、排気される室内の冷房された空気と温度の高い外気を熱交換する。外気の温度を下げて室内に取り入れることで、空調負荷を少なくする仕組みとなっている（**図1、2**）。

また、温度差として表れる顕熱だけではなく空気中の水蒸気に含まれる熱（潜熱）も併せて交換する。

図1　全熱交換器の考え方

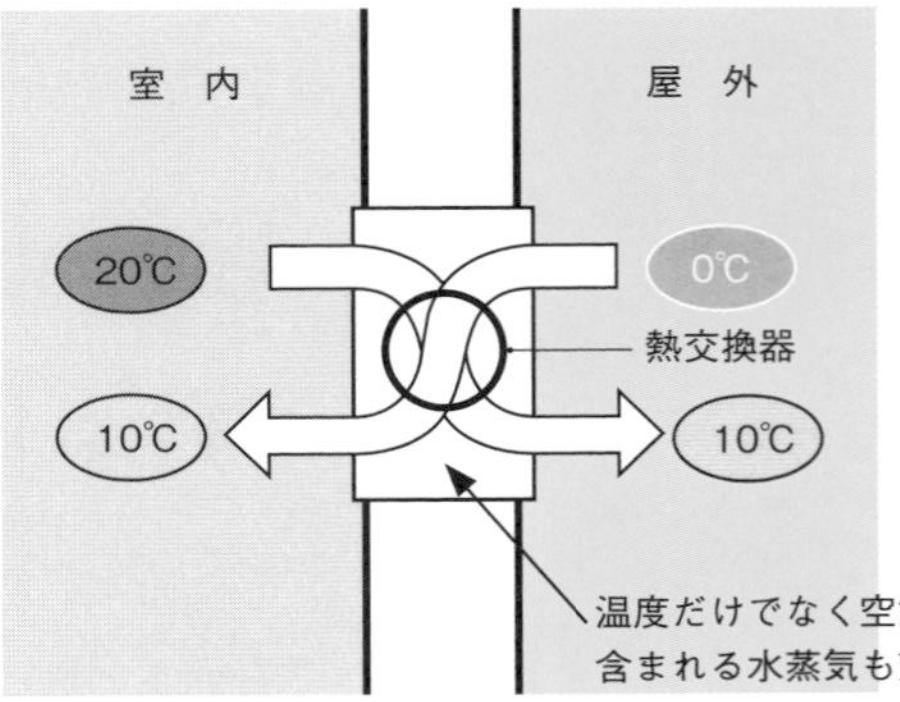

※ 外気温 0℃、室内温度 20℃の場合

図2　全熱交換器（静止型）の仕組み

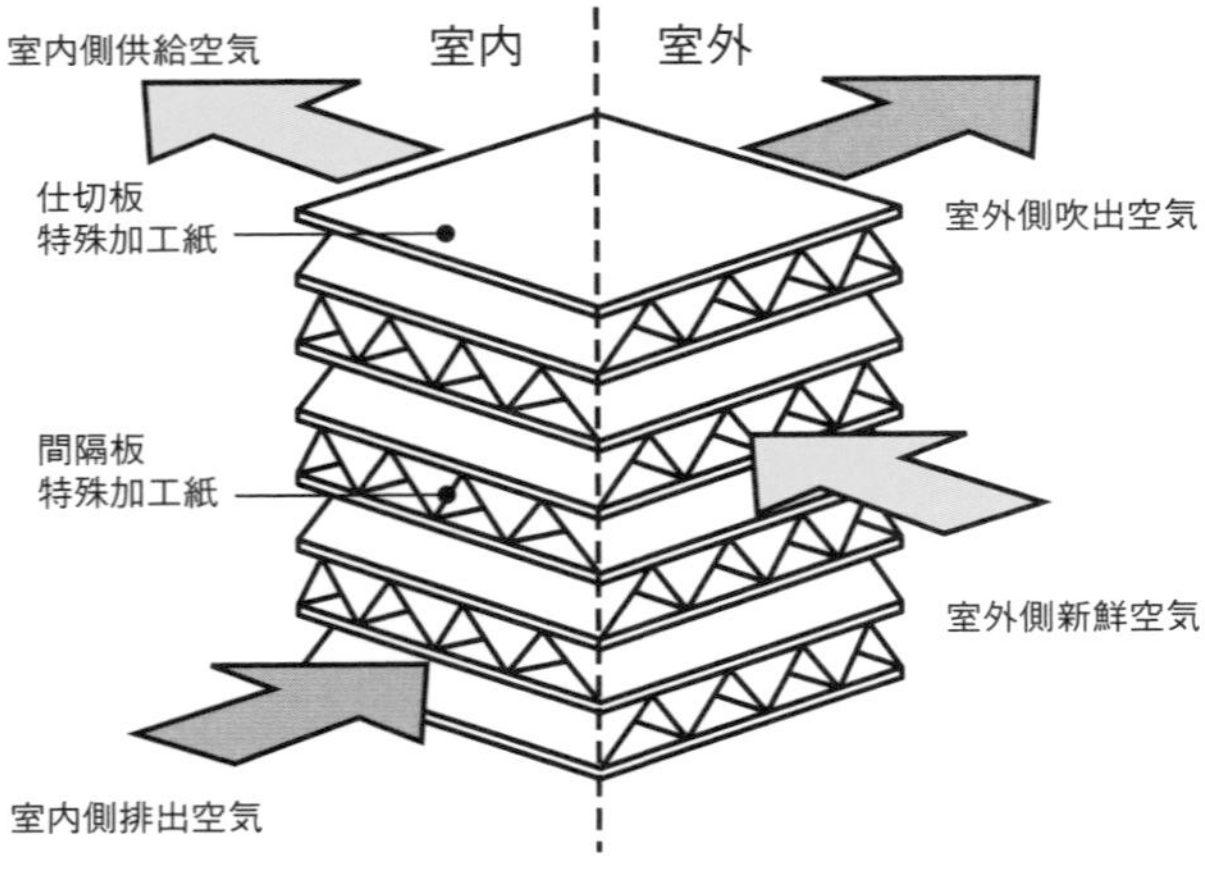

省エネ手法・空調設備

CO_2 濃度制御

079

point

①新鮮外気の取り入れは、在室人員条件（最大定員）に基づいて計算されている。
②実際の CO_2濃度を測定し、在室人数に応じた外気導入量を制御し、空調負荷を低減する。

使用状況に応じた制御運転

空調設備では、室内空気のCO_2濃度や空気清浄度を適正に保つため、新鮮外気が取り入れられる。人員を対象とした空調においては、一般的に空調機の外気導入量は設計上の在室人員条件（最大定員）などに基づき算定される。しかし、実際の運用状態では、必ずしも常に最大定員が在室しているわけではなく、それより少ないことも多い。

室内空気の汚染度を示す代表的な指標であるCO_2濃度を測定し、その値が基準値以下となるように外気の導入量を制御することをCO_2濃度制御と呼び、外気導入量を低減することで空調負荷を低減することができる（**図**）。

CO_2の一般的な基準値としては、「建築物における衛生的環境の確保に関する法律」（以下、建築物衛生法）で規定する、管理基準値である1000ppm以下が用いられる。

図　CO_2 濃度制御の考え方

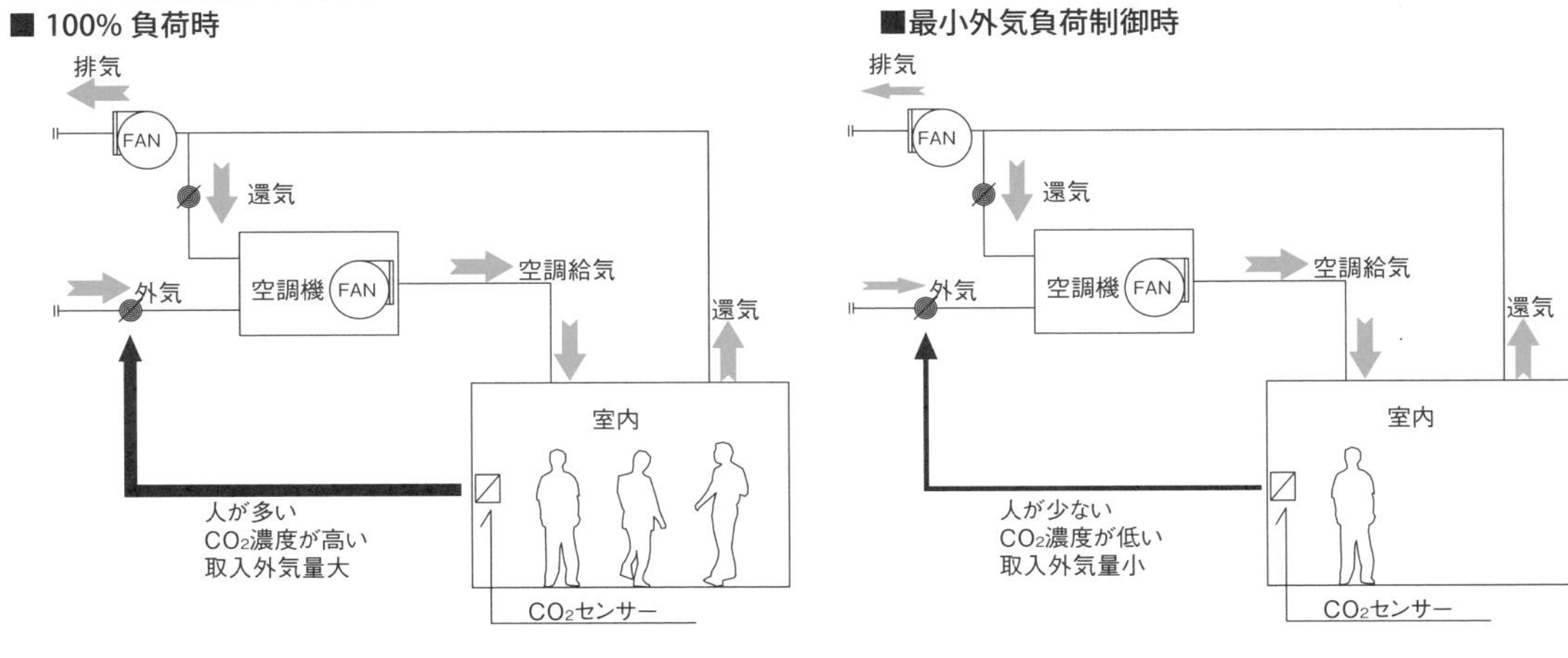

送風機の送風量制御方法

080

point

①送風機の送風量制御は発停制御と換気要求の度合いに応じて風量を増減する制御がある。
②送風量制御の方式に応じたセンサーの設置が必要となる。

目的に応じた制御方法

換気設備における送風機の送風量制御は、換気の目的に応じて、発停制御（ＯＮ／ＯＦＦ制御）のみを行う場合や、換気要求の度合いに応じて換気風量を増減して送風量制御（比例制御やＰＩＤ制御など）を行う場合がある。

たとえば、エレベータ機械室・電気室などの温度制御を目的とした換気は、室内温度により送風機の発停制御を行う方法や、冷房専用空調機と送風機を併用して室内温度に応じて空調機と送風機の切り替え運転を行う方法などが用いられる。また、居室の換気では、居室内のCO_2濃度により送風機の送風量制御を行うことがある。送風機の主な制御方式には**表**のようなものがある。

表　換気ファンの制御方法と制御内容

制御方法	制御内容
インバーター制御	送風機モーターの周波数を変化させ、風量を変化させるための装置。標準入力法や主要室入力法ではインバータを設置し周波数を固定とした場合でも評価の対象となる
CO_2濃度制御	CO_2濃度により風量を制御。室内や排気ダクトにCO_2センサーを設置し濃度を測定する
温度制御	室内温度により送風量を制御。室内や還気又は排気ダクトに温度センサーを設置し温度を測定する

省エネ手法・照明設備

在室検知制御

081

point ①人感センサー等の信号と連動し、点滅や調光を行い消費電力を削減する。
②適切な点滅・調光を行うためには、プランや人の動きを踏まえたセンサーの配置に留意する。

在室検知制御とは

在室検知制御とは、室内に設けた人感センサー等による信号と連動して、照明の点滅・調光を行う制御方法である。人が不在のときに、照明設備が自動的に消灯あるいは調光することで、消費電力量削減による省エネルギー効果が得られる。

たとえば、事務室などで器具やモジュールごとに制御を行う場合や、化粧室・更衣室での点滅、廊下で人通りに応じて調光を行う場合などがある。

人感センサーの使用

普及している人感センサーは、人から放射される赤外線と、人以外（背景）の物体から放射される赤外線の波長・量を比較して、検知エリア内に入った人の動作を捉える（**082項目図1～3**）。

センサーは、照明器具から独立しているタイプと器具内蔵タイプがある。

人感センサーは、動作量が少なく人と周辺の温度差が小さいと検知しにくい。また、トイレ個室など、センサーと人の間に隔壁があると検知されないので、センサーの配置には注意する。

センサーによる点滅が極端に多いと、ランプフィラメントが断線しやすくなることがあるので、点灯保持時間を長めに設定する。また、人通りによる廊下の調光制御では、往来する人の間隔に応じて点灯保持時間を調節する。

省エネ手法・照明設備

明るさ検知制御

082

point ①明るさセンサー等による照明器具の調光又は点滅制御。

明るさ検知制御

明るさ検知制御とは、屋外から昼光が入射する側窓の近傍エリアにおいて、入射する昼光の明るさに応じて人工照明を調光または点滅することにより、消費電力量を削減し、省エネルギー効果を得る制御方法である。明るさセンサー等により室内の明るさの変動を検知し、室内が設定した明るさとなるよう照明の出力を調整する。調光は連続調光制御を指し、執務室など主に視作業を伴う室で活用される制御である。点滅とは自動点滅制御を指し、階段、廊下、便所など視作業を伴わず、必要照度以上となる場合は人工照明を消灯する制御である。

明るさセンサーによる調光

人工照明を連続調光で制御する場合、天井面に設置した明るさセンサーで床面や机上面の反射光を入射光量として記憶し、光量が一定になるように、照明器具に出力量の制御信号を送って調光制御を行う(**図1~4**)。

多数の照明器具を配置する場合、ブラインドの開閉による影響を避けるため、柱間ごとにセンサーを設置する。自動制御ブラインドを併用する方式もある。

図１　明るさセンサーの動作原理

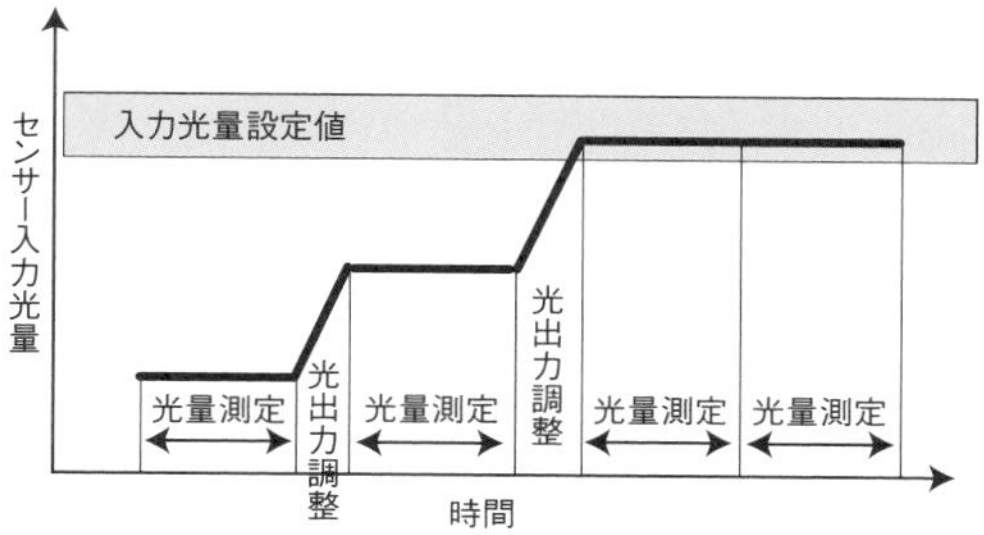

図２　明るさセンサーによる光出力制御の例

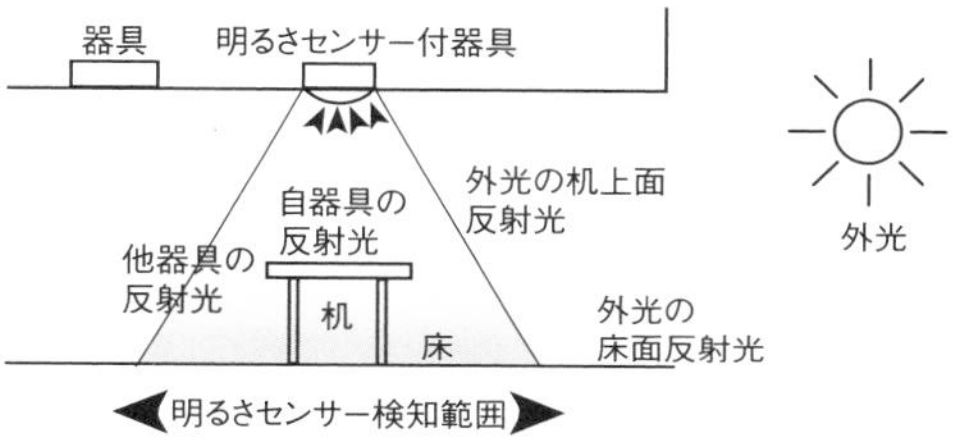

図３　昼間人工照明制御装置（連続調光方式）

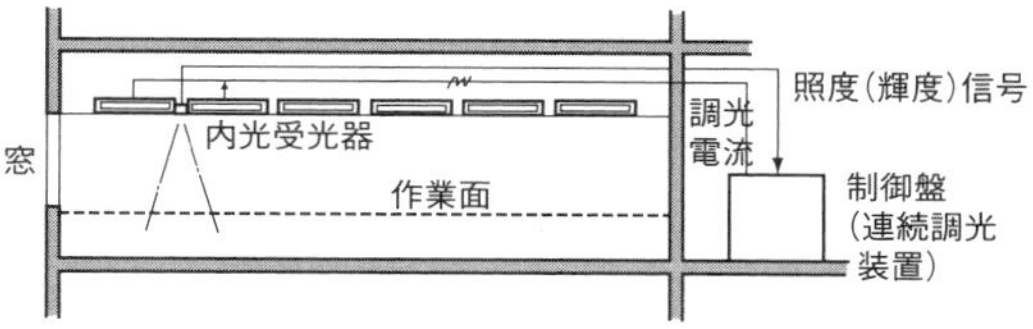

図４　セルフコントロール照明器具の構成

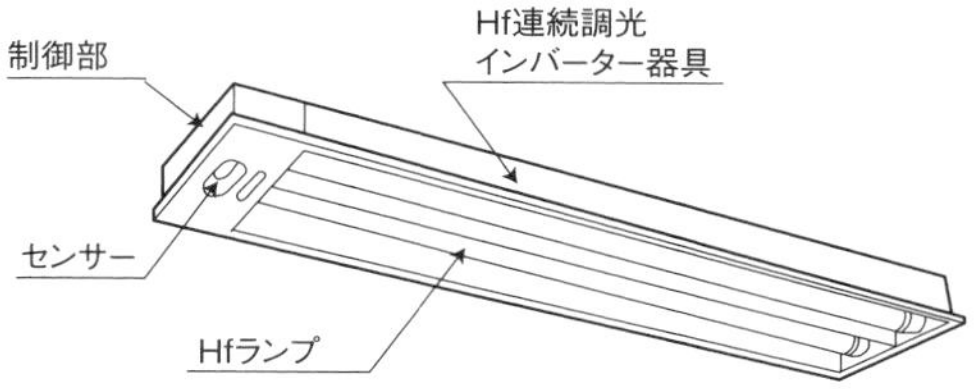

図５　机上面照度に対する好ましい周辺照度

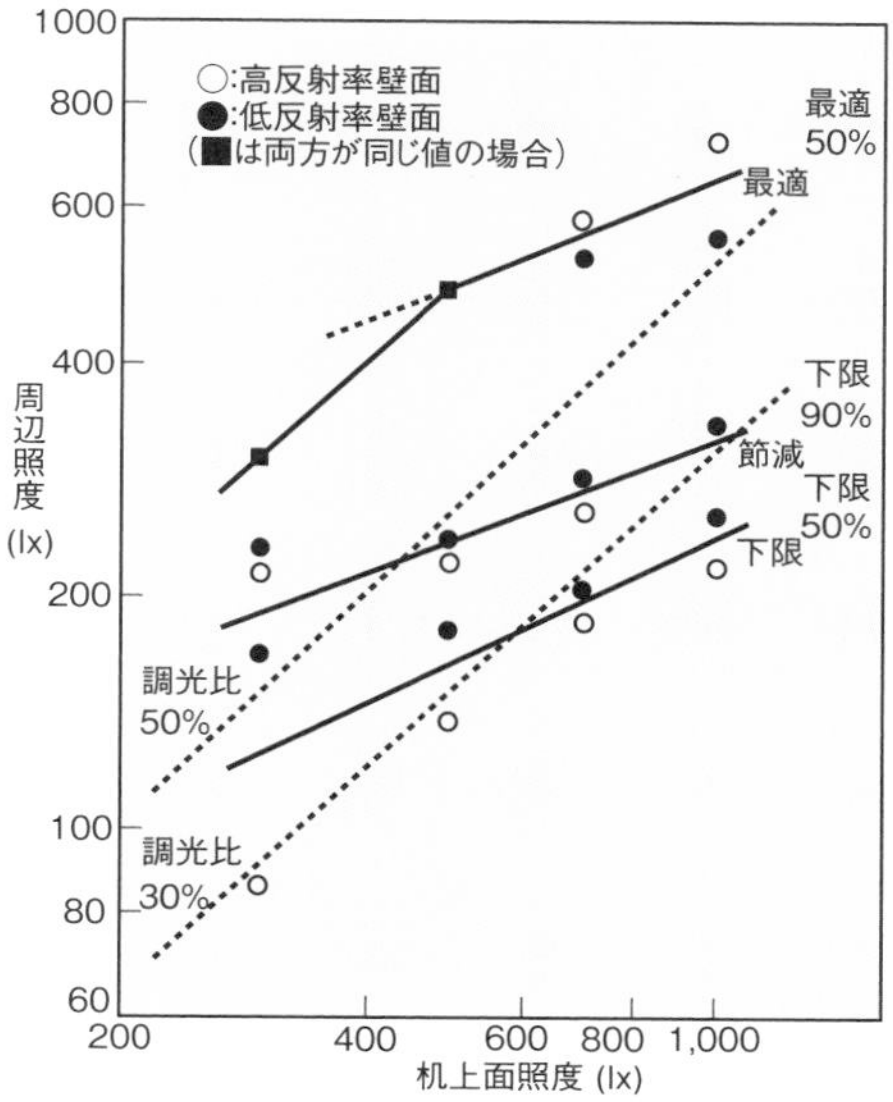

図６　明るさセンサー連続調光タイプの特徴

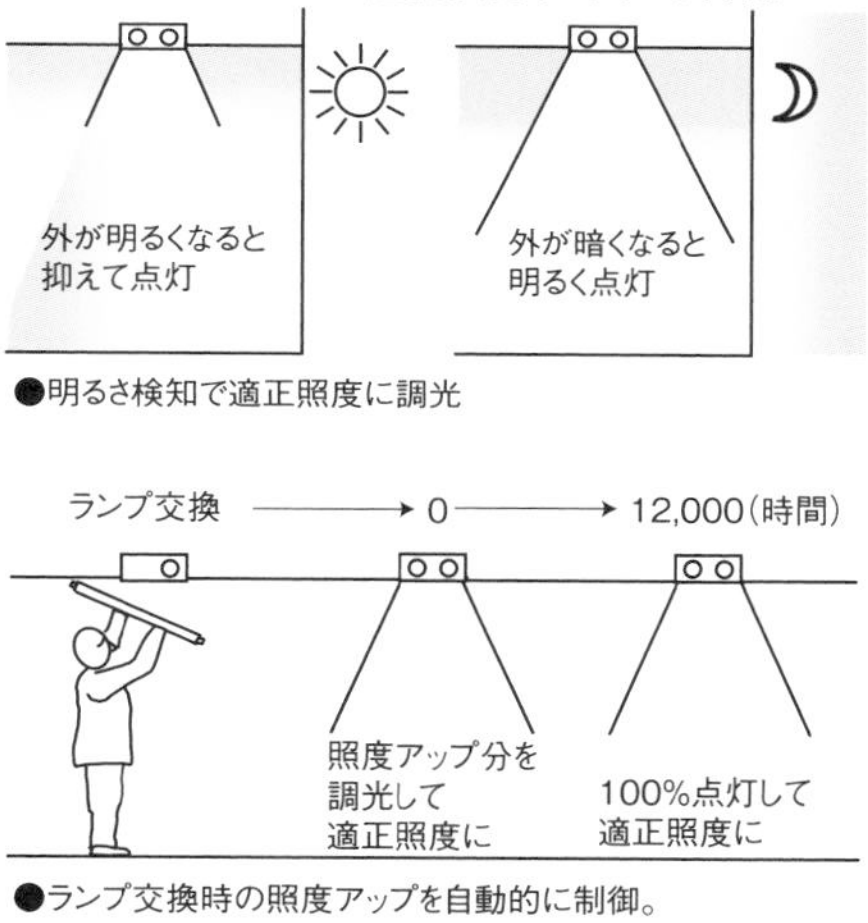

図７　人感センサー・明るさセンサー体型連続調光タイプの特徴

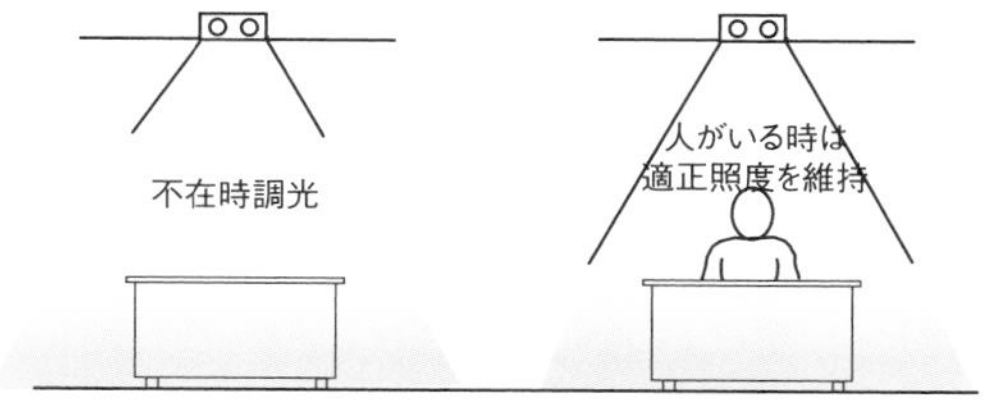

図：Panasonic ホームページ照明設計資料を参考に作成

省エネ手法・照明設備

初期照度補正制御・タイムスケジュール制御

083

point

①初期照度補正制御は、使用期間中ほぼ一定の光束を保つように自動的に調光制御を行う。
②タイムスケジュール制御は、消灯・減光しても支障がない場合と時間帯がわかっていると有効。

初期照度補正制御とは

ランプの明るさを示す光束は、点灯時間の経過に伴い次第に減衰していく。また、照明器具の汚れにより器具効率も時間とともに低下していく。一般的に照明設備の計画時には、あらかじめ能力低下分を見込んで設計を行うため、照明を新設して点灯開始後の間もない時点では、設計値よりも照度が高くなる。

初期照度補正制御とは、照明器具の使用開始初期およびランプ交換後の点灯開始初期の過剰な照度を設計照度に自動的に調光する制御であり、消費電力量削減による省エネルギー効果が得られる(**図4、5**)。

制御の方法として、室内照度を検知する明るさセンサーを設置して適正照度に制御する方法と、あらかじめ照明器具にランプの減衰カーブを記憶させ、器具自体を適正照度に制御する方法がある。

タイムスケジュール制御とは

タイムスケジュール制御とは、室を使用するスケジュール(一日、週間、年間など)に応じてあらかじめ設定したタイムスケジュールに基づき、照明の点滅あるいは調光を行う方法であり、消費電力量削減による省エネルギー効果が得られる。たとえば、オフィスなどの昼休みや店舗の準備時間など、消灯あるいは減光しても支障がない場合と時間帯がわかっている場合に有効な方法である。

図1　ひとセンサの動作原理

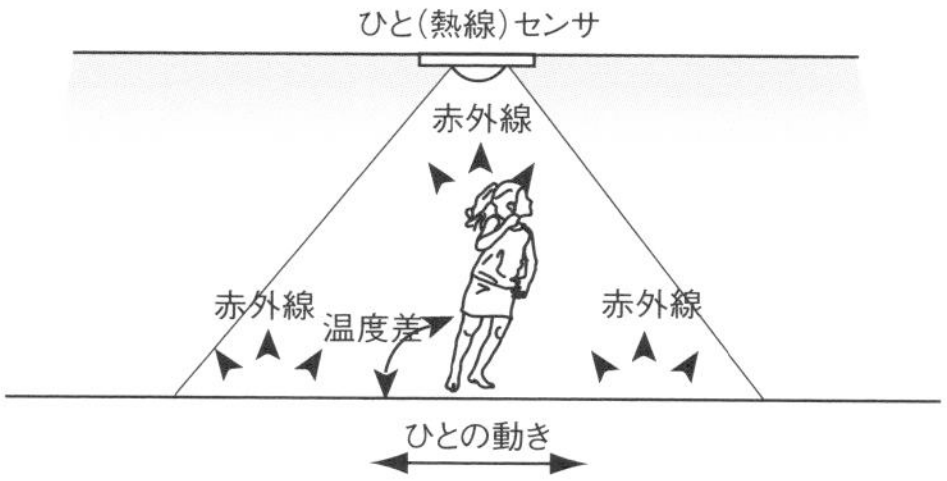

図2　ひとセンサ点滅タイプの特徴

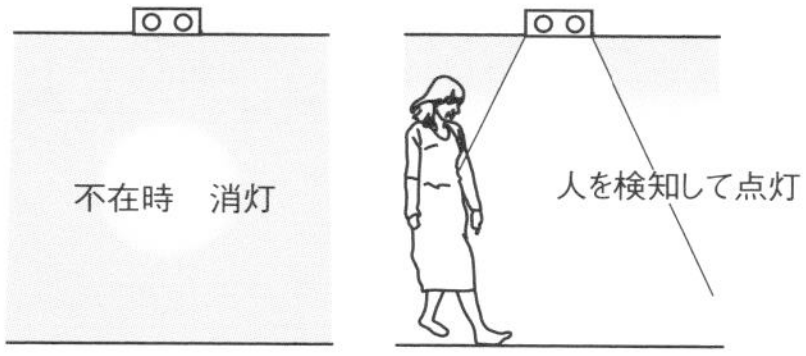

図3　ひとセンサ段調光タイプの特徴

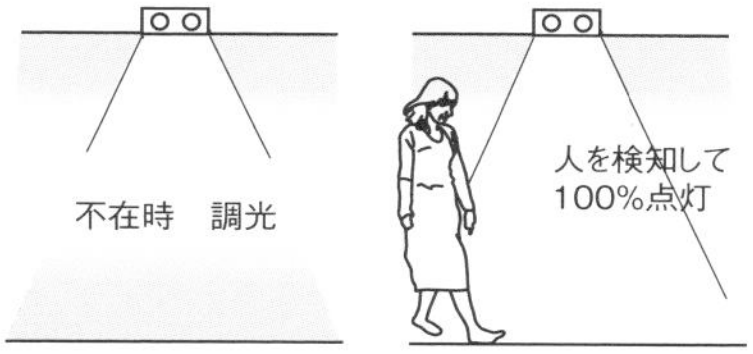

図１～３：Panasonic ホームページ照明設計資料を参考に作成

図4　初期照度補正制御の概念

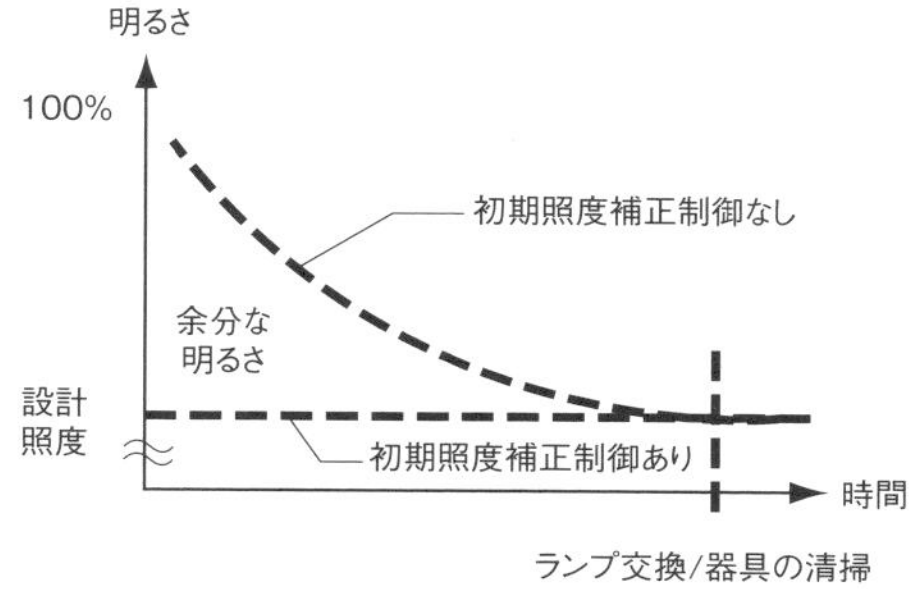

図5　初期照度補正制御による省電力効果

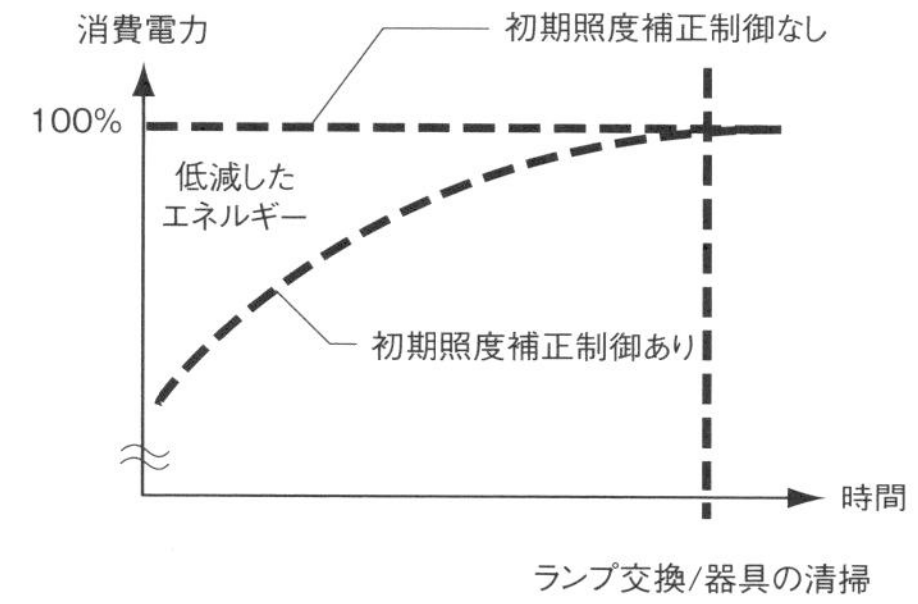

図6　リセットスイッチ

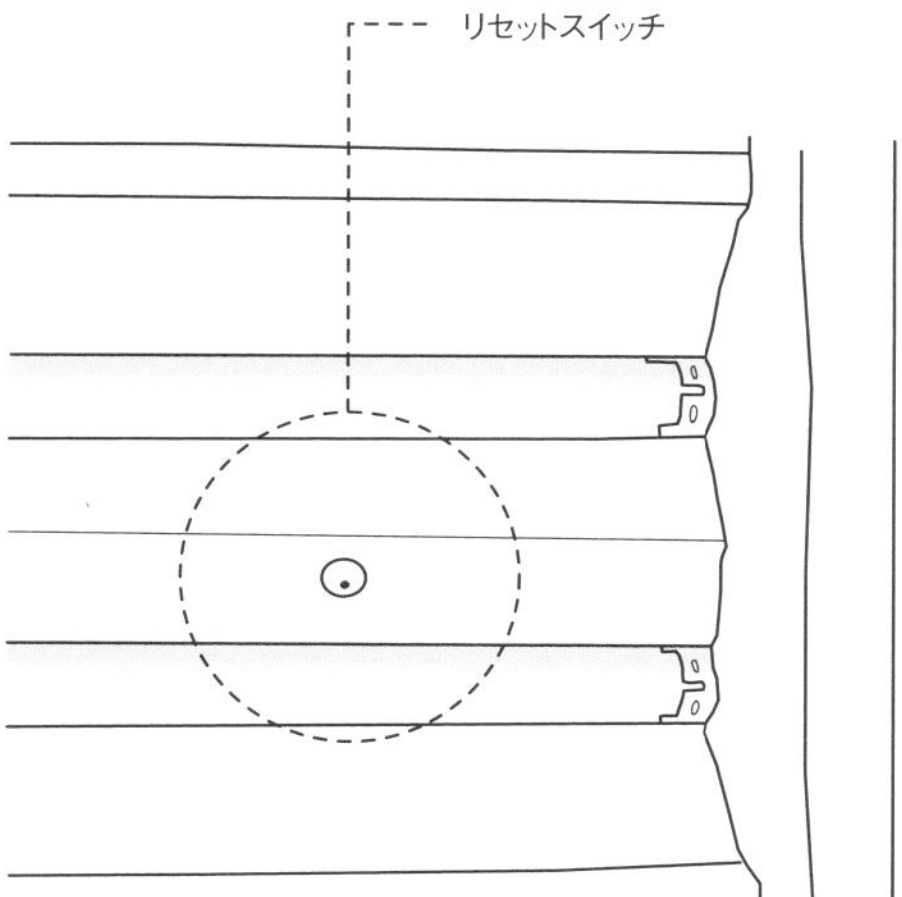

ランプ交換／清掃を実施してもリセットスイッチを操作しないと、引き続き累積点灯時間に応じた調光率（最大100%点灯状態）による点灯状態となる。したがって、過剰照度分の補正制御は行われず、所定の調光率まで減光されないため初期照度補正制御とならない

省エネ手法・給湯設備

給湯配管保温と節湯器具

084

point

①配管の保温や配管経路の短縮により、配管からの熱損失を低減する。
②節湯器具を使用することで給湯利用量(給湯負荷）を削減できる。

【建築物省エネ法】において評価される給湯設備の省エネ手法は配管の保温厚、節湯器具、太陽熱利用(モデル建物法(**039項目**参照)を除く)がある。

給湯設備におけるエネルギー消費量は配管からの熱損失や給湯使用量によるところが大きい。よって、給湯エネルギー消費量削減のためには配管経路の短縮や適切な保温(断熱)計画、給湯供給先で節湯器具を設けるなどが求められる。

配管からの熱損失の低減

給湯配管の熱損失低減の手法の一つに保温がある。保温はグラスウールやスタイロフォーム等の断熱材で配管を被覆し、空気中への放熱を防ぐ役割がある。建築物省エネ法においては配管径毎の断熱厚さにより省エネ手法が評価されることになる。

給湯負荷の低減

節湯器具の採用は給湯利用量(給湯負荷)を低減することができる。建築物省エネ法における【非住宅建築物】の評価では、給湯Ａ１(手元止水機構)及び節湯Ｃ１(水優先吐水機構)は節湯器具としては評価されない(**表**)。これは非住宅建築物に設置された場合の節湯効果は家庭用と業務用では湯水の使われ方が異なり、不明確であるためである。また、自動給湯栓は節湯器具として取り扱い、２バルブ水栓を採用する場合は節湯機構によらず節湯器具としては取り扱わない。

表　節湯水栓の定義

基準名		建築物エネルギー消費性能基準 ※1	（一社）日本バルブ工業会自主基準 ※2
節湯水栓の定義		節湯水栓の構造の規定を満たしているもの	（一社）日本バルブ工業会にて定められた節湯水栓のモニター方法にて、削減基準を満たしているもの
節湯種類と効果	手元止水機構	節湯A1　台所水栓：9% 削減 浴室シャワー水栓：20% 削減	節湯A　台所水栓：9% 削減 浴室シャワー水栓：20% 削減
	小流量吐水機構	節湯B1　浴室シャワー水栓：15% 削減	節湯B　台所水栓：17% 削減 浴室シャワー水栓：15% 削減
	水優先吐水機構	節湯C1　台所水栓：30% 削減 洗面水栓：30% 削減	
	節湯種類組合わせ	節湯A1　節湯B1　浴室シャワー水栓：32% 削減	節湯AB　台所水栓：24% 削減 浴室シャワー水栓：32% 削減
		節湯A1　節湯C1　台所水栓：36% 削減	
		節湯C1　節湯B　台所水栓：41% 削減	節湯A1　節湯C1　節湯AB　台所水栓：47% 削減

※１　「建築物のエネルギー消費性能の向上に関する法律（平成 27 年法律第 53 号）」の「エネルギー消費性能基準（平成 28 年省エネ基準）」における節湯水栓の定義を引用。

※２　平成 28 年度まで、「エネルギーの使用の合理化等に関する法律（昭和 54 年法律第 49 号）」の「住宅事業建築主の判断の基準」に採用されていた節湯型機器の定義を引用。

・２ハンドル湯水混合水栓は、他の形式に比べ湯温度調整が困難であるために無駄な湯水の消費が増えるとされているため、本基準では対象外とする。

・各節湯水栓の削減率は、（国研）建築研究所 平成 28 年省エネルギー基準に準拠したエネルギー消費性能の評価に関する技術資料（住宅）における、「エネルギー消費性能の算定方法」より引用。

http://www.kenken.go.jp/becc/house.html#2-2

出典：一般社団法人日本バルブ工業会

省エネ手法・給湯設備

太陽熱利用

085

point

①太陽熱利用給湯には、直接・間接の集熱方式があり、循環方法にも2種類がある。
②集熱器は、対地角 30度を基本とし、方位角は正南から±45度の範囲とする。

太陽熱利用給湯は、太陽エネルギーを直接、熱として給湯、暖房などのエネルギー源として利用する(**図1**)。使用する水を集熱器で直接集熱・加熱する方式(直接集熱方式)、集熱した水または熱媒で熱交換器を介して水を加熱する方式(間接集熱方式)(**図2**)がある。

湯の循環方法には自然循環式と強制循環式がある。自然循環式は、集熱部に日射が当たると熱サイホン現象により、貯湯部との間で自然循環が起こる。強制循環式は、集熱器と貯湯槽との間を循環ポンプで水または熱媒を循環させるもので、ボイラーなどの熱源装置と組み合わせ、住宅のセントラル給湯、病院、ホテルなど、大量に湯を消費する大規模施設で用いられる。

集熱方式

湯水が太陽熱集熱器内を流れる直接集熱方式と、不凍液を用いて集熱する間接集熱方式に大別される。直接集熱方式の方が安価で集熱効率が高いが、住宅では凍結事故を防ぎ、また水道直結で使うことも踏まえて、間接集熱方式が採用されることもある。

設計上の留意点

集熱器の設置傾斜角は対地角30度を基本とし、15～35度の範囲内では年間集熱量はほとんど差がない。方位角も正南から±45度程度の範囲であれば集熱効果に影響はない、とされている。

自然循環式では、シャワーなどを使うための必要圧力が得られるように集熱器の設置高さ(7m以上など)に配慮する必要がある。また、強制循環式も含めて、水抜きや不凍液による冬期の凍結防止にも配慮を要する。

図 1　太陽熱利用給湯システム図

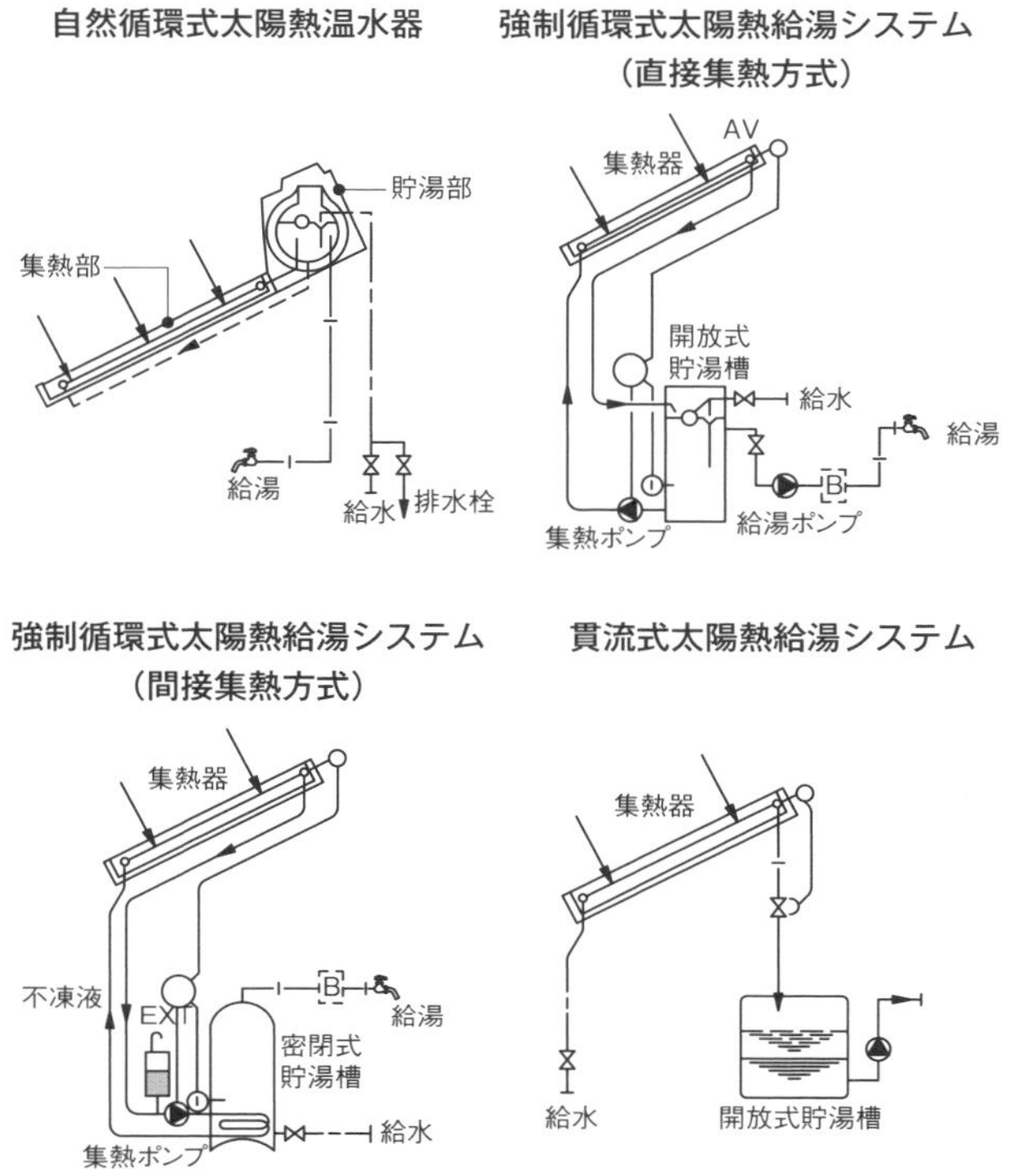

図 2　太陽熱利用給湯の概念（間接集熱方式）

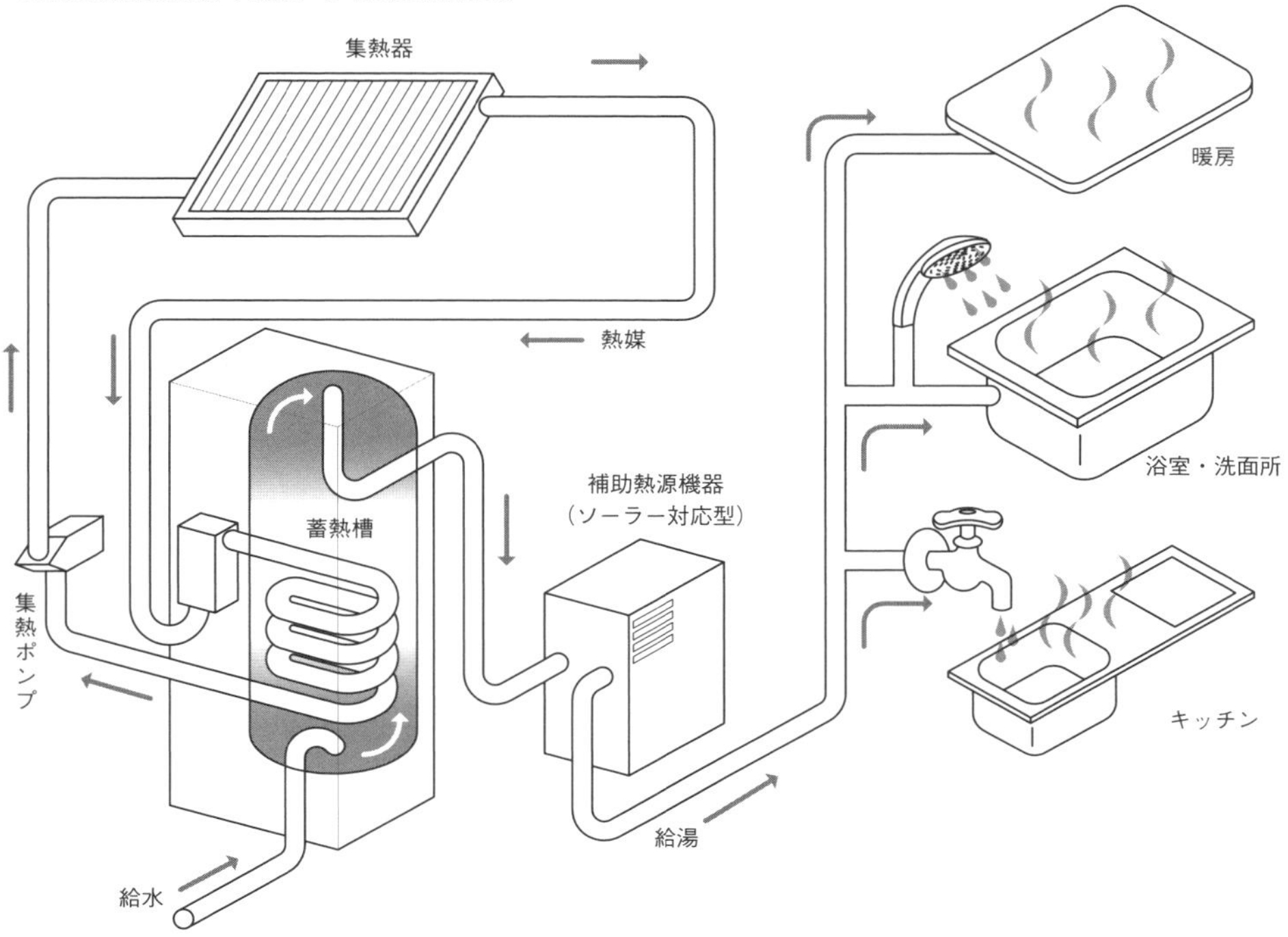

図 1、2：大阪府ホームページ・「建築物の環境配慮技術の手引き」内「太陽熱利用給湯」を参考に作成

省エネ手法・昇降機

エレベータの制御方式と回生運転

086

point

①エレベータは、速度制御を行う電動機を採用し、消費電力量を削減することが一般的。
②回生運転による発電で省エネ性能を向上する。

エレベータはインバータによる可変電圧可変周波数(VVVF)制御方式などの速度制御を行う電動機を採用し、消費電力量を削減することが一般的である。さらに近年では電動機に回転子側の損失が無いPMモータ(永久磁石式の同期電動機)を使用し、減速機の無いPMギアレス巻上機が開発され、一層の省エネ化が図られている。また、回生運転時の回生電力を蓄電池に蓄え、力行運転時に利用するシステムもある。(**図1、2**)。

昇降機設備はエレベータや小荷物専用昇降機、エスカレータがあるが、【建築物省エネ法】の評価の対象となる昇降機はエレベータのみである。また、省エネ手法として評価の対象となるのは可変電圧可変周波数制御方式、電力回生、ギアレス巻上機となる。

回生運転とは

エレベータは巻き上げ機の綱車にロープをつるべ式にかけ、ロープの一端にはかごを、他端には釣り合い重りを取り付けている。釣り合い重りの重量はかごの自重と定格積載質量の50%に当たる重量に設定されるのが一般的である。釣り合い重りがかごの重量よりも重い状態でかごが上昇する場合、釣り合い重りの重量でかごを持ち上げることができ、巻上装置は釣り合い重りの重量で回転することになる。この時、巻き上げ装置の電動機が発電機の役目を果たし、電源側に電気エネルギーを返す。この電気エネルギーを回生電力と呼ぶ。また、かごに定格積載質量の50%以上の積載があるときにかごが下降する場合も同様となる。この運転は回生運転と呼ばれ、電力を用いて巻き上げ装置を運転させる場合は力行運転と呼ばれる。

図１　電力回生制御の概念

上げ荷運転時のパワーフロー

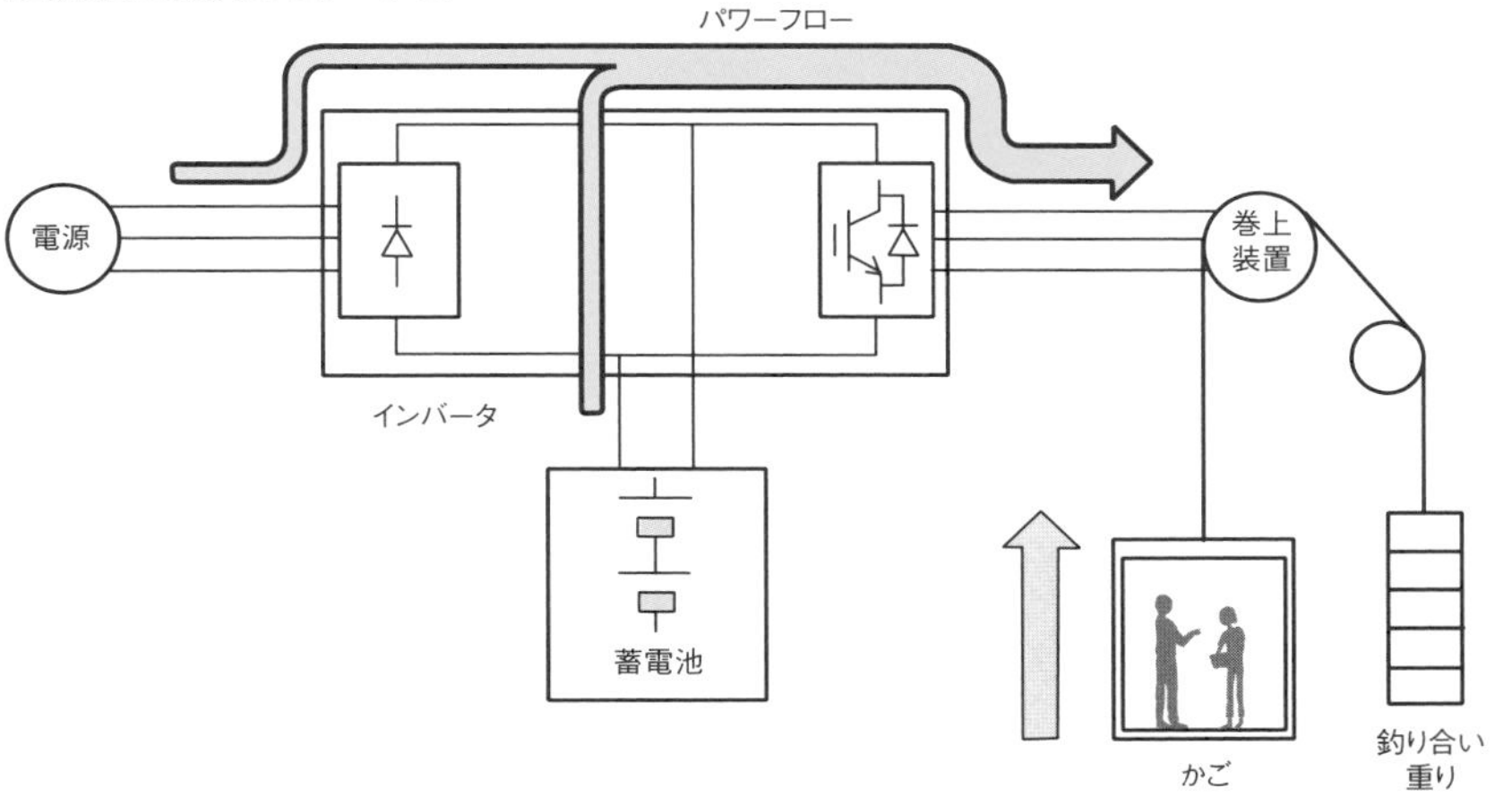

下げ荷運転時のパワーフロー

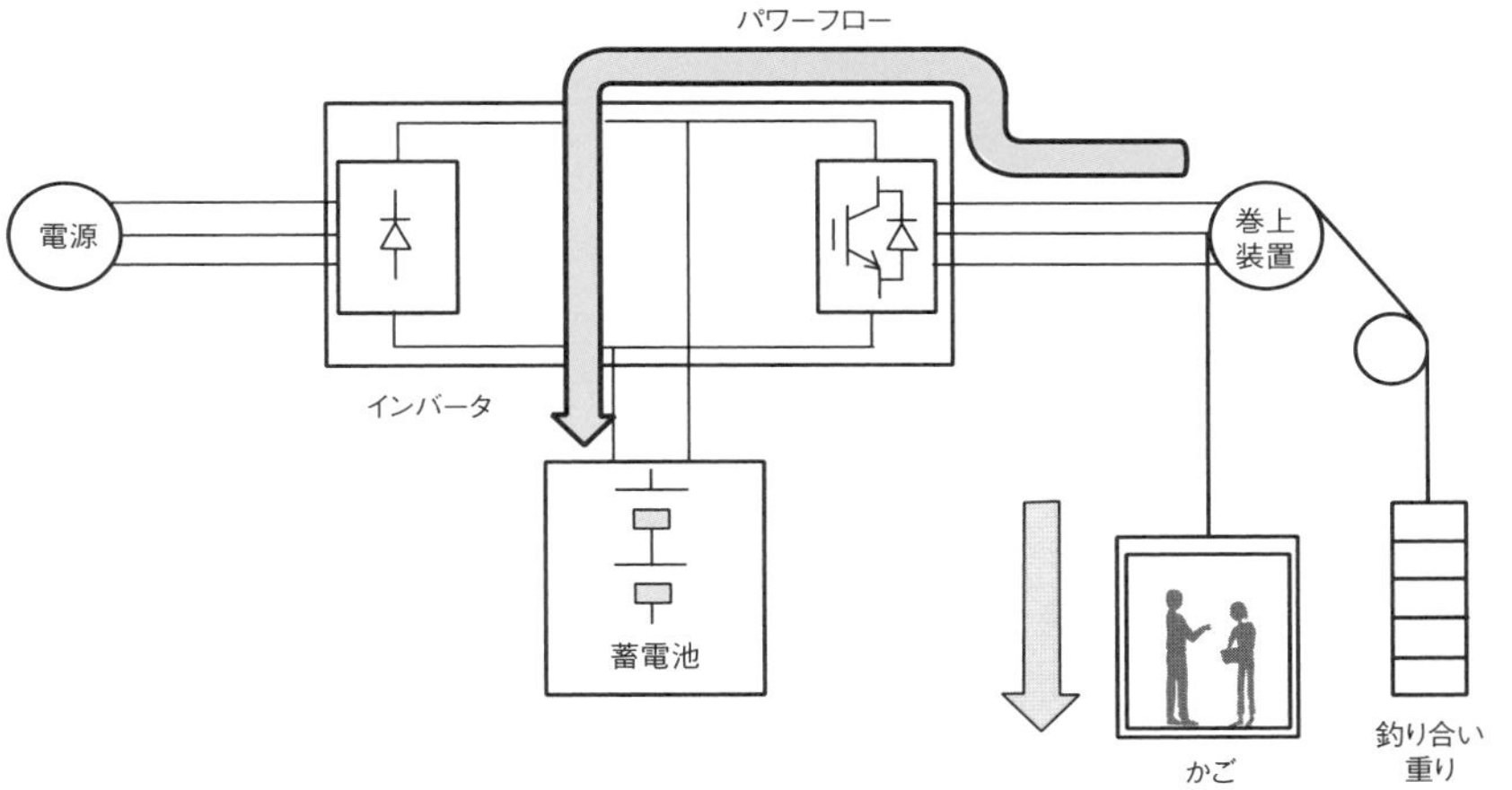

図２　エレベータ年間消費電力の比較

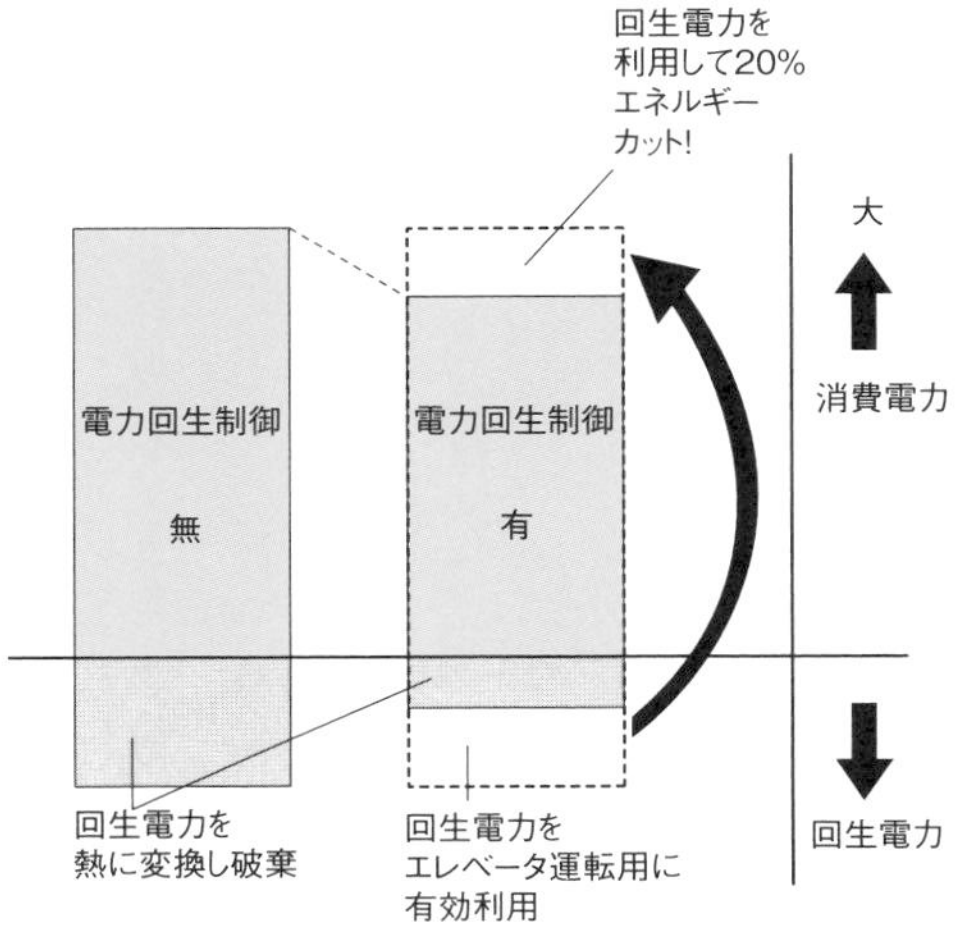

※回生電力とは、電動機が運転状況により、電力供給を必要とせずに廻される場合に発電機の作用をし、運動エネルギーを電気エネルギーに変換することにより発生する電力のことをいう

図１：古河電池ホームページ内「エレベータ電力アシスト用電源装置の開発」を参考に作成
図２：東芝エレベータホームページを参考に作成

太陽光発電

point

①太陽電池は、セルーモジュール（パネル）ーアレイで構成され、直流の電気が発電される。
②太陽熱利用の集熱器は、太陽電池パネルと似ているが、2つはまったく異なるものである。

太陽光発電とは

太陽光発電は、太陽の光を電気に変える太陽電池の技術を用いた発電技術で、電卓や腕時計から人工衛星まで幅広く使用されている。運転時に温室効果ガスを発生しない、クリーンなエネルギーとされている。

太陽光発電システムの構成

セルと呼ばれる素子が太陽電池の最小単位で、このセルを接続して枠に収めたものをモジュールまたはパネルと呼ぶ。さらに設置場所に応じて複数のモジュールを接続することで太陽電池アレイが構成される。太陽電池で発電される電気は直流のため、パワーコンディショナー（インバータ）により一般の照明やコンセントで使用する交流に変換される（**図1、2**）。

発電した電気は建物内で使用するが、電気が余った場合は電力会社の配電線に戻し、その電力は電力会社が買い取ってくれる（売電）。

逆に夜間など太陽光発電だけの電気で不足する場合は、電力会社から電気の供給を受ける。

【建築物省エネ法】では売電がある場合は評価方法によって太陽光発電の扱いが異なる。モデル建物法（**039項目**参照）において売電がある場合は、太陽光発電は評価の対象とはならない。

なお、太陽の熱で水を温め、給湯や暖房に使用する太陽熱利用システムにおいても、建物の屋根などに太陽電池パネルと似た集熱器が設置されるが、2つのシステムはまったく異なるものである。

太陽光発電の長所と短所を、**表**に示すので参照されたい。

図１　太陽電池の原理

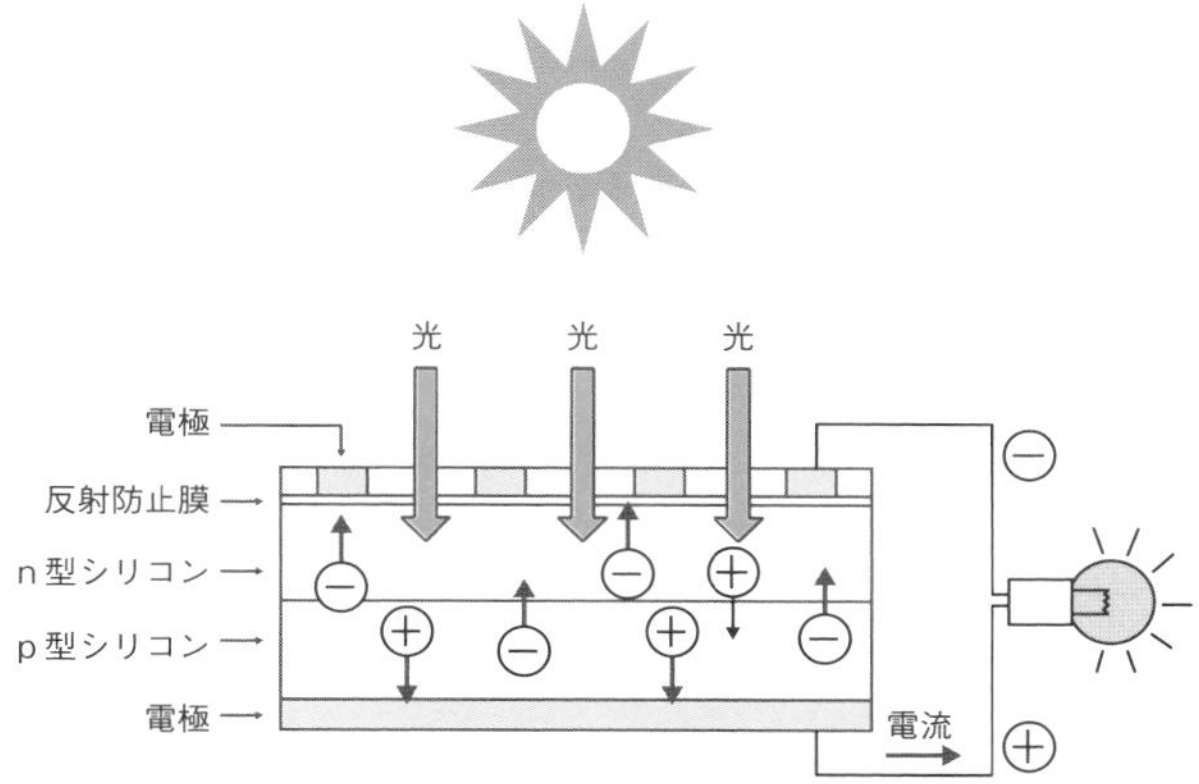

太陽電池に光があたると、プラスとマイナスをもった粒子（正孔と電子）が生まれ、マイナスの電気はn型シリコンの方へ、プラスの電気はp型シリコンの方へ集まる。その結果、電極に電球などをつなぐと電流が流れる

図２　太陽光発電（個人用住宅）の一般的な構成

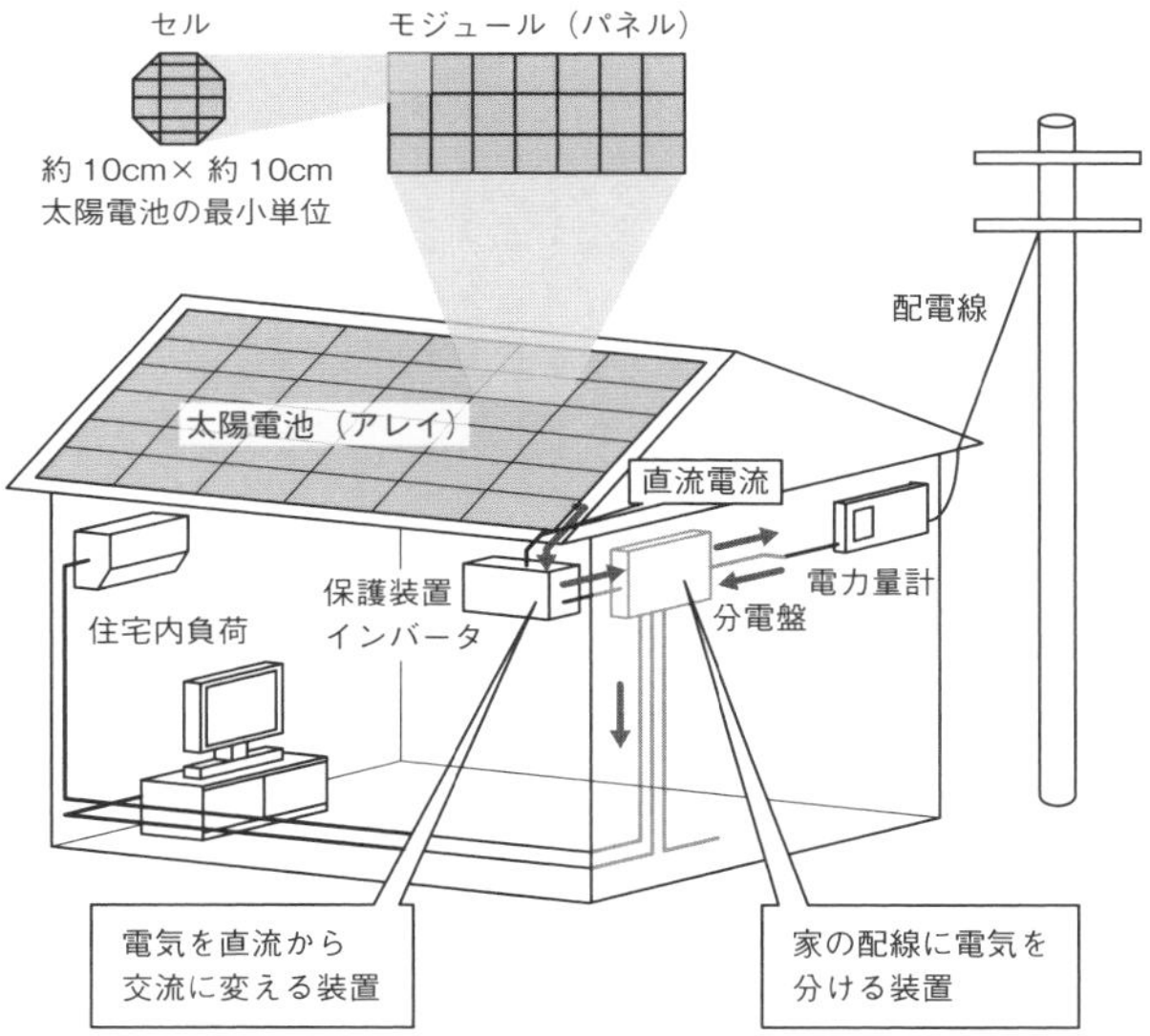

表　太陽光発電の長所と短所

長所	短所
・運転時には燃料の消費を伴わないため、温室効果ガスを発生しない ・屋根面や壁面などに自由な規模で設置ができ、他の発電方式に比べ設置場所や規模の制約が少ない ・他の発電方式に比べ構造がシンプルでモーターなどの可動部分がほとんどなく、保守が容易である ・発電出力のピークと昼間の電力需要のピークが重なり、電力会社への電力需要のピーク削減に効果がある	・夜間には発電できず、昼間の発電量も天候に左右される ・火力発電などと比べると現状では発電コストが高い

図：独立行政法人新エネルギー・産業技術総合開発機構（NEDO）ホームページを参考に作成

省エネ手法・エネルギー利用効率化設備

コージェネレーションシステム

088

point

①コージェネレーションは発電装置と、その排熱が利用できる設備。
②熱のカスケード利用を行うことで総合的な効率を高めることができる。

コージェネレーション（またはコジェネレーション）は、発電装置で発電を行い、発電装置の原動機（ガスタービン、ガスエンジン、ディーゼルエンジン）などからの廃熱を回収して、冷暖房や給湯の熱源として利用するシステムである（**図1、2**）。

システムから発生する電気と熱を適正に利用することで、発電と熱供給を別に行う場合に比べ、効率のよいエネルギー利用が可能となる。

ただし、建物の電力量と熱量の需要の比率（熱電比）がコージェネレーションで供給される熱電比と大きく異なる場合、電力と熱の需要ピーク時間帯がずれている場合などは、効率的なエネルギー利用ができない場合がある。

コージェネレーションシステム

コージェネレーションを設置すると、税制上の優遇などインセンティブが受けられる場合がある。また、ＢＣＰの観点から医療施設などに設置される場合もある。ＢＣＰとは事業継続計画（Business Continuity Plan）のことで、災害時などに重要な業務を継続させるための計画である。停電時などでも最低限の発電や温水の供給を行うことができる。

水素と酸素の化学反応によって電力と廃熱を利用する燃料電池もコージェネレーションの一種である。【建築物省エネ法】において評価の対象となるコージェネレーションは、単一または複数のエネルギー資源から電力及び有効な熱を同時に発生させ、供給できる設備と定義されている。但し、発電機能付きガスヒートポンプ冷暖房機は空調設備として評価される。

図１　コージェネレーションシステムの概要

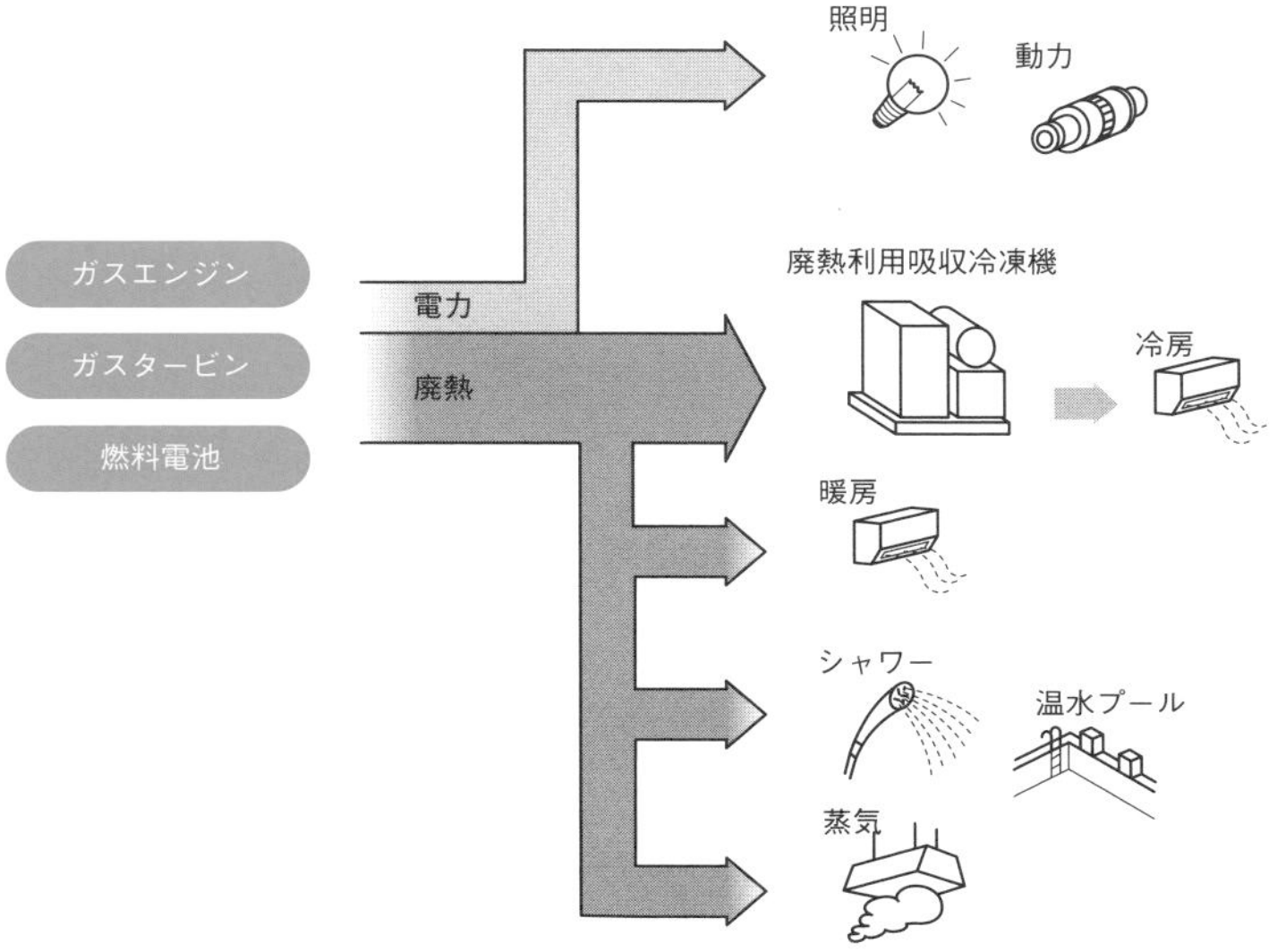

図：日本ガス協会ホームページより

図２　総合エネルギー効率の比較の例

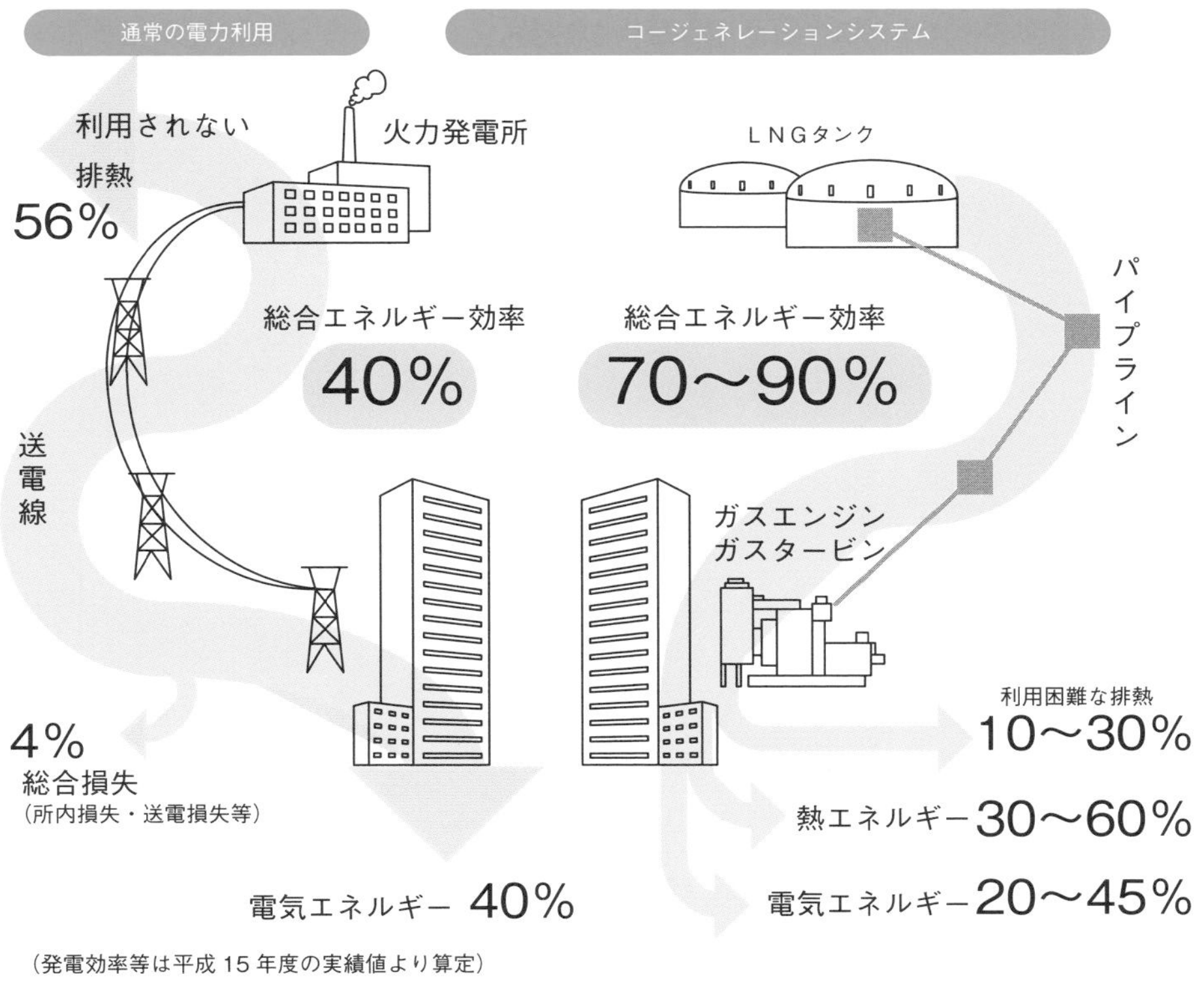

（発電効率等は平成15年度の実績値より算定）

図：日本ガス協会ホームページを参考に作成

第6章　地球温暖化対策の法規制

エネルギー使用の合理化等に関する法律（以下、省エネ法）

089

point

①省エネ法のエネルギーとは、燃料（石油、ガス、石炭等）、熱（蒸気、温水等）、電気をいう。
②燃料資源の確保から、地球温暖化対策のための二酸化炭素削減へシフト。

石油危機への対応

「エネルギーの使用の合理化等に関する法律」は、1973（昭和48）年の第1次石油危機や、その後の第2次石油危機を契機として、エネルギー資源の大半を海外に依存せざるを得ない状況をふまえ、石油等の燃料資源の有効な利用の確保、電気需要の平準化（2013［平成25］年改正時に導入）を目的として、1979（昭和54）年に制定された法律である。

近年、地球環境問題への対応は国際的な課題となっている。エネルギーの使用に伴う二酸化炭素排出量が地球温暖化の原因とされることから、省エネ法の目的は、燃料資源の確保から、地球温暖化対策のための二酸化炭素排出量の削減へとシフトしている。

省エネ法のエネルギーとは、石油・天然ガス・石炭などの燃料、燃料を起源とする蒸気・温水・冷水などの熱、燃料を起源とする電気をいう（**表1**）。

省エネ法ではもともと、①工場等、②輸送、③住宅・建築物、④機械器具、という4つの分野を規制の対象としていた。

しかし近年、家庭部門（住宅）と業務その他部門（建築物）の合計である「民生部門のエネルギー消費」が増加する傾向にあり、産業部門・運輸部門を合わせた全体の3割強を占めている。そのため、民生部門の省エネ対策の根本的強化のため、建築物に関する規定は2017（平成29）年度より【建築物省エネ法】に移行された（**表2**）。

表 1　現行省エネ法のエネルギーとは

エネルギーとは、一般的にはすべての燃料、熱、電気を指して用いられる言葉だが、省エネ法におけるエネルギーとは、以下に示す燃料、熱、電気を対象とする。廃棄物からの回収エネルギーや風力、太陽光等の非化石エネルギーは対象とならない	
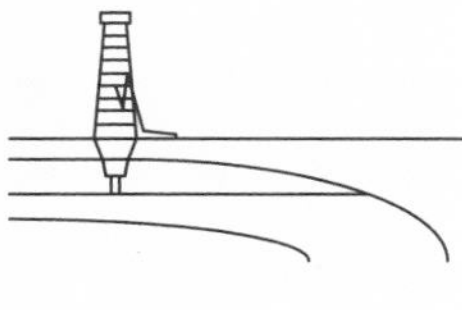 燃料	・原油および揮発油（ガソリン）、重油、その他石油製品（ナフサ、灯油、軽油、石油アスファルト、石油コークス、石油ガス） ・可燃性天然ガス ・石炭およびコークス、その他石炭製品（コールタール、コークス炉ガス、高炉ガス、転炉ガス）であって、燃焼その他の用途（燃料電池による発電）に供するもの
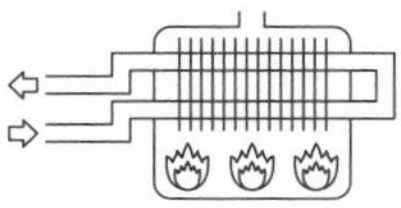 熱	・上記に示す燃料を熱源とする熱（蒸気、温水、冷水等） 対象とならないもの：太陽熱および地熱など、上記の燃料を熱源としない熱のみであることが特定できる場合の熱
 電気	・上記に示す燃料を起源とする電気 対象とならないもの：太陽光発電、風力発電、廃棄物発電など、上記燃料を起源としない電気のみであることが特定できる場合の電気

表 2　エネルギー使用者への直接規制・間接規制

	工場・事業場	運輸	
エネルギー使用者への直接規制（努力義務の対象者）	 **工場等の設置者** ・事業者の努力義務	 **貨物／旅客輸送事業者** ・事業者の努力義務	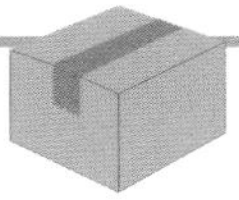 **荷主** ・事業者の努力義務
エネルギー使用者への直接規制（報告義務等対象者）	**特定事業者等** （エネルギー使用量 1,500kℓ ／年以上） ・エネルギー管理者等の選任義務 ・中長期計画の提出義務 ・エネルギー使用状況等の定期報告義務	**特定貨物／旅客輸送事業者** （保有車両トラック 200 台以上等） ・中長期計画の提出義務 ・エネルギー使用状況等の定期報告義務	**特定荷主** （年間輸送量 3,000 万トンキロ以上） ・中長期計画の提出義務 ・委託輸送に係るエネルギー使用状況等の定期報告義務

	機械器具等	一般消費者への情報提供
使用者への間接規制	**製造事業者等**（生産量等が一定以上） ・自動車、家電製品や建材等 32 品目のエネルギー消費効率の目標を設定し、製造事業者等に達成を求める 	**家電等の小売事業者やエネルギー小売事業者** ・消費者への情報提供（努力義務）

※ 建築物に関する規定は、2017（平成 29）年度より建築物省エネ法に移行

2018（平成30）年省エネ法改正の概要

090

point

①複数事業者の連携による省エネ量を連携企業間で分配して報告することが可能となった。
②ネット通販市場の成長に伴う、再配達を含めた小口貨物輸送の効率化への対策を行った。

産業・業務部門での大規模投資が進まず、エネルギー消費効率の改善が停滞状態であったこと、運輸部門におけるネット通販市場の成長に伴う小口貨物輸送増加への対策を背景に2018（平成30）年12月1日に改正省エネ法が施行された（**図1～4**）。

図1　連携省エネルギー計画の認定（企業連携による省エネ促進）：産業・業務・運輸部門

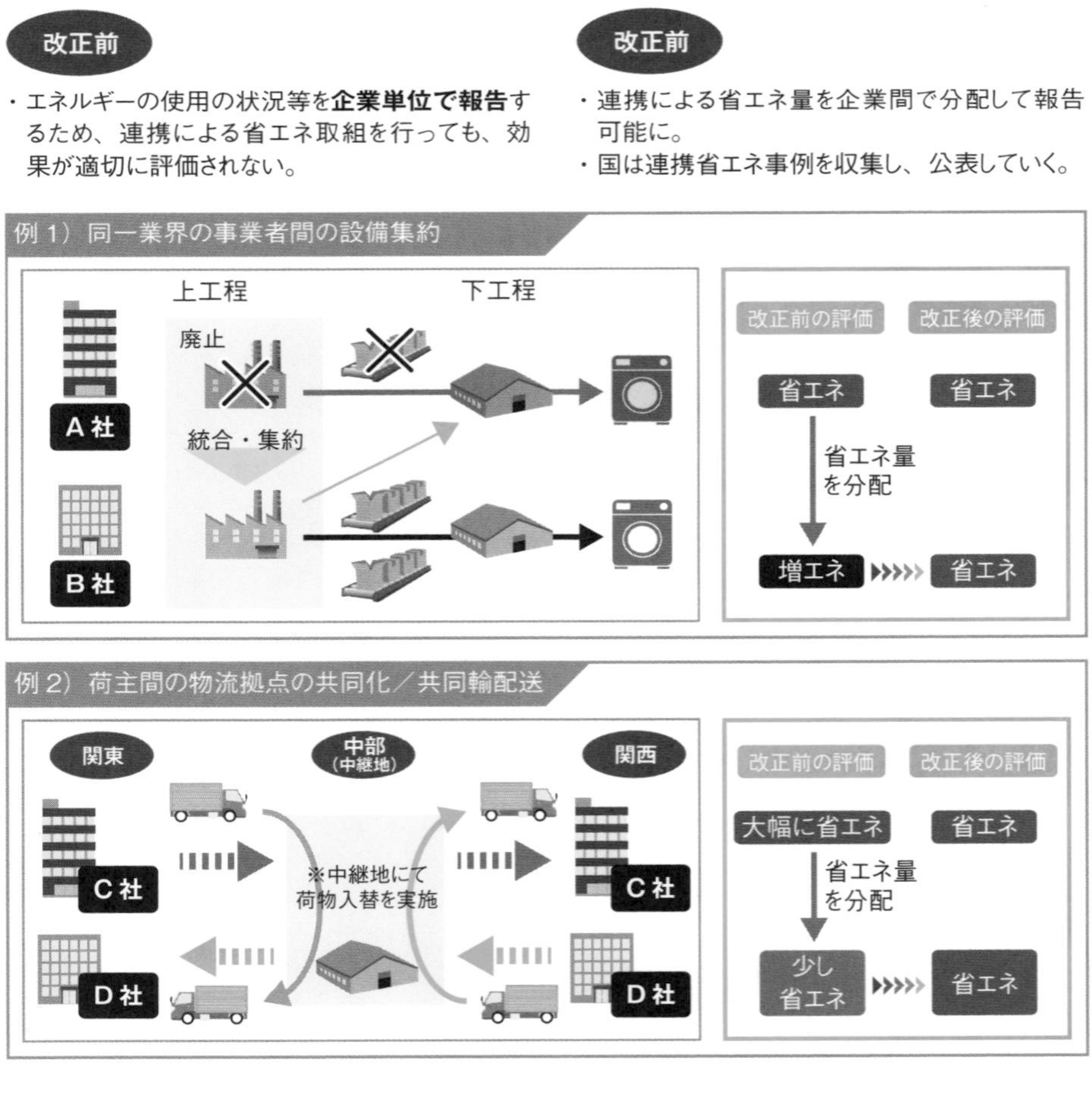

図２　認定管理統括事業者の認定（グループ企業単位の省エネ促進）：産業・業務・運輸部門

<工場・事業場規制の場合>

	改正前	改正後
定期報告・中長期計画の提出	全ての特定事業者等が報告・提出	**認定管理統括事業者**が一体的に提出 ※事業者クラス分け評価も一体的に実施
エネルギー管理統括者等の選任	全ての特定事業者等で選任	**認定管理統括事業者**においてのみ選任

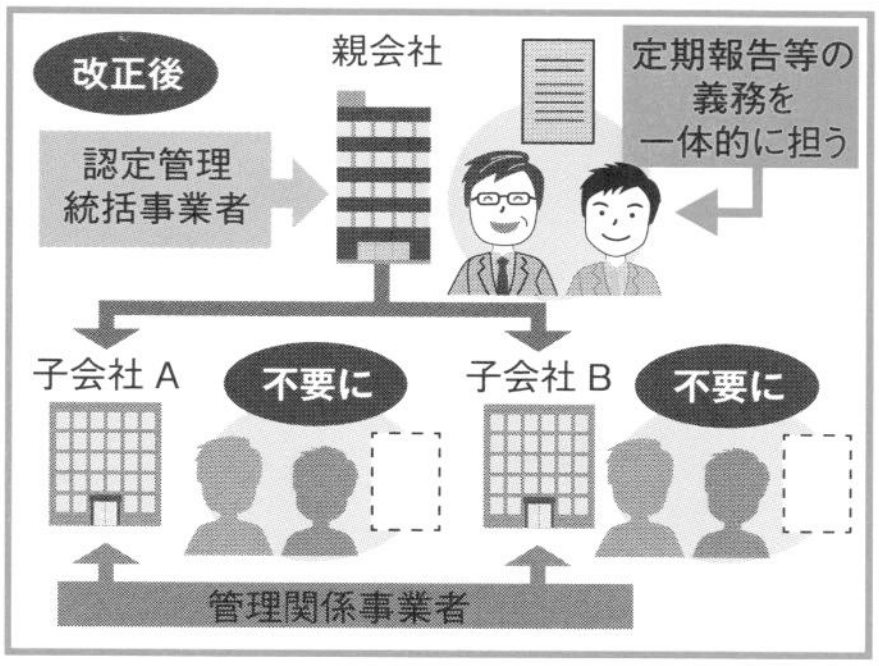

※エネルギー管理者及びエネルギー管理員は引き続きエネルギー管理指定工場等ごとに選任することが必要

図３　荷主の定義見直しと準荷主の位置づけ：運輸部門

改正前

・荷主：**貨物の所有者**
・荷受け側：**省エネ法上の位置づけなし**

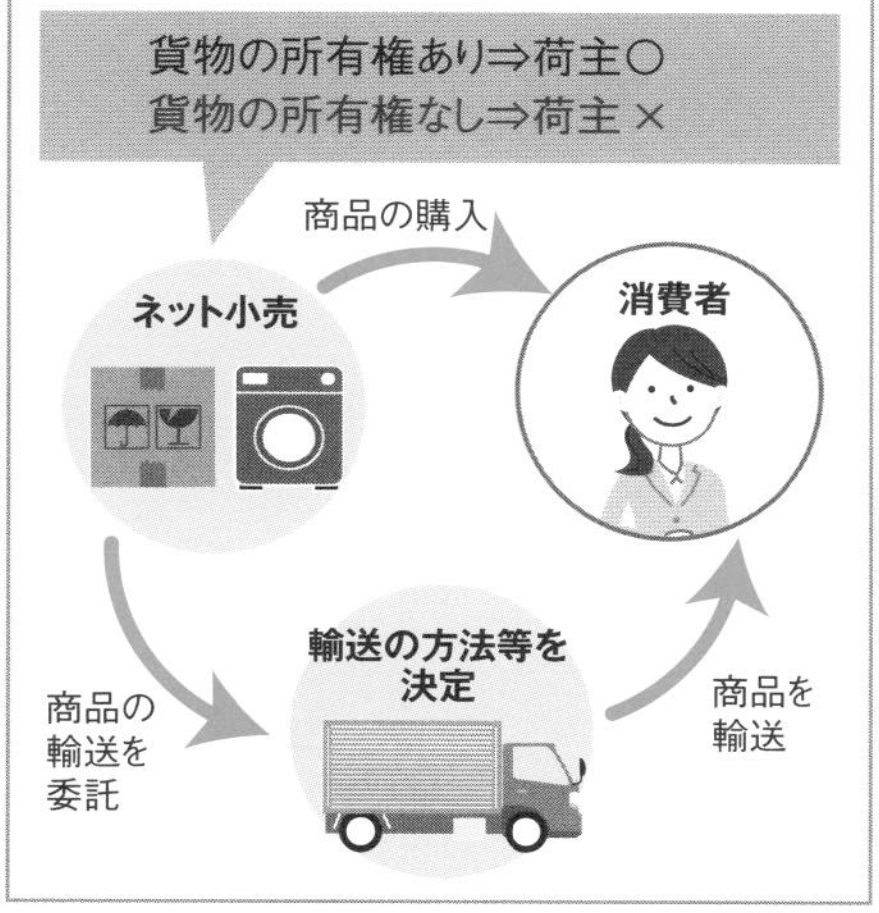

改正後

・荷主：契約等で**輸送の方法等**（日時、場所、輸送モード）**を決定する者**
　→貨物の所有権のないネット小売事業者等も省エネ法の対象へ。
※貨物輸送事業者との契約がなく、輸送の方法等を決定していないモール事業者等は対象外。
・荷受け側：**準荷主**と位置づけ
　→貨物輸送の省エネへの協力を求める。（努力規定）

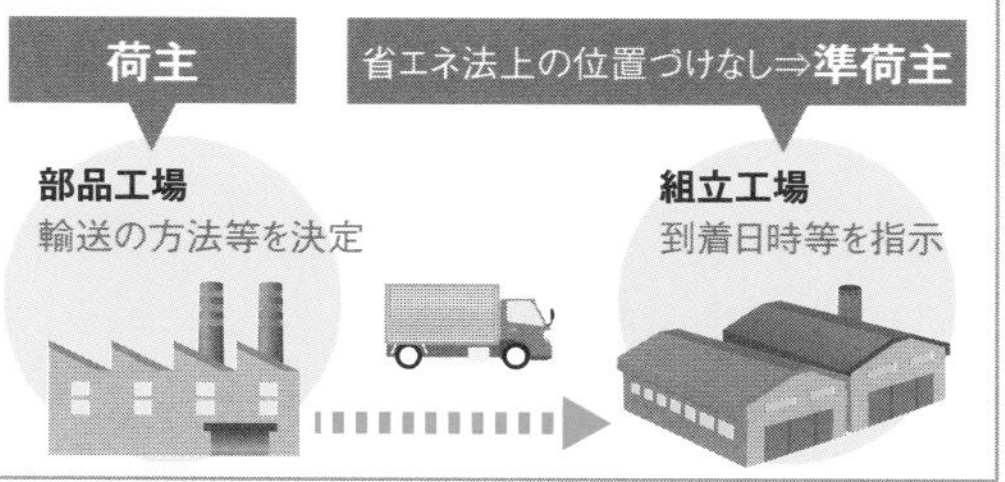

図４　中長期計画の提出頻度の軽減

工場等規制においては、直近過去２年度以上連続で事業者クラス分け評価制度においてＳ評価の場合、翌年度以降、Ｓ評価を継続している限りにおいて、計画期間内＊（５年が上限）は中長期計画の提出を免除する。
※なお、中長期計画の提出頻度の軽減の条件を満たしている事業者であっても、「中長期計画」を提出することは可能。
例）計画期間中にＳ評価を継続した場合

	2017年度	2018年度	2019年度	2020年度	2021年度	2022年度
定期報告書の評価	A	S	S	S	S	S
中長期計画	提出	提出	提出 （免除申請）	免除	免除	提出

＊提出免除の申請時の中長期計画で設定した計画期間が３年の場合

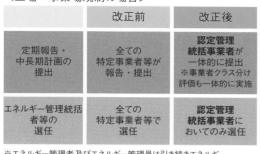

地球温暖化対策の推進に関する法律

091

point

①事業者に対し、排出する温室効果ガスの排出量を算定し、国に報告することを義務付ける。
② CO_2排出量に関する報告は、現行省エネ法の定期報告書を利用して行われる。

温室効果ガスの排出を抑制

地球温暖化対策の推進に関する法律（以下、温対法）は、地球環境に深刻な影響を及ぼす地球温暖化の原因となる温室効果ガスの排出抑制を目的として設けられた法律である。

地球温暖化は、人の活動により排出される温室効果ガスにより、大気中の温室効果ガスの濃度が高くなることで、進行すると考えられている（**図1**）。

温室効果ガスの排出抑制を図るためには、まず、各事業者が自らの活動により排出される温室効果ガスを算定、把握することが基本となり、これにより、排出抑制対策のＰＤＣＡサイクル（計画⇩実施⇩チェック⇩改善）の実行が可能になる。温対法では、このような考え方に基づき、温室効果ガスを多量に排出する事業者に対し、自ら排出する温室効果ガスの排出量を算定し、国に報告することを義務付けている。

また、国は報告された情報を集計し、公表することとなっている（**図2**）。

温室効果ガスには**表**に示す7つのガスが含まれる。このうち二酸化炭素（CO_2）は、燃料の燃焼などエネルギーの使用に伴い排出される「エネルギー起源CO_2」と、セメントの製造過程などで排出される「非エネルギー起源CO_2」に区分して把握される。２０１５（平成27）年には温室効果ガスの種類に三フッ化窒素が追加された。

報告は現行省エネ法の手続きを利用

エネルギーの使用に伴うCO_2排出量に関する報告は、現行省エネ法の定期報告書を利用して行われる。6.5ガスの排出量により報告が必要となる特定排出者は工場などの場合が多く、一般の商業ビルの事業者については、通常現行省エネ法の定期報告書の提出のみで温対法の手続きも済ませている場合が多い。

図1　地球温暖化の仕組み

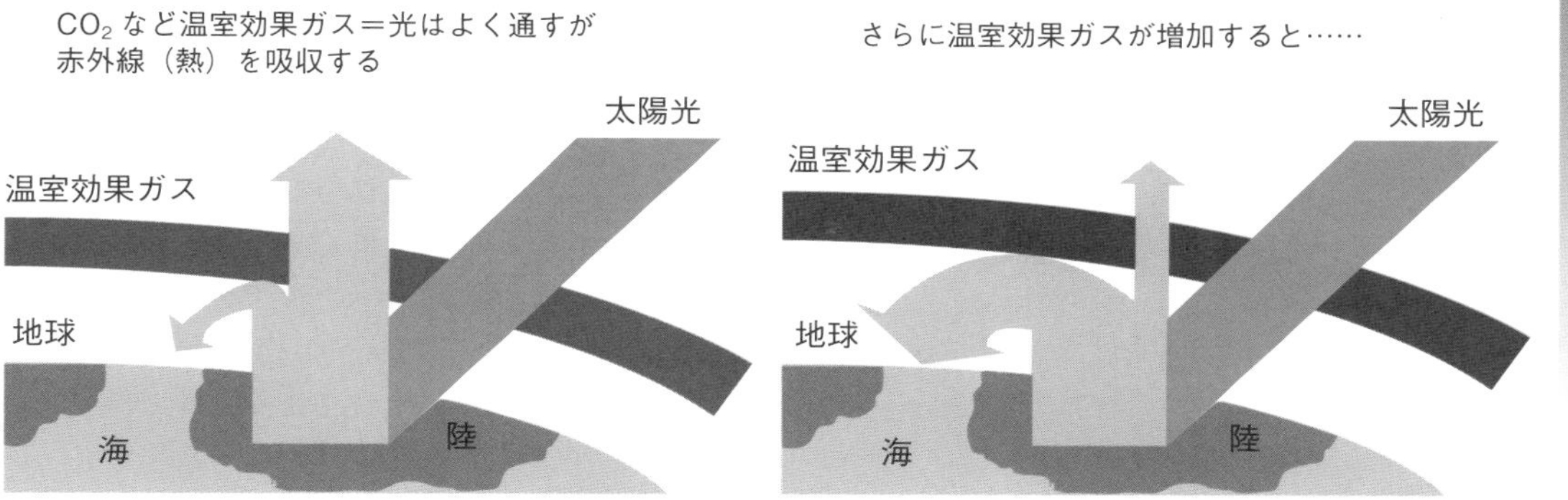

図2　温対法による算定・報告・公表制度の概要

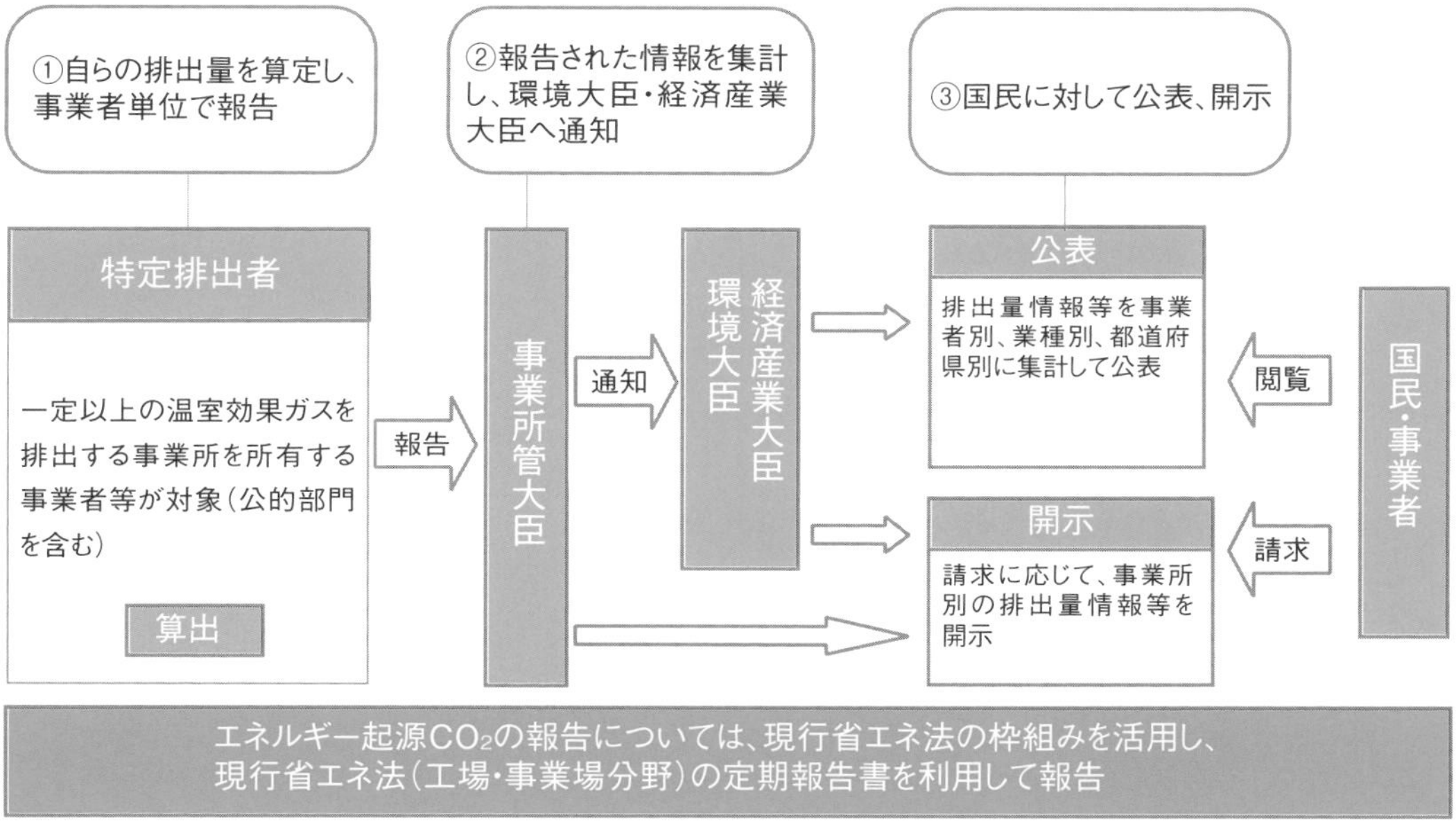

表　温室効果ガスの種類

温室効果ガスの種類	排出活動の例	対象事業者
①-1 エネルギー起源二酸化炭素（CO_2）	燃料の燃焼 電気の使用	省エネ法（工場・事業場分野）の特定事業者
①-2 非エネルギー起源二酸化炭素（CO_2）	セメントの製造 廃棄物の焼却	次の①及び②の要件に該当する事業者 ①温室効果ガス毎の排出量合計が年間で3,000トン以上 ②常時使用する従業員の数が21人以上
②メタン（CH_4）	燃料の燃焼 浄化槽におけるし尿処理	
③一酸化二窒素（N_2O）	燃料の燃焼 浄化槽におけるし尿処理	
④ハイドロフルオロカーボン類（HFC）	冷凍・空調設備の設置、整備、廃棄	
⑤パーフルオロカーボン類（PFC）	アルミニウムの製造	
⑥六ふっ化硫黄（SF_6）	変圧器の設置、使用、点検、廃棄	
⑦三フッ化窒素（NF_3）	半導体素子等の製造	

第7章　省エネ促進制度

省エネ促進制度

優良住宅取得支援制度（フラット35S）

092

point ①民間金融機関と住宅金融支援機構が提携し、長期固定金利の【フラット 35】を提供している。
②省エネルギー性などで優良住宅と認められれば、さらに有利な【フラット 35】Sも利用可能。

【フラット35】とは

住宅を建設しようとする場合、多くの人は金融機関等でお金を借りてローンを組む。その際の借入先となる民間金融機関と住宅金融支援機構が提携して提供しているのが、長期固定金利住宅ローン【フラット35】である。

長期固定金利の住宅ローンを利用することで、長期にわたるライフプランを立てやすくなる。【フラット35】を利用するためには、住宅金融支援機構の定める技術基準に適合する住宅かどうか、検査機関による検査を受けて、適合証明書の交付を受ける必要がある。

【フラット35】Sとは

【フラット35】の一定の基準に加えて、さらに厳しい4つの技術基準（省エネルギー性、耐震性、バリアフリー性、耐久可変性）のどれか一つ以上を満たすことで、【フラット35】Sを利用することも可能となる。

【フラット35】Sは、当初の5年間の金利を【フラット35】より0・25%引き下げる金利Bプランと、10年間【フラット35】より0・25%引き下げる金利Aプランがある。

なお、【フラット35】S・金利Bプランの省エネルギー性の基準は2021（令和3）年1月に次のように改定予定である。

現行：「断熱等性能等級4の住宅」または「一次エネルギー消費量等級4以上の住宅」

変更後：「断熱等性能等級4の住宅」かつ「一次エネルギー消費量等級4以上の住宅」

【フラット35】S・金利Aプランの省エネルギー性の基準は一次エネルギー消費量等級5の住宅である。

省エネ促進制度

長期優良住宅

093

point

①長期優良住宅に認定されると、税の特例措置のほか住宅ローンの金利優遇も受けられる。
②認定を受けるためには、劣化対策、耐震性などの項目で基準をすべてクリアする必要がある。

長期にわたり良好な状態で使用するための措置が講じられた住宅（長期優良住宅）の普及を促進することで、環境負荷の低減を図りつつ、良質な住宅ストックを将来世代に継承することを目的に「長期優良住宅の普及の促進に関する法律」が２００９（平成21）年６月に施行された。長期優良住宅に認定されると、税の特例措置や住宅ローンの供給支援などの優遇を受けることができる。

税・ローンの優遇

税に対する特例措置としては、所得税の控除額（ローン減税）が一般住宅よりも引き上げられ、一般住宅より100万円多い500万円（２０１４年４月～２０２１年12月31日に入居の場合）が最大控除額となる。そのほかにも登録免許税、不動産取得税、固定資産税においても優遇を受けることができる。

他に住宅ローンの支援として、民間金融機関が最長50年の住宅ローンを供給できるよう住宅金融支援機構が支援している（フラット50）や、住宅金融支援機構の優良住宅取得支援制度（【フラット35】S）における金利優遇（０・25％引き下げ）の期間が５年から10年間に延長される（【フラット35】S・金利Aプランの場合）などがある。

認定を受ける要件

長期優良住宅の認定を受けるためには、劣化対策、耐震性、維持管理・更新の容易性、可変性、バリアフリー性、省エネルギー性、居住環境、住戸面積、維持保全計画といったすべての認定基準をクリアする必要がある。

また、着工前に【所管行政庁】に認定申請が必要で、着工後の申請はできないので注意を要する。認定申請に先立って品確法に規定する登録住宅性能評価機関による事前の技術的審査を受けることで、認定審査期間の短縮を図ることができる。

CASBEE

094

point

① CASBEEは、建築物の総合的な環境性能を評価し、格付けするシステムである。
②条例による届出制度や不動産取引における性能表示など、CASBEEの活用が広まっている。

CASBEE（建築環境総合性能評価システム）は、国土交通省の主導のもと、財団法人建築環境・省エネルギー機構（IBEC）を中心に開発された。建物の環境性能をBEE（建築物の環境効率）と呼ぶ指標で評価する。

【建築物】の敷地外の空間と敷地内の空間（建物内部＋敷地内の外部空間）を仕切る仮想境界を定め、建築物の環境品質（Q）を境界内部の居住者などの生活アメニティを向上させるプラス要素として評価する（**図1**）。同時に、仮想境界を越えて外部に影響を与えるマイナス要素として建築物の環境負荷（L）を評価する。Qが大きく、Lが小さい建物が、環境性能の優れた建物として評価される（**図2**）。算出されたBEEは、SランクからCランクまでの5段階に格付けされる（**図3**）。

CASBEEの活用

CASBEEは建築行政でも利用されており、地方自治体で一定規模以上の建築物を新築する際などにCASBEE評価の届出や評価結果の公表などを行う制度が設けられている（**095頁目**参照）。

CSR（企業の社会的責任）の観点から自社の建物のCASBEE評価を公開する場合や、不動産取引における性能表示などCASBEE評価を第三者に提供する場合には、その信頼性や透明性が重要となる。そのためCASBEE評価認証機関が、評価の内容を審査し、的確に評価が行われたことを認証する制度が設けられ、既に1000件以上の認証がされている。

CASBEEはCASBEEファミリーと呼ばれる3つのスケール（住宅スケール、建物スケール、都市スケール）に分かれる。そのなかでも建物スケールの「CASBEE―不動産」は比較的簡単に評価ができ、既存オフィスビル、店舗、物流施設に環境面での付加価値を与える指標として注目を集めている。

図１　CASBEE（Comprehensive Assessment System for Built Environment Efficiency）による評価の仕組み

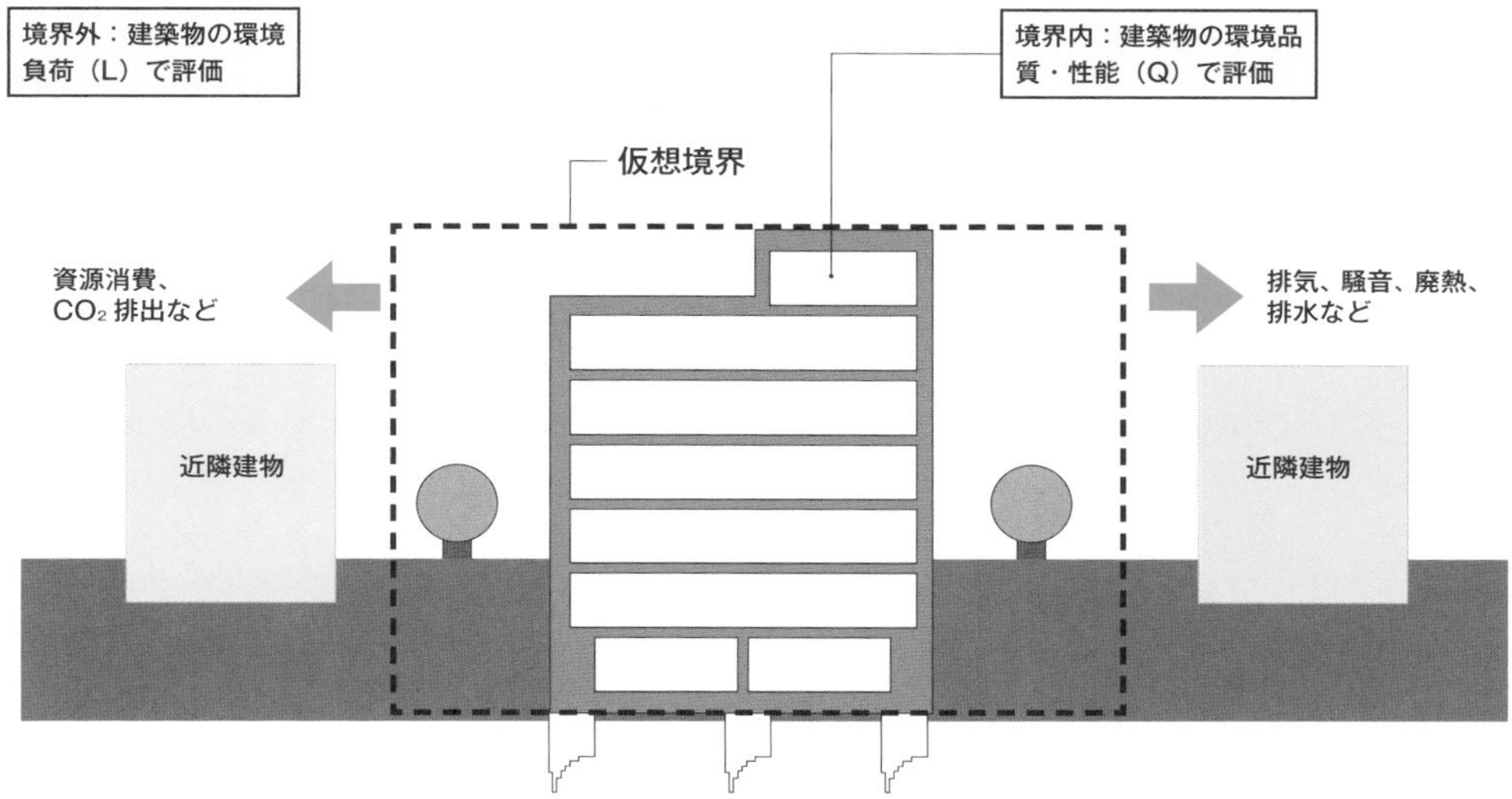

図２　BEE の算出方法

BEE;Building Enbironmental Efficiency（建築物の環境効率）

$$\text{BEE} = \frac{\text{建築物の環境品質（Q）}}{\text{建築物の環境負荷（L）}}$$

Q1：室内環境　Q2：サービス性能　Q3：室外環境（敷地内）
L1：エネルギー　L2：資源・マテリアル　L3：敷地外環境

図３　BEE に基づく環境ラベリング

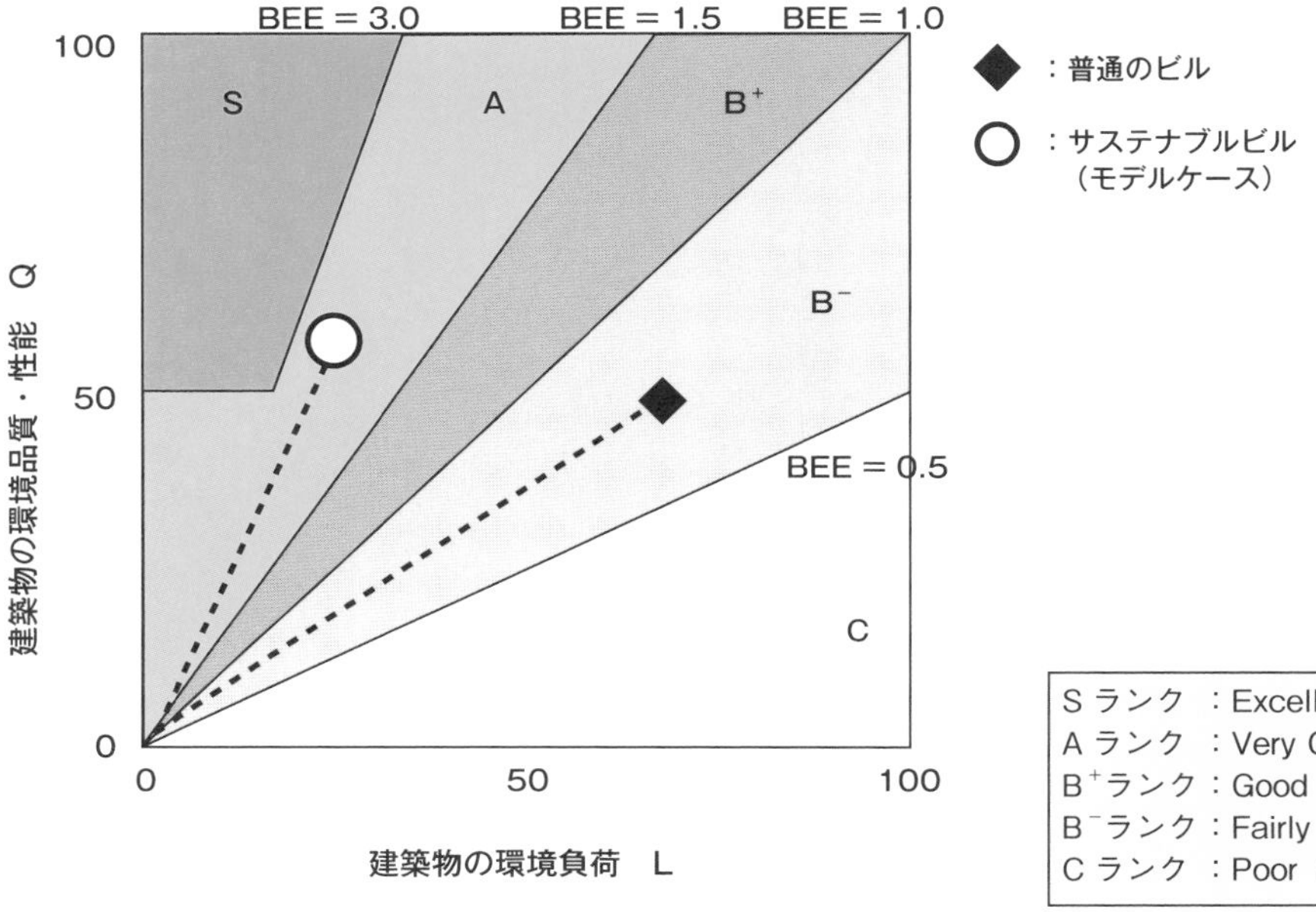

S ランク　：Excellent（素晴らしい）
A ランク　：Very Good（大変よい）
B^+ランク：Good（よい）
B^-ランク：Fairly Poor（やや劣る）
C ランク　：Poor（劣る）

地方行政のCASBEEについて

095

point

①都道府県や市町村などの多くが、条例による届出制度を設けている。
②高ランクの評価建築物には、高さ制限や容積率の緩和等インセンティブが与えられる場合も。

地方自治体の条例に基づく、「建築物環境配慮制度」等の届出制度に、CASBEEが活用されている（CASBEEの詳細は**094項目**参照）。これらの制度では、一定規模の【建築物】についてCASBEE評価等の届出を義務付けている。自治体の考え方や地域特性に応じて、評価基準や評価項目の重み係数等を変更して、自治体版CASBEEを定めているところが多い（**表1**）。

地域の状況に応じた最適化

CASBEEでは、建築物は地域の特性に応じて環境配慮を実現すべきものという認識があり、各自治体により基準を変えることは適切との考え方がある。また、そこに自治体独自の環境施策上の誘導的な措置を取り入れ、地域の特性状況に応じて最適化した自治体版CASBEEとして活かされている。

法で定められた基準などを参考にCASBEEでは評価基準を定めているが、自治体版CASBEEでは、自治体の定める条例などの基準に基づき、評価基準を定めている。

環境配慮が高ランクと認められる建築物には、自治体により建築基準法の緩和や金利優遇、各種サービス料金の割引などのインセンティブが与えられる場合もある。

なお、東京都においては、CASBEEとは別の、独自の評価方法が用いられている（**表2**）。さらに、一定規模の建築物の広告表示や売買等の際に、CASBEE等による環境性能表示を義務付けている場合もある。これらは環境性能の優れた建物が、市場で評価されることを推進するための施策といえる。ほかにも独自の方法で評価を求めている自治体があるので、計画の際には事前に確認しておく必要がある。

また届出された環境評価は各自治体のホームページで公表されており、届出された事例を確認できる。

表１　主な自治体における建築物環境配慮制度等

自治体名	名称	対象規模（㎡）	（自治体）	提出期限
札幌市	札幌市建築物環境配慮制度	2,000 以上	CASBEE 札幌	着工 21 日前
千葉市	千葉市建築物環境配慮制度	2,000 以上	CASBEE 一建築（新築）	着工 21 日前
柏市	柏市建築物環境配慮制度	2,000 以上	CASBEE 柏	着工 21 日前
埼玉県	埼玉県建築物環境配慮制度	2,000 以上	CASBEE 埼玉県	着工 21 日前
さいたま市	建築物環境配慮制度	2,000 以上	CASBEE さいたま	着工 21 日前
東京都	建築物環境計画書制度	2,000 以上	東京都独自の評価方法	申請日まで
千代田区	千代田区建築物環境計画書制度	300 以上	千代田区独自の評価方法	確認申請 30 日前
神奈川県	建築物温暖化対策計画書制度	2,000 以上	CASBEE かながわ	確認申請 21 日前
横浜市	横浜市建築物環境配慮制度	2,000 以上	CASBEE 横浜	確認申請 21 日前
川崎市	川崎市建築物環境配慮制度	2,000 以上	CASBEE 川崎	確認申請 21 日前
新潟市	新潟市建築環境総合性能評価制度	2,000 以上	CASBEE 新潟	確認申請 10 日前
静岡県	静岡県建築物環境配慮制度	2,000 以上	CASBEE 静岡	着工 21 日前
愛知県	愛知県建築物環境配慮制度	2,000 超	CASBEE あいち	着工 21 日前
名古屋市	建築物環境配慮制度	2,000 超	CASBEE 名古屋	着工 21 日前
京都府	特定建築物排出量削減計画	2,000 以上	CASBEE 一建築（新築）	着工 21 日前
京都市	建築物排出量削減計画書	2,000 以上	CASBEE 京都（新築）	着工 21 日前
大阪府	建築物環境配慮制度	2,000 以上	CASBEE 一建築（新築）	着工 21 日前
大阪市	大阪市建築物総合環境評価制度	2,000 以上	CASBEE 大阪みらい	着工 21 日前
堺市	堺市建築物総合環境配慮制度	2,000 以上	CASBEE 堺	着工 21 日前
兵庫県	建築物環境性能評価制度	2,000 以上	CASBEE 一建築（新築）	着工 21 日前
神戸市	神戸市建築物総合環境評価制度	2,000 以上	CASBEE 神戸	着工 21 日前 集合住宅は確認申請 21 日前
鳥取県	鳥取県建築物環境配慮計画制度	2,000 以上	CASBEE とっとり	着工 21 日前
広島市	建築物環境配慮制度	2,000 以上	CASBEE 広島	着工 21 日前
北九州市	北九州市建築物総合環境性能評価制度	2,000 以上	CASBEE 北九州	着工 21 日前
福岡市	福岡市建築物環境配慮制度	5,000 超	CASBEE 福岡	着工 21 日前
熊本県	建築物環境配慮制度	2,000 以上	CASBEE 熊本	着工 21 日前

IBEC　HP より

表２　都民の健康と安全を確保する環境に関する条例・規則

制度	対象建築物	義務事項の概要
建築物環境計画書制度	新築・増改築される延べ面積 2,000 ㎡以上（任意 2,000m² 以上）の建築物	○環境配慮措置とその評価を記載した建築環境計画書の提出 ○再生可能エネルギー利用設備の導入検討 ○省エネルギー性能基準への適合
省エネルギー性能評価書制度（環境性能評価書制度）	建築物環境計画書を提出する延べ面積 10,000 ㎡を超える建築物（住宅、倉庫、工場、駐車場を除く）かつ住宅以外の延床 2,000 ㎡以上	建築物の全部又は一部の売却、賃貸及び信託受益権の譲渡の際にテナント等に対し省エネルギー性能評価書を交付し、都へ実績を報告
マンション環境性能表示制度	新築・増築される住宅用途の延べ面積 2,000 ㎡以上のマンション用途の建築物	間取り図の表示のある広告にマンション性能表示を行う

LEED

096

point

① LEEDはアメリカで開発された、グリーンビルディングの評価システムである。
②認証取得した不動産が評価されるという認識が市場で広まり、世界中で普及しつつある。

LEED（Leadership in Energy & Environmental Design）は、米国グリーンビルディング協議会（US Green Building Council、以下USGBC）が開発したグリーンビルディングの評価システムである。LEEDの認証取得件数は8万件を超え、認証取得のため登録されているプロジェクトの数は約7万件に上る（2020年11月USGBC公表データ）。

米国以外のプロジェクトも認証取得が可能で、2020年7月現在、日本では151件のプロジェクトが認証取得し、アジアでは中国が2252件認証取得している（**表1**）。認証を取得した不動産が市場で評価されるという認識が広まり、世界中で普及しつつある。

認証取得のための評価項目

LEEDには、評価対象に応じていくつかの評価ツールが用意されている（**表2**）。新築プロジェクトを対象とした評価ツールであるLEED-NCを例にとると、9つのカテゴリーに分類される45の評価項目について評価を行い、その合計点により格付けが行われる。また、評価項目とは別に12の必須項目が設けられている（**表3**）。これらの項目は、ポイント獲得の対象とはならないが、認証取得の必要事項であり、たとえ認証レベルに十分なポイントを獲得できたとしても、必須項目の要求事項に適合しない限り認証の取得はできない。認証格付けの方法は非常にシンプルで、獲得ポイントが40点以上で認証取得となり、さらに獲得点数に応じてシルバー、ゴールド、プラチナの格付け認証が取得できる（**図**）。

LEEDの認証申請手続きはGBCI（Green Building Certification Institute）が管理し、プロジェクトの登録や認証の申請などLEED認証の手続きは、原則としてGBCIのサイトからオンラインにより行われる。

表 1　各国における LEED の普及度

（USGBC 公表データより作成）

国名	認証取得プロジェクト数（2020.7）	認証取得プロジェクト数（2016.12）	認証取得プロジェクト数（2014.3）
中国	2,252	996	438
カナダ	1,085	746	302
インド	957	461	206
アラブ首長国連邦	393	264	90
ブラジル	628	397	142
イギリス	127	86	51
スリランカ	55	40	22
スペイン	435	165	55
メキシコ	467	243	93
ドイツ	399	218	37
フィンランド	229	127	63
日本	151	87	45
イタリア	310	144	58
シンガポール	113	69	41
韓国	176	98	45
タイ	182	117	23
トルコ	439	218	46
マレーシア	77	49	29
ポーランド	201	86	24
台湾	170	105	44
チリ	221	148	47

表 2　主な LEED v4 の評価システム

評価システム	評価対象
LEED Building Design & Construction（LEED　BD+C）	新築又は大規模な増築・改修プロジェクトの計画及び建設段階を評価
LEED for Existing Buildings Operation & Maintenance（LEED O+M）	既存ビルの運営管理段階を評価
LEED Interior Design & Construction（LEED　ID+C）	テナントビルの入居者専用部分の計画及び建設段階を評価
LEED　Neighborhood Development（LEED ND）	近隣開発を評価
LEED　for Homes	住宅の計画及び建設段階を評価（米国内のみ）

表 3　LEED v4-NC の評価カテゴリー

評価カテゴリー	評価項目	必須項目
Integrative Process（統合的なプロセス）	1 項目（1p）	なし
Location & Transportation（立地と交通）	8 項目（16p）	なし
Sustainable Site（持続可能な敷地）	6 項目（10p）	1 項目
Water Efficiency（水利用効率）	3 項目（11p）	3 項目
Energy & Atmosphere（エネルギーと大気）	7 項目（33p）	4 項目
Materials & Resources（材料と資源）	5 項目（13p）	2 項目
Indoor Environmental Quality（室内環境品質）	9 項目（16p）	2 項目
Innovation in Design（設計における革新性）	2 項目 (6p)	なし
Regional Priority（地域的な優先事項）	4 項目(4 p)	なし
合　　計	45 項目（110p）	12 項目

図　LEED の格付け

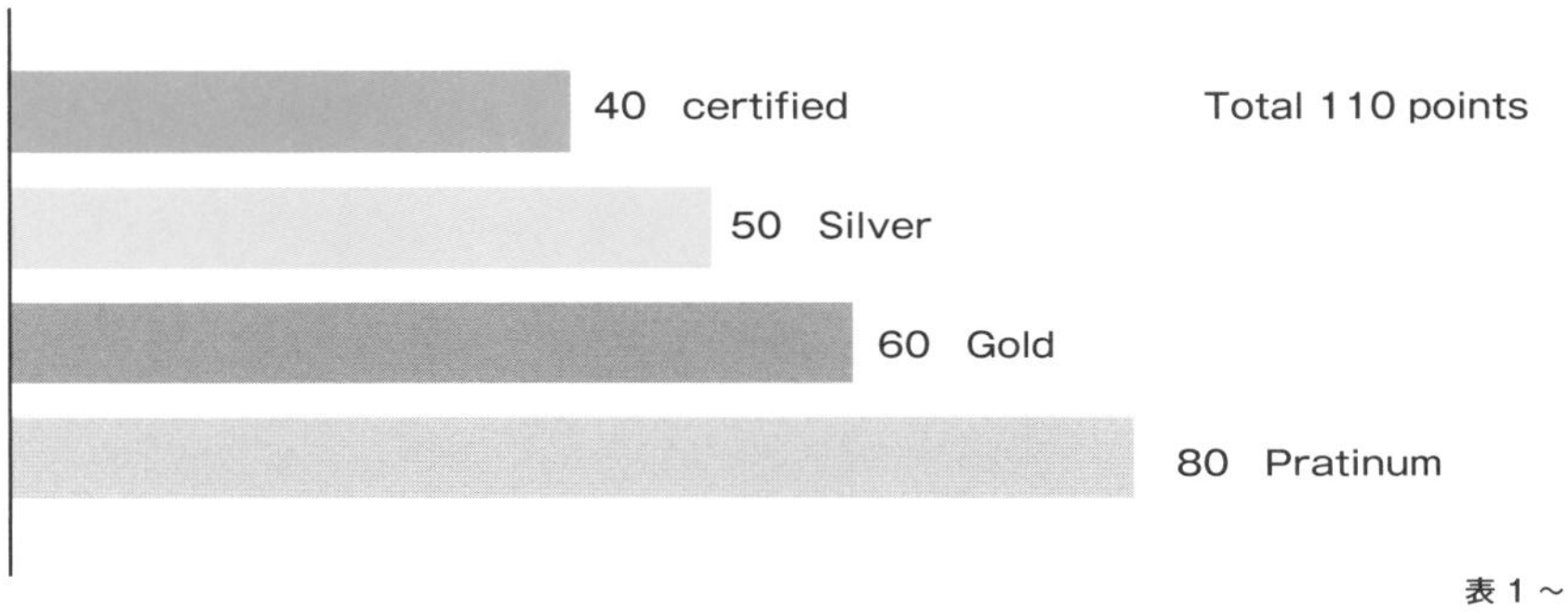

表 1 ～ 3、図／ USGBC 資料より作成

な行

は行

ま行

や行

ら行

英数字

索　引

ビューローベリタスジャパン株式会社

ビューローベリタスは、1828年にフランス船級協会として発足し、現在約78,000人の従業員が140カ国で業務を展開する世界最大級の第三者民間試験・検査・認証機関である。

「リスクの特定、予防、マネジメント、低減に貢献する」というミッションのもと、資産・プロジェクト・製品・システムの適合性確認を通じて、品質、健康、安全、環境保護および社会的責任分野の課題に取り組む顧客を支援。リスクの低減、パフォーマンス向上、持続可能な発展の促進につなげる革新的なソリューションを提供してきた。

日本国内における建築認証については、2002年に業務を開始。現在全国19カ所を拠点に、確認検査、省エネ適合性判定、省エネ性能評価、性能評価、住宅性能評価、試験業務、BELS評価、建築士定期講習を中心に、構造計算適合性判定、適合証明、住宅瑕疵担保責任保険業務、土壌汚染調査のほか、技術監査、テクニカル・デューデリジェンス®（エンジニアリングレポート）、建築基準法適合状況調査といったソリューション業務を展開している。

今回は以下の部署が執筆・監修した

建築都市基盤事業グループ　建築認証事業本部　省エネ判定部 / 住宅性能評価部
技術監査事業部　建築環境評価グループ
建築都市基盤事業グループ　インサービス検査事業本部　ETS検査部

世界で一番やさしい建築物省エネ法
令和大改正版

2021年2月8日　初版第1刷発行

著　者　ビューローベリタスジャパン建築認証事業本部
インサービス検査事業本部

発行者　澤井 聖一

発行所　株式会社エクスナレッジ
〒106 − 0032
東京都港区六本木7 − 2 − 26
https://www.xknowledge.co.jp/

問合せ先

編集 Tel 03 − 3403 − 1381 ／ Fax 03 − 3403 − 1345 ／
info@xknowledge.co.jp
販売 Tel 03 − 3403 − 1321 ／ Fax 03 − 3403 − 1829